Ullstein

ÜBER DAS BUCH:

Die in diesem Buch vorgelegte und untermauerte These lautet, daß das sogenannte Hethiterreich – als Vergessenes Reich bezeichnet, weil es angeblich vor weniger als 100 Jahren entdeckt wurde – nichts anderes ist als das Königreich der Chaldäer. Die »Hethiter«-Herrscher sind *alter egos* der Großkönige der chaldäischen Dynastie von Babylon. Daher verschwindet das »Hethiterreich«, nachdem es über ein Jahrhundert lang lediglich nur in Büchern und Abhandlungen gelebt hatte, in seiner größten Blütezeit, deren genaue Datierung zu einer beträchtlichen Verwirrung unter den Archäologen geführt hatte. Die sensationelle Schlußfolgerung aus dieser Neuordnung der geschichtlichen Chronologie ist die, daß zwei prominente Persönlichkeiten des Altertums, die in der herkömmlichen Geschichtsschreibung um 700 Jahre voneinander getrennt sind, Zeitgenossen waren. Denn wenn Ramses II und Necho ein und dieselbe Person sind, dann war sein Gegner in der berühmten Schlacht von Kadesch nicht der Hethiter Chattusilis, sondern der Chaldäerherrscher Nebukadnezar. Mit dieser Revision der Geschichte des Alten Orients verändert Velikovsky unser gesamtes Verständnis der antiken Welt.

DER AUTOR:

Immanuel Velikovsky, Jahrgang 1895, studierte Medizin, Alte Geschichte und Altphilologie. Er begründete die wissenschaftliche Monographienreihe »Scripta Universitatis«. Später studierte er bei Wilhelm Stekel, dem ersten Schüler Freuds, Psychoanalyse. Velikovsky starb 1979 in Princeton, New Jersey.

Weitere Veröffentlichungen:
Die Seevölker (1983); *Das kollektive Vergessen* (1987); *Welten im Zusammenstoß* (1994); *Erde im Aufruhr* (1994); *Vom Exodus zu König Echnaton* (1995).

Immanuel Velikovsky

Das zweite Leben der Pharaonen

Ramses II und die Geheimnisse des Alten Ägypten

Ullstein

Phantastische Phänomene
Ullstein Buch Nr. 35504
im Verlag Ullstein GmbH,
Frankfurt/M. – Berlin
Die deutsche Erstausgabe
erschien unter dem Titel:
Ramses II und seine Zeit
Titel der amerikanischen
Originalausgabe:
Ramses II and his Time
Ins Deutsche übertragen
von Christoph Marx

Neuauflage von UB 34145
Mit 31 Abbildungen

Umschlagentwurf:
Vera Bauer
Unter Verwendung einer Abbildung
von Alain Choisnet/The Image Bank
Alle Rechte vorbehalten
Mit freundlicher Genehmigung der
Umschau Verlag Breidenstein KG,
Frankfurt am Main
© der amerikanischen Originalausgabe
1978 by Immanuel Velikovsky
© der deutschen Ausgabe 1979 by
Umschau Verlag Breidenstein KG,
Frankfurt am Main
Printed in Germany 1995
Gesamtherstellung:
Ebner Ulm
ISBN 3 548 35504 8

Mai 1995
Gedruckt auf alterungs-
beständigem Papier mit
chlorfrei gebleichtem Zellstoff

Vom selben Autor
in der Reihe
der Ullstein Bücher:

Das kollektive Vergessen (34393)
Die Seevölker (34139)
Welten im Zusammenstoß (35407)
Erde im Aufruhr (35438)
Vom Exodus zu König Echnaton (35477)

Die Deutsche Bibliothek –
CIP-Einheitsaufnahme

Velikovsky, Immanuel:
Das zweite Leben der Pharaonen :
Ramses II und die Geheimnisse des alten
Ägypten / Immanuel Velikovsky. [Ins Dt.
übertr. von Christoph Marx]. – Neuaufl.
von UB 34145. – Frankfurt/M ; Berlin :
Ullstein, 1995
  (Ullstein-Buch ; Nr. 35504 :
  Phantastische Phänomene)
  Einheitssacht.: Ramses II and his time
  <dt.>
  Früher u. d. T.: Velikovsky, Immanuel:
  Ramses II und seine Zeit
  ISBN 3-548-35504-8
NE: GT

Inhalt

Vorwort 9

KAPITEL 1:
DIE SCHLACHT VON KADESCH-KARKEMISCH 13

Wer war Pharao Necho, der Gegner Nebukadnezars? 13
Der erste Feldzug Ramses' II 20
Tell Nebi Mend 24
Das Heer von Ramses II 34
Die Schlacht von Kadesch-Karkemisch 39
Tabelle der Schlacht von Kadesch-Karkemisch 43
Die Festung von Karkemisch 45
Die Schlacht 50
Karkemisch, die Heilige Stadt 56

KAPITEL 2:
**RAMSES II UND NEBUKADNEZAR
IN KRIEG UND FRIEDEN** 61

Drei Jahre Rebellion in Palästina und die Eroberung
Askalons 61
Das Ende des Königreiches von Juda 64
Der Brand von Lachisch 69
Friedensvertrag zwischen Ramses II und Nebukadnezar 75
Vergleich der Kriegsereignisse in den Schriften
und in den Aufzeichnungen von Ramses II 80

KAPITEL 3:
DAS GRAB DES KÖNIGS AHIRAM 89

Der geschwinde Schreiber 89

Das Grab des Ahiram 92
Ahirams Inschriften und der Ursprung des Alphabets 104
Ithobaal, Ahirams Sohn 111
»Eine merkwürdige Tatsache« 113
Eine Rekapitulation 116

KAPITEL 4:
DAS »VERGESSENE REICH« 119

Die piktographische Schrift und das Keilschriftarchiv
der »Hethiter« 119
Mursilis, der »Hethiter«, und Nabopolassar,
der Chaldäer 132
Namen und Zunamen 139
Nabopolassar wird zum Invaliden 143
Die Thronfolge in Babylon 144

KAPITEL 5:
NEBUKADNEZARS SELBSTBIOGRAPHIE 159

Die Thronbesteigung 159
Nebukadnezars Persönlichkeit 173
Geschichtsentstellung 180

KAPITEL 6:
**DAS »VERGESSENE REICH«: ZEUGNISSE
DER KUNST** 191

Yazilikaya: »Der beschriftete Felsen« 191
Archäologie und »hethitische« Denkmäler 200
»In tiefster Dunkelheit« 204
Gordion 207
Das Dunkle Zeitalter Anatoliens 212
Das »Goldgrab« von Karkemisch 214
Die Heroldsmauer 217
Die syrischen Stadtstaaten 219
Das Löwentor von Malatya 223

»Das Land ihrer Geburt«	228
Die geheime Schrift der Chaldäer	232
Ein Dolch und eine Münze	234
Mitanni	239

KAPITEL 7:
EXIL ODER EXODUS — 243

Nebukadnezar besucht Ramses II	243
Der Ziegelofen von Tachpanches	249
Ramses' Hochzeit	252
Die Israel-Stele Merenptahs und die Klagelieder Jeremias	254
Der libysche Feldzug	264
Die persische Eroberung Chaldäas und Ägyptens	271

EPILOG:
FRAGEN UND ANTWORTEN — 277

Tanis und Sais	280
Wie lange regierten Sethos und Ramses II?	284
Zwei Suppiluliumas	290
Bronze und Eisen	294
Skarabäen und Stratigraphie	314
Rückblick	325

ZEITTAFEL — 331

Register	335
Abbildungsverzeichnis	349

Abb. 1: Ramses II – Necho II. Eine Statue des Königs im Turiner Museum.

Vorwort

Der treffendere Titel für diesen Band wäre *Ramses II und Nebukadnezar* gewesen, da sie beide in diesem Buch – beziehungsweise in diesem Teil der Alten Geschichte – dominierende Rollen spielen. Doch derart das Thema des Buches zu verraten – und vorwegzunehmen, daß zwei wohlbekannte Persönlichkeiten des Altertums, die in der konventionell geschriebenen Geschichte um 700 Jahre voneinander getrennt sind, Zeitgenossen waren –, hätte eine ohnehin revolutionäre Rekonstruktion der Vergangenheit mit dem Sensationellen belastet. Obwohl das Gesamtwerk der Rekonstruktion über 1200 Jahre umfaßt, ist jeder Band so angelegt, daß er, soweit als möglich, einen in sich abgeschlossenen Abschnitt der Alten Geschichte präsentiert.

Auf den folgenden Seiten wird angestrebt, die Periode der chaldäischen Herrschaft im Mittleren und Nahen Osten zu rekonstruieren. In den Geschichtsbüchern erscheint diese Periode auch als die Zeit des Neubabylonischen Reiches; in der Schrift ist Nebukadnezar als König von Babylon und als König der Chaldäer bekannt; Babylon aber war nicht die Heimat der Chaldäer.

Die in diesem Band vorgelegte und untermauerte These lautet, daß das gesamte Hethiterreich – als das Vergessene Reich bezeichnet, weil es angeblich vor weniger als 100 Jahren entdeckt wurde – nichts anderes ist als das Königreich der Chaldäer; ferner, daß die piktographische Schrift, die auf Monumenten von den westlichen Küsten Kleinasiens bis nach Babylon zu finden ist, hauptsächlich aber in Zentral- und Ostanatolien und im nördlichen Syrien, höchstwahrscheinlich die Schrift der Chaldäer ist. Die »Hethiter«-Herrscher sind *alter egos* der Großkönige der chaldäischen Dynastie von Babylon. Daher verschwindet das »Hethiterreich«, nachdem es über ein Jahrhundert lang lediglich nur in Büchern und Abhandlungen »gelebt« hatte, in seiner erhabensten Blütezeit, deren Unterbringung im 14. und 13. Jahrhundert vor der heutigen Zeitrechnung zahllose Schwierigkeiten verursachte und zu beträchtlicher Verwirrung unter den Archäologen führte.

Kein geringerer Umsturz findet in der ägyptischen Geschichtsschreibung statt. Die sogenannte 19. Dynastie, deren hauptsächliche Vertreter Sethos der Große, Ramses II und Merenptah sind, offenbart sich als identisch mit der sogenannten 26. Dynastie des Psammetich, Necho und Apries, deren wahre Aktivitäten uns zwar teilweise von griechischen Historikern und teilweise aus den biblischen Texten (Bücher der Könige, Chroniken und Jeremia) bekannt sind, nicht aber aus den erhaltenen ägyptischen Texten. Dieser Gleichsetzung zufolge rücken Sethos der Große, Ramses II und Merenptah aus der ihnen gewöhnlich im 14. und 13. Jahrhundert zugewiesenen Zeit in das 7. und 6. Jahrhundert. Eigentlich wird die Identität der frühen Pharaonen der 19. Dynastie – Sethos I, Haremhab, Ramses I und Sethos der Große – in dem Band erschlossen, der sich mit der assyrischen Herrschaft in der Zeit von ungefähr –840 bis –612 beschäftigt. Im einzelnen wird dort aufgezeigt, daß Sethos I (der Sethos bei Herodot) ein Zeitgenosse und Gegner von König Sanherib war; daß Sethos' Bruder Haremhab durch Erlaß des assyrischen Königs zum Vizekönig von Ägypten ernannt und später – obgleich noch unter Lehnspflicht zu Ninive – zum Pharao gekrönt wurde; daß Ramses I uns aus den griechischen Historikern als jener Necho I bekannt ist, der nur kurze Zeit regierte, bevor er von den Äthiopiern getötet wurde, die seit über 50 Jahren mit den Assyrern um die Vorherrschaft in Ägypten rangen; und daß Sethos der Große,[1] wie eben gesagt, der Psammetich der griechischen Historiker ist. Somit bleibt die Identifizierung der Anfänge der 19. Dynastie mit der 26. in der Liste von Manethos Thronfolgen – einer überaus verwirrten und vorsätzlich erweiterten und irreführenden Aufzäh-

---

[1] Sethos I der konventionelle Chronologie, aber Sethos II unserer Rekonstruktion.

lung ägyptischer Dynastien und Könige – dem Band über die Zeit der assyrischen Herrschaft bis zum Fall von Ninive um –612 vorbehalten.

Ich erwog, ob ich die Scheidelinie zwischen diesen beiden Bänden bei –663 ziehen sollte, dem Jahr des Falls von Theben vor Assurbanipal; und ich war vom Wunsch geleitet, in einem einzigen Band die Geschichte der großen ägyptischen Dynastien unterzubringen, beginnend mit der Laufbahn von Sethos dem Großen, die den Aufstieg Ägyptens vom Vasallentum in die Unabhängigkeit kennzeichnete. Aber nach einiger Überlegung erschien es mir wünschenswerter, die Linie ungefähr 55 Jahre später beim Fall Ninives zu ziehen. Dennoch wird der Leser in nachfolgenden Kapiteln des vorliegenden Bandes, wenn auch nicht von Anfang an, in die Zeit zurückgeführt, als Sethos, jetzt nicht mehr Vasall, sondern Verbündeter Assyriens, am langwierigen Ringen teilnahm, in dem die Chaldäer und Meder den Assyrern und den Ägyptern gegenüberstanden und dessen Ausgang schließlich die Skythen entschieden.

Daher beginnt dieser Band mit der ersten Konfrontation zweier ehrgeiziger und berühmter Könige, Ramses II und Nebukadnezar, die angeblich 700 Jahre voneinander getrennt gelebt hatten – eine Konfrontation, die 19 Jahre lang immer wieder aufflammte, bis sie mit einem Friedensvertrag endete, dessen Text noch immer erhalten ist. Juda war zwischen den zwei miteinander wetteifernden Großmächten gefangen und litt, bis es seine Eigenstaatlichkeit verlor; die Bevölkerung wurde nach Babylon verbannt, während ein kleiner Teil nach Ägypten entfloh, nur um gleichfalls nach Babylon abgeschoben zu werden, unter Berufung auf eine Bestimmung im gleichen Vertrag.

Merenptah-Hophramaat, manchmal als der Pharao des Exodus angesehen, wird als der Pharao des Exils enthüllt, und eine enorme Zeitspanne trennt diese beiden Ereignisse in der Geschichte des jüdischen Volkes – die Wanderung in der Wüste, die Eroberung Kanaans und die Zeit der Richter und der Könige bis zum letzten König der Davidischen Dynastie.

Nachdem ich hier das Hauptthema dieses Bandes aufgedeckt habe, möchte ich die Hoffnung ausdrücken, daß jeder nachdenkliche Leser sein Urteil so lange zurückstellen möge, bis er das Beweismaterial in allen seinen Einzelheiten überprüft hat, die alte Keilschrifttexte, hieroglyphische Berichte, Lebensbeschreibungen und Porträts sowie hebräische Aufzeichnungen, alte topographische Karten und Schlachtenpläne bis zur stratigraphischen Archäologie umfassen. Die im vorliegenden Band beschriebenen Dezennien stellen zusammen mit den vorausgehenden und mit den nachfolgenden[2] Jahrhunderten in der Rekonstruktion der Alten Geschichte eine monolithische Einheit dar.

---

2   Die vorhergehenden Jahrhunderte sind das Thema meines »Zeitalter im Chaos«, Band 1, *Vom Exodus zu König Echnaton* (1952); *Ödipus und Echnaton* (1960), und der weiteren Teile, in welche ich die *Assyrische Eroberung* und das *Dunkle Zeitalter Griechenlands* behandle. Die nachfolgenden Jahrhunderte sind das Thema meines Buches *Die Seevölker* (1977).

Kapitel 1

Die Schlacht von Kadesch-Karkemisch

Wer war Pharao Necho, der Gegner Nebukadnezars?

Das assyrische Reich wankte und fiel. Trotz ägyptischer Unterstützung konnte sich Ninive des Ansturms der Babylonier und Meder nicht erwehren; es wurde erobert und niedergebrannt. In den darauffolgenden Jahren waren sie mit der Aufteilung Assyriens beschäftigt.

Im Jahr –608 zog der König von Ägypten über die Heeresstraße entlang der Küste auf den Euphrat zu (II Könige 23:29). Als er den Paß von Megiddo erreichte, fand er seinen Weg durch Josia, den König von Jerusalem versperrt. Der König von Ägypten »aber sandte Boten zu ihm mit dem Spruch: Was habe ich mit dir zu schaffen, König von Jehuda! nicht gegen dich, das Deine, gilts heut, ... Joschijahu aber wandte sein Antlitz nicht von ihm ab, denn mit ihm kämpfend wollte er sein ledig werden.«* In der Schlacht wurde König Josia von ägyptischen Schützen tödlich verwundet (II Chronik 35:21–24).

Der Pharao rückte weiter gegen Norden vor, in Richtung Karkemisch am Euphrat. In Jerusalem wählte das Volk Joahas, den zweiten Sohn des Josia, zum König. Aber nach drei Monaten ließ ihn der Pharao zu Ribla im Lande Hamath in Ketten legen und nach Ägypten bringen. Dann ernannte der Pharao Eljakim, den älteren Bruder des Joahas, zum König und änderte seinen Namen in Jojakim. Er erzwang vom Land Juda einen Tribut von hundert Talenten Silber und einem Talent Gold (II Könige 23:33–34).

Während der folgenden Jahre war Ribla in Nordsyrien das

---

* Für die Zitate aus den Schriften wurde die Bibelübersetzung von Martin Buber verwendet.

militärische Hauptquartier des Pharaos, das er offenbar jährlich besuchte.

Drei Jahre nach dem ersten Feldzug brachte der Pharao eine große Armee aus Ägypten und kämpfte bei Karkemisch am Euphrat gegen Nebukadnezar und die chaldäische Armee. Das ägyptische Heer wurde geschlagen und zerstreut, und der Pharao zog sich fluchtartig nach Ägypten zurück. Nebukadnezar verfolgte die besiegte Armee, hielt aber an der Grenze Ägyptens inne und kehrte wegen einer Unruhe im eigenen Herrscherhaus nach Babylon zurück. Während der nächsten Jahre unterstanden Syrien und Palästina der unbestrittenen Herrschaft Babylons. Ribla wurde zum militärischen Hauptquartier Nebukadnezars gemacht, und Jojakim wurde sein Vasall.

Einige Zeit danach erneuerte der Pharao seine militärische und politische Tätigkeit im südlichen Palästina. Nach der Einnahme Askalons rückte er weiter nach Norden vor. Jojakim erhob sich gegen Babylon, und Nebukadnezar schickte seine Armee von Chaldäern und Syrern gegen Jerusalem ins Feld. Jojakim wurde gefangengenommen und hingerichtet,[1] und Nebukadnezar setzte den jungen Jojachin, den Sohn des Jojakim, auf den Thron seines Vaters in Jerusalem. Die ägyptische Armee zog sich auf die Grenzen Ägyptens zurück, hinter den Fluß (Wadi) El-Arisch. Jojachin regierte nur drei Monate lang. Nebukadnezar, mißtrauisch und nicht sicher, ob der neue König von Jerusalem Babylon treu bleiben würde, marschierte abermals gegen Jerusalem und belagerte es. Der jugendliche König, der die Stadt und ihre Bevölkerung retten wollte, ging hinaus zu Nebukadnezar, um ihm seine Loyalität zu beweisen. Er wurde nach Babylon gebracht, zusammen mit »allen Oberen, allen Tüchtigen des Heeres, zehntausend Verschleppten, allen Schmieden und Plattnern« (II Könige

---

1 *Midrasch Bereschit Rabba,* 94; *Midrasch Vajikra Rabba; Seder Olam,* 25; Flavius Josephus, *Jüdische Altertümer,* X, 6:3. Vgl. L. Ginzberg, *Legends of the Jews* (Philadelphia 1925–1938), VI, 379. Vgl. ebenf. II Könige 24:6 und II Chronik 36:6.

24:14). Nur die Armen wurden zurückgelassen. Jojachin blieb 37 Jahre lang, bis zum Tod Nebukadnezars, in Babylon im Gefängnis (II Könige 25:27).

Nach der Verschleppung Jojachins nach Babylon wurde Zedekia, der dritte Sohn Josias, zum König ernannt. Das Fortschaffen der Begüterten, der Einflußreichen und der ausgebildeten Handwerker aus Jerusalem bot keine Gewähr gegen einen neuen Aufstand. Trotz allem, was vorher geschehen war, sehnte das freiheitsliebende Volk von Jerusalem einen Unabhängigkeitskrieg herbei, zu dem es sich Hilfe vom Pharao erhoffte. Acht Jahre, nachdem Zedekia zum König ernannt worden war, erhob er sich gegen Babylon. Nebukadnezar erschien mit seiner gesammelten Streitmacht vor Jerusalem und belagerte es. Der Pharao drang mit seinen Truppen entlang der Küste ins südliche Palästina ein. Das chaldäische Heer zog sich »um des Heeres Pharaos willen« (Jeremia 37:11) von Jerusalem zurück und wandte sich, um nicht in der Flanke umgangen zu werden, gegen die Ägypter. Es kam jedoch nicht zur Schlacht, und offenbar wurde eine Übereinkunft erzielt, in Folge derer das ägyptische Heer nach Ägypten zurückkehrte und die chaldäische Armee die Belagerung Jerusalems wieder aufnahm. Nach 18 Monaten wurde die Stadt von den Chaldäern erobert und niedergebrannt, und das Volk von Jerusalem kam in die babylonische Gefangenschaft.

Ausführliches Material über diesen Krieg findet sich in den letzten Kapiteln der Bücher der Könige und der Chroniken sowie vor allem bei Jeremia. Nebukadnezar, dessen Name in den Schriften mehr als neunzigmal erwähnt wird, war der mächtige König eines großen Reiches. Mehrere griechische Autoren schrieben ebenfalls über ihn. Er errichtete großartige Bauten, von denen einige ausgegraben worden sind. Seine Gebete und Bauinschriften werden von den Archäologen entziffert, und »wenn im Gebiet des Irak ein Ziegel mit Keilschriftzeichen gefunden wird, so enthält der Text höchstwahrscheinlich den Namen Nebukadnezars.«[2]

---

2 C. J. Gadd, *The Fall of Nineveh* (London 1923).

Der Pharao, zwei Jahrzehnte lang sein Gegenspieler, wird in den Schriften Pharao Necho genannt. Er muß in der Tat ein äußerst mächtiger Herrscher gewesen sein, wenn – trotz seines Rückschlages bei Karkemisch – das Schicksal Syriens und Palästinas fast zwei Jahrzehnte lang in der Schwebe blieb; in Jerusalem war die Parteinahme für Ägypten stärker als für Babylon, und das Heer Nebukadnezars unterbrach die Belagerung von Jerusalem wegen des herannahenden Pharaos.

Wer war Pharao Necho?

In den Büchern über ägyptische Geschichte wird ausführlich von den Kriegen Nechos (II) gegen Nebukadnezar berichtet, aber diese Berichte stützen sich auf das reiche Material in den Schriften; Nechos weitere Aktivitäten werden an Hand von Informationen geschildert, die aus Herodot zusammengetragen sind.[3] Ägyptische Quellen wurden auf Erwähnungen eines Pharaos namens Necho und seiner Kriegszüge durchforscht. Die ägyptische Archäologie konnte die Geschichte des langen Krieges nicht liefern. Die einzige erhaltene, auf Pharao Necho verweisende und historisch überhaupt bedeutsame Inschrift ist angeblich die Serapeum-Stele, die vom Begräbnis eines Apisstieres durch seine Majestät Nekau-Wehemibre berichtet. »Dieser Gott [der Apisstier] wurde in Frieden zur Nekropolis geführt, um ihn dort seinen Platz im Tempel einnehmen zu lassen«, wo »Nekau-Wehemibre alle Särge und alles vorzüglich und vorteilhaft für diesen erhabenen Gott« vorbereitet hatte.[4] Dann folgt die Lebensbeschreibung des Stieres mit dem genauen Tag und Monat seiner Geburt.

Was die glänzende Vergangenheit des Pharao Necho angeht, so begnügt sich die Geschichtsschreibung mit diesem einzelnen Denkmalrelikt.

Es ist in der Tat seltsam, daß in den Annalen Ägyptens kein Bericht über den langen Krieg zwischen Nekau-Wehemibre

---

[3] Siehe besonders F. K. Kienitz, *Die politische Geschichte Ägyptens vom 7. bis zum 4. Jahrhundert vor der Zeitwende* (Berlin, 1953), Kap. 2.
[4] J. H. Breasted, *Ancient Records of Egypt* (Chicago 1906), Vol. IV, Secs. 977, 979.

und Nebukadnezar gefunden wurde; keine Aufzeichnung über die Regierungstätigkeit des Nekau-Wehemibre ist erhalten; kein zu seiner Zeit veröffentlichtes Gesetz wurde gefunden; kein von ihm erbauter Tempel ausgegraben; keine Schriftrolle entdeckt; keine Mumie und kein Sarg.[5] Nach dem ägyptischen Material zu urteilen, hatte er als Herrscher wenige Leistungen vorzuweisen. Wie aber konnte er fast eine Generation lang Nebukadnezar gewachsen gewesen sein? Wie hatte er es geschafft, die palästinischen Könige Joahas, Jojakim und Zedekia glauben zu lassen, daß er imstande sei, Palästina vom Joch des mächtigsten Herrschers, den Babylon je gekannt hatte, zu befreien?

Meine Arbeit, die Geschichte der 19. Dynastie zu rekonstruieren, führte mich zur Gleichsetzung von Psammetich, dem Vater von Necho II, mit Sethos dem Großen (Ptah Maat); und von Necho I, dem Großvater von Necho II, mit Ramses I. Ich zeige, daß Ramses I von Assurbanipal nach der Plünderung Thebens –663 zum Regenten Ägyptens ernannt wurde. Diese früheren Gleichsetzungen, die das Thema des Bandes *Die Assyrische Eroberung* sind, führen mich zu folgendem Urteil, das ich im vorliegenden Band zu untermauern suche: In den Monumenten von Ramses II werden dieselben Ereignisse beschrieben, von denen Jeremia und Herodot in bezug auf Pharao Necho (II) berichten.

Herodot (II, 159) erzählt vom biblischen Pharao Necho, den er mit dem gleichartigen Namen Nekos nennt. Über die asiatischen Kriege Nekos' schreibt er: »Unter ihrer Mithilfe [der Dreiruderer] machte er einen Landangriff gegen Syrien und siegte in der Schlacht bei Magdalos. Nach dem Siege eroberte er die große syrische Stadt Kadytis.«[6]

---

5 Die Nekau-Wehemibre zuzuschreibenden Objekte wurden von F. Petrie aufgezählt in *A History of Egypt,* Vol. III (London 1905), S. 335–336. Seither wurden einige weitere kleine Objekte aufgefunden.
6 Die Identität dieser zwei Orte ist ungewiß. Kadytis könnte Gaza sein oder möglicherweise Jerusalem. F. Hitzig, *De Cadyti urbe Herodotea* (Göttingen 1829), identifiziert Kadytis mit Gaza. P. H. Larcher, *Historical and Critical Comments on the History of Herodotus* (London 1844), zog Jerusalem vor (Vol. I, S. 391). J. T. Wheeler, *The Geography of Herodotus* (London 1854), stimmte mit der Ansicht von Rawlinson überein, daß Kadytis Gaza ist. Zur neueren Diskussion des Problems siehe H. de Meulenaere, *Herodotos over de*

Neben der Aufzeichnung von Nekos' Schlacht gegen die Syrer schrieb Herodot ebenfalls, daß »er mit der Anlegung jenes Kanals in das Rote Meer begann, den dann der persische König Dareios weiterführte«.[7] Es war ein großes Unternehmen, und Herodot erzählt, daß bevor Nekos die Fertigstellung des Kanals aufgab, der einen Wasserweg vom Mittelmeer zum Roten Meer geöffnet hätte, 120000 Ägypter bei den Erdarbeiten zugrunde gegangen seien.

Es sind historische Zeugnisse des Inhalts gefunden worden, daß Ramses II einen das Mittelmeer mit dem Roten Meer verbindenden Kanal gebaut hatte.[8] Das führte zu einer Diskussion: Wer begann den Bau des Kanals, Ramses II oder, 700 Jahre später, Nekau-Wehemibre? Herodot berichtete, daß es Nekos war, der ihn *zuerst* erbaute, während moderne Historiker auf Grund der alten Zeugnisse zum Schluß kamen, schon Ramses II hätte den Kanal zwischen Mittelmeer und Rotem Meer gezogen. Es wurde entschieden, daß Herodot geirrt hatte und daß Necho nur die Arbeit fortsetzte, die Ramses II 700 Jahre früher begonnen hatte.[9]

Und sogar wenn Ramses II als erster das Unternehmen in Angriff nahm und nicht der Nekos des Herodot oder der Necho der Schriften der erste war, so erhebt sich nach wie vor die Frage: Warum hinterließ der Nekau-Wehemibre der ägyptischen Monumente zur Erinnerung an diese gewaltige Anstrengung, das Werk Ramses' II fortzusetzen, weder auf Stein noch auf Papyrus eine Inschrift? Hieroglyphische Zeugnisse

---

26ste Dynastie (Leyden 1951), S. 57–59; Kienitz, op. cit. S. 22, Fn. 1.
7 Herodot, *Historien,* Übers. A. Horneffer II, 158. Siehe auch Diodor Siculus, I, 33, 9.
8 E. A. W. Budge, *A History of Egypt* (London 1902–1904), VI, 219; K. Sethe, *Untersuchungen zur Geschichte und Altertumskunde Ägyptens,* Vol. II (1902), 23; vgl. Posener in *Chronique d'Egypte,* XIII (1938), 259–273.
9 Budge, op. cit., VI, 219: »Er [Necho] gab Befehl, für ihn Flotten von Dreiruderern zu bauen, sowohl im Mittelmeer wie auch im Roten Meer. Um diesen Fahrzeugen die Möglichkeit zu geben, auf beiden Meeren eingesetzt zu werden, kam er auf die Idee, sie durch das Mittel eines Kanals zu verbinden, den er an den alten Kanal anzuschließen gedachte, der schon aus der Zeit von Ramses II vorhanden war.«

über die Arbeit von Ramses II überlebten; auch Dareios hielt seine Anstrengungen fest: An den Ufern des Kanals errichtete er Stelen, um sein großes Werk zu preisen.

Herodot (IV, 42) erzählt ebenfalls, daß Pharao Nekos phönikische Seefahrer aussandte, um den afrikanischen Kontinent zu umschiffen und seine Küsten zu erforschen; mehr als drei Jahre lang waren sie auf ihrer Entdeckungsreise abwesend, säend und erntend auf ihrer Fahrt. Entlang dem Roten Meer machten sie sich auf den Weg und kehrten ruhmbeladen durch die Straße von Gibraltar (Säulen des Herakles) zurück.[10]

Nekau-Wehemibre, der zu bescheiden war, um ein Denkmal über irgendeines seiner militärischen Unternehmen zu hinterlassen, war bei der Aufzeichnung seiner zivilen Aktivitäten – von wirklich bedeutendem Umfang – ebenso zurückhaltend. Wie ist das zu erklären?

Ramses II baute große Paläste und Tempel und hinterließ der Nachwelt unzählige Inschriften auf Stelen, Obelisken und auf Mauern. Viele dieser Inschriften enthalten Beschreibungen seiner Schlachten, einige sind illustriert mit Geländekarten der Schlachtfelder und mit Abbildungen seiner Heere und denen seiner Feinde. Ein Friedensvertrag, der den Feindseligkeiten ein Ende setzte, ist vollständig erhalten. Gemäß ägyptischem Brauch wird im Kriegsbericht der persönliche Name des gegnerischen Königs nicht angegeben, aber in den Text des Vertrages wurde dieser persönliche Name des Gegners von Ramses II aufgenommen. Siegel von Ramses II werden in Ägypten und in Palästina in großer Zahl gefunden. Ein von einem ägyptischen Schreiber unter Ramses II geschriebener Papyrus schildert das Palästina dieser Zeit.

Andererseits liefern die Bücher der Könige, der Chronik und Jeremias präzise Angaben über Zeiten und Orte; sie kön-

---

[10] Ramses II gab einen seiner Söhne der Tochter des phönikischen Seekapitäns, Ben-Anat, zum Gatten. Ist nicht anzunehmen, daß Ben-Anat für eine ungewöhnliche Leistung in der Gunst des Pharaos stand? Siehe J. H. Breasted, *A History of Egypt* (New York 1905), S. 449.

nen und müssen verglichen werden mit der Beschreibung der Kriege, dem Register der Ereignisse, mit den Bildern und mit den Schlachtendarstellungen von Ramses II.

Der erste Feldzug Ramses' II

Als sich Ramses II auf seinem ersten Marsch von Süden nach Norden quer durch Palästina befand, stellte sich ihm der König dieses Landes zum Kampf.

Ein Fragment aus einem Wandgemälde eines thebanischen Tempels von Ramses II, das im Metropolitan Museum of Art in New York aufbewahrt wird, zeigt einen palästinischen Fürsten: Von einem Pfeil oder der Lanze eines ägyptischen Kriegers ist er tödlich verwundet, und das Heer des Fürsten ist in großer Verzweiflung.[11]

Auf eine im »Jahr 2« bei Aswan errichtete Stele ließ Ramses, stolz auf seinen bedeutenden Sieg, den Bericht über seinen Feldzug einmeißeln:

> Er hat Myriaden vernichtet im Zeitraum eines Augenblicks ... Er hat seine Grenzen ausgedehnt für ewig, indem er die Asiaten (St-tyw) ausgeplündert und ihre Städte erobert hat.[12]

Die Schriften berichten über die Begegnung, die für den König von Juda tödlich ausging:

> II Chronik 35:20 ... Necho König von Ägypten zog herauf, um in Karkemisch am Euphrat zu kämpfen. Joschijahu [Josia] zog ihm entgegen.
> 21 Er aber sandte Boten zu ihm mit dem Spruch: Was habe ich mit dir zu schaffen, König von Jehuda! nicht gegen dich, das Deine, gilts heut, sondern wider das Haus, das ich bekämpfe ...

---

11 H. E. Winlock, *Excavations at Deir el Bahari, 1911–1931* (New York 1942), S. 12 und Tafel 69.
12 Breasted, *Records,* Vol. III, Sec. 479.

22 Joschijahu aber wandte sein Antlitz nicht von ihm ab ... und er kam zum Kampf in die Ebene von Megiddo.

Josia hatte gerade erst seine Streitmacht aufgestellt, als das Geschoß eines ägyptischen Schützen den Ausgang der Schlacht entschied.

II Chronik 35:23 Da schossen die Schützen[13] auf den König Joschijahu. Der König sprach zu seinen Dienern: Bringt mich hinweg, denn ich bin sehr geschwächt.
24 Seine Diener brachten ihn aus dem Fahrzeug, ließen ihn im Zweitgefährt fahren und zogen mit ihm nach Jerusalem, da starb er.

Abb. 2: Teil eines granitenen Türgewändes von Ramses II: Wahrscheinlich stellt es Josia, den Vater von Eljakim und Joahas, in der Schlacht von Megiddo dar, wo er tödlich verwundet wurde.

---

13 Der hebräische Text hat *yoru ha-yorim,* und eine korrekte Übersetzung ist »die Schleuderer *(ha-yorim)* schleuderten (yoru)« oder »die Schützen schossen«. Dasselbe Verb wird angewendet, aber mit dem Zusatz *ba-kesehet,* »mit einem Bogen«, wenn Pfeil und Bogen die Waffen sind. Siehe I Samuel 31:3 und I Chronik 10:3; vgl. ebenfalls Genesis 21:10 und Jesaja 21:17; 22:3.

Gemäß einer Parallelerzählung in II Könige (23:30) starb Josia, bevor er Jerusalem erreichte.

Nach dem Tod Josias setzte das Volk Jerusalems dessen Sohn Joahas auf den Thron von Juda. Aber nach kurzer Zeit »setzte ihn der König von Ägypten ab« und »ließ ihn nach Ägypten kommen« (II Chronik 36:3–4).

Ein Obelisk von Ramses II in Tanis erwähnt die »Wegführung der Fürsten von Retenu [Palästina] als lebende Gefangene«. Auf dem Obelisken ist das Wort »Fürsten« mit einer größenmäßig aus dem Rahmen fallenden Hieroglyphe geschrieben, womit ihr königlicher Status hervorgehoben wurde.[14]

Gemäß der biblischen Aufzeichnung schlug der Pharao, zu jener Zeit im nördlichen Syrien, Joahas in Ketten.

II KÖNIGE 23:33 Aber der Pharao Necho ließ ihn in Fesseln legen in Ribla im Lande Chamat, . . .
34 . . . den Joahas aber nahm er mit, der kam nach Ägypten, dort starb er.

Abb.3: Nahr el-Kelb: Links die Stele Asarhaddons, rechts diejenige von Ramses II. (Aus *Records of the Past II* [1904].)

Nachdem er das Land »um hundert Barren Silbers und einen Barren Golds« gebüßt hatte (II Chronik 36:3), setzte der Pharao Jojakim auf den von seinem Bruder aufgegebenen Thron.

> II KÖNIGE 23:35 Das Silber und das Gold gab Jojakim dem Pharao, jedoch mußte er das Land besteuern, um das Silber nach des Pharaos Geheiß zu geben, ...

Die Inschrift auf dem Obelisken in Tanis sagt über Ramses II, daß er »die Anführer der Asiaten in ihrem Lande ausplünderte«.

Als Gegenleistung für den Tribut stand Juda unter dem Schutze des Pharao. »Sie sitzen im Schatten seines Schwertes, und sie fürchten kein anderes Land«, schrieb Ramses auf der Aswan-Stele.

Auf seinen häufigen Besuchen in seinem Hauptquartier in Ribla ließ Ramses II bei Nahr el-Kelb (Hundsfluß), in der Nähe von Beirut an der syrischen Küste, jeweils Gedenkstelen einmeißeln. Sie wurden in den Felsen neben die Stele von Asarhaddon, König von Assyrien und Sohn von Sanherib, eingeschnitten. Gemäß der allgemein akzeptierten Meinung hat Asarhaddon seine Stele neben jener von Ramses II, die 600 Jahre früher ausgeführt worden sei, anbringen lassen. Wie aber unserer Rekonstruktion der Alten Geschichte entnommen werden kann, war Asarhaddons Stele schon über drei Viertel eines Jahrhunderts alt, als Ramses seine eigenen Inschriften einmeißeln ließ.

Es ist vermutet worden, daß Asarhaddon, indem er seine Inschriften neben jenen von Ramses I hatte anbringen lassen, eine ironische Absicht verfolgt habe.[15] Aber weder der assyrische König noch der Pharao dachten an eine Ironie. Asarhaddon, der in Ägypten die äthiopische Herrschaft niederschlug, und dessen Sohn Assurbanipal dort die Dynastie

---

14 S. *Kêmi, Revue de philologie et d'archéologie égyptiennes et coptes,* V (1935), Tafel 26 und S. 113.
15 D. D. Luckenbill, *Records of Assyria* (1927), Vol. II, Sec. 479.

von Ramses I errichtete, wurde von den Ägyptern als ein Befreier Ägyptens angesehen, und aus diesem Grunde hat Ramses II die Inschriften Asarhaddons nicht zerstört.

Ramses schrieb seine Texte auf den Felsen am Hundsfluß im 2., 3. (?) und 4. Jahr seiner Regierung; das Jahr »2« auf der einen und das Jahr »4« auf einer anderen Stele sind noch immer lesbar, aber der Text ist vor allem durch Witterungseinflüsse fast völlig zerstört worden. Wir können annehmen, daß der Text aus dem 2. Jahr bis zu einem gewissen Grade jenem der Aswan-Stele glich, die auch aus dem 2. Jahr von Ramses stammt.

Im 5. Jahr seiner Regierung zog Ramses II wiederum gegen den Euphrat. Es kam zu einer großen Schlacht, der berühmten Schlacht von Kadesch. Es war ein schicksalhafter Feldzug.

Tell Nebi Mend

Die Schlacht, für die in der Geschichtsschreibung der Name »Schlacht von Kadesch« eingetragen wurde, wird in einer Serie von Reliefs abgebildet, die auf den Wänden des Ramesseums bei Theben und der Tempel in Luxor, Karnak, Abydos und Abu Simbel eingemeißelt sind. Eine offizielle Niederschrift der Schlacht begleitet die Bilder im Ramesseum, in Luxor und Abu Simbel; die Darstellungen enthalten Geländekarten des Schlachtfeldes.

Diese Reliefs sind berühmt; seit alten Zeiten waren sie den Touristen in Ägypten wohlbekannt, wie das Zitat von Hekataios (5. Jahrhundert vor unserer Zeit) bei Diodor von Sizilien beweist. Nach einer knappen Beschreibung des Heeres des Pharao, das aus Infanterie und Kavallerie besteht und in vier Divisionen unterteilt ist, zitiert Diodor Hekataios: »Wie der König eine feste Stadt belagerte, die von einem Strom umflossen war, und wie er den Anderen voran mit einem [wie ein] Löwen auf einige Feinde losstürzte [den Angriff führte].«[16]

---

16 Diodor I, 48 (Übers. Wahrmund).

Neben dem prosaischen Bericht gibt es auf den Wänden der Tempel in Karnak, Luxor und Abydos auch eine poetische Schilderung dieser Schlacht; sie ist ebenfalls auf Papyrusrollen[17] erhalten und erhielt die Bezeichnung »Gedicht des Pentawer«. Pentawer könnte lediglich der Kopist eines der Papyri gewesen sein.[18]

Die Stadt, auf deren Approchen Ramses II seine Schlacht geschlagen hat, war eine nordsyrische Stadt im Norden des Libanongebirges. Die Stadt Kadesch dieser Schlacht ist nicht jenes Kadesch, das von Thutmosis III in Palästina erobert worden war, Jerusalem.[19] Sie ist ebenfalls nicht identisch mit dem Kadesch in Coele-Syrien, einer von Sethos, dem Vater Ramses II erstürmten Stadt. Wie die Abbildungen bei Sethos zeigen, lag das von ihm angegriffene Kadesch auf einem bewaldeten Hügel; es gab dort kein Flußufer;[20] Syrier und nicht die »Cheta-Leute« verteidigten sie.

Man ist sich allgemein einig, daß weder Kadesch in Palästina noch Kadesch in Coele-Syrien, zwischen den Höhenzügen des Libanon und Hermon, identisch sind mit dem von Ramses her bekannten Kadesch. »Kadesch« oder »Heilige Stadt« war ein Eponym für große Tempelstädte; so wird in unserer Zeit die Bezeichnung »Heilige Stadt« oft stellvertretend für Jerusalem, den Vatikan, Mekka und Lhasa gebraucht.

Champollion, der Entzifferer der Hieroglyphen, ließ sich durch Diodor von Sizilien irreführen, die Lage von Kadesch in Baktrien, nahe der nordwestlichen Gebiete Indiens, zu suchen.[21] Andere Ägyptologen der ersten Hälfte des 19. Jahr-

---

17 Der Papyrus Raifet (Anfang) und Sallier III (Rest). Die erste Seite ist verloren; Pap. Raifet ist die zweite Seite und Pap. Sallier III S. 3–12.
18 A. Erman betrachtet Pentawer lediglich als Kopist, und andere Gelehrte folgen ihm.
19 »Zeitalter im Chaos«, Band I, *Vom Exodus zu König Echnaton,* »Kadesch in Juda«.
20 Siehe W. Wreszinski, *Atlas zur altägyptischen Kulturgeschichte,* Band II, Teil 2 (Leipzig 1935), Tafel 53.
21 J. F. Champollion, *Lettres écrites d'Egypte* (Paris 1833). Die Feinde von Ramses II identifizierte er mit den Skythen.

Abb. 4: Darstellung der Schlacht von Kadesch-Karkemisch in Abu Simbel.

hunderts lokalisierten die Stadt in Mesopotamien; oder nahe am Taurus, nicht weit von Aleppo oder dann wieder in Edessa jenseits des Euphrats.[22] Aber auf der Suche nach einer Lage, deren Topographie den Geländekarten des Schlachtfeldes entspräche, wie sie von den Künstlern Ramses' II gezeichnet wurden, plazierten Gelehrte in der zweiten Hälfte jenes Jahrhunderts dieses Kadesch an den Fluß Orontes in Syrien. Die Einschränkung, Kadesch nur am Orontes zu suchen, ist durch eine Lesung des Flußnamens in den hieroglyphischen Texten verursacht worden, die wir in Frage stellen werden müssen.

Obwohl sich die Geländekarten voneinander unterscheiden, zeigen sie dessenungeachtet, daß der Ort der Schlacht an den Ufern eines breiten Stromes lag und daß Kadesch vom Wasser eines kleineren Flusses umgriffen wurde, einem Ne-

---

22 Literatur in G. C. Maspero, *The Struggle of the Nations* (New York 1897), S. 140–141, Fn. 4.

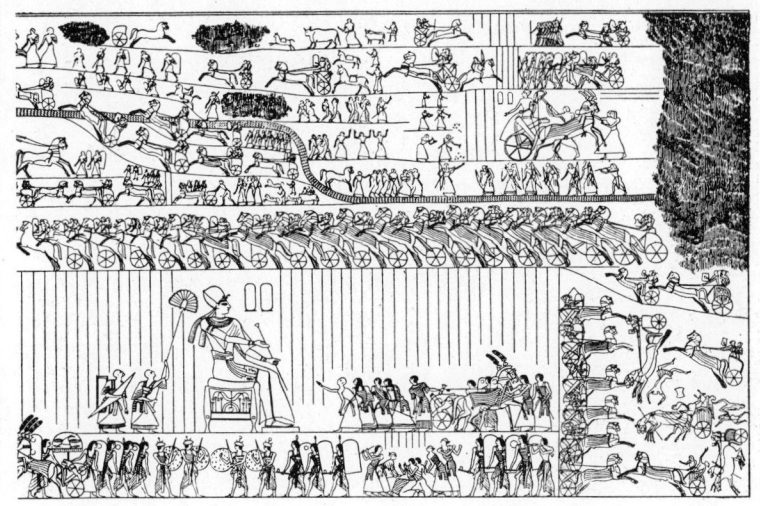

benfluß des Stromes. Jeder Versuch, das Schlachtfeld von Kadesch zu lokalisieren, muß sich an dieser topographischen Eigentümlichkeit orientieren, die »verbindlich ist für jede Lage, die als Kadesch identifiziert werden soll«.[23]

Der Fluß Orontes, der im zentralen Syrien entspringt, fließt durch eine Reihe Seen, in deren erstem es eine kleine Insel gibt. Dieses Becken heißt Bahret el-Qatine, und der Gelehrte,[24] der Kadesch auf der Insel inmitten des Sees lokalisierte, konnte aufzeigen, daß dieser See im Mittelalter Bahr el-Kedes genannt worden war.[25] Diese Identifikation wurde allerdings wieder aufgegeben, weil es sich um einen künstli-

---

23 »Elle était encerclée par les eaux; or, cette condition est nécessaire pour tout site qui voudra s'identifier avec Qadesh.« M. Pézard, *Qadesh. Mission Archéologique à Tell Nebi-Mend, 1921–1922* (Paris 1931), S. 26.
24 H. K. Brugsch, *Geographische Inschriften altägyptischer Denkmäler* (Leipzig 1857–1860), II, 22.
25 Abulfeda (1273–1331) *Tabulae Syriae* (Leipzig 1786), S. 157: »Der See bei Qades. Jetzt ist es derselbe wie der See Homs.«

chen, durch einen Damm gebildeten See handelt, der im Altertum nicht existierte. Beide Talmuds schreiben die Errichtung des Dammes dem römischen Kaiser Diokletian (284–305) zu.[26]

Darauf wurde ein nur wenige Kilometer südlich des Sees, stromaufwärts liegender Platz gefunden, der den Voraussetzungen entsprechen sollte. Es ist Tell Nebi Mend, oder Laodikea im Libanon, ein künstlicher Hügel, 30 Meter hoch und 1 Kilometer lang, der vom Orontes und einem kleinen Nebenfluß wie durch die zwei Seitenlinien eines Winkels eingegrenzt wird.[27] Eine Mühle in der Umgebung hieß »Qudas«, was als Beweis für die Richtigkeit der Gleichsetzung ausgelegt wurde. Die Mühle ist wahrscheinlich ein türkisches Gebäude.[28]

Eine Anzahl leidenschaftlicher Verfechter der zuletzt genannten Theorie versucht, seit den achtziger Jahren des vorigen Jahrhunderts nachzuweisen, daß in Tell Nebi Mend – und dort allein – die Bedingungen aus den ägyptischen Texten und Geländekarten erfüllt werden.[29] Bis jetzt blieb Tell Nebi Mend als Örtlichkeit von Kadesch eine nie in Frage gestellte These in der Archäologie.

Ausgrabungen wurden dort 1921–1922 unternommen. Es kamen keine Gebäude oder Stadtmauern zum Vorschein, die das Vorhandensein einer Stadt in der zu untersuchenden Periode vermuten ließen. Es ist wahr, daß nur ein kleiner Teil des Hügels erforscht wurde; die Ruinen von Kadesch, so wird uns versichert, liegen unter dem Hügel versteckt und erwarten ihre zukünftigen Ausgräber.

Weder die geographische Lage noch die Topographie von Tell Nebi Mend rechtfertigen seine Gleichsetzung mit dem

---

26 Der Jerusalemer Talmud, Kilaim 60.5; der Babylonische Talmud, Bawa batra 74b. Abulfeda (1273–1331) wies ebenfalls auf die Tatsache hin, daß der See künstlich angelegt ist.
27 Claude R. Conder, »Kadesch«, *Quarterly Statement of the Palestine Exploration Fund,* 1881, S. 163–173.
28 Pézard, *Qadesh,* S. 2.
29 J. H. Breasted, *The Battle of Kadesh* (Chicago 1903), verwendet die Karte von Tell Nebi Mend zur Rekonstruktion der berühmten Schlacht.

Kadesch der Schlacht. Was regte diese Gleichsetzung an? Erstens ist es der Name des Flusses, an dessen Ufer die Stadt lag; zweitens ist es ihre Lage in einem Winkel zwischen zwei Flüssen. Wir werden beide, die geographischen als auch die topographischen Gründe, für die Identifikation in Erwägung ziehen.

Aus einer um einige Jahrhunderte früheren Zeit kommt ein Hinweis auf den Standort des nördlichen Kadesch, der in der Grabinschrift eines Amenemheb, eines Offiziers im Dienste von Thutmosis III, gefunden wurde: Er läßt nachdrücklich vermuten, daß die Stadt weiter nördlich als Tell Nebi Mend gelegen haben muß. Der Offizier erwähnt in einem kurzen Bericht die Schlachten im südlichen Palästina (Negeb), die Ankunft in Mesopotamien (Naharina) und später in den Bergen der Region von Aleppo; dann die Expedition in das Land von Karkemisch, die Überquerung des Flusses und die Einnahme von Kadesch. Die Schlußfolgerung von Gelehrten lautete, der Offizier habe die Orte, durch welche er auf dem siegreichen Feldzug von Thutmosis III[30] marschiert war, sehr ungenau aufgezählt; denn er registrierte das nördliche Kadesch im Lande von Karkemisch, westlich des Euphrats, den er und seine Truppen, von Osten kommend, überquert hatten.

Das sieghafte Heer von Thutmosis hätte weder Aleppo noch einige Regionen Mesopotamiens erobern können, ohne zuerst Tell Nebi Mend an der von Ägypten her nordwärts führenden Marschroute zu nehmen.

Aber lag das durch Ramses berühmte Kadesch am Orontes? Im »Gedicht des Pentawer« wird der Name *r-n-t* buchstabiert, und es könnte beinahe ungerechtfertigt erscheinen,

---

[30] »Im übrigen scheint die Grabschrift des Amenemheb die Reihenfolge der Begebenheiten sehr frei wiederzugeben: Negeb, Naharina, Aleppo, Karkemisch, Qades [Kadesch] usw. Natürlich mußte Qades erst genommen sein, ehe Nordsyrien und Naharina an die Reihe kommen und selbst der Eufrat überschritten werden konnte.« Rudolph Kittel, *Geschichte des Volkes Israel* (4. Aufl.; Gotha, 1921) I, S. 99, Fn. 2.

nach 90 Jahren – seit dem Tag, als Conder Tell Nebi Mend mit dem Kadesch der Schlacht identifizierte – die Frage wieder aufzuwerfen. Die phonetische Ähnlichkeit ist zu gut, um sie anzuzweifeln. Doch im Papyrus Sallier, der sich mit dem gleichen Feldzug befaßt, wird der Name des Flusses mit *n-r-t* wiedergegeben; die Benennungen *r-n-t*, *n-r-t* und *p-n-r-t* sind in einer ganzen Anzahl hieroglyphisch geschriebener Dokumente zu finden; ihre verwirrend unbekannte Bedeutung veranlaßte zwei Gelehrte, Bürnouf und Lagarde, die Theorie aufzustellen, daß *r-n-t* der Name vieler Flüsse und Berge sei.

Wenn aber das oft genannte *p-n-r-t* oder *r-n-t* für den Orontes steht, dann hat seltsamerweise der große Strom Euphrat im Ägyptischen keinen Namen. Sein babylonischer Name war Puratu, und sein hebräischer Name lautet ähnlich: Prat. Im Ägyptischen kann der Anfangsbuchstabe *p* ausfallen, wenn er als bestimmter Artikel verstanden wird, wie es aus anderen Beispielen bekannt ist. Es wäre nicht überraschend, den Orontes in ägyptischen Quellen nicht erwähnt zu finden, aber wie könnte der große und berühmte Euphrat – neben dem Nil der größte Fluß in der Welt, welche die Ägypter kannten – namenlos sein?

Gemäß Strabon erhielt der Fluß in Syrien seinen Namen Orontes nicht vor dem 4. Jahrhundert v. u. Z. Strabon liefert die folgende Information: »Er [der Fluß] nahm aber den Namen des ihn überquerenden Orontes an, nachdem er früher Typhon geheißen hatte.«[31]

Dieser Orontes war ein gebürtiger Baktrier[32], Sohn des Artasyras; er heiratete eine Tochter von Artaxerxes II Mnemon, dem persischen König[33], und war in Syrien und in

---

31 Strabon, *Erdbeschreibung,* XVI, 750 (übers. Foringer).
32 Baktrien war eine persische Satrapie zwischen dem Hochgebirge des Hindukusch und dem Oxus (Amu-Darja).
33 Xenophon, *Anabis,* III, iv, 8; Plutarch, *Lebensbeschreibungen,*»Artaxerxes«, 27.

Kleinasien tätig.[34] Im Jahr –349 oder –348 wurde ihm durch einen Entscheid der Athener das athenische Bürgerrecht verliehen.

Es kann aber unmöglich vermutet werden, daß ein Fluß, der seinen Namen einem wohlbekannten baktrischen General verdankt, der im 4. Jahrhundert eine Brücke darüber baute, schon tausend Jahre früher den Namen dieses Generals getragen hat. Allerdings entscheidet dieses spezifische Argument, das sich so schlagend anhört, die eigentliche Sachlage nicht unbedingt. In den Aufzeichnungen Salmanassars III über seinen Krieg mit Hazael von Damaskus verweist er darauf, die Überreste von dessen Heer in den Fluß Arantu geworfen zu haben, der sowohl der Orontes als auch der Euphrat sein könnte. Es scheint also, wie wir gerade aus der Auffassung der früheren Orientalisten erfahren haben, daß ähnliche oder gar identische Bezeichnungen *r-n-t, n-r-t* und *p-n-r-t* auf mehr als einen Strom der Region angewendet wurden. Um die Frage nach dem Fluß der berühmten Schlacht zu klären, sind wir deshalb gezwungen, uns der Topographie der Schlacht von Kadesch zuzuwenden und danach auch die Orte zu berücksichtigen, die nach den hieroglyphischen Texten von Ramses II auf dem Weg nach Kadesch berührt wurden.

Die Topographie von Kadesch, wie sie von Ramses II abgebildet wird, widerspricht auch der Ortsbeschreibung von Tell Nebi Mend. Auf dem Relief von Ramses II ist die Stadt Kadesch, wie schon bemerkt, von Wasser umgeben: Nördlich der Stadt fließt ein großer Fluß, und ein kleiner Fluß umkreist die Stadt im Süden. Aber Tell Nebi Mend ist nicht

---

34 Unter Tiribazos war er im Krieg gegen Euagoras von Zypern stellvertretender Kommandeur und schloß ohne Wissen von Tiribazos mit Euagoras einen Friedensvertrag (Diodor, XV, ii, 2). Er amtierte als Satrap von Armenien (Xenophon, *Anabasis,* III, v, 17). In Kleinasien wurde er zum erklärten Feind des persischen Königs; in Syrien wurde er durch Artaxerxes III (Ochus) bedrängt. Die Athener verehrten ihm einen goldenen Kranz zusammen mit dem Bürgerrecht.

auf allen Seiten von Wasser umgeben, da die Grundlinie des Dreiecks, von der zwei Seiten durch den Orontes und den hinzugestoßenen Fluß gebildet werden, nicht durch einen Wasserriegel abgesperrt wird. Darüber hinaus stimmt die Lage des Flusses in bezug auf den Hügel von Tell Nebi Mend nicht mit den Geländekarten von Ramses II überein.

Das »Gedicht den Pentawer« verrät, daß der Pharao im Norden der Stadt, auf dem westlichen Flußufer haltmachte; auch der prosaische Schlachtbericht stellt dar, daß sich Ramses II im Nordwesten der Stadt befand, als die Schlacht begann. »Aber wenn sich Norden auf der Seite der ägyptischen Zeichnung befindet, wo der Pharao ist, dann stellt sie ihn auf der Ostseite des Flusses dar. Oder andererseits, wenn, wie der Text sagt, er in der ägyptischen Zeichnung auf der Westseite des Flusses sein sollte, dann zeigt ihn die Zeichnung im Süden der Stadt und nordwärts angreifend. In keiner Weise läßt sich der einzige der vier alten Zeichnungen des Schlachtfeldes mit den Daten der Inschriften zur Übereinstimmung bringen.«[35]

Kadesch, wie es auf den Bildern von Ramses II gezeigt wird, war befestigt durch einen hufeisenförmigen Damm und durch einen anderen, kürzeren, der den breiten Strom berührte. Die zwei Eindämmungen waren durch zwei Bastionen verbunden, und der befestigte Bereich hatte das Aussehen eines Ovals. Außerhalb dieser Wälle umfaßte ein Graben die Stadt, und eine doppelte Mauer vervollständigte die Festungswerke. Hohe Turmbollwerke traten aus der Mauer heraus; eine Krone dreieckiger Zinnen entlang der Brustwehr diente dem Schutz der Soldaten auf der Mauer und auf den Bastionen.

Weder die doppelten Mauern mit ihren Bollwerken noch die Gräben wurden in Tell Nebi Mend aufgedeckt. Wenn die Mauern immer noch von der Erde des Hügels bedeckt sind, so sollten wenigstens Anzeichen von Befestigungswerken in

---

35 »Poem of Pentaur« in Breasted, *Records,* Vol. III, Sec. 335.

der näheren Umgebung des Hügel erhalten sein. Doch wurden solche sicher nicht freigelegt.[36]

Der Mangel an Übereinstimmung zwischen den Geländekarten und der eigentlichen Topographie und Lage von Tell Nebi Mend sowie seiner Befestigungen genügte nicht als Warnung, daß dies der falsche Ort sein könnte; die Gelehrten, die die Abweichungen zwischen den ägyptischen Geländekarten und der Stätte selbst hervorheben, bezweifelten noch immer nicht, daß Tell Nebi Mend das Kadesch der Schlacht von Ramses II war.

In einem folgenden Abschnitt wird die Topographie der Schlachtenkarten von Ramses II mit der Topographie von Karkemisch verglichen werden. Was aber stellt dann Tell Nebi Mend dar? Welchen historischen Ort verbirgt der Hügel?

Nur wenige Kilometer von Tell Nebi Mend entfernt ist ein arabisches Dorf namens Ribla, in der Tat der dem Hügel am nächsten liegende bewohnte Ort. Das Dorf von Ribla hat keinen Tell oder Hügel; trotzdem wird allgemein angenommen, daß das Dorf die Stätte der alten Festung dieses Namens einnimmt. Ribla, die Festung »im Lande von Chamath«, spielte eine wichtige Rolle als das militärische Hauptquartier zuerst von Pharao Necho und danach von Nebukadnezar. Dort schlug der Pharao Joahas, den König von Jerusalem, in Ketten (II Könige 23:33); dort blendete Nebukadnezar König Zedekia (II Könige 25:7, Jeremia 39:7).

Bei seiner fruchtlosen Erforschung von Tell Nebi Mend fand Pézard ein Fragment einer Stele von Sethos dem Großen, dem Vater von Ramses II. Es scheint, daß Sethos die Festung von Ribla erbaute.[37]

Pézard starb bald, nachdem er die Arbeit aufgenommen hatte; wäre sie weitergeführt worden, wären ganz unerwartete Funde ans Licht gekommen. Versteckt unter einem kilome-

---

36 Wreszinski, *Atlas,* Band II, Teil 4, Tafel 173.
37 Pézard, Qadesh, S. 19–21, Tafel XXVIII.

Abb. 5: Infanterie und Wagentruppen Ramses' II.

terlangen Hügel liegt nicht Kadesch, sondern Ribla, das militärische Hautquartier von Sethos; und von Pharao Necho; und kurz danach von Nebukadnezar. Aber zwischen Sethos und Necho vergingen angeblich 700 Jahre. Der Tell verbirgt eine reiche Belohnung für jene, die die Arbeit von Pézard wiederaufnehmen, dessen Spaten seit mehr als 50 Jahren rosten.

Das Heer von Ramses II

Das ägyptische »Gedicht des Pentawer« hat zum Ziel, das persönliche Heldentum des Pharao zu preisen und zu berichten über den »Sieg, welchen er gewonnen hat im Land derer von Chatti, Naharina ... Karkemisch, Qadi, [dem] Land von Kadesch ...«[38]

---

38 A. Gardiner, *The Kadesh Inscriptions of Ramesses II* (Oxford 1960), S. 7.

Abb. 6: Lydische Soldaten aus Sardes und ägyptische Soldaten in der Schlacht von Kadesch-Karkemisch.

Ein anderes Gedicht, von Jeremia geschrieben, trägt den Titel: »Über das Heere des Pharao, Necho, Königs von Ägypten, das am Strom Euphrat bei Karkemisch stand, das Nebukadnezar, König von Babel, schlug, im vierten Jahr Jojakims Sohns Joschijahus, Königs von Jehuda.«[39]

Im zehnten Monat des fünften Jahres seiner Regierung passierte Usermare Setepenre (Ramses II) die Festung Zaru an der ägyptischen Grenze.

---

39 Jeremia 46.

... als alle Fremdländer vor ihm zitterten und ihre Häuptlinge ihre Geschenke brachten ... sich beugten in Furcht vor der Macht seiner Majestät.[40]

Jeremia beschrieb den Beginn dieses Feldzuges mit den folgenden Worten:

JEREMIA 46:8 Ägypten, wie der Nil steigt es auf, ... es spricht: Ich steige auf, ich bedecke die Erde ...

---

40 Gardiner, *The Kadesh Inscriptions of Ramesses II*, S. 8.

Alle Länder an Pharaos Weg, einschließlich Juda, waren mit Furcht erfüllt vor der zur Schau gestellten Macht. Ohne Zwischenfall und ungehindert setzte der Pharao seinen Weg nach Norden fort.

Ramses II passierte das Tal der Zedern und die Festung von Ribla. »Seine Majestät drang nordwärts vor [und] erreichte das Hügelland von Kadesch.«

Sein Feind war der »elende Häuptling von Chatti«. Dieser Widersacher stand nicht allein: Syrische Alliierte waren bei den Truppen des »Königs von Chatti«.

> Nun war der elende Frevler von Kadesch gekommen und hatte alle Fremdländer bis zum Ende des Meeres versammelt; das ganze Land Chatti war gekommen ... [hier werden die nordsyrischen Städte mit Namen aufgeführt],[41]

Ähnlich lesen wir in Jeremia, daß die Städte Nordsyriens mit Nebukadnezar verbündet waren und daß »das Heer Arams [der Syrer]« das »Heer der Chaldäer« unterstützte (Jeremia 35:11). Gemäß den ägyptischen Texten bestand das Heer von Ramses aus vier Divisionen:

> Die Division des Amun ... die Division des Re ... die Division des Ptah ... die Division des Seth.

Dem hebräischen Gedicht Jeremias folgend, setzte sich dieses Heer zusammen aus Ägyptern, Äthiopiern, Libyern »fassend den Schild«, und aus Lydiern »fassend spannend den Bogen!« (Jeremia 46:9). Auf diese Divisionen beziehen sich die Worte des Propheten:

> JEREMIA 46:3 Rüstet Schild und Tartsche, tretet an zum Kampf!
> 4 Schirret die Rosse, steigt, ihr Reisigen, auf! Stellt euch in Helmen! Feget die Speere! Legt die Panzer an!

Deutlich werden im ägyptischen Gedicht die Söldner des Pharao erwähnt, genannt die »Sardan«. Söldner des Pharao treten auch im Gedicht des Jeremia auf (46:21):

---

41 Ebenda.

Auch deine Söldner drinnen sind Mastkälbern gleich.

Schon in alten Zeiten sind für das ägyptische Heer Krieger aus den Nachbarländern Äthiopien und Libyen rekrutiert worden. Zur Zeit von Sethos Ptah Maat, dem Vater von Ramses II, wurde eine Söldnerdivision, die Sardan, zur ständigen Einheit im ägyptischen Heer. Es kann nachgewiesen werden, daß von den zwei Theorien über das Herkunftsland der Sardan-Söldner – ob sie aus Sardinien oder aus Sardes (in Lydien) kommen – die zweite Gleichsetzung richtig und die erste falsch ist: Zu Sethos, dem Psammetich der griechischen Autoren, sandte Gyges, der König von Sardes, Söldner, die auf dem Seeweg eintrafen und für die der Pharao Lager in Tefenne (Daphnai) im östlichen Delta bereitstellte.

Die Begründung der Identität von Ramses II mit Pharao Necho veranlaßt uns auch zur Suche nach einer Erklärung aus Jeremia: Wer waren die Glücksritter der Sardan im ägyptischen Heer?

Neben den Ägyptern selbst nannte Jeremia (46:9) als Einheiten des ägyptischen Heeres, »das am Strom Euphrat bei Karkemisch stand« und gegen Nebukadnezar kämpfte, die Äthiopier, die Libyer und die Lydier. Die Libyer und Äthiopier waren eigentliche Nachbarn Ägyptens. Zu verschiedenen Zeiten in der ägyptischen Geschichte regierten Libyer und Äthiopier den ganzen Herrschaftsbereich, und Großägypten umfaßte zumindest Teile von Libyen im Westen und von Äthiopien im Süden. Die Lydier (im Hebräischen *Ludim*, Plural von *Lud*, Lydien) waren Leute im westlichen Kleinasien. Es kann keine Verwechslung geben: die Lydier des Jeremia waren die Sardan von Ramses II. Sardes war die Hauptstadt Lydiens. Sardan bedeutet »die Männer aus Sardes«.

Die Schlacht von Kadesch-Karkemisch

Die berühmte Schlacht von Kadesch nahm folgenden Verlauf. Ramses II marschierte mit der Division Amun und erreichte, ohne die Nähe des Feindes zu ahnen, einen Punkt nordwestlich von Kadesch. Er verlieh seiner Empörung Ausdruck:

> Dies ist ein großer Frevel, den die Statthalter der Fremdländer und die Häuptlinge des Pharao begangen haben, indem sie den Gefallenen von Chatti nicht verfolgen ließen, wo immer er war, so daß sie darüber täglich an Pharao hätten Bericht erstatten können.[42]

Ramses wollte Kadesch durch einen Sturmangriff erobern und belagerte es deshalb nicht. Die feindlichen Truppen, die, von Norden kommend, erwartet wurden, befanden sich versteckt hinter der Stadt. Im geeigneten Zeitpunkt marschierten sie hinter den Mauern hervor und attackierten, da sie von Süden her kamen, das Korps des Re, welches der Amun-Division folgte.

> Sie waren hinter die Stadt von Kadesch gestellt worden, um sie verborgen zu halten, und nun kamen sie hervor von der Südseite von Kadesch und brachen in die Division des Re in ihrer Mitte, wie sie marschierte und sich nicht zurechtfand und auf den Kampf nicht vorbereitet war. Daraufhin wurde vor ihnen die Infanterie und die Wagentruppe Seiner Majestät zerschlagen...[43]

Das ohne Vorwarnung überfallene ägyptische Heer zog sich nach Norden zurück. Die »Kriegsannalen« wiederholen die Schilderung des Gedichtes und vermerken die Richtung des Rückzuges.

> ... Der erbärmliche Frevler von Chatti war mit seiner Infanterie und seiner Wagentruppe gekommen, wie auch mit den vielen

---

42 Gardiner, *The Kadesh Inscriptions of Ramesses II,* S. 30.
43 Ebenda, S. 8–9.

Fremdländern, die bei ihm waren, und sie hatten die Furt durchquert, die im Süden von Kadesch ist. Dann waren sie in die Mitte des Heeres Seiner Majestät hineingetreten, während sie marschierte und sich nicht zurechtfand. Dann wurden die Infanterie und die Wagentruppe Seiner Majestät vor ihnen zerschlagen, während sie nordwärts gingen, wo Seine Majestät war.[44]

Dieser aufreibende Rückzug des hochgelobten und vielgefürchteten Heeres wird von Jeremia beschrieben (46:5–6):

> JEREMIA 46:5 Weshalb muß ichs sehn?! Da sind sie, bestürzt, sie weichen zurück, ...
> 6 Nimmer entflieht nun der Schnelle, nimmer rettet der Held sich! nordhin, dem Strom Euphrat zuseiten, straucheln sie, fallen!

Abb.7: Soldaten des Heeres Nebukadnezars bei Karkemisch. (Aus M. Riemschneider, *Die Welt der Hethiter* [Stuttgart].)

Jeremia und Ramses erklären beide, daß der Rückzug der Ägypter in nördlicher Richtung erfolgte. Weshalb war es wichtig festzuhalten, in welche Richtung sich die Ägypter zurückzogen? Ein sich zurückziehendes Heer flieht gewöhnlich

---

44 Ebenda, S. 30.

in Richtung des Landes, von wo es kam. Von Süden her verfolgt, flüchteten die Ägypter nach Norden, fort von ihrem Land und ihren Stützpunkten.

Mittlerweile umzingelten die Truppen des »elenden Häuptlings von Chatti« die Leibgarde Seiner Majestät. So lautet Ramses' eigener Bericht:

> Alle Fremdländer waren gegen mich vereinigt, ich war für mich allein, niemand sonst mit mir, meine zahllose Infanterie hatte mich verlassen, nicht ein einziger meiner Wagentruppe sah auf mich.[45]

Ein ähnliches Bild des panisch flüchtenden Heeres zeichnet Jeremia:

> JEREMIA 46:5 ... ihre Helden zerstieben, fliehen in Flucht, wenden sich nicht! Grauen ringsum!

Die Verfolger »bedeckten die Berge wie Heuschrecken in ihren Schwärmen« schrieb Pentawer. ». . . denn mehr als der Heuschrecken sind ihrer, sie haben keine Zahl«, sagt Jeremia (46:23) von ihnen.

Aus dieser gefahrvollen Situation rettete sich der ägyptische König durch einen verwegenen Angriff: Er stürmte in das Heer des »elenden Häuptlings von Chatti«. »Wie ein grimmig blickender Löwe« schlug sich der Pharao einen Ausweg.

> Dann schaute Seine Majestät in die Runde und fand sich rings umgeben von 2500 Pferdegespannen ... zu dritt auf einem Rossengespann als eine Einheit![46]

Es ist schwer zu beweisen, wieviel Wahrheit die poetische Be-

---

45 Ebenda, S. 10 Breasted, *Records*, Vol. III, Sec. 327, übersetzt den Satzteil: »Nicht einer unter ihnen widerstand und kehrte um.«
46 Gardiner, *The Kadesh Inscriptions of Ramesses II*, S. 9.

schreibung des mutigen, von seinen Truppen verlassenen Pharao enthält. Der ägyptische Autor schreibt seinem König die Kühnheit eines Löwen zu. (Das Gedicht ist in der ersten Person geschrieben, wie wenn König Ramses II der Autor wäre.) Gewiß war es ein schwieriges und riskantes Bravourstück, einen Ausweg aus der Schlacht zu finden. Auch der hebräische Prophet stellte klar, daß der Pharao mit seinem Leben davonkam. Wie wir später sehen werden, hat ihm dabei ein Abteilung von *naarim*, hebräisch für »Jünglinge«, geholfen.

Die Beschreibung der Schlacht und ihres Ausganges in den hebräischen und in den ägyptischen Quellen lauten sehr gleichartig: Mißgeschick, Niederlage und Flucht. Das Prestige Ägyptens war zerschmettert.

Der ägyptische Autor lud Schande auf das Heer, aber nicht auf den König, der als Held präsentiert wird und seinen Streitkräften ihre Zaghaftigkeit vorhält.

> Wie zaghaft sind eure Herzen, meine Wagenkämpfer, und auch kein Vertrauenswürdiger ist mehr unter euch ...
> Und seht, ihr habt eine zaghafte Tat begangen, gemeinschaftlich an einem Ort. Nicht ein Mann stand unter euch, um mir seine Hand zu reichen, als ich kämpfte.[47]

Während er sein Heer tadelt, sagt der Pharao von sich selbst:

> Die Völker haben mich gesehen: Sie werden meinen Namen in den entferntesten Ländern nennen.

Aber Jeremia war anderer Meinung:

> JEREMIA 46:12 Die Weltstämme hören deinen Schimpf, dein Kreischen füllt die Erde, ...

Laut dem Gedicht gelang es Ramses, über einen Umweg die

---

47 Ebenda, S. 11.

zwei Divisionen zu erreichen, die an der Schlacht nicht teilgenommen hatten; er besprach sich mit seinen Offizieren und hörte ihren Ratschlag, nach Ägypten zurückzukehren. Es war ein gehetzter Rückzug.

In Jeremias Worten:

> JEREMIA 46:15 Deine Reckengewalt, weshalb wird sie hinweggeschwemmt? Sie hält nicht stand, denn ER stößt sie nieder!
> 16 Viele verstrauchelt er, der Mann fällt gar über seinen Genossen, die sprechen: Auf, kehren wir heim zu unserm Volk, zum Land unserer Geburt vor dem verheerenden Schwert!

Das unmittelbare Ergebnis der Schlacht war, daß die Reste des ägyptischen Heeres nach Ägypten entkamen; Syrien und Palästina gingen dem Pharao verloren und fielen unter die Herrschaft Nebukadnezars.

»Strategisch war das Ergebnis eine Niederlage für die Ägypter, und sie mußten sich, ohne irgend etwas erreicht zu haben, nach Hause zurückziehen...«, schrieb ein Historiker über die Regierungszeit von Ramses II; »die Revolte [von Syrien-Palästina] muß sich weit nach Süden ausgebreitet haben.«[48]

Tabelle der Schlacht von Kadesch-Karkemisch

Hebräische Quellen über Pharao Necho:	*Ägyptische Quellen über Ramses-Setepenre (Ramses II)*
ZEIT	
Vier Jahre nach dem ersten Eindringen Pharao Nechos in Palästina. Vgl. II Chronik 35:20; 36:2,4; Jeremia 46:2.	Vier Jahre nach dem ersten Eindringen Pharao Ramses' II in Palästina. Vgl. Stele aus dem 2. Jahr bei Nahr el-Kelb; Aswan-Stele; »Annalen«; »Gedicht des Pentawer«.

---

48 R. O. Faulkner, in *The Cambridge Ancient History*, II, 2 (1975), S. 228.

Ort

»Am Strom Euphrat bei Karkemisch.« Jeremia 46:2.

»Im Lande Chatti, Nahrina, Karkemisch, Qadi, dem Land von Kadesch.« »Gedicht des Pentawer.«

Topographie

Bei einer auf allen Seiten von Wasser umgebenen Festung; die Festung hat doppelte Mauern und Gräben; sie ragt in einen großen Strom; in der Nähe ist ein heiliger See. Vgl. Beschreibung und Pläne der Karkemisch-Ausgrabungen.

Bei einer auf allen Seiten von Wasser umgebenen Festung; die Festung hat doppelte Mauern und Gräben; sie ragt in einen großen Strom; in der Nähe ist ein heiliger See. Vgl. die vier Geländekarten auf den Mauern von Karnak.

Lage

Karkemisch ist im Norden von Bab.

Das Schlachtfeld war im Norden von Bab.

Verbündete

Das »Heer Arams [Syrer]« auf der Seite des chaldäischen (babylonischen) Heeres, Jeremia 35:11.

»Heere der syrischen Städte« auf der Seite des Heeres von Chatti. »Gedicht des Pentawer.«

Pharaos Heer

Vier Divisionen: Ägypter, Äthiopier, Libyer, Lydier. Vgl. Jeremia 46:9. Die Lydier waren Söldner. Jeremia 46:9; 21. Wagentruppen nahmen an der Schlacht teil. Jeremia 46:9.

Vier Divisionen: Amun, Re, Ptah und Seth. Vgl. »Gedicht des Pentawer«. Die Sardan, d. h. »die aus Sardes« in Lydien, waren Söldner. Wagentruppen nahmen an der Schlacht teil. »Annalen« Ramses' II; »Gedicht des Pentawer«.

Schlachtverlauf

Das ägyptische Heer »zerstiebt und flieht«. Jeremia 46:5.

Plötzlich angegriffen, wurden »die Infanterie und die Wagentruppe Seiner Majestät zerschlagen«. Gedicht über die Schlacht von Kadesch; »Annalen«.

DER RÜCKZUG DES ÄGYPTISCHEN HEERES ENTWICKELT SICH ZUR FLUCHT

»Ihre Helden zerstieben, fliehen in Flucht, wenden sich nicht!« Jeremia 46:5.

»Meine zahllose Infanterie hat mich verlassen, nicht einer meiner Wagentruppe sah auf mich.« »Annalen« Ramses' II

DIE FLUCHT GING IN RICHTUNG NORDEN, WEG VON ÄGYPTEN

». . . nordhin, dem Strom Euphrat zuseiten, straucheln sie, fallen!« Jeremia 46:6.

»Dann wurden die Infanterie und die Streitwagen Seiner Majestät vor ihnen zerschlagen, während sie nordwärts gingen.« »Annalen«.

Die Festung von Karkemisch

Jeremia offenbart den Ort der Schlacht: es war Karkemisch. Wenn Jeremia und Pentawer dieselbe Schlacht beschreiben, so folgt, daß Tell Nebi Mend am Orontes nicht der Schauplatz der großen Auseinandersetzung war. Wir müssen nun untersuchen, ob Karkemisch mit den Zeichnungen von Ramses II im Einklang steht.

Karkemisch wird mit dem Hügel von Dscherablus am Westufer des Euphrats identifiziert.[49]

Von Aleppo her verläuft die Straße nordöstlich an Bab,

---

49 Erstmals von W. H. Skene und G. Smith identifiziert. Siehe D. G. Hogarth, *Carchemisch; report on the excavations at Djerabis in behalf of the British Museum conducted by C. Leonard Woolley and T. E. Lawrence*, Pt. 1, Introductory (London 1914).

Arima und Hierapolis der griechischen und römischen Zeit vorbei, überquert dann das Tal des Sagur, eines von rechts kommenden Nebenflusses, um dann Dscherablus am Euphrat zu erreichen.

Ein großer, aus alten Zeiten stammender Hügel beherrscht das rechte (wegen der Flußwindungen hier südliche) Ufer des Euphrats, wo jetzt nahe der syrisch-türkischen Grenze die Bagdad-Eisenbahn den Fluß überquert. Noch bevor am Hügel gegraben wurde, sind dort große Steinblöcke mit »hethitischen« Inschriften und Zeichen gefunden worden. Sie zogen die Aufmerksamkeit auf sich und ließen auf die Identifizierung des Hügels mit Karkemisch schließen.

Die Stätte, wie sie von ihren Ausgräbern beschrieben wurde, »ist durch eine hufeisenförmige Eindeichung gekennzeichnet« und durch »einen hohen Zitadellenhügel, der vom Flußufer zu einer Höhe von 120 Fuß (36,6 Metern) über dem mittleren Wasserspiegel des Euphrats emporsteigt«.[50] Die zwei Eindämmungen – jene in Form eines Hufeisens und jene der Zitadelle – bilden zusammen ein Oval.[51] Die Hufeiseneindeichung ist von einem tiefen Graben umgeben. »Die Eindämmung steigt sehr steil zu Höhen zwischen 9 und 15 Metern von dieser Einsenkung empor.«[52] – »Der Hügel erhob sich 20 Meter über die ursprüngliche Oberfläche; auf seiner Außenseite war ein Graben, rund fünf Meter tief.«[53]

Ein weiterer Graben befand sich auf der Innenseite des Dammes. Entlang der Eindämmung verliefen also zwei mit Wasser gefüllte Gräben.

Die Bilder von Ramses II passen auf diesen Plan der Befestigungen. Die hufeisenförmige Festung ist von Gräben umgeben. »Kadesch ist in einem tiefgelegenen Tal von Wallgrä-

---

50 Ebenda, S. 1.
51 R. Koldewey, *Die Architektur von Sendschirli* (Berlin 1898), S. 179, beschreibt es als Kreis.
52 Hogarth, *Carchemish*, Pt. 1, Indtroductory, S. 1.
53 C. L. Woolley, *Carchemish*, Vol. 2: *The Town Defences* (London 1921), S. 44.

ben umgeben.«[54] – »Die Stadt wird mit einem doppelten Graben abgebildet.«[55]

Wir rufen uns ins Gedächtnis zurück, daß Tell Nebi Mend nicht von Wallgräben umgeben ist; auch wurden dort keine Spuren von Eindämmungen gefunden.

Die hufeisenförmige Eindeichung von Karkemisch war von einer Doppelmauer gekrönt, und auch »die Flußmauer war eine doppelte.«[56] Zusätzlich zum inneren Verteidigungsring besaß die Stadt auch äußere Verteidigungsanlagen, die »aus zwei, ungefähr neun Meter auseinanderstehenden Mauern gebildet wurden.«[57]

Die Zeichnungen der Stadt Kadesch von Ramses II zeigen ebenfalls vier parallele Linien, welche zwei um die Festung herum verlaufende Mauern repräsentieren.

Auf der Karte der Ausgräber von Karkemisch können zwischen dem Zitadellenhügel und der Hufeiseneindämmung, im Nordwesten und im Südosten der Zitadelle, zwei Festungswerke gesehen werden. An »der Nordwestecke, dicht am damaligen Ufer des kleinen Flusses«, wurde »der Übergang vom Hügel zum Mauerwerk durch ein großes Fort markiert«, und eine ähnliche Befestigung befand sich im Südosten.[58]

Auf der Zeichnung des Künstlers von Ramses II unterbrechen zwei Quadrate die Linienführung der Mauern: sie verraten zwei Forts oder Bastionen.

Neben den zwei Forts wurden die Mauern von Karkemisch durch Türme unterbrochen. »Türme aus Ziegeln waren an die Mauer gebaut.«[59]

Die Zeichnungen von Ramses zeigen diese Türme ebenfalls. Sie können mit dem von Salmanassar III stammenden

---

54 Breasted, *Records*, Vol. III, Sec. 140, note.
55 Conder, *Quartely Statement of the Palestine Exploration Fund*, 1881, S. 164.
56 Woolley, *Carchemish*, Pt. 2, S. 46 und 47.
57 Ebenda, S. 50.
58 Ebenda, S. 47.
59 Ebenda, S. 46.

Bild verglichen werden. Dieser König hatte Karkemisch 250 Jahre vor Nebukadnezar besetzt und ließ durch seinen Künstler die Frontalansicht von Karkemisch auf dem Bronzetor von Balawat abbilden.[60]

Es gibt ein weiteres Detail: Auf den Bildern von Ramses II und Salmanassar III tragen Türme und Mauern einen Kranz von Dreiecken. Einige dieser Dreiecke oder Schartenbacken wurden im Verlauf der Ausgrabungen in Karkemisch gefunden.[61]

Die Stadt der Schlacht, die im Ramesseum im westlichen Theben abgebildet ist, wird wie folgt beschrieben: »Eine von einem Fluß umgebene Festung, nicht weit vom Ufer eines Sees gelegen.«[62]

»Gerade südlich des westlichen Tordurchbruches« von Karkemisch befindet sich eine Landsenke. »Diese Senke, die keinerlei Bauspuren enthält, ist vermutlich ein Freigelände oder vielleicht sogar ein heiliger See.«[63]

Der Zitadellenhügel von Karkemisch liegt auf einem Felsen, seine nördliche Front »ragt bogenförmig in den Euphrat«.[64]

Diese Situation legte dem Künstler von Ramses nahe, die Befestigungen direkt ans Wasser angrenzend zu zeichnen. »Wir sehen hier die Stadt Kadesch, wo die Schlacht geschlagen wurde, so gänzlich von Gräben umgeben, daß es scheint, als liege sie eher im Orontes selbst, als ihm entlang.«[65] Aber diese Beschreibung trifft auf Tell Nebi Mend nicht zu.[66]

---

60 L. W. King, *Bronze Reliefs from the Gates of Shalmaneser* (London 1915). Im Verlauf von zweieinhalb Jahrhunderten seit Salmanassar III wurde Karkemisch von assyrischen Königen wiederholt gestürmt und besetzt.
61 Woolley, *Carchemish*, Pt. 2.
62 Condor, *Quartely Statement of the Palestine Exploration Fund*, 1881, S. 164.
63 Hogarth, *Carchemish*, Pt. 1. S. 2.
64 Ebenda.
65 Breasted, *Records*, Vol. III, Sec. 335.
66 »In den Reliefs wird die Stadt fälschlicherweise als Insel im Fluß dargestellt.« Gardiner, *The Kadesh Inscriptions of Ramesses II*, S. 16.

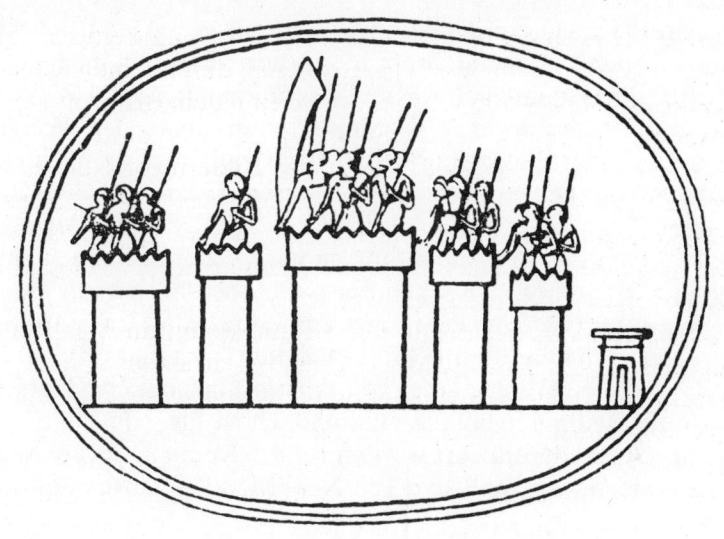

Abb. 8: Die Festungsmauer von Karkemisch in den Reliefs von Ramses II und auf einem Bronzerelief von Salmanasser III.

Auf die Lage von Karkemisch trifft sie zu. »Der Euphrat, von Norden kommend, dreht hier gegen Südosten, nach dem Zufluß eines kleinen Gewässers, das aus einem Tal im Westen kommt. Nachdem es, eine Meile weiter oben, den Weiler Yunus passiert hat, zweigt von diesem Flüßchen ein Mühlgerinne ab, und es erreicht schließlich den Hauptfluß, etwa 100 Meter oberhalb der Zitadelle.«[67]

Der Euphrat, der Nebenfluß Yunus und der Mühlbach umgeben Dscherablus (Karkemisch) von allen Seiten mit einer Wasserbarriere. Eine Planskizze der »Stadt von Dscherablus« in einem 1754 veröffentlichten Buch illustriert dies.[68]

Diese Topographie einer von Wasser umgebenen Stadt erfüllt die Bedingungen, die »verbindlich ist für jede Lage, die als Kadesch identifiziert werden soll«.[69] Keine andere vorgeschlagene Stätte, inklusive Tell Nebi Mend, entspricht dieser Voraussetzung.

Die Topographie der Lage der Festung, der Plan ihrer Befestigungen und ihre architektonische Ausführung identifizieren das Kadesch von Ramses II mit Karkemisch.

Die Schlacht

Wir können jetzt die Positionen der Heereskorps des Pharaos Ramses II rekonstruieren. Als er mit der Division Amun nordwestlich von Karkemisch stand, überquerte die Division Re die Furt des Flusses *nrt* (oder *rnt* oder *p-rnt*) und näherte sich Karkemisch.[70] Die Divisionen Ptah und Seth standen »im

---

67 Hogarth, *Carchemish*, Pt. 1, S. 2.
68 Alexander Drummond, *Travels... as Far as the Banks of the Euphrates* (London 1754); die Karte ist abgebildet in Hogarth, *Carchemish*, Pt. 1, S. 4.
69 Pézard, *Qadesh*, S. 26.
70 Das semitische *parat* wurde im Ägyptischen zu *ranat*, da der Buchstabe *n*, wie häufig in dieser Sprache, nur schwach ausgesprochen und der Buchstabe *p* fallengelassen wird, weil die Ägypter ihn als »der« *(pi)* vor dem Namen des Flusses verkannt haben könnten.

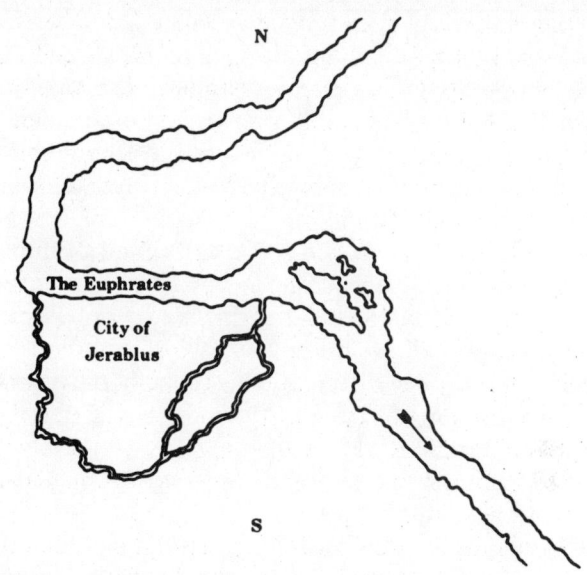

Süden der Stadt Arnama«.[71] Das ist das heutige Arima.[72] Ihre Offiziere standen im Süden, am Ort Baw oder Bav.

»Nun war die Division Re und die Division Ptah auf dem Marsch; sie waren noch nicht eingetroffen, und ihre Offiziere waren im Wald von Baw.«[73] So schrieb Ramses in den Annalen der Schlacht.

---

71 »Poem of Pentaur«, Gardiner, op. cit. S. 8.
72 Der ursprüngliche Name des Ortes war »Arne, die Stadt des Arame«, der Name des Königs, dessen Hauptstadt er zur Zeit von Salmanassar III war. Salmanassar III schrieb über seinen Feldzug in seinem 10. Jahr: »Gegen die Städte von Aarame (Personenname) zog ich näher. Arne, seine Königsstadt, eroberte ich.« Luckenbill, *Records of Assyria*. Vol. I, Sec. 567, A. Erman, *Life in Ancient Egypt* (London 1894), S. 335, und A. Gardiner, *Egyptian Grammar* (London 1927), S. 52–53, § 59, 63, besprechen Beispiele von Wörtern mit einem inneren m oder n, die oft nicht geschrieben wurden, »offenbar ohne Grund für die Auslassung« (Erman) oder »wahrscheinlich aus kalligraphischen Gründen« (Gardider, S. 52, § 59).
73 Breasted, *Records*, Vol. III, Sec. 340. Breasted vokalisierte »Bewey« in *Records* und »Baui« in *The Battle of Kadesh*.

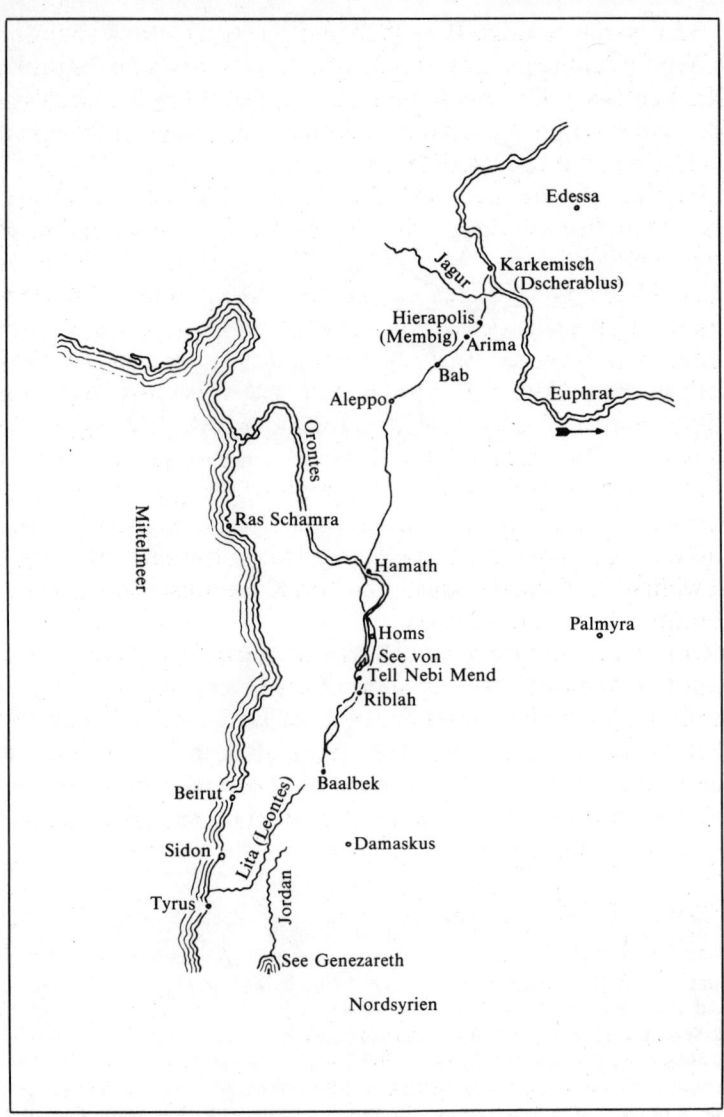

Baw ist das heutige Bab. Bab und Arima sind aufeinanderfolgende Punkte auf der Straße von Aleppo nach Dscherablus (Karkemisch). Die Archäologen, die nach dem Kadesch der Schlacht suchten, hätten diese Hinweise auf Baw und Arnama als Lösungshilfe heranziehen müssen.

Ramses erwähnt den »Wald von Baw«. Es ist deshalb interessant, im Bericht über die Ausgrabungen in Karkemisch über die Straße von Aleppo zum Grabungsort folgendes zu lesen: »Die dem Fremden am meisten auffallende Charakteristik des Landes ist dessen Baumlosigkeit. Gegen Norden und Osten bewahren die Berggegenden noch etwas von den Wäldern in alten Zeiten ... Aber das Land an sich ist kahl und schattenlos ... Das war nicht immer der Fall: Ein englischer Reisender aus dem 17. Jahrhundert vermochte sich in den endlosen Wäldern zwischen Aleppo und Bab, wo heute kein einziger Baum wächst, zu verlieren ... Es gibt keinen Zweifel, daß eine ausgedehnte Entwaldung stattgefunden hat, und es ist wahrscheinlich, daß das Land von Karkemisch zur Zeit der Hethiter dicht bewaldet war.«[74]

Mit der Verlegung von Kadesch nach Tell Nebi Mend konnten Arnama und Baw nicht identifiziert werden, und »es ist unmöglich zu bestimmen, wo sie eigentlich hingehören«.[75]

Das Heer des Feindes war hinter der Stadt Kadesch so gut versteckt, daß der Pharao und die Division Amun, die bereits in den Nordwesten der Stadt vorgerückt war, seine Gegenwart nicht bemerkten.

Siehe, sie stehen ausgerüstet und gefechtsbereit hinter Kadesch dem Alten.[76]

---

74 Woolley, *Carchemish*, Pt. 2, S. 33–34.
75 Breasted, *The Battle of Kadesh*, S. 23.
76 Annalen von Ramses II. Breasted übersetzte »Kadesch das Ränkereiche«, aber von Erman-Grapow, *Wörterbuch der ägyptischen Sprache*, I, 128, wird die Bedeutung »Kadesch das Alte« angenommen, weil das Adjektiv Bestandteil des Namens sei. Siehe auch A. Jirku, *Zeitschrift der Deutschen Morgenländischen Gesellschaft* 86 (1933), 179; A. Gardiner, *The Kadesh Inscriptions of Ramesses II*, S. 32.

Daß die Topographie die Vorbereitung dieser Falle ermöglichte, ist aus der folgenden Beschreibung der Position von Karkemisch zu erkennen: »Karkemisch liegt ganz unten am Ufer des Flusses, so tief, daß aus einem Kilometer Entfernung im Landesinnern sein Zitadellenhügel durch die dazwischenliegenden Höhenlinien verdeckt wird. Aber so tief es auch in bezug auf das Hauptplateau liegt, beherrscht es trotzdem die Spitze des fruchtbaren Tieflandes.«[77]

Sobald der Pharao und die Division Amun das Lager nordwestlich der Stadt zu errichten begannen, erschien der Feind auf dem Schlachtfeld. Ein Teil von ihm, der auf der anderen Seite des Euphrats war, überquerte den Fluß, wahrscheinlich auf einem im Süden der Festung liegenden Damm, und überfiel die zum Kampf nicht vorbereitete Division Re, nachdem er das Tal des Sagur durchquert hatte. Währenddessen wurden der Pharao und die Division Amun von einem anderen Heer angegriffen, das von der Südseite der Stadt her auftauchte. Die Schlacht wurde auf dem syrischen Ufer des Euphrats ausgetragen. Dort bildet der Fluß einen Bogen, und die Zeichnung des ägyptischen Künstlers, welche zeigt, wie der Pharao vom nordwestlich der Festung liegenden Ausgangspunkt in Richtung der Festung auf den Fluß zustürmt, stimmt mit der Topographie der Örtlichkeit überein.

Vorgewarnt durch die Flucht der Division Re, die zuerst angegriffen worden war, sandte der Pharao über einen Nebenweg einen Boten nach Westen, um das Eintreffen der zwei anderen Divisionen aus Arnama (Arima) und Baw (Bab) zu beschleunigen. Aber inzwischen sah sich die Division Amun, die beim Pharao war, der Katastrophe gegenüber und – wenn wir dem »Gedicht des Pentawer« glauben dürfen – ließ sie ihn und seinen Wagenführer im Stich. Zu diesem Zeitpunkt war es, daß er seinen heroischen Kampf nach Art eines Roland aufnahm und der Gefangennahme entkam, als *na'arim* ihm zu Hilfe kamen.

---

77 Woolley, *Carchemish*, Pt. 2, S. 38.

Im »Gedicht des Pentawer« ist *na'arim* ein hebräisches Wort mit der Bedeutung von »Jünglinge« oder »junge Männer«. Der von seinen Truppen im Stich gelassene Ramses schrieb sein Überleben der eigenen Tapferkeit, aber auch den *na'arim* zu, die ihm zu Hilfe kamen, indem sie die Reihen der Feinde durchbrachen und ihn in letzter Minute aus der Umzingelung befreiten.

> Die Ankunft der Na'aruna-Truppen des Pharao – Leben! Glück! Gesundheit! – aus dem Lande Amurru [Syrien].[78]

Na'arim halfen Ramses II, den Weg zu seinen Truppen zu finden, die sich an der Straße verkrochen hatten und es nicht wagten, sich dem Schlachtfeld zu nähern, wo schon zwei Divisionen zersprengt und nach Norden geworfen worden waren.

Wir erfahren, daß am Feldzug eine von den vier Heeresdivisionen unabhängig operierende Kriegereinheit teilnahm, die sehr wahrscheinlich aus Juda stammte und in einem gewissen Maße letztlich auch den Ausgang der Schlacht bestimmte, indem sie Ramses II vor dem Tod oder der Gefangennahme bewahrte.

In den Schriften werden *na'arim* als Elitekrieger für die Zeit von Ahab erwähnt;[79] die Existenz von *na'arim* als Elitetruppen wird im Schriftstück eines ägyptischen Schreibers über Palästina zur Zeit von Ramses II zweimal bezeugt; dieses Dokument werden wir auf einer der folgenden Seiten behandeln.

---

78 Übers. J. A. Wilson in J. B. Pritchard, ed., *Ancient Near Eastern Texts* (Princeton 1950), S. 256.
79 I Könige 20:14–19. Siehe auch J. Macdonald, »The Na'ar in Israelite Society«, *Journal of Near Eastern Studies* 35 (1976), S. 169.

Karkemisch, die Heilige Stadt

In den Inschriften von Ramses II wird Karkemisch gewöhnlich Kadesch genannt, doch kannte er auch den anderen Namen. Jedesmal wenn im »Gedicht des Pentawer« die Namen der Verbündeten des »Häuptlings von Chatti« erwähnt werden, wird entweder auf Kadesch oder auf Karkemisch verwiesen, aber nie auf beide zusammen. Die einzige Ausnahme ist der bereits zitierte Satz, in welchem die verbündeten Länder und Städte des »Häuptlings von Chatti« aufgezählt werden und »Karkemisch, Qadi, [das] Land von Kadesch« mit einbeziehen, wobei es in diesem Fall nicht mit dem Zeichen einer Stadt, sondern eines Landes ausgezeichnet ist.

Karkemisch bedeutet die Stadt *(Kar)* des Kamosch. Als eine nach einem Gott benannte oder ihm geweihte Stadt war es eine Heilige Stadt (Kadesch).[80] Die Verehrung des Gottes Kamosch war weit verbreitet – schon über zwei Jahrhunderte früher beschrieb König Mescha von Moab auf seiner Stele, wie er unter dem Schutz von Kamosch über Ahab, König von Samaria, gesiegt hatte.[81]

Karkemisch war die Stätte eines großen Tempels; seine Fundamente wurden entdeckt, als der Ort durch eine Expedition des British Museum vermessen und teilweise ausgegraben wurde. Auf einer folgenden Seite werden wir die Meinungsverschiedenheiten unter den Archäologen über das Alter der verschiedenen Bauwerke und Reliefs sowie der Grabfunde in Karkemisch diskutieren: Bedeutungsvoll für unsere These ist der Umstand, daß Altersbestimmungen durchwegs geteilt sind zwischen dem 13. und dem Ende des 7. Jahrhunderts. Wir werden die Gelegenheiten haben, diese Meinungsverschiedenheiten kennenzulernen, aber den Grund dafür vermögen wir bereits jetzt zu erraten.

---

80 Joachim Ménant, »*Kar-Kemisch*«, *Mémoires, Académie des Inscriptions et Belles Lettres* XXXII (1891), 210.
81 »Zeitalter im Chaos«, *Vom Exodus zu König Echnaton*, »Die Rebellion Meschas«.

Nicht allein der Tempel und die Stadt, sondern die gesamte Region war der Schutzgottheit geweiht. Ungefähr 30 Kilometer südöstlich von Karkemisch liegt an der Straße von Aleppo Hierapolis, d. h. »Heilige Stadt« auf griechisch, ein dem semitischen Kadesch gleichbedeutender Name. Zur Zeit, die wir beschreiben, wurde es sehr wahrscheinlich Schabtuna genannt, eine Stätte, die Ramses II als an der Straße nach Karkemisch, nördlich von Baw (Bab) liegend, vermerkt. In hellenistischer Zeit wurde Hierapolis zu einer wichtigen Tempelstadt; aber trotz ihres Namens handelt es sich nicht um das Kadesch der Schlacht. Die Schlachtenkarten von Ramses II zeigen Kadesch an ein Gewässer angrenzend, aber Hierapolis ist mehr als 15 Kilometer vom Euphrat entfernt, und in Hierapolis gibt es keinen Fluß.

Das Zentrum der Schlacht befand sich 15 bis 30 Kilometer nördlich von Hierapolis. Lediglich die zwei Divisionen – oder die Hälfte des Heeres –, die sich nicht an der Schlacht beteiligten, standen noch weiter im Süden, bei Arnama (Arima) und Baw (Bab). Wenn auch ein Teil der Schlacht auf der Ebene zwischen Hierapolis und Karkemisch stattfand, wo die Division Re nach der Durchquerung des Sagurtales – fast auf halbem Weg zwischen Hierapolis und Karkemisch – angegriffen wurden, so lassen die Bilder keinen Raum für Zweifel: Die Festung Kadesch des Schlachtfeldes befand sich an einem Fluß und war von Wasser umgeben. Die Stadt der Schlacht war Karkemisch, aber in den Inschriften von Ramses II trägt sie den Namen einer 30 Kilometer entfernten Stadt. Was hat dies für einen Grund?

Lukian, der griechische Autor und selbst ein Einheimischer dieser Gegend, gibt in seinem Buch *De Dea Syria (Die Syrische Göttin)* eine detaillierte Beschreibung des Kults in Hierapolis. Er begann das Buch mit diesen Worten: »Es gibt in Syrien nicht weit vom Euphrat eine Stadt, die heißt die heilige und ist der assyrischen Here heilig.«[82]

---

82 Lukian, *Die Syrische Göttin*, Übers. Carl Clemens (Leipzig 1938). Die Autorenschaft dieses Buches wird manchmal bezweifelt.

Lukian erteilt die Antwort auf die soeben gestellte Frage. Stratonike, die Königin von König Antiochos I (–280 bis –261), befahl, daß die Stadt Karkemisch, die während der Perserzeit (–539 bis –332) ihre militärische und religiöse Bedeutung eingebüßt hatte, als ein priesterliches Zentrum 30 Kilometer gegen Süden verlegt werden sollte, an einen Ort, der von den Assyrern Mabog, von den Ägyptern Schabtuna und später von den Griechen und Römern Hierapolis genannt wurde. »Wie mir aber scheint«, schreibt Lukian, »entstand dieser Name [Hierapolis] nicht zugleich mit der Anlage der Stadt, sondern ihr alter Name war ein anderer.«

Weil er unter den Persern verkümmerte, wurde der heilige Kult für Kamosch durch die hellenisierten Syrer bald durch den Kult der »syrischen Göttin« ersetzt, die Lukian mit Hera vergleicht.[83] Bereits im Altertum rief die Verlegung des Kults an eine neue Örtlichkeit unter den Schriftstellern eine gewisse Verwirrung hervor. Die syrische Bibelübersetzung (Peschitta) gibt Karkemisch als Mabog wieder, obgleich Hierapolis Mabog ist.[84] Strabon (XVI, i, 27) identifiziert Karkemisch mit Hierapolis, und gäbe es nicht die ausdrückliche Erklärung Lukians, würde man zur Lokalisierung von Hierapolis in Dscherablus-Karkemisch verführt. Prokopios war besser informiert, als er schrieb, daß Hierapolis nicht weit entfernt von Euporos am Euphrat läge[85] – Europos war der Name, den die Römer Karkemisch-Dscherablus gaben.[86]

---

83 die heilige Prostitution wurde zum beherrschenden Merkmal des Kults, der von jeder verheirateten Frau verlangte, sich im Tempelbezirk mindestens einmal in ihrem Leben einem Fremden hinzugeben.
84 In II Chronik 35:20 ersetzt die syrische Version Karkemisch durch Mabog; in II Könige 23:29, wo es im hebräischen Text heißt »zum Fluß Euphrat«, sagt die syrische Version »nach Mabog, welches am Flusse Euphrat ist«. Die arabische Version folgt der syrischen und meint »nach Menbaj« (Membidj oder Mabog). Auch Ephräm, der syrische Heilige *(Commentaire sur L'Ecriture Sainte, Opera Omnia*, IV), gibt Karkemisch als Mabog.
85 Prokopios, *Historikon*, »Persische Kriege«, II, 20.
86 Der Name Dscherablus wird als Verderbnis der Namen Europos (der römischen Stadt auf der Stätte von Karkemisch) und von Hierapolis angesehen (Hogarth, *Carchemish*, Pt. 1. S. 23–25).

Ammianus Marcellinus, der römische Historiker aus dem 4. Jahrhundert unserer Zeitrechnung, der selbst im syrischen Antiochia geboren worden war, erwähnt in seiner Aufzählung der Städte des Kommagene-Distrikts am Euphrat eine Stadt, »das alte Hierapolis« oder »Hierapolis das Alte«.[87] Diese Bezeichnung scheint nach der Verlegung des heiligen Bezirkes durch Stratonike von Karkemisch in den Süden entstanden zu sein. Seltsamerweise aber nennen schon die Kriegsannalen von Ramses II die Stadt der Schlacht »Kadesch das Alte«, was beweist, daß nicht nur Karkemisch eine heilige Stadt (Hierapolis) war, sondern daß sie zur Zeit von Ramses, lange vor Stratonike, unter dem Namen bekannt war, unter welchem Marcellinus sie kannte.

Karkemisch (Kar Komasch) war der karische Name der Stadt; Kadesch war ihr semitisches Eponym; Hierapolis war die griechische Übersetzung des semitischen Kadesch.

Reisende des 18. und 19. Jahrhunderts lokalisierten Hierapolis in Dscherablus oder Karkemisch. J. S. Buckingham schrieb in *Travels in Mesopotamia* (London 1827) über die »Ruinen von Hierapolis, heute Dscherablus genannt«.

87 Ammianus Marcellinus, IV, 8, 7. Siehe Hogarth, *Carchemish*, Pt. 1, S. 23.

Kapitel 2

Ramses II und Nebukadnezar in Krieg und Frieden

**Drei Jahre Rebellion in Palästina und
die Eroberung Askalons**

Zwischen dem 5. und dem 8. Jahr Ramses' II rebellierte ganz Palästina gegen die ägyptische Herrschaft.[1]

Die Schlacht von Kadesch fand im 5. Jahr von Ramses statt, und die »Rebellion in Palästina« folgte auf den unglücklichen Ausgang dieser Auseinandersetzung. Diese drei Jahre andauernde Rebellion wird auch im 2. Buch der Könige beschrieben. Die Schlacht am Euphrat wurde im vierten Jahr Jojakims (Jeremia 46:2) geschlagen; als Konsequenz waren Syrien und Palästina der babylonischen Eroberung preisgegeben. Die Tributzahlungen an den Pharao (II Könige 23:35) wurden eingestellt.

II KÖNIGE 24:1 In seinen (Jojakims) Tagen zog Nebukadnezar, König von Babel, heran, Jojakim wurde ihm dienstbar, drei Jahre ...[2]

Die Ägypter brauchten drei Jahre, um sich genügend zu erholen, bevor ein Heer zur Wiedereroberung Palästinas ausgesandt werden konnte. Eine Inschrift aus dem 8. Jahr von Ramses II hält ein solches Unternehmen fest.[3] Er fiel an der

---
1 Faulkner in *The Cambridge Ancient History*, II, 2 (1975), S. 228.
2 Jojakim rebelliert in seinem 8. Jahr gegen Nebukadnezar, nach drei Jahren der Unterwerfung; deshalb erfolgte sein Abfall vom Pharao in dessen 5. Jahr.
3 Wilson in Pritchard, *Ancient Near Eastern Texts*, S. 256.

philistinischen Küste ein und eroberte Askalon. Ein Relief in Karnak zeigt, wie die Stadt Askalon von den Ägyptern unter Ramses II gestürmt wird. Eine lakonische Inschrift lautet:

> Die elende Stadt, die Seine Majestät einnahm, als sie schlecht war. Sie sagt: »Glücklich ist, wer in Treue zu dir handelt . . .«[4]

Abb. 9: Belagerung und Einnahme der Festung Askalon, abgebildet im Amuntempel von Karnak.

Diese dritte Periode des Krieges wird bei Jeremia im Kapitel »Gegen die Philister, ehe der Pharao Gasa schlug« (Jeremia 47:1), beschrieben.

---

4 Wilson, op. cit.

Jeremia 47:5 Glatzschur kam über Gasa, schweigsam ward Askalon, Überrest ihres Tals, bis wann ritzest du noch Furchen dir ein?!

Die bevorstehende Invasion des Pharao war für Jojakim ein Signal. In seinem achten Jahr rebellierte er gegen die Chaldäer. Für einige Jahre befand sich Juda wiederum im Herrschaftsbereich von Pharao Ramses II. Sein Feldzug brachte ihn bis nach Beth-Shan, wo eine Stele aus einem 9. Jahr gefunden wurde. Aber einige Jahre später drang im 9. Jahr Jojakims Nebukadnezar in Palästina ein, umzingelte Jerusalem, nahm dessen König gefangen und verdrängte den Pharao aus dem Land.

II Könige 24:7 Hinfort aber konnte der König von Ägypten nicht wieder von seinem Land ausfahren, denn eingenommen hatte der König von Babel vom Grenzbach Ägyptens bis zum Euphrat alles, was des Königs von Ägypten gewesen war.

Nebukadnezar setzte Jojachin auf den Thron seines Vaters Jojakim. Aber nach drei Monaten kam Nebukadnezar zurück nach Jerusalem und schaffte Jojachin nach Babylonien, zusammen mit »allen Oberen, allen Tüchtigen des Heeres, zehntausend Verschleppte, allen Schmieden und Plattnern«. Er setzte Mattanjah, den dritten Sohn Josias, in Jerusalem als König ein und änderte dessen Namen auf Zedekia. Acht Jahre lang trug Zedekia die Bürde als Vasall des Königs der Babylonier. Dann sagte er sich von seiner Untertanenpflicht gegenüber Nebukadnezar los und verließ sich, wie sein Bruder Jojakim, auf die vom Pharao versprochene Hilfe. Nebukadnezar brachte sein Heer nach Juda und belagerte Jerusalem.

Das Ende des Königreiches von Juda

Zwanzig Jahre waren vergangen, seit Josia gemäß seinem Bündnisvertrag mit den Babyloniern den Mediggo-Paß mit seinem Leben gegen die Übermacht der Ägypter unter Ramses II verteidigt hatte. Joahas, Josias Sohn, verbrachte sein Leben in einem ägyptischen Gefängnis; Jojakim, ein weiterer Sohn, wurde von den Babyloniern umgebracht; Jojachin, ein Sohn Jojakims, wurde in einem Gefängnis in Babylon festgehalten; Zedekia, der dritte Sohn Josias und der letzte König auf dem Thron Davids, wurde vom Heer Nebukadnezars in Jerusalem belagert. Insgeheim, ohne Wissen der Fürsten und Ältesten Jerusalems, ließ er Jeremia aus dem Gefängnis in den Palast bringen, um von ihm ein prophetisches Wort zu hören.

Seit seiner Jugend hatte Jeremia mehr als 30 Jahre lang das Volk von Jerusalem ermahnt: »Tut Recht und Wahrhaftigkeit, rettet den Geschundenen aus der Hand des Pressers, den Gastsassen, die Waise, die Witwe plackt nimmer, übt nimmer Unbill, unsträfliches Blut vergießt nimmer an diesem Ort.« (Jeremia 22:3) Täglich ging er durch die Straßen und über die weiten Plätze Jerusalems und warnte die Bevölkerung der Stadt: »Mein Herz tobt mir auf, ich kann nicht schweigen, denn Posaunenhall hast du gehört, meine Seele, das Schmettern des Kriegs! Niederbruch um Niederbruch wird ausgerufen...« (Jeremia 4:19–20).

Jeremia unterstützte Josia und sein Gelöbnis, Babylonien gegen einen Angriff Ägyptens zu verteidigen; und obwohl Josia die Schlacht bei Megiddo verlor, blieb der Prophet sein ganzes Leben lang seiner Ausrichtung auf Babylonien treu. Er erkannte, daß das Volk sich der zunehmenden Macht der Chaldäer nicht bewußt war und auf die irrtümliche Annahme vertraute, Ägypten unter Ramses II sei den Chaldäern ebenbürtig oder gar überlegen.

Der Seher tröstete das Volk nicht mit Versprechen über Gottes Hilfe, wie Jesaja das 100 Jahre zuvor getan hatte, als Sanherib Jerusalem bedrohte: »... Weh uns, schon ja wandte der Tag sich, ja, die Abendschatten strecken sich schon!« (Jeremia 6:4).

Jerusalem war Zeuge des titanischen Ringens zwischen Nebukadnezar und Ramses II um die Herrschaft über die Alte Welt, und die Stadt wurde zum Preis des Siegers. Die ägyptisch orientierte Partei in Jerusalem war stärker als die nach Babylonien ausgerichtete, weil Ägyptens Pracht unter Ramses II sie irreführte; die grausame Behandlung durch die Babylonier machte viele zu Feinden. Deshalb rebellierte Jerusalem wiederholt gegen Nebukadnezar.

Jeremia wurde verfolgt. In den Tagen vor der letzten Belagerung und bevor das ausgehungerte Jerusalem fiel, war Jeremia wiederholt verhaftet worden, um sicherzustellen, daß der Mut der Soldaten, welche die herkulische Aufgabe des Widerstandes gegen Nebukadnezar auf sich genommen hatte, nicht nachließ. Es ist bemerkenswert, daß er nicht wegen Hochverrats zum Tode gebracht wurde. Er verfeindete sich mit der ganzen Bevölkerung, indem er Nebukadnezar zum Diener Gottes erklärte, den zu ehren die Nationen, und sogar die Tiere des Feldes, verpflichtet seien. Jerusalem vermochte nicht zu glauben, daß das die Worte Gottes waren. Zedekia war unter den ganz wenigen, die daran glaubten, daß Jeremia ein wahrer Prophet sei. In der geheimen Audienz mit dem aus dem Gefängnis gebrachten Propheten erkundigte sich der König: »Ist die Rede da von IHM her? Jirmejahu [Jeremia] sprach: Sie ist da. Er sprach weiter: In die Hand des Königs von Babel wirst du gegeben« (Jeremia 37:17).

Jeremia wurde nicht in das Gefängnis zurückgebracht, sondern in den Wachthof beim Palast, wo er auf Befehl des Königs täglich einen Brotlaib aus der Bäckergasse erhielt, »bis alles Brot aus der Stadt ganz dahin war«.

Als die Oberen unter den Verteidigern hörten, daß Jeremia im Wachthof gesagt hatte: »Wer in dieser Stadt sitzen bleibt, stirbt durchs Schwert, durch den Hunger und durch die Seuche, wer hinaustritt zu den Chaldäern, darf leben, er hat seine Seele zur Beute und lebt«, warfen sie ihn in die Zisterne, so daß niemand seine Worte hören konnte.

Zedekia ließ ihn mit Seilen aus dem Schlamm herausziehen und durch einen geheimen Eingang im »Ich will dich um Rede fragen, verhehle mir aber nimmer ein Redewort!« Dann fragte Jeremia den Zedekia: »Wenn ich's dir melde, wirst du mich denn töten nicht, töten?« Und »da schwur der König Zidkijahu [Zedekia] dem Jirmejahu insgeheim, sprechend: So wahr Er lebt, der uns diese Seele gemacht hat: töte ich dich, gebe ich dich in die Hand dieser Männer, die dir an die Seele trachten...!« Jeremia sagte in der Folge: »Trittst du aber nicht hinaus zu den Oberen des Königs von Babel, dann wird diese Stadt in die Hand der Chaldäer gegeben, sie verbrennen sie im Feuer, und du selber kannst ihrer Hand nicht entschlüpfen« (Jeremia 38:14–18).

Es war zu spät. »Ja denn, gestiegen ist der Tod in unsre Fenster, gekommen in unsre Paläste« (Jeremia 9:21). Es gab kein Wunder, wie zur Zeit des Pharaos des Exodus oder König Sanheribs. Jerusalem erduldete die erneuerte Belagerung 18 Monate lang. Die Hungersnot nahm entsetzlich zu, aber das Volk wollte sich nicht unterwerfen. Schließlich brachen die Belagerungsmaschinen Breschen in die Mauern. Die letzten Verteidiger flohen, als die Mauern fielen, und »zogen nachts aus der Stadt, auf dem Weg beim Königsgarten, durch das Tor der Doppelmauer, er [Zedekia] zog fort, den Weg durch die Steppe« (Jeremia 39:4). Das Heer der Chaldäer verfolgte die ausgehungerten Krieger und überholte Zedekia in der Ebene von Jericho; Zedekias ganze Streitmacht wurde zerstreut.

In Ribla wurde Zedekia vor Nebukadnezar gebracht. Nebukadnezar ließ Zedekias kleine Kinder vor seinen Augen umbringen und ihm darauf die Augen ausstechen. Der Anblick seiner Kinder in ihrer Pein war das letzte, das er in seinem Leben sah. Der blinde König wurde in Ketten geschlagen, nach Babylon verschleppt und dort ins Gefängnis geworfen. Er war 32 Jahre alt.

Das Volk von Jerusalem, ebenfalls in Ketten, folgte seinem König ins Exil. Sie wurden völlig unbekleidet dahin getrieben.

Auf dem Weg gestattete man ihnen nicht, sich auszuruhen.[5] Aber sie trugen mit sich Gefäße mit der Erde Jerusalems, erzählt der arabische Historiker Yakut.[6]

»Aber dieses Volk hat ein Herz, abwendig und widerspenstig, sie wandten sich ab, sie gingen« (Jeremia 5:23).

Als sie den Euphrat erreichten, veranstaltete Nebukadnezar auf seiner Königsbarke ein Fest. Den Gefangenen aus Jerusalem wurde befohlen, ihre heiligen Lieder zu singen: »... denn dort forderten unsere Fänger Sangesworte von uns, unsre Folter ein Freudenlied: ›Singt uns was vom Zionsgesang!‹ Wie sängen wir SEINEN Gesang auf dem Boden der Fremde! Vergesse ich, Jerusalem, dein, meine Rechte vergessen den Griff! Meine Zunge hafte am Gaum, gedenke ich dein nicht mehr, erhebe ich Jerusalem nicht übers Haupt meiner Freude« (Psalm 137:3–6).

Der fromme Autor der Bücher der Chronik sagt von Zedekia: »Er tat das in SEINEN, seines Gottes, Augen Böse, er beugte sich nicht vor Jirmejahu [Jeremia], dem Künder aus Gottes Mund« (II Chronik 36:12). Für den Versuch, dem Volk seine Freiheit wiederzugeben, wurde er vom Chronisten als Sünder gebrandmarkt. Der Talmud teilt diese Auffassung der Schriften nicht und erklärt Zedekia für gerecht und seine Peiniger für verworfen.[7]

Verfolgt von den Geschichten der Belagerung und der Hungersnot in Jerusalem und von den Schreien seiner eigenen Kinder, mit trockenen Höhlen im Gesicht und zum Weinen nicht fähig, lebte und starb Zedekia im Gefängnis, das Tag und Nacht gleich dunkel für ihn war. Er verließ den

---

5 Pesiqta Rabbatti 28.
6 »Dies wird in alten Chroniken erzählt: Als die Juden aus Jerusalem gingen ... und im Irak ins Exil kamen, trugen sie mit sich Erde und Wasser aus Jerusalem.« Yaqout (Yakut), *Dictionnaire géographique, historique et littéraire* (übers. aus dem Arabischen von Barbier de Meynard, Paris 1861), S. 613.
7 Traktat Schabbat 149 a, Sanhedrin 103 a.

Thron Davids und begann den Klagezug von Sklaven und Priestern, der sich durch die Zeit der römischen Cäsaren, der christlichen Inquisition bis zum heutigen Tag bewegt.

Palästina war eine verwüstete Einöde; das fruchtbare Land wurde zur Wildnis. Storch, Turteltaube, Kranich, Schwalbe und jeder fröhliche und singende Vogel des Himmels flogen weg aus dem grausigen Land, und die Geier kamen an ihrer Statt. Das Geräusch der Mühlsteine wurde nicht mehr gehört in Juda, und kein Licht einer Kerze war mehr zu sehen.[8]

Der Prophet war übriggeblieben, das Ende seiner Stadt und seiner Nation zu beklagen. Nachdem seine Kündung erfüllt worden war, fragte er sich selbst: »Wofür hat ER dieser großen Stadt das angetan?«

Jerusalem war ein Trümmerhaufen, die Tempel zerstört. Jedermann, der vorbeikam, wiegte den Kopf. Ein eigensinniges Volk wurde in Ketten entlang der Straße deportiert, über die 130 Jahre früher, nach dem Fall Samarias, die Stämme Israels schon einmal gezogen waren.

Es wird nirgendwo gesagt, daß Juda in Assyrien oder Babylonien auf die Zehn Stämme gestoßen ist. Sie waren nach Norden und Osten in die Tiefen Asiens geführt worden. Einige Splitter von Israel und Juda erreichten vermutlicherweise die Berge des Himalaja und die Wälder Indiens.

Im Jahr −586 wurde Jerusalem zerstört. Ein oder zwei Jahrzehnte später ist Buddha geboren worden; noch einige Jahre später Konfuzius; Laotse war ihr Zeitgenosse.[9] Genau wie nach der zweiten Zerstörung Jerusalems, als der Tempel und die Stadt von Titus eingeäschert wurden, ein heftiger Stoß hebräischer Prophetie über den Okzident hereinbrach und »die Eroberer eroberte«, so erreichte nach der ersten Zerstörung Jerusalems ein Windhauch aus dem Sturm, der über die Kündiger Judas fegte, den Fernen Osten und entflammte die Zungen von Sehern und Priestern.

---

8 Jeremia 25:10.
9 Die Zeit von Laotse wird debattiert. *Journal of the American Oriental Society* LXI (1941), 215–221; LXII (1942), 8–13, 300–304.

Der Brand von Lachisch

Vor dem Zweiten Weltkrieg wirbelten die Spaten der Archäologen die Asche aus dem Jahr −586 auf.
Zusammen mit Jerusalem waren Lachisch und Aseka die letzten Festungen, die dem chaldäischen Heer Widerstand leisteten.

JEREMIA 34:7 ... das Heer des Königs von Babel aber kriegte wider Jerusalem und wider alle überbliebenen Städte Jehudas, gegen Lachisch und gegen Aseka, denn die waren überblieben von den Städten Jehudas, den Festungsstädten.

Ausgrabungen von 1932 bis 1938 brachten bei Tell ed-Duwer in Südpalästina das alte Lachisch ans Licht.[10] Es war eine der bedeutenden Festungen in Juda gewesen. Im Jahre −702 hatte Sanherib die Stadt gestürmt und diesen Angriff durch seinen Künstler als Relief in seinem Palast in Ninive abbilden lassen – es handelt sich um eines der allerberühmtesten Reliefs über assyrische Kriegskunst. Jetzt, 115 Jahre später, erlitt die Stadt eine weitere Belagerung – durch Nebukadnezars Truppen.
    Unter den zerfallenen Mauern einer durch Feuer zerstörten Stadt wurden Keramikscherben mit hebräischen Buchstaben gefunden. Die Entzifferung der Meldungen erschloß, daß diese Krugscherben aus der Zeit der Belagerung Jerusalems durch Nebukadnezar datieren.

---

10 Früher in diesem Jahrhundert wurde Lachisch irrtümlicherweise im Hügel von Tell el-Hesi identifiziert. Einem Vorschlag von W. F. Albright folgend hat J. L. Starkey in Tell ed-Duwer gegraben. Er wurde von arabischen Terroristen umgebracht, die ihn für einen Juden hielten; so blieb der Hügel nur teilweise ausgegraben. Die Veröffentlichung der Ergebnisse nahm in der Folge 20 Jahre in Anspruch und erfolgte durch Olga Tufnell, einer Mitarbeiterin Starkeys. *Lachish (Tell ed Duweir)*, Vol. I, *The Lachish Letters* (1938) (Torczyner an der Hebräischen Universität in Jerusalem las und redigierte die Briefe); Vol. II, *The Fosse Temple*, by O. Tufnell, C. H. Inge and L. Harding (1940); Vol. III, *The Iron Age*, by O. Tufnell (1953); Vol. IV, *The Bronze Age*, ed. O. Tufnell (1958).

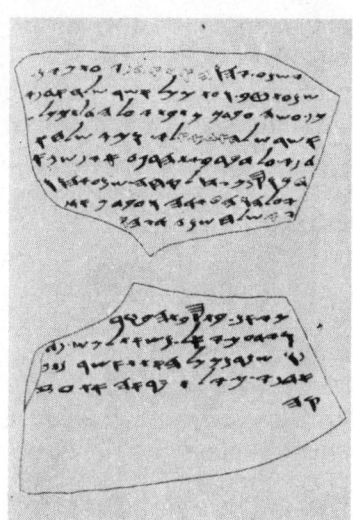

Abb. 10: Lachisch-Brief IV und Nachzeichnung.

Der Kommandant eines kleinen Außenpostens im Norden von Lachisch, Hoschijahu, schrieb an seinen Vorgesetzten Jaosch, den Militärgourverneur von Lachisch:

> BRIEF IV Und mein Herr soll wissen, daß wir auf die Signale von Lachisch achthaben in Übereinstimmung mit all den Zeichen, die mein Herr gegeben hat, denn das Zeichen von Aseka können wir nicht sehen.

Diese Meldung soll, so wird gemutmaßt, vom Kommandanten des Außenpostens an den Befehlshaber von Lachisch geschrieben worden sein, als Aseka schon gefallen war und als nur noch Lachisch Feuersignale und briefliche Befehle an den Außenposten, wahrscheinlich Kirjath-Jearim, sandte.

Die Ostraka sind unter einer Ascheschicht und den verbrannten Trümmern eines zerschmetterten Bollwerks der Verteidigungsanlagen gefunden worden. Die Steine der Mauern scheinen »durch Hitzeeinwirkung gespalten oder teilweise verglüht« zu sein.

»Ganz sicher hing der Brandherd innerhalb des Raumes beim Tor direkt mit dem Anzünden des Bollwerks von außen zusammen und entstand beim letzten Angriff, der an so vielen Punkten entlang der Linie der äußeren Verteidigungsmauer der Stadt bezeugt ist. Enorme Zerstörungsfeuer wurden unterhalten, um sie zu durchbrechen, obwohl die Nordwestecke des Hügels und das Bollwerk die Hauptwucht des Angriffs zu ertragen hatten. Unsere erste Grabungskampagne in den Verteidigungsanlagen zeigte, daß der Brand mit der Zerstörung der Stadt am Ende des judäischen Königreiches zusammenfällt, zur Zeit von Nebukadnezars Feldzug, bevor er 586 v. Chr. Jerusalem zerstörte. Die angebrannten Olivenkerne in der Glutasche des Feuers legen den Herbst als Jahreszeit nahe.«[11]

Der Ortstempel von Lachish, der im zweiten Band des veröffentlichten Werkes beschrieben wird, »wurde nach der Vertreibung der Hyksos aus Palästina errichtet«. In der El-Amarna-Periode wurde er umgebaut: Ein Denkstein Amenophis' III wurde unter dem Fundament des wiederhergestellten Tempels gefunden.[12]

Verschiedene kleine Objekte sind in den Ruinen entdeckt worden. »Die Elfenbeinschnitzereien, die Glasperlen und die Vasen aus Glas, Fayence und Steingut gehören ziemlich regelmäßig in die 18. und 19. Dynastie. Skarabäen und Schmuck mit Königsnamen reichen von Thothmes [Thutmosis III] (1501–1447) bis Ramses II (1292–1225). Dies zeigt lediglich, daß der Tempel nicht vor 1292 v. Chr. ausgedient haben kann.«[13] Alle diese Daten stammen aus der konventionellen Chronologie.

Zusammen mit ägyptischen Objekten der 18. und 19. Dynastie wurden im Tempel ortsübliche Objekte aus dem 9. und 8. Jahrhundert gefunden. Für deren Auftreten im Verein mit

---

11 *Lachish*, Vol. I, S. 12.
12 Ebenda, Vol. II, S. 20.
13 Ebenda.

ägyptischen Objekten wurde folgende Erklärung vorgeschlagen:

»Die Objekte aus den Gräbern, die zu späterer Zeit in das Füllmaterial der Räume und des umgebenden Grundes hineingegraben wurden, gehören alle in die Jahre von ca. 900 bis 800 v. Chr. Sie können lediglich beweisen, daß der Tempel zu dieser Zeit vollkommen verdeckt und vergessen war.«[14]

In den palästinischen Grabungshorizonten der israelitischen Periode werden häufig Skarabäen und Siegelabdrücke der ägyptischen Pharaonen aus der 18. und 19. Dynastie gefunden, doch betrachtet man diese Siegel als der Zeit der Schicht, in der sie gefunden wurden, vorangehend und erklärt sie entweder zu antiquarischen Amuletten, welche die Israeliten fünf oder sechs Jahrhunderte nach ihrer Herstellung verwendeten, oder als zeitgenössische, aber nachgemachte Siegel früherer Pharaonen.

Auf der Basis dieser oft wiederholten Erklärungen sollte man annehmen, daß die ägyptischen Objekte aus dem Tempel von Lachisch altertümliche oder unechte Stücke seien. Aber in diesem Fall blieb das Prinzip unbeachtet, weil »für Datierungszwecke Skarabäen notorisch gefährliche Objekte sind, außer wenn sie in größeren Mengen gefunden wurden«.[15] Und hier wurden sie zuhauf gefunden; außerdem blieb es wegen des Denksteins von Amenophis III unbeachtet, der sich unter dem Fundament des wiedererbauten Tempels befand. Eine solche Denksteinlegung war ein formeller Akt, und nur eine echte und zeitgenössische Platte konnte verwendet worden sein.

Schließlich fiel der Tempel von Lachisch einer Brandkatastrophe zum Opfer. »Der Tempel wurde durch Feuer zerstört«, und bald danach, noch bevor irgendwelche Bergungsarbeiten aufgenommen werden konnten, füllte durch Regen hereingewaschener Sand die Trümmerstätte auf. »Dies legt

---

14 Ebenda.
15 Ebenda, S. 68.

nahe, daß die Zerstörung unmittelbar vor der Regenzeit erfolgte.«[16] In Palästina dauert die Regenzeit vom Spätherbst bis zum Frühjahr.

»Zeichen von Feuer und Zerstörung« waren eine weitverbreitete Erscheinung und zeigten, daß das Niederbrennen des Tempels »nur ein Teil einer viel größeren Katastrophe« gewesen ist.[17]

Die Archäologen schrieben im Hinblick auf die Zerstörung des Tempels durch Feuer: »Infolge der großen Ansammlung von Gefäßen, die in der den Boden der Räume des Gebäudes bedeckenden Asche gefunden wurden, erscheint es unmöglich, daß diese später als in der Mitte der Regierungszeit Ramses' II, ungefähr um 1262 v. Chr., erfolgt sein konnte.«[18]

Einige Zeit nach der Zerstörung des Tempels von Lachisch waren »von einem Rest Getreuer, deren Mittel zum Wiederaufbau der Ruinen nicht ausreichten«, einige Steine zusammengetragen worden, auf welchen geopfert werden konnte. Diese Steine erinnerten die Ausgräber an einen ähnlichen Vorfall nach der Zerstörung des Tempels von Jerusalem, vermeintlich 700 Jahre später. Die Ausgräber schrieben: »Eine bemerkenswerte Parallele könnte in Jeremia 41:5 gefunden werden.«[19]

In den Ruinen eines rechteckigen Bauwerks, das als Erweiterung des Bollwerks angelegt war, in dem die hebräischen Ostraka aus der Zeit Nebukadnezars gefunden wurden, entdeckte man in der Asche Objekte aus der Regierungszeit Ramses' II. »Auch wenn das Gebäude zerstört ist, so ist der Abfall, der die Fundamente füllt, für uns von größtem Interesse.« Die Keramikscherben stammten »unfehlbar« aus der Zeit der 18. und 19. Dynastie. »Es wurde klar, daß von den späteren Erbauern in den Horizont, in dem die Ke-

---

16 Ebenda, S. 44.
17 Ebenda, S. 23.
18 Ebenda, S. 47.
19 Ebenda, S. 45.

ramik gefunden wurde, hinabgegraben wurde. Mengen von Scherben kamen von Gefäßen der ortsüblich dekorierten Typen der späten 18.–19. Dynastie, ähnlich jenen in den Gräbern mit den Skarabäen gefundenen Typen ... Aus dem gleichen Lager kommt ein fein gravierter Karneoskarabäus mit dem Namen User-Maat-Ra, Setep-en-Ra, Ramesses II. Dieser Skarabäus war ganz sicher dem Feuer ausgesetzt, seine Oberfläche hat eine gräuliche Patinierung, und Verfärbung und Verschmelzung sind ein Merkmal von so vielen der dekorierten Scherben in diesem Lager. Ebenfalls an dieser Stelle sammelten wir 25 Fragmente einer kleinen offenen Keramikschale, die innen wie außen spiralförmig beschriftet ist.« Die Schrift wurde als »hieratisches Ägyptisch des 13.–12. Jahrhunderts« erkannt. Die Inschrift verwies auf das Jahr »vier«, offensichtlich des Pharaos Ramses II.[20]

In einer Schicht gänzlich schwarzer Asche, die einen Graben am Fuß eines Fundaments bedeckte, versuchten die Ausgräber gegen Ende ihrer Kampagne 1937 den Ursprung »all dieses Bettungsmaterials der Eisenzeitbaumeister« zu finden. »Aus der Aschenschicht sammelten wir Goldplättchen, Fragmente einer grünglasierten Fayenceschale und Stücke einer kleinen lederfarbenen Keramikschale eines Typs, wie er in den oberen Schichten unseres Tempels des 18.–19. Dynastie gefunden wurde, mit den Elfenbeintoilettensachen und den Skarabäen, die in derselben Aschenschicht begraben waren, aus welcher die Fragmente des Tell ed Duweir-Kruges[21] stammten. Hier finden wir wiederum, daß der Brand des Tempels in der Geschichte der Stadt kein isolierter Vorfall war, sondern Teil eines allgemeinen Unglücks, das im 12. Jahrhundert, gegen Ende der 19. Dynastie, das Aufhören der ägyptischen Herrschaft anzeigt.«

So haben wir die folgende Situation: In der Asche und den

---

20 J. Cerny verficht, daß das 4. Jahr auf Merenptah verweist, den Nachfolger Ramses' II. Siehe Albright, *Bulletin, American School of Oriental Research*, LXXIV (1939), 21.
21 Kannenartiger Krug mit breiter Öffnung.

Ruinen des zur Zeit Ramses' II (wegen der Siegel dieses Pharaos so datierten) durch Feuer zerstörten Tempels von Lachisch wurden Objekte aus der Periode des jüdischen Königreiches in großer Zahl gefunden, und es wurde entschieden, daß diese Objekte einer späteren Periode in die vermeintlich einer früheren Zeit zugehörigen Schicht von Ramses II *hineingegraben* wurden. In der Asche und in den Ruinen der zur Zeit Nebukadnezars (wegen der an die Verteidiger der Stadt hebräisch geschriebenen Briefe so datierten) durch Feuer zerstörten Zitadelle von Lachisch wurde eine Vase mit der hieratischen Schrift der 19. Dynastie und Siegel von Ramses II gefunden, und es wurde entschieden, daß diese vermeintlich einer früheren Periode zugehörigen Objekte zur Zeit der jüdischen Könige *ausgegraben* und somit mit den Objekten eines späteren Zeitalters (desjenigen von Nebukadnezar) vermischt wurden.

Waren diese zwei Zerstörungen durch Feuer um 700 Jahre voneinander getrennt? Unsere Rekonstruktion der Geschichte, laut welcher Ramses II und Nebukadnezar Zeitgenossen waren, bringt uns zu einer anderen Schlußfolgerung.

Der Tempel von Lachisch wurde zur Zeit Salomons und Thutmosis' III erbaut. Zur Zeit von Amenophis III und von Josaphat wurde er umgebaut. Das dritte Bauwerk auf der Stätte – die Archäologen entdeckten drei aufeinanderfolgende Konstruktionen des Tempels – wurde nach der Belagerung der Stadt durch Sanherib errichtet.

Die Stadt und der Tempel wurden von Nebukadnezar zur Zeit von Ramses II zerstört, in dessen 21. Regierungsjahr.

Friedensvertrag zwischen Ramses II und Nebukadnezar

Zwei Giganten, Ägypten unter Ramses II und Babylon unter Nebukadnezar, kämpften 19 Jahre lang um die Herrschaft über den Mittleren Osten. Juda war das Opfer dieses tödlichen Ringens. Es wurde zuerst von den Truppen des einen und dann des anderen Despoten verwüstet, aber den Ländern der Streitenden selbst wurden die Schrecken des ausgedehnten Krieges erspart.

Zur Absicherung des Sieges über das rebellische Juda schlug Nebukadnezar dem Pharao schließlich einen Friedensvertrag vor. Historiker nehmen als sicher an, daß während der letzten Belagerung Jerusalems zwischen Babylonien und Ägypten über einen Vertrag verhandelt wurde.[22] Der Pharao war froh, die Unversehrtheit seines Landes sicherzustellen, und opferte Juda, seinen Verbündeten.

Jerusalem erduldete eine 18 Monate andauernde Belagerung, gefolgt von Zerstörung. Der Krieg zwischen Babylonien und Ägypten war beendet, und Ägypten kam den Belagerten nicht zu Hilfe. Mehr noch, Ägypten und Babylonien gelobten sich gegenseitige Treue und verpflichteten sich zur Auslieferung politischer Flüchtlinge.

Der Friedensvertrag ist in ägyptischer Sprache erhalten, eingemeißelt in die Mauer des Amuntempels in Karnak. Ein Text in der babylonischen (akkadischen) Sprache, der in Keilschrift auf eine Tontafel geschrieben ist und zu Beginn dieses Jahrhunderts in Bogazköi, einem Dorf in Ostanatolien, gefunden wurde, ist eine Abfassung desselben Dokumentes. Das Original des Vertrages war auf eine heute nicht mehr erhaltene Silbertafel geschrieben. Seine Sprache war babylonisch, und der ägyptische Text ist eine Übersetzung, wie einige Ausdrücke enthüllen.

Der Vertrag war von Usermare Setepenre, Sohn des Menmare, Enkel des Menpehtire (dem Thronnamen von Ramses II, Sohn des Sethos, Enkel von Ramses I), unterzeichnet und von Chetasar, Sohn des Merosar, Enkel von Seplel. Der Ver-

---

22 Friedrich Karl Kienitz, *Die politische Geschichte Ägyptens vom 7. bis zum 4. Jahrhundert vor der Zeitwende* (Berlin 1953), S. 24: »So gelangten Necho und Nebukadnezar zu einer Verständigung und haben damals sogar einen förmlichen Vertrag abgeschlossen.« R. P. Dougherty, *Nabonidus and Belshazzar* (London 1929), S. 55: »Offensichtlich ist anzunehmen, daß [mit Ägypten] ein Vertrag abgeschlossen wurde. Breasted nimmt das als erwiesen an.«

trag in akkadischer Sprache war von Chattusilis, Sohn des Mursilis, Enkel von Suppiluliumas, gezeichnet.[23]

Der Mann, dessen Name als Chetasar im ägyptischen und als Chattusilis im Bogazköi-Text gelesen wurde, muß der König gewesen sein, den wir als Nebukadnezar, Sohn des Nabopolassar, kennen. Mehr als fünfzigmal in den Schriften wird sein Name Nebukadnezar buchstabiert; mehr als dreißigmal wird er Nebukadnezar genannt.[24]

Der Gegner von Ramses II wird im Bündnis der König von Chatti genannt. Wie wir aus vielen Keilschrifttexten wissen, war Chatte ein weiter ethnolographischer oder territorialer Begriff. In einer babylonischen Bauinschrift schrieb Nebukadnezar: »Der Fürst des Landes Chatti westwärts hinter dem Euphrat, über das ich Herrschaft ausübte.«[25]

Der Vertrag hatte eine »Schwur- und Segensformel«. Götter vieler Orte wurden aufgerufen, über das Bündnis zu wachen und denjenigen zu bestrafen, der es verletzen würde. In der Liste der Götter und Göttinnen folgt der Göttin von Tyrus die »Göttin von Dan«. Aber in der Zeit vor der Eroberung Dans durch die Daniter, in der Zeit der Richter, wurde dieser Ort Lais genannt (Richter 18:29), und es war Jerobeam, der dort einen Tempel baute. Daß der Name eines Ortes in einem Vertrag von Ramses II, der vermeintlich aus der ersten Hälfte des 13. Jahrhunderts stammen soll, Dan lautet, hört sich wie ein Anachronismus an.

Der Zweck des Vertrages war die Einstellung der Feindse-

---

23 Diese Lesung fremder Königsnamen durch Ägyptologen folgt anderen Regeln, da die Laute *r* und *l* durch dasselbe hieroglyphische Zeichen dargestellt werden.
24 Der Name eines der beiden Gesandten, die den Vertrag im Namen Chattusilis' zu Ramses II brachten, ist im Text des eigentlichen Vertrages enthalten. Er lautet T-r-t-s-bw. Im Buch Jeremia (39:3) werden unter den Häuptlingen Nebukadnezars Nergal Ssarezer, von Ssimgar und Nbo Ssarssechim aufgeführt. Manchmal werden diese Namen als Amtsbezeichnungen angesehen. Es ist möglich, aber gewiß nicht sicher, daß einer der beiden der oben genannte Gesandte war.
25 S. Langdon, *Building Inscriptions of the Neo-Babylonian Empire* (Paris 1905), S. 151.

ligkeiten zwischen den zwei Ländern. Aus seinem Text wird deutlich, daß Syrien und Palästina nicht mehr zum Hoheitsgebiet Ägyptens gehörten. Dies stimmt mit den biblischen Daten überein. Der Hauptteil des Vertrages befaßt sich mit dem Problem politischer Führung. Die Paragraphen beruhen auf Gegenseitigkeit; anscheinend war es der große König von Chatti, der an den Bestimmungen für die Auslieferung der politischen Gegner an die Chaldäer interessiert war. Ein spezieller Paragraph im Vertrag handelt von syrischen (palästinischen) Flüchtlingen:

> Wenn nun [(oder) aber] Untertanen des großen Königs von Chatti sich vergangen haben gegen ihn ... für ihr Verhängnis werde ich herantreten an Ramses-Meriamun, den großen Fürsten Ägyptens ..., um zu erwirken, daß Usermare-Setepenre, der große Fürst Ägyptens, darüber schweigt [die rechtliche Quittierungsformel zum Verzicht auf spätere Ansprüche] ... und (sie) wieder ausliefert dem großen König von Chatti.[26]

Zwischen dem Pharao und dem König von Jerusalem hatte nur kurze Zeit vorher eine ähnliche Vereinbarung bestanden. Der Prophet Uria war von Jojakim nach Ägypten geflohen. »Aber der König Jojakim sandte Männer nach Ägpyten ... sie holten Urijahu aus Ägypten, ließen ihn zum König Jojakim kommen ...« (Jeremia 26:22–23.) Jetzt, 10 oder 15 Jahre später, floh vor den Chaldäern die Bevölkerung von Palästina und Edom ebenfalls nach Ägypten. Ägypten war der Zufluchtsort für jene, welche sich vor den Chaldäern fürchteten.

Jeremia prophezeite, daß diese jüdischen Flüchtlinge aus Ägypten vertrieben würden.

> JEREMIA 44:14 ... nicht bleibt dem Rest Jehudas ein Entronnenes, Bewahrtes, ihnen, die dort zu gasten gekomken sind ins Land Ägypten ...

---

26 Breasted, *Records*, Vol. III, Sec. 381.

Die folgenden Vertragsbestimmung erfüllte die wenige Jahre zuvor erfolgte Prophezeiung Jeremias:

> [Wenn] einer oder zwei entfliehen ... also daß sie kommen zum Lande Ägypten, um sich zu Dienern eines anderen zu machen, so wird User-Ma'at Re, Auserwählter-des-Re, der große Fürst Ägyptens, nicht zulassen ihre Ansiedlung, er wird sie ausliefern dem großen König von Chatti.[27]

Es war das Schicksal Jeremias, daß er gegen seinen Willen zum Flüchtling in Ägypten wurde, als die letzten Reste von Juda sich zur Auswanderung dorthin entschlossen.

> JEREMIA 41:17–18 ... sie gingen ..., um nach Ägypten weiterzukommen, der Chaldäer wegen, denn sie fürchteten sich vor ihnen ...«

Im Talmud blieb der Bericht über das Ende Jeremias und jener, die ihn dazu gezwungen hatten, nach Ägypten zu gehen, erhalten. Nebukadnezar holte die Flüchtlinge aus Ägypten nach Chaldäa.[28] Er tat dies auf Grund des Vertrages, den er mit Ramses abgeschlossen hatte.

Der Vertrag enthielt eine Bestimmung, die zu humaner Behandlung der ausgelieferten Flüchtlinge aufrief:

Wenn die Flucht ergreifen sollten Bewohner vom Lande Chatti ..., so daß sie sich begeben zu Ramesse Miamun, dem großen Fürsten von Ägypten ..., und sie seien ausgeliefert dem großen König von Chatti ..., so werde eine Schuld gegen ihn nicht erhoben. Es werde nicht geplündert sein [Haus], noch seine Weiber, noch seine Kinder, nicht werde getötet seine Mutter, nicht werde er geschlagen in seine Augen, noch auf seinen Mund, noch auf seine Fußsohlen, nicht werde erhoben irgendwelche Anklage gegen ihn.[29]

---

27 John D. Schmidt, *Ramesses II: A Chronological Structure for His Reign* (Baltimore 1973), S. 116.
28 Der Jerusalem-Talmud, Traktat Sanhedrin, I, 19 a; Seder Olam 26. Siehe auch Ginzberg, *Legends*, Vol. IV, S. 399, Fn. 42.
29 Brugsch, *Geschichte Ägyptens*, S. 525.

Zum Schutz der Unglücklichen, zu deren Auslieferung er nun verpflichtet war, sah Ramses sich zur Aufnahme dieser humanitären Klausel genötigt. Denn es war Nebukadnezar, der die Kinder Zedekias getötet und dessen Augen ausgestochen hatte.

In seiner Parabel über die Bevölkerung von Jerusalem sagte Hesekiel voraus:

> 23:23 ... die Söhne Babels, alle Chaldäer ..., alle Söhne Assyriens mit ihnen ...
> 25 ... schneiden Nase und Ohren dir ab ...

Die Vertragsbestimmung behandelte eine echte Situation. Sie wirft zusätzliches Licht auf die Marterqualen, die in den Schriften berichtet werden: die Geschichte der verstümmelten Gefangenen, der geschlachteten Kinder und der Deportationen; und die Geschichte der wenigen, die den Greueln entkamen, ihrer Flucht nach Ägypten und über den langen Arm, der sich nach den Flüchtlingen ins Land ihres Asyls ausstreckte.

Vergleich der Kriegsereignisse in den Schriften und in den Aufzeichnungen von Ramses II

Ein Vergleich der militärischen Chroniken von Ramses II mit den biblischen Berichten enthüllt keinerlei Widersprüche, aber zahllose Berührungspunkte.

Gemäß beiden Quellen begann der Krieg mit einem Feldzug des Pharaos quer durch Palästina in das nördliche Syrien (II Könige 23:29; Stele am Narh el-Kelb; Tanis-Obelisk). Auf seinem Marsch durch Palästina stieß der ägyptische König auf Widerstand, gegen den er sich durchzusetzen hatte (II Chronik 35:22 ff.; II Könige 23:29; Aswan-Stele). Seine Bogenschützen erschossen den gegnerischen König (II Chronik 35:23; ägyptisches Wandbild im Metropolitan Museum of Art aus dem Tempel von Ramses II). Der Pharao erreichte den

Abb. 11: Die Siegesstele von Ramses II in Beth-Sean.

Norden Syriens und errichtete ein Lager und einen Außenposten bei Ribla im Landa Chamath (II Könige 23:33; Inschrift aus dem 2. Jahr von Ramses II bei Nahr el-Kelb).

Von diesem Feldzug brachte er Gefangene aus dem Königshaus in Palästina zurück (II Chronik 36:4; II Könige 23:24; Tanis-Obelisk). Er auferlegte dem Land einen Tribut (II Chronik 36:3; II Könige 23:35; Tanis-Obelisk).

In den folgenden Jahren kehrte der Pharao nach Nordsyrien zurück. Er unternahm dann einen zweiten Feldzug (II Könige 23:33 ff.; Aswan-Stele; der prosaische Schlachtbericht) und kam in die Region von Kadesch-Karkemisch (Jeremia 46:2 ff.; der Prosabericht; das »Gedicht des Pentawer«).

Er brachte vier Divisionen mit sich (Jeremia 46:9; das Gedicht; der Bericht). In seiner Armee waren Söldner von Sardes (Jeremia 46:21; Gedicht). Nordsyrische Städte waren mit seinem Gegner verbündet (Jeremia 35:11; Gedicht; Bericht).

Die ägyptischen Truppen wurden überrascht und in nördlicher Richtung gegen den Fluß getrieben (Jeremia 46:10; Gedicht; Bericht), d. h. nicht in Richtung Ägypten, sondern weg von ihrer Heimatbasis. Es war die Niederlage und Zerschlagung einer vielgefürchteten Streitmacht (Jeremia 46:8; Gedicht; Bericht). Auf einem Umweg zog sich der Pharao mit den Überbleibseln seines Heeres eilig nach Ägypten zurück.

Als eine unmittelbare Folge dieses Feldzuges wurde Palästina von chaldäisch-akkadischen Kräften (Chatti) erobert und kam für die Dauer einiger Jahre unter ihre Kontrolle (Jeremia 24:1; vergleiche Faulkner in *The Cambridge Ancient History,* II, 2 [1975], S. 228).

Im folgenden eröffnete der ägyptische König eine neue Offensive im Bemühen, Palästina von neuem zu erobern (Jeremia 47:2; vergleiche Faulkner, op. cit., S. 228). Im Land der Philister lag sein unmittelbares Ziel. Es wurde belagert, erstürmt und erobert (Jeremia 47:5; Relief auf der äußeren Südmauer des großen Hypostylensaales in Karnak).

Für eine Weile stand Palästina wiederum unter der Kontrolle Ägyptens (Stele in Beth-Sean; Relief und Inschrift im Ramesseum; Faulkner, op. cit., S. 228). Aber unter dem

Druck der Akkadier-Chaldäer zogen sich die Ägypter dann zurück, und Palästina ging für Ägypten ein zweites Mal verloren (II Könige 24:7; Breasted, *Records,* Band III, § 366).

Viele Jahre lang wurden die Feindseligkeiten fortgesetzt, ohne daß es zu einer offenen Feldschlacht kam. Nach fast zwei Jahrzehnten wurde der Krieg beendet, und als letztes Ergebnis fügte sich Ägypten in den Verlust seiner asiatischen Provinzen; aber seine gefährdet gewesene Eigenstaatlichkeit war gesichert. Ägypten wurde beschuldigt, »eine Rohrstütze dem Hause Jisrael« gewesen zu sein (Esekiel 29:6).

Das Problem der politischen Flüchtlinge aus Syrien und Palästina war einer der Hauptpunkte der Friedensverhandlungen, und Ägypten war mit ihrer Auslieferung einverstanden (Jerusalem-Talmud, Sanhedrin I, 19a; Vertrag zwischen Ramses und Chattusilis).

Die Ereignisse, ihre Abfolge und – wo sie erwähnt werden – die Orte sind in den ägyptischen Aufzeichnungen von Pharao Ramses II dieselben wie in den biblischen Berichten über Pharao Necho.

Wir können auch die genauen Unterbrechungen zwischen all den Phasen dieses langen Krieges untersuchen und sehen, ob die ägyptischen (Ramses II) und die hebräischen Quellen wiederum harmonieren.

Nichts ist mühsamer als detaillierte Chronologie. Aber wenn diese Mathematik der Geschichte nicht zum Selbstzweck betrieben wird, sondern um Identifizierungen festzustellen, und wenn sie zum Nachweis dieser Identifizierungen herangezogen wird, dann kann sie zur erregenden Studie werden.

Für die in diesem Kapitel untersuchte Periode stimmen die Zahlen der ägyptischen und der biblischen Chronologien überein. Synchronismus des Ganzen bedeutet selbstredend auch Übereinstimmung im einzelnen; aber wenn die Gleichzeitigkeit der Epochen bestritten wird, wie sollen Synchronismen im einzelnen erklärt werden?

Der erste Feldzug von Ramses II nach Nordsyrien erfolgte im 2. Jahr seiner Regierung. Dies ist das Datum seiner ersten Stele bei Nahr el-Kelb; der Tanis-Obelisk scheint auf die gleichen Ereignisse hinzuweisen.

Zu Beginn des ersten Kriegszuges, den der König von Ägypten in Richtung Euphrat unternahm, wurde bei Megiddo Josia, der König von Jerusalem, getötet. Drei Monate später (II Chronik 36:2–4) wurde Jojakim zum König von Jerusalem gemacht. Der Beginn der Regierungszeit Jojakims korrespondiert mit dem 2. Jahr der Regierungszeit von Ramses II.

Im 4. Jahr von König Jojakim unternahm der Pharao seinen zweiten Kriegszug und erreichte Karkemisch (Jeremia 46:2). Das 4. Jahr Jojakims begann im 5. Jahr von Ramses II; demgemäß muß dieser zweite Feldzug in Ramses' 5. Jahr stattgefunden haben. Dies stimmt mit den ägyptischen Quellen überein: Ramses II verließ Ägypten zu seiner zweiten Kampagne am 9. Tag des 10. Monats seines 5. Jahres (Gedicht).

Das 4. Jahr Jojakims war auch das 1. Jahr von Nebukadnezar, König von Babylon (Jeremia 25:1). Es folgt, daß Nebukadnezar seine Regierungsjahre von dem Jahr an zählte, als er die zweite Schlacht am Euphrat schlug.

Zur Zeit, als er das Oberkommando des babylonischen Heeres innehatte, war Nebukadnezar König von Assyrien, das ein Teil des babylonischen Reiches war. Zuerst nannte er sich König von Assyrien (II Könige 23:29), später König von Babylon oder König der Chaldäer.[30]

Nebukadnezars 1. Jahr fiel auf den letzten Teil des 5. und den ersten Teil des 6. Jahres von Ramses II.

---

30 Zwischen Jeremia 25:1 und Daniel 1:1 gibt es einen Widerspruch: im letzteren wird Nebukadnezar im 3. Jahr Jojakims König von Babylon genannt. Betreffend Nebukadnezars späterem Anspruch, sofort nach dem Tode Nabopolassars rechtmäßig König von Babylon gewesen zu sein, siehe den Abschnitt »Geschichtsentstellung« in Kapitel V. Siehe ebenfalls, zur Berechnungsmethode der Regierungsjahre in Babylonien und Juda, E. R. Thiele, »The Chronology of the Kings of Judah and Israel«, *Journal of Near Eastern Studies* III (1944), 137–186; *The Mysterious Numbers of the Hebrew Kings* (Grand Rapids, Mich. 1965).

Gemäß den ägyptischen Quellen rebellierte Palästina gegen Ägypten vom Ende des 5. bis zum 8. oder 9. Jahr der Regierung Ramses' II. Diese der Niederlage der Ägypter bei Kadesch-Karkemisch folgenden Jahre entsprechen der Periode vom 5. bis zum 8. Jahr Jojakims; diese Jahre werden in II Könige 24:1 erwähnt: »In seinen Tagen zog Nebukadnezar König von Babel heran, Jojakim wurde ihm dienstbar, drei Jahre, dann kehrte er sich ab, empörte sich gegen ihn.«

Am Ende dieser Zeit rebellierte Jojakim gegen die Babylonier, wie dieser Vers in Könige erklärt; der Aufstand fand also in seinem 8. Jahr statt. Die Erstürmung Askalons wird aus dem 9. Jahr von Ramses II berichtet.[31] Da das 9. Jahr von Ramses II das 8. Jahr Jojakims war, traf die Belagerung Askalons durch Ramses II mit Jojakims Revolte gegen Nebukadnezar zusammen. Die Karnakareliefs der Erstürmung Askalons und Kapitel 47 von Jeremia stellen dieses Ereignis klar heraus. Die Anwesenheit von ägyptischen Soldaten in Beth-Sean im 9. Jahr von Ramses wird von einer dort in seinem 9. Jahr errichteten Stele bezeugt.

Drei Jahre danach, zu Beginn des 8. Jahres Nebukadnezars (II Könige 24:12), welches das 12. Jahr von Ramses und das 11. Jahr von Jojakim war, wurde Jerusalem abermals von Nebukadnezar bezwungen, und drei Monate später wurde Jojachin, der Sohn von Jojakim, nach Babylonien deportiert. Während der dreimonatigen Regierungszeit Jojachins (II Könige 24:8) und vom 1. bis zum 8. Jahr Zedekias war Jerusalem Babylon tributpflichtig.

In seinem 8. Jahr rebellierte Zedekia, und Nebukadnezar belagerte Jerusalem. In dieser Zeit wurde das Heer des Pharaos, das seit der Absetzung Jojakims (im 12. Jahr von Ramses) Ägypten nicht verlassen hatte (II Könige 24:7), verstärkt und überschritt die Grenze von Palästina (Jeremia 37:5). Das Heer der Chaldäer zog sich von Jerusalem zurück, um die ägyptische Streitmacht zu stellen, aber Jeremia prophezeite,

---

31 Gemäß Petrie und Maspero.

daß das Heer des Pharaos »in sein Land Ägypten zurückkehrt« (37:7) und daß die Chaldäer zum Kampf gegen Jerusalem wiederkommen würden. Den Einwohnern der Stadt, die ihre Knechte und Mägde in die Freiheit entlassen hatten, erschien die Unterbrechung lang genug, um die Gefahr vorüber zu glauben und die Freisetzung rückgängig zu machen (Jeremia 34:11). Im 10. Monat des 9. Jahres von Zedekia, nachdem die Ägypter, ohne sich zur Schlacht zu stellen, in ihr Land zurückgekehrt waren, ging Nebukadnezar zurück nach Jerusalem und erneuerte die Belagerung (II Könige 25:1).

Als Ergebnis der Vereinbarung zwischen den beiden Reichen überließ Ägypten Syrien und Palästina Nebukadnezar, und Jerusalem blieb ohne Unterstützung. Dieser Vertrag zwischen dem König von Ägypten und dem König der Chaldäer wurde zu einem Zeitpunkt vor dem 10. Tag des 10. Monats[32] des 9. Jahres Zedekias, dem Tag, als die Chaldäer die Belagerung Jerusalems erneuerten (II Könige 25:1; Jeremia 39:1, Hesekiel 24:1) abgeschlossen.

Das 9. Jahr Zedekias war das 17. Jahr Nebukadnezars (da das 10. Jahr Zedekias das 18. Jahr Nebukadnezars war – Jeremia 32:1); es muß also das 21. Jahr von Ramses II gewesen sein. In der Tat wurde der Vertrag zwischen Ramses II und dem König von Chatti am 21. Tag des 4. Monats des 21. Jahres von Ramses II unterzeichnet.

Der gesamte Konflikt zwischen Ägypten und den Chatti (Akkadier-Chaldäer) dauerte 19 Jahre lang, vom 2. Jahre Ramses' II (seinem ersten Marsch nach Norden) bis zum 21. Jahr (als der Friedensvertrag unterzeichnet wurde).

Eine Gegenprobe mit den hebräischen Daten ergibt die folgenden Zahlen: Die Zeit vom Tode Josias bei Megiddo (dem ersten Marsch des Pharaos nach Norden) bis zum Beginn der

---

32 Die Monate der Regierungsjahre der Könige dieser Periode entsprechen dem 1., 2. usw. Kalendermonat des Jahres. So war das Datum der Zerstörung des Tempels – der 5. Monat (II Könige 25:8) – der 5. Monat seit der Frühlings-Tagundnachtgleiche. Diese Zerstörung wird von den Juden heute noch im 5. Monat, dem Monat Ab, im Spätsommer beklagt.

letzten Belagerung Jerusalems durch die Chaldäer umfaßt 3 Monate von Joahas (II Könige 23:31), 10 Jahre und eine Anzahl Monate von Jojakim, 3 Monate von Jojachin sowie 8 Jahre und 9 Monate von Zedekia (Erneuerung der Belagerung). Da II Chronik 36:11 von den 11 Jahren Zedekias spricht, wogegen es in Jeremia (39:2) das 11. Jahr ist, können auch die in II Chronik 36:5 erwähnten 11 Jahre Jojakims in der Bedeutung des 11. Jahres angenommen werden. Somit vergingen 19 Jahre vom ersten Marsch des Pharaos durch Palästina und dem Tod König Josias bis zum Rückzug des ägyptischen Heeres und dem Beginn der letzten Belagerung Jerusalems. Sowohl nach den Daten aus den Schriften als auch aus den Aufzeichnungen von Ramses nahm Ägypten 19 Jahre lang am Krieg teil.

Die ägyptischen und hebräischen Quellen stimmen mit der Folge und der Dauer aller Stadien des ägyptisch-chaldäischen Krieges überein. Die genauen Daten in den ägyptischen und hebräischen Quellen machten diese Überprüfung möglich, und zwar mit einer Präzision, welche von der Historiographie vieler um tausend oder gar zweitausend Jahre näher liegender Perioden nicht erreicht wird.

Die konventionelle Geschichtsschreibung Ägyptens nimmt an, daß Ramses II der Pharao der Unterdrückung zur Zeit des Moses war (falls die Israeliten Ägpyten zur Zeit von Merenptah verließen) oder daß er der Herrscher Ägyptens und Palästinas zur Zeit der Richter war (falls die Israeliten Ägypten vor Beginn der 19. Dynastie verließen). Demgemäß erfolgten die Feldzüge von Ramses II in Nordsyrien und in Palästina angeblich entweder zur Zeit der israelitischen Knechtschaft in Ägypten oder zur Zeit, als die Richter die Stämme in Palästina regierten. Und doch wird im Buch der Richter von keinem ägyptischen Herrscher berichtet und von keiner Kampagne eines Pharaos gegen Syrien und Palästina.

Unter dem gleichen Vorzeichen kann von vornherein vermutet werden, daß – mit der Versetzung Ramses' II in die entrückte Vergangenheit – die Aufzeichnungen der Bücher der Könige, der Chronik, Jeremias und Hesekiels über den Krieg

Nebukadnezars mit Pharao Necho in der ägyptischen Geschichte kein Gegenstück finden werden.

Es wurde unter den ägyptischen Inschriften nach Hinweisen auf einen Pharao namens Necho und seine Feldzüge gesucht, aber die ägyptische Archäologie vermochte die Geschichte des Krieges nicht zu beschaffen. Die einzige Denkmalinschrift, auf welcher der Name eines gewissen Nekau-Wehemibre erscheint, ist eine Inschrift auf dem Grab eines Stieres.

Wenn wir der konventionellen Geschichte folgen, gibt es in den Schriften keinen Bericht über die Kriege von Ramses, und gleichermaßen wird in den erhaltenen Berichten des Landes am Nil keine Rechenschaft über die Kriege Nebukadnezars gegen Ägypten abgelegt. Aber die Kriege von Ramses II entsprechen präzise dem biblischen Bericht über Pharao Necho.

Oder ereigneten sich dieselben Vorfälle, Schlachten und Belagerungen derselben Städte 700 Jahre voneinander getrennt in genau denselben Abständen? Es wäre wundersam, wenn Berichte von zwei derart identischen Ereignissen auf uns gekommen wären. Aber es gibt keine ägyptischen Aufzeichnungen von den Kriegen Nekau-Wehemibres.[33]

---

[33] Vier Tonabdrücke eines Siegels von Nekau werden in den Ruinen eines Hauses in Karkemisch zusammen mit Siegeln von Psamschek gefunden. Wie ich in *Die Seevölker* (S. 117–121) zeige, ist diese Person mit Psamschek, einem hohen persischen Beamten, zu identifizieren, der in den Elephantine-Papyri erwähnt wird. Auf Grund der Siegel von Nekau, die zusammen mit jenen von Psamschek gefunden wurden, wäre Nekau-Wehemibre ebenfalls im 5. Jahrhundert einzuordnen, als Ägypten unter persischer Besetzung stand. Siehe L. Woolley und T. E. Lawrence, eds., *Carchemish* II (1915–1952), S. 126–128; Tf. 26c.

Kapitel 3

Das Grab des Königs Ahiram

Der geschwinde Schreiber

Das »Gedicht des Pentawer« enthält einige hebräische Wörter, die in die ägyptische Sprache eingesickert waren und an Stelle ihrer ägyptischen Äquivalente verwendet wurden. So wird das Wort *qazin* für »Offizier« und *sesem (sus)* für »Pferd« verwendet.[1] Wie wir schon erwähnten, hatten *na'arim* – auf hebräisch »Jünglinge« – bei Kadesch Ramses II gerettet.

Unter den in der Zeit von Ramses II geschriebenen Texten befindet sich ein Brief, der von einem Schreiber namens Hori an einen Befehlsschreiber des Heeres namens Amenemope gerichtet war.[2] Hori war von Amenemope geschmäht und als unwissend hingestellt worden; Hori antwortete mit einem sarkastischen Brief, weist seine eigene Gelehrsamkeit nach und entlarvt die Ignoranz seines Opponenten. Das Sachgebiet, für das er sich kompetent erachtete, war Palästina. Es ist möglich, daß der Brief dort geschrieben wurde.

Der Brief erwähnt viele geographische Namen; sie sind in leicht les- und erkennbarer Form geschrieben: Kirjat-n-b ist Kirjat-enab.

Noch eindrucksvoller als die Liste palästinischer Städte ist der Gebrauch zahlloser hebräischer Wörter durch den Schreiber.[3] So wird »Mehl« *qemach,* »Dornbusch« *qoz,* ge-

---

1 De Rougé, *Œuvres diverses,* Vol. V (Paris 1914), S. 318–343.
2 Papyrus Anastasi I, hrsg. und übers. von A. H. Gardiner, *Egyptian Hieratic Texts,* I (Leipzig 1911).
3 Max Burchardt, *Die Altkanaanäischen Fremdworte und Eigennamen im Ägyptischen* (Leipzig 1909–1910).

nannt, und sogar ein vollständiger hebräischer Satz wurde in den Text eingeschoben: »abadeta kemo ari mahir no'am.«[4] Es ist nicht so wichtig, die Gedanken des Schreibers zu kennen, als er diesen Satz formulierte; vielleicht wollte er sich nur mit seinen Hebräischkenntnissen brüsten.

Gemäß der gewöhnlich akzeptierten Schlußfolgerung haben die Ägypter die hebräischen Wörter von den eingeborenen Kanaanitern übernommen, und sprach diese Bevölkerung im vorisraelischen Palästina, der manchmal eine hamitische Abstammung zugeschrieben wird (siehe Genesis 9:18); semitisches Hebräisch. Seit der Entdeckung der Ras-Schamra-Texte wurde diese Schlußfolgerung, welche von den in die aus Palästina geschriebenen babylonischen Texte der El-Amarna-Briefe eingestreuten hebräischen Wörtern impliziert wird, als unbestreitbar angesehen.

Der weiteren Schlußfolgerung, daß nicht nur die vorisraelitische Bevölkerung Kanaans hebräisch sprach, sondern auch in dieser Sprache schreibende Schnellschreiber gehabt haben muß, wurde ausgewichen, obwohl das aus Horis Text hervorgeht: Hori verwendete die hebräischen Wörter *sofer jode'a* für einen gelernten Schreiber und *mahir* für einen Schnellschreiber. Dieser Ausdruck kommt überall im Papyrus vor, da der Autor die Pflichten eines *mahir* erklären wollte, der rasch kalkulieren und sich jeder Situation schnell anpassen mußte.

Ein »geschwinder Schreibergriffel«, d. h. der »Griffel eines Schnellschreibers«, kommt im Eröffnungsvers von Psalm 45 vor. Seit der Zeit der jüdischen Könige in Palästina waren Schreiber ein professioneller Stand,[5] und ein »Schnellschreiber« oder einer, der Worte, so schnell wie sie gesprochen wurden, niederschreiben konnte, bedient sich einer fortgeschrittenen Entwicklung in der Kunst des Schreibens.

Blühte die Kunst des Schreibens zur Zeit der Kanaaniter,

---

4 Wie man dieses im Hebräischen lesen soll, ist umstritten und problematisch: Der Vorschlag »Du bist gestorben wie ein Löwe, sagt der geschwinde Schreiber« ist nur einer.
5 I Chronik 2:55; II Samuel 8:17;20:25; I Könige 4:3.

und wurde sie danach zur Zeit der Israeliten in Palästina völlig vergessen? Korrekte Chronologie setzt nicht voraus, daß die vorisraelitische Bevölkerung Kanaans die hebräische Sprache verwendet haben sollte oder daß die Ägypter sie von ihnen erlernt haben müssen; wenn aber durch irgendwelches, noch nicht entdecktes Material der Gebrauch des Hebräischen in Kanaan vor der Auswanderung des Stammes Israel nach Ägypten nachgewiesen werden könnte, so wäre diese Schreibkunst aus dem Zeitalter der Patriarchen nicht aus den hebräischen Texten von Ras Schamra (in alphabetischer Keilschrift) oder aus den El-Amarna-Briefen mit ihren gelegentlich eingeschobenen hebräischen Wörtern ableitbar: Diese zwei Sammlungen von Dokumenten datieren aus dem 9., nicht aus dem 14. Jahrhundert.[6] Andererseits überrascht es nicht, daß zur Zeit wirksamer Beziehungen zwischen dem hebräischen Palästina und Ägypten – seit Saul und Kamose bis zu Jeremia und Ramses II – eine Anzahl hebräischer Wörter den Weg in das Vokabular ägyptischer Schreiber fanden.[7]

Horis Papyrus wurde höchstwahrscheinlich zwischen dem 2. und 5. Jahr von Ramses geschrieben, zwischen seinem ersten, erfolgreichen, und seinem zweiten, erfolglosen Kriegszug, offenbar kurz nachdem der Pharao Megiddo passiert hatte, wie in II Könige 23:29–30 dargestellt. Der Papyrus enthält die folgenden, vom Schreiber an seinen Opponenten gerichteten Worte: »Zeige mir, wie man bei Megiddo vorübergeht.«

Unter diesen Umständen dürften wir gelegentlich erwarten, daß eine mit hebräischen Buchstaben geschriebene Inschrift, zusammen mit Anzeichen, die auf die Regierungszeit von Ramses II verweisen, gefunden werden könnte.

---

6 Siehe »Zeitalter im Chaos«, Bd. 1: *Vom Exodus zu König Echnaton,* »Ras Schamra« und »Die El-Amarna-Briefe«.
7 Ein weiteres Beispiel über den Gebrauch hebräischer Wörter durch einen ägyptischen Schreiber aus dieser Zeit kommt im Papyrus Koller vor, hrsg. und übers. von Gardiner, *Egyptian Hieratic Texts,* I (Leipzig 1911).

Das Grab des Ahiram

In einem vorausgegangenen Abschnitt hatte ich Gelegenheit, die Frage zu diskutieren: Ließ Ramses II den das Mittelmeer mit dem Roten Meer verbindenden Kanal bauen, wie die ägyptischen Quellen melden, oder war es Necho (Nekos), der diese Arbeit begann, wie Herodot sagt? Und wiederum: War es Sethos-Ptah-Maat, der Vorgänger von Ramses II, der erstmals griechische Söldner warb, oder war es Nechos Vorgänger, von Herodot Psammetich genannt?

Die Lösung einer ähnlichen Frage kann dem Leser ohne Hilfestellung des Autors überlassen werden.

Byblos, das moderne Gebel an der syrischen Küste nördlich von Beirut, Gebal der alttestamentlichen und phönikischen Texte oder *kepen* auf ägyptisch, war eine alte und hochgeachtete Königsstadt. Es wurde Handel mit dem Zedernholz aus dem Libanon und mit aus Ägypten importiertem Papyrus getrieben.[8]

Im 19. Jahrhundert forschte Ernest Renan, der bekannte Religionshistoriker, in Byblos und auch in Tyrus, Sidon und Arvad, die alle an der phönikischen Küste liegen.[9]

Sechzig Jahre später, 1921, nahm Pierre Montet die Grabungsarbeiten in Byblos wieder auf. Einige Monate vergingen, und am 16. Februar 1922 wurde durch einen Erdrutsch am seeseitigen Hang ein Königsgrab mit Beigaben von Amenemhet III aus dem Mittleren Reich Ägyptens freigelegt. Im gleichen Gebiet wurden acht weitere Königsgräber aus verschiedenen Perioden gefunden. Der wichtigste Fund war das Grab des Königs Ahiram. Ein in den Fels geschlagener Schacht führte zu einer Grabkammer; nach der Bestattung war eine die Kammer vom Schacht trennende Mauer gebaut worden. In der Kammer standen drei Sarkophage: Zwei in einfacher Ausführung, die nur Knochen enthielten, und der

---

8 Das Wort »Bibel« kommt von Byblos, das griechisch »Papyrus« heißt.
9 *Mission de Phénicie* (Paris 1864).

Abb. 12: Der Sarkophag des Königs Ahiram mit der phönikischen Inschrift auf der Seite des Deckels.

reichverzierte des Königs Ahiram.[10] Hiram oder Ahiram war der Name von mehr als einem phönikischen König.

Eine kurze hebräische Inschrift war in die Südwand des Stollens eingehauen:

Aufgepaßt! Siehe, du wirst hier unten zu Schaden kommen!

Die Warnung gegen die Entweihung der Grabstätte wurde auf dem Deckel des Sarkophags wiederholt und noch ausführlicher eingeschnitten:

Der Sarg, den Ithobaal, Sohn des Ahiram, König von Gebal [Byblos] für seinen Vater als Wohnung in die Ewigkeit machte. Und wenn irgendein König oder irgendein Statthalter oder irgendein Heereskommandant (Gebal) angreift und diesen Sarg gefährdet, dessen Herrscherstab soll zerbrochen, sein Königsthron gestürzt werden, und der Friede soll Gebal verlassen; und ihn betreffend, seine Inschriften sollen von einem Taugenichts ausgelöscht werden![11]

---

10 P. Montet, *Byblos et l'Egypte,* Quatre Campagnes de Fouilles à Gebel (1921–1924), (Paris 1928), Kap. IV.
11 Übers. von W. F. Albright, *Journal of the American Oriental Society,* LXVII, 1947, S. 155–156. Die Übersetzung von R. Dussaud, die von Montet zitiert wird, heißt auszugsweise: ». . . *le throne de la royauté se renversera et la paix regnera sur Gobel«* (. . . und Friede wird über Gebal regieren).

Auf der einen Seite des Sarkophags ist König Ahiram, auf dem Thron sitzend, abgebildet, mit geflügelten Sphingen, die ihn bewachen, und Hofleuten, die ihm gegenüber stehen. Die andere Seite zeigt einen Zug mit Personen, die Gaben tragen. Auf jeder der zwei Endseiten des Sarkophags befinden sich die Figuren von vier Klageweibern.

In der Nähe des Einganges zur Grabkammer wurde eine Anzahl von Fragmenten einer Alabasterkanope gefunden, und eines davon trug den Namen und Thronnamen von Ramses II. Ein weiteres Fragment in der Kammer, ebenfalls aus Alabaster, trug die Kartusche von Ramses II; auch eine Elfenbeinplatte wurde gefunden und von R. Dussaud für mykenisch gehalten; aber außerdem gab es dort Keramik aus Zypern, die wie Ware aus dem 7. Jahrhundert aussah.

Das Grab sei wahrscheinlich im Altertum erbrochen worden, argumentierten die Historiker, trotz der Warnung in hebräischen (phönikischen) Buchstaben. Die Gelehrten hatten zu entscheiden, zu welcher Zeit König Ahiram gelebt hatte.

Die phönikischen Inschriften auf dem Sarkophag enthüllten es nicht. Montet, der Entdecker des Grabes, schrieb es der Zeit von Ramses II zu, also dem 13. Jahrhundert. Er war der Ansicht, daß sämtliche Objekte im Grab, einschließlich der zypriotischen Krüge, aus der Zeit Ramses' II stammten. Aber andere Gelehrte bestanden auf dem 7. Jahrhundert für das Alter der zypriotischen Keramik. Dussaud, ein führender französischer Orientalist, pflichtete bei, daß das Grab aus dem 13. Jahrhundert stammte, bestand aber auf dem 7. Jahrhundert für die zypriotische Ware. Dussaud nahm ebenfalls an, daß im 7. Jahrhundert Grabräuber eingebrochen waren und dort Töpferwaren aus ihrem eigenen Jahrhundert zurückgelassen hätten. Zeichen des Eindringens und der Störung waren augenfällig: Der Deckel des Sarkophags war aus seiner Lage verschoben, Alabastergefäße waren zerbrochen, die Schmuckstücke wurden vermißt.

Dussaud schrieb: »Zusammen mit dem mykenischen Sachen fand Montet Fragmente zypriotischer Keramik, charakteristisch für das 7. Jahrhundert, womit die Zeit der Grabräuberei fixiert ist. Kein Fragment jüngeren Datums wurde gefunden.« Er fuhr fort: »Es gibt keinen Zweifel, daß [bei der Wahl] zwischen dem Zeitalter von Ramses II und dem 7. Jahrhundert [für die Zeit, zu der das Grab erbaut und die Inschrift eingemeißelt wurde], das erstere akzeptiert werden muß.«[12] Doch Eindringlinge würden gewiß nicht 600 oder 700 Jahre alte Krüge in die Grabkammer gebracht haben. Warum sie überhaupt hätten Gefäße in die Begräbnisstätte hineinbringen sollen, die sie ausrauben wollten, ist nicht genügend erklärt.

Was ist die richtige Lösung?

Sogar wenn es möglich gewesen wäre, das Vorhandensein der zypriotischen Gefäße im Grab des Ahiram als das Werk von Dieben zu erklären, so gab es doch etwas, das den Plünderern nicht zugeschrieben werden konnte: die Inschrift.

Eine Inschrift in hebräischen Buchstaben warnt beim Eingang gegen entweihende Schritte und ruft einen Fluch auf den König, Soldaten oder irgendeine andere Person herab, die den Todesfrieden stören sollten. Die andere Inschrift auf dem Sarkophag sagt, daß ein König, dessen Name Ithobaal[13] gelesen wird und der in der ersten Person spricht, den Sarkophag für seinen Vater Ahiram, König von Gebal (Byblos), herstellen ließ.

Die beiden Inschriften sind mit denselben Buchstaben eingeritzt und stammen aus ein und derselben Zeit. Wenn das Grab zur Zeit von Ramses II bereitgestellt wurde, dann wurden die Inschriften zu seiner Zeit geschrieben. Aber Inschrif-

---

12 »Avec des vestiges mycéniens, M. Montet ait trouvé ... des fragments de poterie chypriote, caractéristiques du VIIe siècle, qui fixent ainsi l'époque de la violation. Aucun fragment plus récent n'a été découvert. Or, il est certain que les inscriptions de l'hypogée V ne peuvent descendre à une date aussi basse. Entre l'époque de Ramses II et le VIIe siècle, il n'y reste aucun doute qu'il ne faille adopter la première.« R. Dussaud, »Les Inscriptions phéniciennes du tombeau d'Ahriman, roi de Byblos«, *Syria, Revue d'art oriental et d'archéologie,* V (1924), 143–144.
13 Dussaud, *Syria,* VI (1925), 104.

Abb. 13: Die Kartuschen von Ramses II auf einer Alabasterkanope, die im Grab des Ahiram gefunden wurde.

ten in hebräischen Buchstaben zur Zeit von Ramses II, im 13. Jahrhundert, waren etwas ganz Unerwartetes.

Ein heiß geführter Disput, der fünf Jahrzehnte lang nicht zur Ruhe kommen sollte, brach aus. Auf der einen Seite waren die Archäologen, welche die archäologischen Beweise über die Entstehungszeit des Grabes unter der 19. Dynastie, oder im 13. Jahrhundert v. Chr., als entscheidend erachteten. Auf der anderen Seite standen die Epigraphiker, die nicht zugestehen wollten, daß die Inschriften aus Ahirams Grab einer so frühen Periode wie dem 13. Jahrhundert zugehören konnten; sie fanden eine starke Verwandtschaft zwischen diesen Buchstaben und den von Abibaal und Elibaal, zwei phönikischen Königen, verwendeten Buchstaben, die auf Statuen ihrer Schirmherren Scheschonk und Osorkon, Pharaonen der Libyschen Dynastie, stehen und aus dem 10. und 9. Jahrhundert stammen sollen. Seit der Zeit, als die Inschriften aus den Statuen von Scheschonk und Osorkon zur Kenntnis der Gelehrten gelangten, bis zur Entdeckung von Ahirams Grab, waren die Widmungen im Namen von Abibaal und Elibaal als nicht zeitgenössisch mit den Statuen selbst angesehen worden: Die Buchstaben der Widmungen lagen zwischen den Buchstaben der Mescha-Stele aus der Zeit um etwa −850 und den in die Felswand einer Wasserleitung der Siloah-Quelle bei Jerusalem ungefähr um −700 eingehauenen Hesekiel-Buchstaben, so daß sie zwischen diesen beiden Zeitpunkten geschrieben worden sein müssen.

Aber die Ahiram-Inschriften erforderten eine epigraphische Neubeurteilung der Inschriften auf den Statuen. Schließlich wurden die Schwierigkeiten, die aus dem Vergleich der Buchstaben von Abibaal und Elibaal mit jenen der Mescha-Stele und Hesekiels entstanden waren, einer unbekannten Anomalie in der Entwicklung der hebräischen Schrift zugeschrieben.

Der konventionellen Chronologie zufolge mußte Ahiram als ein Zeitgenosse von Ramses II fast vier Jahrhunderte vor Scheschonk und Osorkon gelebt haben und gestorben sein. In vier Jahrhunderten muß eine Schrift beträchtliche Änderungen durchgemacht haben. Aber es gab keine kennzeichnenden Unterschiede in den Buchstaben aus der Zeit Ahirams und jener von Abibaal und Elibaal.

Einige Disputanten sollen dazu ihre eigenen Erklärungen abgeben. Die nachstehend zitierten Teilnehmer an der Debatte sind alle Historiker von bedeutendem Ruf.

»Aus der Entdeckung im Grab des Ahiram von zwei den Namen Ramses' II tragenden Alabasterurnen vermögen wir, ohne daß die kleinste Unsicherheit Bestand hätte *[sans qu'il puisse subsister la moindre incertitude]*, abzuleiten, daß das Grab, der Sarkophag und seine Inschrift aus dem 13. Jahrhundert vor unserer Zeit datieren.«[14]

---

14 Dussaud, *Syria,* V (1924), 142.

»Es ist seltsam, daß trotz mancher Meinungsverschiedenheiten in der Interpretation der Inschrift des Ahiram-Sarges und des in dem Grabschacht gefundenen Graffito in *einem* Punkt völlige Einmütigkeit besteht, obwohl dazu am allerwenigsten Veranlassung ist: in der Datierung in das 13. vorchristl. Jahrhundert – und zwar auf Grund von zwei Kanopenfragmenten mit dem Namen Ramses' II. ... Diese Kanopenbruchstücke verlieren aber jeden Datierungswert, wenn man ... berücksichtigt, daß das Grab nicht intakt gefunden, sondern bereits im Altertum erbrochen worden ist, nach Dussaud auf Grund von Scherbenfunden im 8.–7. vorchristl. Jahrhundert. ... Man kann sich danach also ... vorstellen, [daß das Grab Ahirams] im 8.–7. vorchristl. Jahrhundert geöffnet und beraubt wurde und fortan offenstand. Als nun die umliegenden ... Gräber geplündert wurden, mögen Grabräuber vorübergehend in diesem zugänglichen Grab ihren Raub deponiert haben. ... Der ... Befund ... zwingt dazu, das Grab wie die Inschrift vor das 8.–7. Jahrhundert zu setzen, das heißt vor den Zeitpunkt, in dem es erbrochen wurde. Wie weit man vor diese Zeit zurückgehen will, das läßt sich nur aus dem Schriftcharakter der phönizischen Schriften erschließen. Mit anderen Worten, die Entscheidung steht ausschließlich bei dem phönizischen Epigraphiker, der auf die beiden Kanopenfragmente mit dem Namen Ramses II nicht die geringste Rücksicht zu nehmen braucht.«[15]

Der erste Autor nimmt an, daß die zypriotischen Gefäße des 7. Jahrhunderts von den Dieben in das Grab gebracht wurden. Der zweite Gelehrte akzeptiert diese Erklärung und läßt die Diebe auch die Ramses-Kanopen in dasselbe Grab bringen.

»Das Datum dieses Grabes wird durch eine Gruppe von übereinstimmenden und beweiskräftigen Zeugnissen geliefert: Mykene-Keramik in gutem Stil, mykenisches Elfenbein,

---

15 W. Spiegelberg, »Zur Datierung der Ahiram-Inschrift von Byblos«, *Orientalische Literaturzeitung,* XXIX (1926), Kol. 735–737.

keine Sachen aus späterer Zeit und zwei Alabastervasen mit den Kartuschen von Ramses II.«[16] Die Bildhauerkunst des Sarkophags wird auch als auf die Zeit von Ramses weisend angeführt.

»Man hat diesen Sarg und damit auch den Gebrauch des Alphabets bis in die Zeit Ramses' II hinaufrücken wollen. Aber ... es ist undenkbar und widerspricht allem, was wir sonst überall von der Geschichte einer Schrift wissen, daß sich hier die Schrift vier Jahrhunderte lang unverändert erhalten haben sollte. Vielmehr kann König Achiram nur kurze Zeit vor Abiba'al. angesetzt werden, also um 1000 v. Chr.«[17]

»Das Zeugnis der Ornamente auf diesem Sarg scheint in bezug auf das Datum schlüssig. Es kann nicht später als das 13. Jahrhundert sein. Die Buchstabenformen haben die Epigraphiker veranlaßt, die Schlußfolgerungen der Ausgräber zu bezweifeln, und die im Grab gefundenen Scherben wurden ins Spiel gebracht. Das epigraphische Argument hält nicht stand.«[18]

Die Archäologen sind nicht zu erschüttern und insistieren, daß Ahirams Begräbnis zur Zeit von Ramses II stattfand, in der Mitte seiner Regierungszeit in der ersten Hälfte des 13. Jahrhunderts; und sie sind nicht bereit, mehr als 50 Jahre abzuziehen, wenn das die Epigraphiker zufriedenstellen sollte. Die Epigraphiker, die das archäologische Zeugnis nicht widerlegen können, feilschen um jedes halbe Jahrhundert, um das Datum von Ahirams Inschrift so nahe als möglich an die Zeit der Mescha-Stele heranbringen zu können.

»Es ist wahr, daß eine Alabasterkanope mit den Kartuschen von Ramses II und die Fragmente einer anderen mit dem Namen desselben Königs im Grab gefunden wurden, das deshalb schon ins 13. Jahrhundert zurückreichen könnte. Aber die Unterschiede zwischen den Schriftformen von Ahi-

---

16 Dussaud, *Archiv für Orientforschung,* V (1929), 237.
17 Eduard Meyer, *Geschichte des Altertums,* II (1931), Teil 2, 73.
18 Sidney Smith, *Alalakh and Chronology* (London 1940), 46.

ram und jenen von Abibaal und Elibaal sind äußerst gering, und es erscheint immerhin möglich, daß das wahre Datum Ahirams um einiges näher an der Bubastis-Periode (10. Jahrhundert) liegen könnte.«[19]

Kompromisse wurden von Anfang an zurückgewiesen, noch bevor sie vorgeschlagen wurden.

»Es genügt nicht, eine solche Hypothese vorzubringen, es ist nötig, sie zu demonstrieren. Wenn die im 13. Jahrhundert ausgeführten Arbeiten wie auch die Störung im 8.–7. Jahrhundert sehr klare Keramikzeugnisse hinterlassen haben, so muß das Begräbnis in einem hypothetischen 11. Jahrhundert durch Töpfereiwaren nachgewiesen werden, die dem Toten beigegeben wurden. Aber kein Überbleibsel aus dieser Epoche (11. Jahrhundert) wurde gefunden.[20]

Die Epigraphiker, durch die Forderung der Archäologen auf Ansetzung der Inschriften Abibaals und Elibaals ein Jahrhundert vor der Mescha-Stele schon genügend in Verlegenheit gebracht, waren nicht willens, die Inschrift Ithobaals auf dem Grab seines Vaters Ahiram vier Jahrhunderte vor der Mescha-Stele anzusetzen.

Diebe sollen die Gefäße des 7. Jahrhunderts hineingelegt haben. Die Epigraphiker möchten auch die Vasen von Ramses II den Grabräubern zuschreiben, aber weil der Sarkophag und die mykenische Keramik aus der Zeit von Ramses II stammen, geht das nicht. Die letzte Zuflucht ist, auch die Inschriften den Dieben anzulasten.

»Stammen die Inschriften von Räubern?« fragte ein Gelehrter und antwortete sich selbst: Die Inschrift auf dem Sarkophag ist zeitgenössisch mit dem Sarkophag, weil Ithobaal erklärte, daß er ihn herstellen ließ. Die kürzere Inschrift beim Eingang, mit den gleichen Buchstaben geschrieben, warnte vor der Entweihung des Grabes, und ein Fluch über Schänder wurde von Ithobaal in der Inschrift auf dem Sarkophag be-

---

19 A. H. Gardiner, *Quarterly Statement of the Palestine Exploration Fund*, 1939, 112.
20 Dussaud, *Syria*, V (1924), 144.

schworen. Grabschänder schrieben das nicht.»Sie kann den Schändern nicht zugeschrieben werden.«[21]

Als ein Kunsthistoriker, H. Frankfort, die Ansicht entwikkelte, daß zwar der Sarkophag in das 13. Jahrhundert gehörte, die Inschriften aber später auf ihm angebracht worden seien, als der Sarkophag im frühen 10. Jahrhundert wiederverwendet wurde, schrieb ein Protagonist der Richtung, daß der Sarkophag aus dem frühen 10. Jahrhundert stamme:

»Absolut unhaltbar ist Frankforts Position, wonach der Ahiram-Sarkophag in das 13. Jahrhundert gehört, und die Inschrift (deren Datum aus dem frühen 10. Jahrhundert es zugesteht) aus Anlaß einer späteren Wiederverwendung des Steinsarges eingeritzt wurde. Diese Behauptung widerspricht gesundem Menschenverstand, da die Inschrift beginnt: ›Der Sarg, den Ithobaal, Sohn des Ahiram, König von Byblos für seinen Vater als Wohnung in der Ewigkeit machte...‹ Eine weitere Inschrift in derselben Schrift ist auf den Wänden des Eintrittsstollens zum Grab eingemeißelt. Es ist ganz unwahrscheinlich, daß sich ein orientalischer Herrscher des Altertums einer solch groben Fälschung schuldig gemacht hätte, für die es keinen Anlaß gab.«[22]

Der Autor dieser Zeilen, der verstorbene William F. Albright, setzte hinzu:»Das Datum für das 10. Jahrhundert... wird nach den letzten epigraphischen Entdeckungen in Palästina unvermeidlich.«

Im selben Jahr, als dies geschrieben wurde, befand Pierre Montet, der 33 Jahre vorher Ahirams Grab entdeckt hatte, beinah höhnisch:

»Die älteste, damals bekannte alphabetische Inschrift war diejenige von Mescha, König von Moab, aus dem 9. Jahrhundert. Die neuen Texte [aus Ahirams Grab] rückten den Ge-

---

21 Ebenda, 142.
22 W. F. Albright in *The Aegean and the Near East,* studies presented to Hetty Goldmann, 1956, 159. Albrights frühere Untersuchungen dieses Themas befindet sich im *Journal of the American Oriental Society,* LXVII, 1947, 154 ff.

Abb. 14: Die Klageweiber auf dem Sarkophag von König Ahiram.

brauch des Alphabets um vier Jahrhunderte zurück. Einige Gelehrte verfechten, daß das Vorhandensein der Kanopen von Ramses II – zur Erleichterung sprechen sie von ›einer Vase‹ – keinerlei Bedeutung habe; aber da neue, sogar noch ältere alphabetische Inschriften nachträglich in Byblos gefunden worden sind, können alle ihre bemühten Argumentationen niemanden mehr überzeugen *[leur laborieuse argumentation ne peut plus convaincre personne]*.«[23]

Die Debatte umfaßte weitere Probleme. »Der Sarkophag des Ahiram erschließt ein neues Kapitel in der phönikischen Kunstgeschichte.«[24] Es wurde festgestellt, daß phönikische Kunst sehr konservativ gewesen war, weil sie nach vielen Jahrhunderten die gleichen Gestaltungselemente verwendete: Sogar ein ähnlicher Sarkophag, ebenfalls mit den Figuren der Klageweiber, ist gut bekannt; er wurde in Sidon entdeckt und dem 4. Jahrhundert zugeschrieben.[25]

Ein israelitischer Gelehrter[26] schrieb einen Aufsatz über die Reliefs auf dem Ahiram-Sarkophag und verwendete spezielle Aufmerksamkeit auf die je vier Klageweiber an den Enden des Sarkophags: »Zwei von ihnen schlagen sich auf die Hüften,[27] während die beiden anderen ihren Kopf in ihren Händen halten.« Der Gelehrte zitiert verschiedene Beispiele von Händeschlagen aus dem Alten Testament als ein Zeichen tiefer Trauer, besonders in Jeremia 31:19 und Hesekiel 21:12: »Die beiden anderen Frauen legten ihre Hände auf ihre Köpfe – eine weitere gewohnte Begleitgeste bei Klagen,

---

23 P. Montet, *Isis* (Paris 1956), 194.
24 Dussaud, *Syria,* XI (1930), 181.
25 »Si l'on considère le traditionalisme, qui est un des traits caractéristiques de l'art et des cultes phéniciens, le célèbre sarcophage de Sidon, dit des pleureuses et conservé à Stambul, est de dernier état de la représentation qu'apparait sur le sarcophage d'Ahiram.« Dussaud, *Syria,* XI (1930), 183.
26 M. Haran in *Israel Exploration Journal,* Vol. 8, Nr. 1 (1958).
27 Die Photographie einer der zwei Szenen mit den Klageweibern zeigt zwei, die ihre Brüste, nicht die Hüften, schlagen und zwei andere, die ihre Arme über den Kopf halten; Tafel 97 in N. Jidejian, *Byblos Through the Ages* (Beirut 1968).

Trauer und Schmerz.« – Jeremia und Hesekiel waren Zeitgenossen Nebukadnezars.

Wäre alles nur eine Frage des Alters von Ahirams Grab und phönikischer Kunst! Aber hier ist die gesamte Forschung über die Entwicklung der hebräischen Schrift untrennbar verknüpft mit der grundsätzlichen Frage nach dem Ursprung des Alphabets.

»Für das Studium der Geschichte des Alphabets ist die Datierung der Ahiram-Schrift ungemein wichtig.«[28] »Die Entdeckung der neuen semitischen Inschriften stieß nicht nur auf die Erfindung des Alphabets zurück, sondern ermöglichte auch die Annahme seiner früheren Aneignung durch die Griechen.«[29]

Ahirams Inschrift und der Ursprung des Alphabets

Die Erfindung des Alphabets wird als eine der größten Errungenschaften aller Zeiten angesehen. Vor dieser Schöpfung wurde entweder piktographisch oder silbisch geschrieben, und gezwungenermaßen erforderte letztere Hunderte verschiedener Zeichen.

»Unsere Buchstabenschrift ist wahrscheinlich gegen 1300 v. Chr. in Syrien, vermutlich an der Mittelmeerküste (Byblos?) entstanden.«[30] Das Grab Ahirams ist die Grundlage für diese Erklärung. Die Inschriften des Grabes von Ahiram werden als die frühesten, bis jetzt entdeckten lesbaren hebräischen Buchstaben angesehen.[31]

»Kein Gelehrter bezweifelt heute, daß das Alphabet wenig-

---

28 B. Ullmann, »How old Is the Greek Alphabet?« *American Journal of Archaeology,* XXXVIII (1934), 362.
29 Ebenda, 379.
30 H. Bauer, *Der Ursprung des Alphabets* (Leipzig 1937), 43.
31 J. Leibovitch *(Bulletin de l'Institut Français d'Archéologie Orientale,* XXXII [1932], 84) bewertet die Inschrift von Jehimilk älter als die Ahiram-Inschrift.

stens in der ersten Hälfte des 2. Jahrhunderts erschaffen wurde.«[32] Das Datum wird noch einige Jahrhundert zurückgestoßen, weil die Inschriften Ahirams schon eine ausgebildete Entwicklungsstufe für ein Alphabet anzeigen und weil in Lachisch und an anderen Orten einige Scherben mit einer kleinen Anzahl arabischer Buchstaben unbestimmten Alters gefunden wurden.[33] Schließlich stellen auch die Keilschriftzeichen für die Buchstaben des hebräischen Alphabets eine Art alphabetischer Schrift dar, und in dieser Schrift sind die vorgeblich aus dem frühen 14. Jahrhundert stammenden, in Ras Schamra gefundenen Gedichte geschrieben. Einige Gelehrte nehmen an, daß ein paar in Sinai gefundene und noch nicht zufriedenstellend entzifferte Inschriften zur Zeit entstanden, als die 18. Dynastie in Ägypten regierte; andere Gelehrte datieren diese Inschriften in die Zeit der Hyksos. Die Beziehung dieser Zeichen zum Hebräischen und zum Ursprung des Alphabets ist wegen der Seltenheit und der Obskurität des Materials ein dunkles Problem.

Das griechische Alphabet übernahm vom hebräischen die Gestaltung einer ganzen Anzahl von Buchstaben, ihre Aufeinanderfolge und ihre Bezeichnung – *alpha* bedeutet *aleph* (»Ochs); *beta, beth* (»Haus«); *gamma, gimel* (gamal »Kamel«); *delta, duleth* (deleth »Tür«) usw. Das Problem, wann das griechische vom hebräischen (phönikischen) Alphabet abgeleitet worden ist, kann gut durch den Vergleich der frühesten griechischen Buchstaben mit den verschiedenen Stufen in der Entwicklung der hebräischen Schrift gelöst werden. Die ältesten griechischen Inschriften, die gefunden wurden, datieren aus dem 8. Jahrhundert – bis zur Mitte des 6. Jahrhunderts wurden sie von rechts nach links geschrieben –, und aus der Gestaltung ihrer Buchstaben war es einem Gelehrten um 1860 möglich, die frühen hebräischen Buchstaben in jener Form zu rekonstruieren, in welcher sie

---

32 D. Diringer, »The Palestinian Inscriptions and the Origin of the Alphabet«, *Journal of the American Oriental Society,* LXIII (März 1943).
33 Die Funde werden von Diringer aufgezählt.

einige Jahre später auf der Mescha-Stele aus dem 9. Jahrhundert gefunden wurden.[34] Wegen der Ähnlichkeit der archaischen griechischen Buchstaben mit den Buchstaben der Mescha-Stele bezeichnen viele Gelehrte das 9. Jahrhundert als die Zeit, in der das griechische vom hebräischen Alphabet abgeleitet wurde.[35] Doch die Tatsache, daß aus der Zeit vor dem 7. Jahrhundert keine griechischen Inschriften gefunden worden sind, ließ ein paar Gelehrte annehmen, das griechische sei vom hebräischen Alphabet sogar erst um –700 abgeleitet worden.[36] Eine weitere extreme Ansicht möchte die Schaffung des griechischen aus dem hebräischen Alphabet vor –1200 ansetzen.[37] Zur Stützung dieser Argumente bezogen sich die Disputanten auf die hebräischen (phönikischen) Inschriften verschiedenen Alters, um nachzuweisen, daß die kleinen Varianten bei einigen Buchstaben der entsprechenden Epochen in den frühesten griechischen Buchstaben widergespiegelt werden.

Das Resultat dieser Vergleiche bekräftigt beide Seiten in gleichem Maße.[38] Die hebräischen Zeichen aus vorgeblich dem 13. Jahrhundert (Ahirams Inschriften) und die hebräischen Zeichen des 7. Jahrhunderts weisen dieselben geringfügigen Abweichungen von den Zeichen auf der Mescha-Stele aus dem 9. Jahrhundert auf. Während z. B. der Buchstabe *eheth* in Ahirams Inschriften aus drei horizontalen Parallelen

---

34 Kirchhoff 1863. Siehe Meyer, *Geschichte des Altertums,* Band II, Teil 2 (1931), 72.
35 So Eduard Meyer und seine Schule; F. G. Kenyon argumentiert für das 10. Jahrhundert.
36 R. Carpenter, »The Antiquity of the Greek Alphabet«, *American Journal of Archaeology,* XXXVII (1933), 8–29. Seither wurde auch gesagt, daß die älteste griechische Inschrift, die auf einer Vase aus dem Kerameikos-Gräberfeld (Athen) steht, von ca. –740 stammt.
37 Ullmann, *American Journal of Archaeology,* XXXVIII (1934); auch bei früheren Epigraphikern, M. Lidzbarski, *Handbuch der nordsemitischen Epigraphik* (Weimar 1898).
38 »Die genaueste Übereinstimmung früher griechischer Dokumente finde ich mit Inschriften, die dem Moabitischen Stein vorausgehen; Carpenter findet sie in späteren Inschriften.« Ullmann, op. cit., 366.

zwischen zwei vertikalen Parallelen besteht, verschwindet in der Mescha-Stele eine der horizontalen Parallelen, um im 8. und 7. Jahrhundert wiederaufzutauchen.[39]

Diese seltsame Situation nötigte zu den folgenden Vermutungen. »Es kann sich daraus nicht ergeben, daß – weil die Schrift [Ahirams] chronologisch älter als irgendeine andere phönikische Inschrift ist – sie auch typologisch älter ist. Einige Gründe lassen vermuten, daß der Byblos-Stil in gewissen Einzelheiten exzentrisch war.«[40]

Der Verteidiger der frühzeitigen Ableitung des griechischen Alphabets konnte auf das Zugeständnis seines Gegners verweisen, daß einige Formen in den Ahiram-Inschriften »unerklärlicherweise« näher am Griechischen lagen als jene auf dem moabitischen Stein.[41] Aber er selbst hatte zugegeben, daß »unsere größte Schwierigkeit darin liegt, den Mangel an [griechischen] Inschriften irgendwelcher Art aus der Zeit zwischen 1200 und 700 zu erklären«.[42]

Die erstmals auf Kreta und dann in Griechenland, Pylos, im böotischen Theben und in der Mykene entdeckte Linear-B-Schrift wurde in Griechenland vorgeblich bis –1200 gebraucht. Diese Schrift ist von Michael Ventris entziffert worden. Dann kam eine Periode von fast 500 Jahren, in welcher in Griechenland keine Schrift verwendet wurde – zumindest wurden keine Anhaltspunkte dafür entdeckt. Wahrscheinlich wurde verderbliches Material (Papyrus) zum Schreiben verwendet, meinen die Verfechter der frühen Ableitung des griechischen vom hebräischen Alphabet. Aber bis –1200 verwendeten die mykenischen Schreiber hauptsächlich Ton, und die griechischen Inschriften des 7. Jahrhunderts finden sich ebenfalls auf Ton oder Stein wie auch die phönikischen Inschriften der dazwischenliegenden Periode. Hätten griechische In-

---

39 Siehe die Vergleichstabelle in *Syria*, V (1924), 149 Abb. 7.
40 A. H. Gardiner, *Quarterly Statement of the Palestine Exploration Fund*, 1939, 112.
41 Ullman, op. cit., 366.
42 Ebenda, 376. Aber siehe oben, Fn. 7.

schriften zwischen −1200 und −700 existiert, »müßten wir davon einige Spuren gefunden haben«.[43]

Dieses Problem zieht auch ein weiteres nach sich: Wurden die homerischen Schöpfungen mündlich weitergegeben und von den Sängern aus dem Gedächtnis rezitiert, oder waren sie schriftlich festgehalten? Sie wurden im 13. oder 12. Jahrhundert erschaffen, argumentieren einige Gelehrte. Sie hätten mündlich nicht über viele Jahrhunderte hinweg weitergegeben werden können, argumentieren andere. Die spezifisch archäologischen Anzeichen verweisen überwältigend auf die Tatsache, daß die Welt der *Ilias* und *Odyssee* der Welt des späten 8. Jahrhunderts entspricht,[44] nahe der Einführungszeit des griechischen Alphabets.

Ich werde hier enden: Die Problemverkettung führt uns fortwährend weiter. Ahirams Inschrift gehört in die Zeit von Ramses II, aber die im vorliegenden Buch vorgestellte Revision der Chronologie und Geschichte besagt, daß die Zeit von Ramses II nicht um −1300, sondern um −600 anzusetzen ist. Die zypriotische Keramik, die den Boden von Ahirams Grab bedeckte, ist nicht von Räubern hineingebracht worden, sondern sie ist zeitgenössisch mit dem Grab, so wie die Inschriften zeitgenössisch mit Ramses II sind. Die Inschriften aus dem Grab sind um etwa 100 Jahre jünger als jene von Abibaal und Elibaal, und diese wiederum sind mehr als 100 Jahre jünger als die Inschrift Meschas. Derzeit ist die Inschrift Meschas die älteste erhaltende Denkmalinschrift auf hebräisch. Das Keilschrifthebräisch von Nikdem in Ugarit ist gleich alt wie die Mescha-Inschrift. Das bedeutet, daß in der karisch-ionischen-phönikischen Stadt Ugarit Hebräisch zur selben Zeit in einem Keilschriftalphabet geschrieben wurde, als in Moab in Transjordanien ein hebräisches Alphabet verwendet wurde[45] – und das den hebräischen, nicht den phönikischen Ursprung

---

43 Carpenter, *American Journal of Archaeology,* XXXVII, 26–27.
44 G. Karo, »Homer«, in Ebert's *Reallexikon der Vorgeschichte,* XV (1926).
45 Siehe »Zeitalter im Chaos«, Bd. 1, *Vom Exodus zu König Echnaton,* »Ras Schamra« und »El-Amarna-Briefe«.

des Alphabets nahelegt. Mescha sagt, er habe die israelitischen Gefangenen zum »Schneiden« beschäftigt – wahrscheinlich von Elfenbein; auf den Elfenbeinschnitzereien von Samaria und auf der Mescha-Stele sind einander sehr ähnliche Buchstaben eingeschnitten.[46] Es ist wahrscheinlich, daß hebräische Gefangene aus Samaria auch seine Stele meißelten. Auf alle Fälle war zu dieser Zeit in Samaria die hebräische Schrift im Gebrauch, und ihre Zeichen waren bereis gut entwickelt. Das hebräische Alphabet mag wohl im 2. Jahrtausend vor unserer Zeitrechnung geschaffen worden sein, aber auf Grund von Ahirams Inschriften läßt sich das nicht behaupten.

Die Verwirrung der Epigraphiker ist verständlich. Sie sind aufgefordert, die Entwicklung der hebräischen Schrift zu erklären, beginnend mit der Zeit von Ramses II um –1300, über die Zeit von Abibaal und Scheschonk im 10. Jahrhundert bis zur Zeit von Mescha im 9. Jahrhundert und der Siloah-Inschrift Hesekiels um –700, und schließlich bis in die Zeit der Lachisch-Ostraka und Nebukadnezars um –586. Aber der Ausgangs- und Endpunkt in diesem Schema sind zeitgenössisch. Die hebräische Schrift verlief in einem normalen Entwicklungsprozeß, ohne ins Archaische abzugleiten. Die Gelehrten, die griechische Buchstaben mit den hebräischen Buchstaben des vorgeblich 13. und des 7. Jahrhunderts verglichen, stellten sie neben Buchstaben praktisch ein und desselben Zeitalters. Tatsächlich sind die Buchstaben in Ahirams Grab 100 Jahre jünger als die von Hesekiel um –700 eingemeißelten Buchstaben.

Die große Lücke von 500 Jahren in der griechischen Epigraphik und Geschichte – von –1200 bis –700 – existiert in Wirklichkeit gar nicht. Die minoischen Zeitalter werden in Übereinstimmung mit der ägyptischen Chronologie berechnet, und die griechischen Zeitalter gemäß den archäologi-

---

46 E. L. Sukenik in Crowfoot and Crowfoot, *Early Ivories* (London 1938), 6–8.

schen Zeugnissen aus Griechenland. Wenn das phönikische Alphabet schon im 9. Jahrhundert im böotischen Theben eingeführt wurde, stand in Pylos und an einigen anderen Orten Griechenlands die Linearschrift noch hundert oder mehr Jahre länger im Gebrauch, bis sie vom phönikischen Alphabet verdrängt und dann zur ionischen, später lateinischen und von uns noch heute verwendeten Schreibart wurde.

Nach diesen Erklärungen möchte ich eine Hypothese wiederholen, die ich vor vielen Jahren vorbrachte.[47]

Die Einführung der ionischen (griechischen) Buchstaben von der phönikischen Küste wird dem legendären Kadmos zugeschrieben, der aus Phönikien kam (Tyrus und Sidon streiten sich um die Ehre, seine Stadt zu sein) und der das griechische Theben gründete. Man nennt die Buchstaben kadmisch, wenn sie noch von rechts nach links geschrieben sind. Ist die Mutmaßung zu verwegen, daß Niqmad (oder Nikmed in den Kriegsannalen von Salmanassar III), der Ugarit um –850 zusammen mit den Ioniern und Karern verließ, der legendäre Kadmoṣ ist?[48] Er war ein gelehrter Mann, gemessen an seiner Bibliothek mit vielen Wörterbüchern und auch ein Lexikograph, und wenn er das Hebräische auch mit einem Keilschriftalphabet gebrauchte, so muß er doch die Form der hebräischen Buchstaben gekannt haben, da er zu Zeiten Meschas lebte.

Wenn Niqmad der Gründer des griechischen Theben war, könnte er dort zunächst mit dem – von ihm für hebräische Texte schon in Ras Schamra verwendeten – Keilschriftalphabet experimentiert oder versucht haben, die Linear-B-Schrift alphabetischer Schreibweise anzupassen, bevor er als beste Lösung zum Schreiben des Griechischen die Anwendung hebräischer Buchstaben fand. Wenn eine längere Inschrift nur 20 bis 30 sich wiederholender Zeichen enthält, darf angenommen werden, daß eine alphabetische Schrift eingesetzt wurde.

---

47 *Ödipus und Echnaton* (Zürich 1966), 224.
48 *Vom Exodus zu König Echnaton*, »Das Ende von Ugarit«; *Oedipus und Echnaton*, 224.

In den Ruinen des Kadmeion, des früheren Palastes im griechischen Theben, wurden unlängst Rollsiegel mit Keilschriftzeichen entdeckt – die ersten auf griechischem Boden gefundenen Keilschrifturkunden.[49] Das Lesen einer Reihe von ihnen bot große Schwierigkeiten.[50] Ein Versuch, sie unter der Voraussetzung zu lesen, daß es sich um alphabetisches Griechisch in Keilschrift handelt, könnte sich vielleicht wohl als erfolgreich erweisen.

Ithobaal, Ahirams Sohn

Ithobaal, der seinen Vater zur Zeit der großen Auseinandersetzungen zwischen Ramses II und Nebukadnezar beisetzte, als die Heere der Ägypter und Chaldäer wiederholt über die syrische Küste hereinbrachen, warnte vergeblich »jedermann, den König unter den Königen, den Statthalter unter den Statthaltern«, der die Grabkammer betreten sollte, vor dem Öffnen des Sarkophags.

Nebukadnezar, der gefürchtete Anführer der »Schrecklichen unter den Nationen«, der schon Arvad, Byblos und Sidon bezwungen hatte, kam, um Tyrus zu belagern. Dieses große Handelszentrum der Alten Welt war von einer seefahrenden Bevölkerung bewohnt. Ihre Schiffe waren aus den Tannen vom Senir (Hermon), die Masten aus den Zedern des Libanon und die Ruder von Eichenholz aus Basan hergestellt; mit Blau und Purpur färbten sie das bestickte Leinen aus Ägypten und fertigten daraus Segel. »Die Ältesten von Byblos und seine Weisen waren in dir, dein Zersplißnes verfestigend.« Das Heer von Tyrus hing seine Schilde rundherum auf die Mauern und machte die Schönheit perfekt. So beschrieb Hesekiel (Kapitel 27) die Stadt Tyrus seiner Zeit.

Hundert Jahre früher hatte der assyrische König Asarhad-

---

49 Von N. Platon.
50 Persönliche Mitteilung von N. Nougayrol vom 29. März 1965.

don Tyrus und seine Schiffe verflucht: »Mögen Götter einen bösen Wind über eure Schiffe kommen lassen, ihre Takelung zerreißen und ihre Masten zerbrechen; möge ein aufgebrachtes Meer sie mit Wellen überschwemmen, mögen wütende Fluten über sie hereinbrechen«[51] – und noch immer hielt Tyrus stand, Königin des Meeres, und »Tarschisch-Schiffe waren Reisende mit deiner Tauschware dir«[52] in den weit entfernten Handelsmärkten.

Tyrus hatte sich wie Jerusalem mit Ägypten verbunden, und nachdem der Widerstand Judas gebrochen war, kam seine Stunde. Dreizehn Jahre lang, von Ägypten im Stich gelassen, widerstand es der Belagerung. Tyrus konnte einer derart lang andauernden Belagerung widerstehen, weil es im Altertum eine Inselstadt war. »Tyrus ... war einst eine Insel, vom Festland durch eine sehr tiefe, ungefähr 700 Meter breite Meeresrinne getrennt«, schrieb Plinius.[53]

Flavius Josephus zitiert die *Griechen- und Barbarengeschichte,* deren Autor Menander von Ephesos gewesen sein soll: »Unter dem König Ithobal belagerte Nebuchodonsar [Nebukadnezar] Tyrus dreizehn Jahre lang.«[54] Josephus wiederholt die gleiche Information von Philostratos als Gewährsmann, der eine *Geschichte Indiens* und eine *Geschichte Phönikiens* schrieb.[55]

Josephus nennt den Namen von Ithobaals Vater nicht. Aber in der rabbinischen Literatur[56] wird uns berichtet, daß während der Periode, als Nebukadnezar die Herrschaft über sein neues Reich festigte, er in der Person des phönikischen Königs Hiram (Ahiram) einen höchst hartnäckigen Widersacher fand.

Im Alten Testament gibt es für Phönikien als Land keine

---

51 Luckenbill, *Records of Assyria,* Vol. II, Sec. 587.
52 Hesekiel 27 25.
53 Plinius, *Naturgeschichte,* V, 76.
54 Josephus, *Gegen Apion,* Übers. H. Clementz (Halle 1901), I, 21.
55 Josephus, *Jüdische Altertümer,* X, 11, 1.
56 Ginzberg, *Legends,* VI, 425–426.

besondere Bezeichnung. Indessen wenden die Schriften den Namen Gebal nicht nur auf Byblos allein an, sondern gelegentlich auch auf die phönikische Küste, so daß der in Byblos begrabene »König von Gebal« auch »König von Phönikien« bedeuten könnte. Tyrus auf der Insel hatte keinen eigenen Friedhof, und Byblos war heiliger Boden für ganz Phönikien. Ob Ithobaal, der das Grab für Ahiram, König von Byblos, baute, derselbe Ithobaal war, der Tyrus verteidigte, ist eine offene Frage; aber es trug sich zu ein und derselben Zeit zu, und er trug denselben Namen.

König Ithobaals Verteidigung der letzten Hochburg Phönikiens fand ein Ende, als Nebukadnezar einen Vertrag mit ihm schloß und der Phönikier ein Vasall des babylonischen Reiches wurde.[57] Sein weiteres Schicksal ist unbekannt.

»Eine merkwürdige Tatsache«

Die Fragmente der Alabastervasen mit den Namen von Ramses II waren nicht die einzigen mit seinen Kartuschen gezeichneten Altertümer, die Montet in Byblos fand. Von den Erbauern eines modernen Hauses erwarb er zwei Stücke einer Stele mit den Kartuschen dieses Pharaos, während zwei andere Bruchstücke bei der Errichtung schon verbaut worden waren.

Nachdem Montet Phönikien zu Ausgrabungen im Delta verlassen hatte, wurde seine Arbeit in Byblos von Maurice Dunand weitergeführt, der an verschiedenen Stellen eine Anzahl weiterer Objekte fand, auf denen der Name Ramses II eingraviert war. Unter anderem fand er Teile eines großen Tür- und Torbogens, der die Kartuschen von Ramses II trug.[58] Die Felseninschriften von Ramses II an der Mündung des Hundeflusses (Nahr el-Kelb), die auf das 2., 4. und 5. Jahr des

---

57 H. R. H. Hall, *Ancient History of the Near East* (London 1913), 547.
58 M. Dunand, *Fouilles de Byblos,* I (1973), 53, 54, 56, 93, 339.

Pharaos datiert sind, befinden sicht nicht weit entfernt an der Küste zwischen Beirut und Byblos. Ein Tor mit dem Namen Ramses' II in der letzteren Stadt weist darauf hin, daß seines Durchzuges in Byblos ebenfalls gedacht wurde.

Unter Dunands anderen Funden war der wichtigste eine mit hebräischen Buchstaben beschriebene Stele des Königs Jehimilk. Einige Epigraphiker vertraten die Auffassung, daß sie älter als die Ahiram-Inschriften sei; andere erachteten Ahirams Inschriften als älter.

In ihrer Geschichte über Byblos verlieh Dunands Schülerin und Assistentin der Überraschung Ausdruck, die ihren Lehrer, sie selbst und andere verwirrte. Im Anschluß an die Beschreibung der in Byblos gefundenen und mit Ramses II zusammenhängenden Objekte begann sie das nächste Kapitel folgendermaßen:

»Die Ergebnisse der Ausgrabungen in Byblos haben eine merkwürdige Tatsache gezeigt, welche unter den Gelehrten zu einer Quelle von Diskussionen wurde. Im Ausgrabungsbereich von Byblos fehlen die Eisenzeithorizonte vollkommen, das heißt für die Periode von 1200–600 v. Chr.«[59]

Es wurden keine Schichten gefunden, um die Zeit zwischen Ramses II und Nebukadnezar auszufüllen, mehr als 600 Jahre gemäß der konventionellen Zeittabelle. »Den Ausgräbern war es unmöglich, irgendeine Eisenzeitschichtung festzustellen, für eine Periode, die eine Blütezeit und voll kommerzieller Aktivität gewesen sein muß.«[60] Zum Beispiel ist bekannt, daß ein abgesandter ägyptischer Priester namens Wenamun den Ort und den Palast seines Königs – vorgeblich im 11. Jahrhundert – besuchte, aber keinerlei Spuren von diesem Palast wurden entdeckt, und nur »große Fundamentsteine eines Gebäudes aus der persischen Periode (550–330 v. Chr.) wurden im Osten der Grabungsstelle ausgegraben.«[61] »Abgesehen

---

59 N. Jidejian, *Byblos Through the Ages,* 57.
60 Ebenda.
61 Die wahre Zeit der Reise Wenamuns wird in *Die Seevölker* untersucht, dem abschließenden Band in der »Zeitalter im Chaos«-Reihe, der sich mit

von den Königsinschriften des 10. Jahrhunderts [im vorangehenden Abschnitt erwähnt] gibt es aus Byblos lediglich ein paar Fragmente zur Überbrückung der frühen und mittleren Eisenzeit«[62] beziehungsweise der gesamten Zeitdauer von −1200 bis −600. Eine solche Verwirrung mußte erwartet werden.

All diese Schwierigkeiten archäologischer und epigraphischer Art, die drei Gelehrtengenerationen durcheinanderbrachten und sie in Dispute und Anschuldigungen verwickelten, sind nur eingebildete Schwierigkeiten.

Die Ergebnisse nahmen folgenden Lauf: Ithobaal legte seinen Vater in den frühen Jahren von Ramses II zur Ruhe. Als Ahiram starb, sandte Ramses II Trauergaben: Ein Beispiel eines derartigen Kondolenzausdruckes durch einen ägyptischen Monarchen aus Anlaß des Todes eines Königs von Byblos wurde in einem nahe gelegenen Grab gefunden (von den Archäologen mit der Nummer I markiert) – reiche, von Amenemhet III des Mittleren Reiches übersandte Trauergaben waren dort aufbewahrt.

Nach der Schlacht von Kadesch-Karkemisch zog sich Ramses II aus Phönikien und auch aus Syrien sowie Palästina zurück. Zwischen dem 8. und dem 11. Jahr nach seiner Regierung drang Ramses einmal mehr vor und besetzte Beth-Sean in Nordpalästina und erreichte möglicherweise auch die phönikische Küste; nach seinem 11. Jahr gab Ägypten Syrien und Phönikien als Einflußsphären auf.

Es scheint, daß Nebukadnezar, als er Phönikien nach der Schlacht von Karkemisch besetzte, das Grab Ahirams, dessen Sohn sich auf die Seite von Ramses II gestellt hatte, entweihte.

Dieser Ereignisablauf erklärt, weshalb Vasenfragmente mit dem Namen von Ramses II am Grab, und im dorthin führenden Stollen, gefunden wurden; weshalb das Grab geschän-

---

der persischen Periode beschäftigt: Wenamun besuchte Byblos zur Zeit von Dareios II in der zweiten Hälfte des 5. Jahrhunderts.
62 *Byblos Through the Ages,* 57.

det, die Kanopen zerbrochen und der Sarkophagdeckel seitwärts verschoben wurden, und zwar nur kurze Zeit, nachdem Ithobaal seinen Vater begraben hatte. Die im Grab gefundenen zypriotischen Gefäße stammen aus dem späten 7. Jahrhundert; die ägyptischen Vasen sind ebenfalls aus dem letzten Jahrzehnt dieses selben Jahrhunderts; Ramses II gehört in die gleiche Zeit; die hebräischen Buchstaben auf dem Sarkophagdeckel stammen ebenfalls aus der gleichen Zeit, und die Profanierung des Grabes fand nur einige Jahre später statt und war das Werk von Nebukadnezars Soldateska.

Eine Rekapitulation

In den ersten drei Kapiteln wurde gezeigt, daß die Festung von Kadesch im nördlichen Syrien mit Karkemisch identisch ist, wie durch seine geographische Lage nördlich von Bab und Arima, seine Topographie, den Plan seiner Befestigungsanlagen in den Aufzeichnungen und Bildern von Ramses II und durch die modernen Ausgrabungen nachgewiesen wird; daß die von Ramses im Detail beschriebene Schlacht von Kadesch und die von Jeremia beschriebene Schlacht von Karkemisch ein und dieselbe Schlacht waren; daß Tell Nebi Mend die Festung von Ribla verhüllt; daß der neunzehn Jahre andauernde Krieg zwischen Ramses II und dem König von Chatti und zwischen Necho und Nebukadnezar ein und derselbe Krieg war; daß der von Ramses II unterzeichnete Friedensvertrag mit der Bestimmung zur Auslieferung von Flüchtlingen durch Ägypten eine Vereinbarung zwischen dem Pharao und Nebukadnezar war. Die hebräischen Idiome in der ägyptischen Sprache zur Zeit von Ramses II kamen aus der judäischen Bevölkerung der späten Königszeit, während die an die Verteidiger von Lachisch, das durch Nebukadnezar belagert war, gerichteten Ostraka und die in dieser Stadt gefundenen Siegel von Ramses II und Gefäße der 19. Dynastie aus der gleichen Zeit stammen. Auch die Vasen von Ramses II und die Objekte des späten 7. Jahrhunderts, die in der Grabstätte von

Ahiram in Byblos entdeckt wurden, gehören in ein und dieselbe Periode.

Hebräische Buchstaben im Grab Ahirams stammen ganz vom Ende des 7. Jahrhunderts oder aus dem Anfang des 6. Jahrhunderts, nahe um –600. Diese auf Stein eingravierten Buchstaben entstanden später als die Buchstaben Meschas oder Hesekiels und sind gleich alt wie die mit Tinte geschriebenen kursiven Buchstaben aus Lachisch.

Es erschien seltsam, daß ein großer Pharao, der einen Verbindungskanal zwischen den Bereichen des Mittelmeeres und dem Indischen Ozean baute, der eine Expedition zur Umsegelung Afrikas aussandte, der große Kriege führte und griechische Autoren und jüdische Propheten und Chronisten beeindruckte, keine ägyptischen Aufzeichnungen seiner Leistungen hinterließ. Aber wir entdeckten, daß der große Krieg und weitere Aktivitäten des Pharaos – den jüdischen Chronisten als Pharao Necho und den Griechen als Nekos bekannt – von jenem Pharao aufgezeichnet wurden, den die modernen Historiker als Ramses II kennen. Aber wir haben noch immer kein vollständiges Bild von den großen Ereignissen, die den Schauplatz des Mittleren Ostens am Ausgang des 7. und zu Beginn des 6. Jahrhunderts belebten. Auch Nebukadnezar war ein mächtiger König. Auch er beeindruckte die jüdischen Chronisten und die griechischen Autoren. Er hinterließ viele Bauinschriften und Gebete. Aber wo sind in Babylonien die historischen Aufzeichnungen dieses Königs? Es erscheint sonderbar, daß ein großer und langer Krieg zwischen Ägypten und Babylonien, über den in den Schriften in so vielen Einzelheiten berichtet wird, in den Aufzeichnungen der Hauptteilnehmer nicht existent sein sollte. Nachdem wir den wahren Inhalt der Aufzeichnungen von Ramses II erkannt haben, sollten wir einigen historischen Inschriften Nebukadnezars nachspüren.

Kapitel 4

Das »Vergessene Reich«

**Die piktographische Schrift und das Keilschriftarchiv
der »Hethiter«**

Im ausgehenden 18. Jahrhundert machten Reisende, die auf der kleinasiatischen Hochebene bei Ivriz vorbeikamen, auf Reliefs mit merkwürdigen piktographischen Inschriften aufmerksam. Spätere Reisende sahen ähnliche bildhafte Zeichen auf Steine graviert, die in einem Gebäude des Bazars von Hama in Nordsyrien wieder verbaut worden waren. Dieselben merkwürdigen Zeichen wurden auf Steinblöcken im Gebiet von Dscherablus-Karkemisch am Ufer des Euphrats und später auf der Fundstätte des Alten Babylon und an anderen Orten gefunden. Sie sind völlig verschieden von den ägyptischen Hieroglyphen. Man wußte nicht, welches Volk diese mysteriösen Inschriften hinterlassen hatte.

Andererseits stimulierten die Hinweise auf die Chatti in den Texten, welche die Reliefs der Schlacht von Kadesch begleiteten und im »Gedicht des Pentawer« wie auch in der ägyptischen Ausgabe des Friedensvertrages zwischen Ägypten und Chatti vorkamen, das Anstellen von Mußmaßungen über die Identität der Gegner von Ramses II im Kampf um die Vorherrschaft in der Alten Welt. Wer waren die Chatti?

In den siebziger Jahren des 19. Jahrhunderts wurde eine Lösung angeboten und akzeptiert: Die Chatti waren die Hethiter, die gelegentlich in den Schriften vorkamen. Es war die phonetische Ähnlichkeit der Namen, welche diese Identifzierung soufflierte.

William Wright, ein Missionar in Damaskus, kam zu dieser Schlußfolgerung, und er entschied ebenfalls, daß die mysteriösen Zeichen hethitische Schrift darstellten. Da fast nichts

Abb. 15: Piktographische »hethitische« Hieroglyphen aus Karkemisch.

über hethitische Geschichte bekannt war, erschien es, als ob ein Reich aus der Vergessenheit auferstehen würde, und man nannte es »die Entdeckung eines vergessenen Reiches«.[1] Jedoch kamen auch warnende Stimmen aus Gelehrtenkreisen, die der ihnen sehr seltsam erscheinenden Idee reserviert gegenüberstanden, daß die Reiche der Alten Welt in Ägypten und Assyro-Babylonien durch ein neuentdecktes Reich der Hethiter vermehrt werden sollten.

Die ägyptischen Urkunden, welche Chatti erwähnen, sind die Kriegsannalen von Thutmosis III (in nur wenigen Zeilen) und von Sethos und Ramses II (ausführlich). Die in Keilschrift geschriebenen El-Amarna-Briefe verweisen häufig auf Chatti. Diese Periode belegt in der konventionellen Chronologie die Zeit von ungefähr –1500 bis –1250. Merenptah, der auf Ramses II folgte, sagte, daß Chatti befriedet sei. Ramses III, der vorgeblich von ungefähr –1200 bis –1180 regierte, schrieb, daß Chatti bereits vernichtet sei.[2]

Eine babylonische Chronik erwähnt die Chatti in Verbindung mit einer Invasion Babylons am Ende der alten Dynastie von Hammurabi, im 17. oder 16. Jahrhundert vor der gegenwärtigen Zeitrechnung.

Die assyrischen Annalen sprechen von den Chatti erstmals zur Zeit von Tiglatpileser I, der vorgeblich –1107 einen Kriegszug gegen sie unternahm. Diese Annalen verweisen sporadisch auf die Chatti bis –717, als Sargon II sie überwältigte und sie durch die Besetzung von Karkemisch in völlige Abhängigkeit brachte. Von modernen Gelehrten wird versichert, daß, was immer von ihnen übriggeblieben sei, von Nebukadnezar ausgerottet wurde, als er vor der Schlacht gegen

---

[1] Prioritätsansprüche werden geteilt von Archibald H. Sayce (*Transactions of the Society of Biblical Archaeology* 1876), und von William Wright, dessen Werk *The Empire of the Hittites* (London 1882) zur Sensation der achtziger Jahre wurde. Aber vgl. ebenfalls De Rougé, *Oeuvres diverses*, Vol. V., *Cours de 1869*, 104ff.
[2] Siehe mein *Die Seevölker* für die richtige Zeit von Ramses III = Nektanebos I.

Abb. 16: Chattusa. Die Tontafeln des Archivs (rechts bei der Entdeckung) kamen im Graben, vor dem kleinen Zelt in der Mitte des Bildes, ans Tageslicht. hinter den Tempelruinen das Dorf Bogazköi.

Necho Kakemisch besetzte; er beanspruchte, Oberherr aller Chatti-Länder zu sein.

Die biblische Stammtafel der Nachkommen Adams führt auf, daß Kanaan, Sohn des Ham, Sidon, seinen ersten Sohn, und Heth zeugte sowie den Jebusiter, den Amoriter, den Girgasiter, den Heviter usw. (Genesis 10:15 ff.). Das dem Patriarchen Abraham versprochene Land zwischen dem Nil und dem Euphrat soll von Kenitern, Kenisitern, Kadmonitern, Hethitern und sechs weiteren Stämmen bewohnt gewesen sein.[3] Als die Israeliten sich, aus der Wüste kommend, Palä-

---

3 Genesis 15:19–20; siehe auch Genesis 25:9 und 26:34.

stina näherten, fanden sie Hethiter, Jebusiter und Amoriter, in den Bergen wohnend, und Kanaaniter, an der Küste lebend.[4] David hatte einige Hethitersoldaten in seinem Heer (I Samuel 26:6; II Samuel 11:3), und sein Sohn Salomon »liebte ausländische Weiber . . ., moabitische, ammonitische, elemitische, sidonische und hethitische« (I Könige 11:1), und er trieb auch Handel mit den Königen der Hethiter und von Syrien (I Könige 10:29). »Könige der Hethiter« werden einmal mehr in II Könige 7:6 erwähnt.

Mit einer Doppelidentifizierung wurden die Chatti der

---

4 Numeri 13:29; vgl. Josua 1:4.

ägyptischen und die Chatti der assyrischen Annalen zu den Hethitern der Schriften erklärt, und die Monumente mit der piktographischen Schrift wurden ihnen zugeschrieben. Unter diesen Monumenten befinden sich Bildhauereien, vor allem in Stein gemeißelte Reliefs. Hethitische Kunst und Schrift werden als materielle Zeugnisse eines Reiches angesehen, das eine Rolle so groß wie jene Ägyptens, Assyriens oder Babyloniens spielte, das aber aus irgendeinem Grund so in Vergessenheit geriet, daß sein historischer Platz unter den Alten Nationen erst im späten 19. Jahrhundert unserer Zeitrechnung wiederhergestellt werden konnte.

Monumente mit »hethitischen« Skulpturen und piktographischer Schrift wurden in Kleinasien gefunden, hauptsächlich in dessen östlichem Teil, sowie in der Region um Karkemisch, in Hamath und in Nordsyrien, aber auch im westlichen Kleinasien, am Sipylos und bei Karabel in der Nähe von Smyrna. In Südsyrien oder in Palästina wurden keine gefunden, obwohl biblische Hinweise auf im alten Palästina (Hebron)[5] ansässige Hethiter die Entdeckung einiger »hethitischer« Monumente an diesen Orten eigentlich hätte erwarten lassen.

Einige Gelehrte wunderten sich, weshalb einer der vielen, in den Schriften als Bewohner des Heiligen Landes vor dessen Eroberung durch Josua aufgezählten Stämme eine so unerwartet wichtige Rolle auf dem Schauplatz des Alten Ostens gespielt haben sollte.[6]

Es wurde erwartet, daß die Geschichte der Hethiter nicht länger allein auf den ägyptischen und assyrischen Quellen beruhen würde, wenn die piktographischen Inschriften einmal ihre Geheimnisse in einer verständlichen Sprache preisgegeben hätten. Das war der Traum der Historiker.

---

5 ». . . die Höhle Machpela, in den Anger Efrons, Sohns Zochars des Chetiters, Mamre gegenüber« (Genesis 25:9). Vgl. E. Forrer, »The Hittites in Palestine«, *Quarterly Statement of the Palestine Exploration Fund*, 1936, S. 190–203.
6 »Der Kanaaniter, Amoriter, Chetiter, Prisiter, Chiwwiter, Jebussiter« (Exodus 33:2). »Es überrascht, die große Nation im Norden der Hethiter als eine Untergruppe der Kanaaniter klassifiziert zu finden.« (J. Skinner, *A Critical and Exegetical Commentary on Genesis* [New York 1910], S. 214.)

Dann geschah etwas, von dem sie nicht geträumt hatten. Aus einem steilen Hang am Flußufer unterhalb der alten Ruinen von Bogazköi glitten mit Keilschrift beschriebene Tontafeln. Sie bewegten sich auf Sand und Schutt durch ihr eigenes Gewicht. Bogazköi, ein türkisches Dorf in der Landschaft des – aus den Evangelien bekannten – Galatien, etwa 140 Kilometer östlich von Ankara, liegt am Fuß einiger steiler Hügel, auf welchen sich alte Gebäude, darunter ein Palast, befinden. Die Region wird von der großen Biegung des Flusses Halys (heute Kizil Irmak) umfangen, der zum Schwarzen Meer fließt. Der Nebenfluß von Bogazköi mündet in den Halys. Felsenreliefs in Yazilikaya, einem von Bogazköi aus zu Fuß erreichbaren Felseneinschnitt, hatte seit langem die Aufmerksamkeit von Reisenden und Gelehrten auf sich gezogen; sie nahmen bereits einen wichtigen Platz unter den hethitischen Kunstmonumenten ein, als die Tontafeln von Bogazköi ans Tageslicht kamen. Kurze piktographische Legenden begleiten die Figuren der Felsenreliefs.

Die am Hang gefundenen Tontafeln wurden durch die Bauern von Bogazköi Stück um Stück an jeden Reisenden verkauft, der dafür einige Piaster aufwenden wollte. 1906 erschienen zwei Gelehrte am Ort der Handlung, um nach der Quelle der Tafeln Ausschau zu halten.[7] Innerhalb von drei Wochen entfernten sie vom Hang, wo sie mit der Hilfe von Bauern, und ohne geeignete Vorsichtsmaßnahmen zu treffen, gegraben hatten, mehr als 2500 Tontafeln und Fragmente.

Sie versuchten, die Tafeln zu lesen, während ein Nachschub von mehr als hundert neuen pro Tag eingebracht wurde. Einige waren in babylonischer (akkadischer) Sprache beschrieben. Andere Tafeln trugen ebenfalls Keilschriftzeichen, aber ihre Sprache oder Sprachen waren unbekannt.

---

7 Hugo Winckler und Makridi-Bey. Ein detaillierter Ausgrabungsbericht wurde nie veröffentlicht. Vorläufige Mitteilungen erschienen in *Mitteilungen der Deutschen Orientgesellschaft*, Nr. 35 (1907), und in *Orientalistische Literaturzeitung*, IX (1906), 621–34. Eine posthume Skizze, *Nach Boghaskoi*, von Winckler, wurde 1913 veröffentlicht.

Die auf babylonisch geschriebenen Tontafeln waren ohne Schwierigkeiten lesbar. In jenen hektischen Tagen, als die Tafeln zu Dutzenden hereingebacht wurden, wurde der Archäologe Hugo Winckler in Verwunderung versetzt, als er bei Kerzenlicht eine babylonische Kopie oder einen Entwurf des Vertrages zwischen Ramses II und dem König von Chatti las, der bereits aus seiner ägyptischen Version bekannt war – eingemeißelt auf den Mauern des Ramesseums und in der großen Hypostylenhalle des Amuntempels in Karnak. Die Silbertafel, auf welcher der Originaltext eingraviert war, ist nicht erhalten, aber es wurden beide Versionen, die ägyptische und die babylonische, aufgefunden: die eine in Ägypten, die andere in Anatolien.

Daß die Cheta und die Chatti identisch sind, ersah man aus der hieroglyphischen und aus der Keilschriftversion des Vertrages zwischen Ramses II und Chetasar (Chattusilis in Keilschrift): Im hieroglyphischen Text wird der letztere »der große Häuptling von Cheta« und im Keilschrifttext »der große König von Chatti« genannt.

Es wurde deutlich, daß die Staatsarchive des sogenannten »Hethiterreiches« an den Tag gekommen waren. Die Theorie des »vergessenen Reiches« schien völlig bestätigt. Bewies der Urheber dieser Idee nicht Weitblick, als er in seinem Buch *The Empire of the Hittites* prophezeite: »Was die endgültige Anerkennung der hier vorgebrachten Ansichten betrifft, so habe ich davor keinerlei Bedenken«?[8]

Im nächsten Jahr (1907) wurden Tausende weiterer Tafeln und Fragmente vom gleichen Hang in Bogazköi davongetragen, wodurch die Gesamtzahl auf über 10000 anstieg.

Es gab indessen eine Schwierigkeit stratigraphischer Natur: Die Rückstände, unter denen die Tontafeln gefunden wurden, deuteten auf eine sehr viel jüngere Periode als das Zeitalter dieser Dokumente. Aber die Existenz des Vertrags mit Ramses II schloß auch nur schon eine Erwägung der sich wie-

---

8 Wright, *The Empire of the Hittites*, X.

dersprechenden Daten aus, und Chattusilis, dem König von Chatti, und seiner ganzen Periode wurde ein chronologischer Platz in Übereinstimmung mit der Zeit von Ramses II zuerkannt.

E. Forrer, ein schweizerischer Keilschriftgelehrter, erkannte, daß in den Archiven von Bogazköi wenigstens acht verschiedene Sprachen vorkamen, alle in Keilschrift geschrieben. Eine dieser Sprachen war häufiger vertreten als alle anderen, mit Ausnahme des Babylonischen: es wurde angenommen, daß dies die Sprache der Hethiter sei. Durch beharrliche Anstrengungen von F. Hrozny, einem tschechoslowakischen Keilschriftgelehrten, wurde diese im Archiv dominierende Sprache entziffert. Anfänglich traf Hrozny unter seinen Kollegen auf viel Widerstand, aber im Lauf der Jahre erstarb die Opposition, und er triumphierte. Die Sprache wurde zu der Familie der indogermanischen Sprachen gezählt. Indessen wird sie in keinem »hethitisch« geschriebenen Text mit dem Namen chattisch oder hethitisch bezeichnet.

Nachdem eine weitere Sprache der Archive entziffert war, fand man, daß sie in den Texten Chattili, das heißt die Sprache der Chatti, genannt wurde. Es war zu spät, der anderen Sprache einen neuen Namen zu geben, und die neuentzifferte Sprache wurde Chattisch genannt, indem der Name Hethitisch für die von Hrozny entzifferten Sprache belassen wurde. Ihr wahrer, in den Texten geführter Name ist Neschili.

Chattili (Chattisch) wurde im Palast gebraucht und ebenfalls im Tempeldienst für Litaneien, Gebete und Geisterbeschwörungen.[9] Die Ritualtexte waren entweder ausschließlich in Chattili oder zweisprachig geschrieben, mit einer Übersetzung in das sogenannte Hethitische. Chattili ist eine reiche Sprache; in ihren Beugungen verwendet sie Vor-, aber keine Nachsilben; sie ist nicht indoeuropäisch und birgt keine er-

---

9 »Lieder in den chattischen Sprachen wurden von den Sängern in den Gottesdiensten ebenfalls sehr häufig gesungen. Chattisch scheint eine wichtige Rolle gespielt zu haben, besonders in der Religion des Landes Chatti.« F. Hrozny, »The Hittites«, *Encyclopaedia Britannica*, (14th ed.), XI, 602.

kennbare Verwandtschaft zu irgendeiner bekannten Sprachgruppe.

Eine Hypothese wurde angeboten, wonach die Hethiter Syriens und Kleinasiens eine Vermischung zweier Völker seien, von denen eines zur indoeuropäischen Rasse gehörte. Das indoeuropäische Volk könnte Kultur und Religion der älteren Bevölkerung absorbiert und seine Sprache viele babylonische und chattilische Elemente aufgenommen haben.

Ein System von wenigstens drei Haupt- und mehreren Sekundärsprachen in einem einzigen Archiv kompliziert das Problem für Historiker und Philologen: Babylonisch wurde für diplomatische Zwecke verwendet (wie im Vertrag mit Ramses II); einer der Dialekte, von den Forschern Hethitisch genannt, wurde in den meisten einheimischen Dokumenten, manchmal auch für diplomatische Zwecke, gebraucht; und die »Sprache von Chatti« genannte Zunge der Inschriften kam für religiöse Zwecke und auch beim Hofzeremoniell zur Anwendung. Vier oder fünf andere Sprachen wurden auf den Keilschrifttafeln aus Bogazköi gelesen und von den Entzifferern mit den zugehörigen Namen versehen. Es stellte sich heraus, daß Chattusa (die alte Stadt auf dem Gebiet von Bogazköi) eine Hauptstadt mit vielen internationalen Verbindungen war.

Indem wir den historischen Schauplatz dorthin verlegen, wohin er gehört, nämlich in das 7. und 6. Jahrhundert unserer Zeitrechnung, fragen wir uns, welche dieser Sprachen Chaldäisch, welche Phrygisch, welche Lydisch, welche Medisch, welche vielleicht gar Etruskisch ist, die von einem Volk gesprochen wurde, das aus Italien nach Kleinasien kam. Phrygisch ist mit dem Luwischen verwandt: Das phrygische Königreich endete etwa zur Zeit, als die Luwisch sprechenden syro-hethitischen Staaten von Assyrien bezwungen wurden. Die Kimmerier, ein nicht schriftkundiges Volk aus dem südlichen Rußland, eroberten –687 Gordion, die phrygische Hauptstadt; um nach Gordion zu kommen, mußten sie die Biegung des Halys passieren und Bogazköi einnehmen. Es ist sehr fraglich, ob sie für ihren eigenen Gebrauch irgendein Alphabet sich zulegten oder anpaßten. Die Kimmerier ließen wenig Spuren irgendwelcher Art zurück. Nach –687 wurde Lydien unter Gyges zur dominierenden Macht im westlichen Kleinasien, gleichzeitig mit der Expansion des »Hethiter«-Königreiches im östlichen Zentralanatolien mit Bogazköi in seiner Mitte. »Hethitisch« war die während der Reichsperiode am häufigsten verwendete Sprache. Die moderne Forschung fand, daß Lydisch »Hethitisch zu sein scheint«[10] – das lydische und das »hethitische« Königreich bestanden zur gleichen Zeit und verwendeten die gleiche Sprache. Churritisch ist, wie wir im ersten Band der »Zeitalter im Chaos«-Serie zu zeigen trachteten, nichts als ein irrtümlicher Name für das Karische.

Die Verbindung der Sprachen in den Bogazköi-Archiven mit den ethnischen Gruppen, die Kleinasien zur Zeit des Zusammentragens der Archive bevölkerten, ist eine Aufgabe für Philologen.

Das Problem des »Hethiterreiches« wurde durch die seltsamen piktographischen Zeichen kompliziert, die an vielen Orten in Anatolien, Mesopotamien und im nördlichen Syrien zu finden sind: Diese Zeichen lieferten den ursprünglichen Anlaß zur Vermutung der historischen Existenz des »Vergessenen Reiches«.

Die in Kleinasien gefundenen Siegel der Könige von Chatti tragen beide Arten von Zeichen, sowohl die piktographischen als auch die keilschriftlichen. Auf ein paar Keilschrifttafeln der Bogazköi-Archive sind auch piktographische Zeichen eingeprägt. Ähnliche Zeichen sind in die Felsenreliefs von Yazilikaya eingemeißelt.

Die ans Tageslicht gekommenen Dokumente der Archive lieferten Material für viele neue Kapitel der Geschichte. Bücher und Zeitschriften, die sich mit den »Hethitern« beschäftigen, wurden veröffentlicht. Die Periode von Amenophis III bis zu Ramses II, welche in der konventionellen Chronologie

---

10. J. G. Macqueen, *The Hittites* (London 1975), 59.

das 14. und 13. Jahrhundert ausfüllt, wurde im Lichte dieser Inschriften von neuem studiert.

Die in Bogazköi gefundenen königlichen Annalen sind in einer Art abgefaßt, die eine nahe Verwandtschaft mit den assyrischen Königsannalen von Sanherib, Asarhaddon und Assurbanipal aus dem 7. Jahrhundert enthüllt.[11]

Andere Texte aus Bogazköi begründen, daß »babylonische Magie und Medizin, babylonische Astronomie in Kleinasien gekannt und gepflegt wurden. Man hatte Übersetzungen des Gilgamesch-Epos und wahrscheinlich auch anderer Werke der Literatur.«[12] Die »Hethiter« haben von den Akkadern neben Werken der Wissenschaft, wie Vokabularen, Omina und medizinischen Texten, und literarischen Werken im engeren Sinne, wie Götterhymnen und dem Gilgamesch-Epos, auch Stücke der historischen Traditionsliteratur übernommen.«[13]

Die assyrische Rechtsprechung hatte, soweit die das Zivilrecht betrifft, vieles gemeinsam mit dem Zivilrecht der Bogazköi-Archive.[14]

Das assyrische Reich soll angeblich seinen Aufstieg nach dem Fall des »Hethiterreiches« begonnen haben. Aber in einigen Beziehungen waren die »Hethiter« weiter fortgeschritten als die Assyrer, und folglich wird angenommen, daß die Assyrer im Vergleich mit den »Hethitern« kulturell zurückfielen.[15]

---

11 »Annalen treten zuerst in Bogazköi auf, und die Ähnlichkeit in Stil und Ausdrucksweise zwischen den hethitischen und assyrischen Werken ist so groß, daß man ohne die Annahme eines Zusammenhangs gar nicht auskommt.« A. Götze, *Das Hethiter-Reich*, in *Der Alte Orient*, XXVII, 2 (Leipzig 1928), 44.
12 Ebenda, 45.
13 H. Güterbock, »Die historische Tradition und ihre literarische Gestaltung bei Babyloniern und Hethitern bis 1200«, *Zeitschrift für Assyriologie*, XLIV (1938), 45.
14 L. Aubert, »Le Code hittite et l'Ancien Testament«, *Revue d'histoire et de philosophie religieuses*, IV (1924), 352–370.
15 »Après les Hittites, commence l'empire assyrien, dont les mœurs temoignent par rapport à eux d'une véritable régression.« G. Contenau, »Ce que nous savons des Hittites«, *Revue historique*, CLXXXVI (1939), 15.

Gelehrte verwundern sich über den unbekannten Grund dieses Rückfalles in der kulturellen Entwicklung, als das Zeitalter der »Hethiter« angeblich um -1200 erlöschte und durch das assyrische Reich verdrängt wurde, das sich vorgeblich kurz vor -1100 emporschwang. Sie fragen sich, wie es kommen konnte, daß die »hethitische« Kultur des 15. bis 13. Jahrhunderts in allen Belangen der Wissenschaft, des Rechts, der Literatur, der königlichen Annalen, der Traditionen, Gebäude und Omen so fest der Kultur des assyrischen Reiches im 8. und 7. und der des neubabylonischen Reiches im 7. und 6. Jahrhundert glich.

In Bogazköi wurden Verträge gefunden, welche von den Königen von Chatti (Cheta) mit Königen anderer Länder abgeschlossen wurden. Militärische Annalen von Chattusilis' Vater kamen ans Licht: Sein Name wird Mursilis gelesen, und er gibt eine Beschreibung seiner Kriege. Eine Selbstbiographie von Chattusilis, welche die Zeit von seiner Kindheit bis zur Thronbesteigung umfaßt, wurde ebenfalls ausgegraben.

Das Material der vorhergehenden Kapitel hat offenbar werden lassen, daß der »Große König von Chatti«, gegen den Ramses II seine Legionen führte, der König der Chaldäer war, und daß der Unterzeichner des Friedensvertrages, Chetasar, oder Chattusilis der Keilschriftversion, Nebukadnezar (Nabuchodonosor) war. Diese Schlußfolgerung ist reich an Konsequenzen. Eine weitere großartige Struktur der Historiker bricht in sich zusammen, das »Hethiterreich«.

Bevor wir die Annalen von Chattusilis' Vater prüfen, behaupten wir, daß sie nicht von einem »hethitischen« König des 14. Jahrhunderts, sondern von Nabopolassar dem Großen geschrieben wurden, dessen Geschichte bis heute nur mäßig erhellt worden ist.

Eine Selbstbiographie Nebukadnezars! Wir haben unzählige Gebete dieses Königs kennengelernt, die aus Anlaß der Errichtung von Tempeln formuliert wurden; aber sehr wenig Zeilen enthalten Andeutungen auf seine politische oder militärische Regierungstätigkeit, die so reich an Ereignissen war. Lediglich das Fragment einer kleinen Tafel erwähnt einen

Vorfall aus den komplizierten Beziehungen zwischen dem chaldäo-babylonischen Reich unter Nebukadnezar und Ägypten, Beziehungen, die jahrzehntelang bestanden und welchen die Schriften viele Kapitel in den Büchern von Jeremia, Hesekiel, der Könige und Chronik widmen. Einschlägiges Material, um die Geschichte dieser großen neubabylonischen Periode zu schreiben, wurde fast gänzlich diesen Texten der Schriften und der griechischen Literatur entnommen.

In den vorausgehenden Kapiteln wurde gezeigt, daß Ramses II Pharao Necho war und daß ausführliches hieroglyphisches Material existiert, das den Krieg Ägyptens gegen das babylonische Reich unter Nebukadnezar behandelt.

Das die gleiche Periode betreffende Keilschriftmaterial wurde 1906 in Bogazköi ausgegraben. Aber durch dieselbe Schwarze Kunst, welche die Vergangenheit der Menschheit um fünf bis sechs Jahrhunderte verzerrt hat, wurden diese Primärquellen einem falschen Jahrtausend und einem falschen Volk zugeschrieben.

Mursilis, der »Hethiter«, und Nabopolassar, der Chaldäer

Zwei lange Inschriften unter den Bogazköi-Texten sind Versionen von Mursilis' Kriegsannalen. Die eine Version umfaßt die Zeit von seinem 1. Regierungsjahr bis zu seinem 9. oder 10. Jahr.[16] Die andere, viel detailliertere Version besteht aus Fragmenten, deren Reihenfolge nicht immer einleuchtend ist. Wie dem auch sei, eine anerkannte Unsicherheit über die Richtigkeit dieser Einordnung bleibt bestehen, weil die ausführlichen Annalen dieselbe Periode der ersten

---

16 Ein Teil des 10. Jahres der Annalen betrifft nur das 9. Jahr von Mursilis, da seine Thronbesteigung während des Kalenderjahres erfolgte. Siehe E. Forrer, *Geschichtliche Texte aus Boghazkoi* II (Leipzig 1926), 35: »... das letzte Jahr der Zehnjahr-Annalen also das neunte volle Jahr ist ...«.

10 Jahre recht unterschiedlich wiedergeben.[17] Man glaubt, daß diese Fragmente die Zeit vom 1. bis zum Ende des 11. Jahres, und dann wieder vom 19. bis vermutlich zum 22. Jahr Mursilis' beinhalten. »Dazwischen klafft eine schmerzliche Lücke.«[18] Die Lücke verdeckt offenbar die Periode der Höhepunkte von Mursilis' Kriegen, da schon im 9. Jahr der ausgedehnte Konflikt sich einem entschiedenen Stadium näherte. Mursilis stieß mit dem König von Assyrien zusammen, der vom König von Ägypten unterstützt wurde, und die Annalen der ersten Jahre enthalten, zusätzlich zur Beschreibung verschiedener Feldzüge Mursilis' in alle vier Richtungen, den Bericht über die Vorstadien dieses bedeutenden Konfliktes.

In seinem 2. Jahr entsandte Mursilis einen Feldherrn zu Scharrikuschuch, der sein Bruder war, nach Karkemisch mit dem Befehl, dem König von Assyrien Widerstand zu leisten.

Wenn der Assyrer kommt, so kämpft mit ihm.

Aus dem 7. Jahr berichten die Annalen von einer Vereinbarung, deren einer Kontrahent der König von Ägypten war (» – Vertrag – Wenn der König des Landes Ägypten – Und wenn mir – der König des Landes Ägypten«); und obwohl die Zeilen verstümmelt sind, wird daraus deutlich, daß vom König von Assyrien mit dem König von Ägypten ein Bündnis gegen Mursilis abgeschlossen worden war. Ebenfalls

---

17 »Da die Bruchstücke ihr gegenseitiges chronologisches Verhältnis in keinem Falle ohne weiteres zu erkennen geben, ist ihre Anordnung ein Problem für sich.« A. Götze, »Die Annalen des Mursilis«, *Mittelungen, Vorderasiatisch-ägyptische Gesellschaft*, XXXVIII (1933), 2.
18 Ebenda, 9. In seiner ursprünglichen Veröffentlichung stellte Götze die Hypothese auf, daß die Fragmente vielleicht bis zum 27. Jahr der militärischen Aktivitäten von Mursilis gereicht hätten. Doch weitere Forschungen führten ihn zu einer anderen Schlußfolgerung: »Die vorhandenen Teile der Annalen von Mursilis rechtfertigen die Annahme, daß seine Regierung ... nicht viel länger als 22 Jahre dauerte.« A. Götze in der *Cambridge Ancient History* (3rd ed.; 1975), Vol. II, Pt. 2, S. 126–127. Die letzten Eintragungen der Annalen datieren aus dem 22. Jahr.

schwenkten einige syrische Potentaten beim Herannahen des Königs von Ägypten auf die Seite der Feinde von Mursilis.

> Als man über die ägyptischen Truppen aber die Botschaft brachte »sie kommen«, den ägyptischen Truppen zog ich da entgegen.

Mursilis schrieb an die Besatzung in Karkemisch, daß er unverzüglich benachrichtigt werden müsse, wenn die Ägypter in Nuhasse (in Syrien) eindringen sollten.

> Und ich werde hinkommen und gegen sie kämpfen.

Aber der Konflikt mit dem ägyptischen Heer wurde aufgeschoben.

> Und zunächst kamen die ägyptischen Truppen nicht.

Zwei Jahre später, im 9. Jahr von Mursilis, kam es zur Belebung des Krieges mit dem König von Assyrien.

> Aber da besiegte der König von Assur das Land Kargamis.

Mursilis wandte sich nach dieser Region, befreite sie und setzte seinen Neffen, den Sohn von Scharrikuschuch, auf den Thron von Karkemisch. Im gleichen Jahr marschierte er in die Region von Charran.

> Ich begab mich nach Harrana; und mein Heer gelangte nach Harrana, und ich stieß dort zu meinem Heer.

Einige wichtige Textstellen sind zerstört, doch der Herausgeber vermochte sie zu rekonstruieren und kam zu folgendem Schluß: »Mursilis begegnete in seinem 9. Jahr diesem Gegner [Assuruballit] an der Euphrat-Linie«.[19]

---

19 Ebenda, 248. Während Assuruballit in den Annalen nicht erwähnt wird, ist Götzes Schlußfolgerung trotzdem richtig. Aber der Feind Mursilis' war

Zum Schluß seiner Zehnjahresannalen betonte Mursilis, daß er nur seine eigenen Taten beschrieben habe und die Leistungen seiner Fürsten und Generäle darin nicht enthalten seien.

Die wichtigste, aus den Annalen gewonnene Tatsache ist, daß Mursilis einige Jahre lang gegen eine Koalition zwischen dem König von Assyrien und dem König von Ägypten ankämpfte. Der Krieg verlief ohne Entscheidung. Im 9. Jahr wurde er in Charran geführt. Dort traf Mursilis auf Assuruballit, den König von Assyrien, und kämpfte gegen ihn.

Gemäß der revidierten Chronologie war Mursilis, der Vater von Chattusilis, der chaldäische Name von Nabopolassar, dem Vater von Nebukadnezar. Ich bin deshalb verpflichtet, die in den Annalen von Mursilis enthaltenen Tatsachen mit jenen zu vergleichen, die über Nabopolassar, den König von Akkadien (Babylonien) und Chaldäa, bekannt sind.

Bis vor einem halben Jahrhundert standen den Historikern über die Regierung Nabopolassars keine babylonischen Texte geschichtlichen Inhalts zur Verfügung. Aber in den zwanziger Jahren wurden im British Museum eingelagerte Keilschrifttafeln »ausgegraben«, die sich als Fragmente von Chroniken der chaldäischen (babylonischen) Könige herausstellten: allerdings sind sie viel später, wahrscheinlich zur persischen Zeit, auf Grund damals erhaltener Berichte geschrieben worden.[20] Diesbezüglich entsprechen sie den Büchern der Chronik des Alten Testaments, die ebenfalls unter der Perserherrschaft geschrieben wurden. Unter den Tontafeln, welche die Chroniken der babylonischen Könige enthalten, behan-

---

Assuruballit II.
20 Frühere Veröffentlichungen: C. J. Gadd, *The Fall of Nineveh* (London 1923). Julius Lewy, »Forschungen zur alten Geschichte Vorderasiens«, Die Neubabylonische Chronik G. *Mitteilungen, Vorderasiatisch-ägyptische Gesellschaft*, XXIX (1925), 2. Neu herausgegebene und übersetzte Texte: D. J. Wiseman, *Chronicles of Chaldean Kings (626–556 B. C.) in the British Museum* (London 1956). Ich folgte Gadds Übersetzung im Vergleich mit Wisemans Version. Für die deutsche Ausgabe folgen wir der Übersetzung von Lewy.

delt eine die militärischen Feldzüge von Nabopolassar.[21] Sie schildert die Geschichte von Nabopolassars Kriegen während der Periode, die mit dem 10. Jahr seiner Regierung begann, und präsentiert damit langgesuchtes Material über den Fall von Ninive und das Erlöschen der assyrischen Macht.

Die babylonischen Chroniken (British Museum 21901) über Nabopolassars Kriege beginnen mit dem Feldzug des 10. Jahres:

> Im 10ten Jahr bot Nabopolassar das akkadische Heer im [Monat] Ijjar und zog am Euphratufer (entlang).

Einige Monate darauf, laut den Chroniken:

> Im [Monat] Tischri zogen das ägyptische Heer und das assyrische Heer auf der Verfolgung des Königs von Akkad bis Gablini ...

Im nächsten Jahr »bot der König von Assyrien sein Heer auf und warf den König von Akkad aus (dem Stadtgebiet von) Assur hinaus.« Aber er vermochte seinen Sieg über Nabopolassar nicht auszunutzen, denn die Meder drangen in Assyrien ein und eroberten die Stadt Assur.

Das folgende Jahr sah die Ankunft des skythischen Königs mit seinem Heer, um sich an der »Schlacht um Assyrien« zu beteiligen.

> Der König von Umman-Manda zog gegen den König von Akkad [Nabopolassar].

Aber er wurde dazu überredet, auf die Seite der Feinde Assyriens zu treten. Dann kam der große und berühmte Sturm auf Ninive und das grausame Gemetzel. Das assyrische Reich näherte sich seiner letzten Stunde.

Sinscharischkun, Assurbanipals Erbe, fand den Tod; die

---

21 Tafel B. M. 21901.

Legende von Sardanapals Selbstopferung in seinem Palast in Ninive scheint das Ende Sinscharischkuns zu reflektieren. Nach dem Fall Ninives ließ sich Assuruballit, ein jüngerer Bruder Assurbanipals,[22] der in Charran residierte, zum König von Assyrien ausrufen. Laut den Chroniken

> setzte sich Assuruballit in Harran, um König von Assyrien zu werden, auf den Thron.

Während der nächsten zwei Jahre fuhr Nabopolassar fort, den Krieg in das Land Assyrien hineinzutragen.

> Im [Monat] Marcheschwan zogen die Skythen (Umman-Manda) dem König von Akkad zu Hilfe, und sie vermischten ihre Heere miteinander und zogen nach Harran [gegen] Assuruballit, der sich in Assyrien auf den Thron gesetzt hatte.[23]

Die Unterstützung, die Ägypten Assyrien gewährt hatte, solange Ninive sein Verbündeter gewesen war, hörte mit dem Fall der Stadt nicht auf, sondern wurde auf Assuruballit in Charran übertragen.

> Im 7ten Jahre[24] versammelte im Monat Tammuz Assuruballit, König von Assyrien, ein starkes ägyptisches Heer und überschritt den Fluß, und sie zogen auf Harran, um es zu erobern ... Der König von Akkad zog seinem Heere zu Hilfe ...

Hier endet der Text der im British Museum unter Nr. 21901 katalogisierten Tontafel der Chroniken.[25]

---

22 »Ich ernannte Ashur-etil-shame irsitim-uballitsu, meinen jüngeren Bruder, als Hohenpriester des Gottes Sin, der in Charran wohnt«, schrieb Assurbanipal. Dougherty, *Nabonidus and Belshazzar*, 24.
23 Luckenbill, *Records of Assyria*, Vol. II, Sec. 1182.
24 Wiseman liest anders als Gadd und Lewy »im 18. Jahr.«
25 Tafel B. M. 22047, welche das Ende von Nabopolassars Regierung und die Thronfolge Nebukadnezars beschreibt, wird in einem der folgenden Abschnitte behandelt.

In keiner anderen Geschichtsperiode waren Assyrien und Ägypten Verbündete in einem Krieg. Die beiden hier behandelten Fälle sind durch sieben Jahrhunderte konventioneller Geschichtsschreibung voneinander getrennt, doch in der Realität sind sie ein und dasselbe.

Es wird gesagt, Mursilis' Marsch entlang des Euphrats und seine Schlachten gegen die von ägyptischen Einheiten unterstützten assyrischen Truppen sowie die militärischen Operationen in Charran gegen Assuruballit hätten sich im 14. Jahrhundert ereignet. Und es wird gesagt, der Marsch Nabopolassars entlang des Euphrats und seine Schlachten gegen die vom ägyptischen Heer unterstützten assyrischen Truppen sowie die militärischen Operationen gegen Assuruballit in Charran hätten im 7. Jahrhundert stattgefunden. Nabopolassar starb im 22. Jahr seiner Regierung. Das letzte Fragment von Mursilis' Kriegsannalen stammt aus seinem 22. Regierungsjahr.

Die »schmerzliche Lücke« in den Annalen von Mursilis zwischen dem 10. und 19. Jahr wird größtenteils von den babylonischen Chroniken ausgefüllt, welche das 10. bis 17. Jahr seiner Regierung umfassen.

Im Laufe dieser Jahre intervenierte der König der Skythen, der Umman-Manda, zunächst mit der Absicht, dem König von Assyrien zu helfen, dann aber als Partner in einem Bündnis gegen ihn.

Nabonid (-556 bis -539), der letzte König des neubabylonischen Reiches, schrieb über den Zusammenbruch Assyriens unter der vereinten Wucht der Meder, Chaldäer und Skythen: »Der König der Umman-Manda, der unerschrockene, zerstörte ihre Tempel, die Tempel der Götter von Su-Edin [Assyrien] allesamt.«[26]

Herodot berichtet, wie, als der König der Meder Ninive belagerte, »ein großes Skythenheer in sein Reich gezogen kam,

---

26 S. H. Langdon, *Die Neubabylonischen Königsinschriften* (Leipzig 1912), »Nabonid«, 273; auch L. Messerschmidt, »Die Stele Nabunaids«, *Mitteilungen, Vorderasiatisch-ägyptische Gesellschaft*, I. (1896), 1–83. Für die deutsche Ausgabe siehe Lewy, a. a. O., 80.

das der König der Skythen, Madyas, Protothyas' Sohn, selber befehligte. Die Skythen, die die Kimmerier aus Europa verdrängt hatten und den Flüchtlingen nach Asien folgten, kamen jetzt in das medische Land.«[27]

Diese Epoche erlebte erstmals die Invasion der Skythen aus den Steppen Rußlands. »Sie [die Skythen] hatten den oberen, viel weiteren Weg eingeschlagen und das kaukasische Gebirge rechts gelassen«, schrieb Herodot.[28]

Die Teilnahme der Skythen am Krieg gegen Assyrien wird in den babylonischen Chroniken für das 14. bis 17. Jahr berichtet. Der König der Skythen wird Umman-Manda genannt. Da in den Annalen von Bogazköi diese Periode vom 14. bis 17. Jahr fehlt, suchen wir in einigen anderen Dokumenten aus Bogazköi nach einem Hinweis auf die Umman-Manda und finden ihn in juristischen Texten, die dort ausgegraben wurden. Die »hethitischen« Gesetze befassen sich mit den Soldaten von Umman-Manda.[29]

Geht es an, darauf zu bestehen, daß die Umman-Manda bereits 700 Jahre, bevor sie die Kimmerier aus Europa vertrieben hatten und ihnen auf dem Umweg über den Kaukasus gefolgt waren, den Schauplatz im Mittleren Osten bevölkerten? Allein schon diese Überlegung hätte als Warnung gelten sollen, bevor die Jahrhunderte der Geschichte verzerrt wurden.

Namen und Zunamen

Um der besseren Orientierung unter den Persönlichkeiten auf der historischen Bühne willen erscheint es angebracht, auf einige Sachverhalte hinzuweisen. In Babylonien wie auch in

---

27 Herodot, I, 103.
28 Ebenda, I, 104.
29 Siehe J. Friedrich und H. Zimmern, *Hethitische Gesetze* in *Der Alte Orient* (Leipzig 1922), Teil I, Sek. 55, 14; B. Hrozny, *Code Hittite* (Paris 1922), 49, § 54; S. Smith, *Alalakh and Chronology*, 35; vgl. auch S. Langdon, *The Venus Tablets of Ammizaduga* (London 1928), 9, 31–32.

Syrien – und ebenfalls wahrscheinlich in anderen Regionen Vorderasiens – war es üblich, daß der Name einer verstorbenen Person von einem Überlebenden angenommen wurde. Es wurde geglaubt, daß der Segen des Verstorbenen auf seinen Namensvetter fallen würde, oder das Auftauchen des Brauches kann dem Wunsch entsprochen haben, das Andenken an den Toten am Leben zu erhalten. Ein Sohn wurde nach seinem Großvater oder Vater genannt; oder einem Knaben wurde der Namen seines hingeschiedenen Bruders gegeben. Wenn ein König starb, nannten eine Anzahl von Bürgern sich selbst oder ihre Kinder beim Namen ihres verehrten Monarchen.

Die königlichen Prinzen des Alten Orients, nicht anders als die königlichen Prinzen alter europäischer Nationen, gaben ihren Kindern mehrere Namen. Wie die ägyptischen Pharaonen und die jüdischen Könige trugen die Prinzen und Könige von Assyrien und Babylonien mehr als einen Namen; der Talmud berichtet, daß Saherib acht und Hiskia sieben hatte.[30] In Ägypten war Rechtens, daß der König fünf Thron- und Geburtsnamen haben sollte, nicht alle von ihnen für immer. Manchmal wurden sie durch andere Namen ersetzt; außerdem hatte der König persönliche Namen, Ramses III z. B. hatte mehr als ein Dutzend Namen.[31]

Aus dem Text von Chattusilis' Selbstbiographie, der weiter unten folgt, kann man ersehen, daß mehrere Persönlichkeiten – wie Arma oder Labasch – im Verlauf derselben Schilderung mit verschiedenen Namen bezeichnet werden. Zum Zwecke der in diesem Werk verfolgten Identifikationen ist es als günstiger Umstand anzusehen, daß sowohl Nergal (Neriglissar) als auch sein Sohn Labasch gelegentlich in den »hethitischen« und in den babylonischen Dokumenten bei denselben Namen genannt werden.

---

30 Der babylonische Talmud, Traktat Sanhedrin 94a; Hieronymus Kommentar Jesajas' 20:1 und 36:1. Siehe Ginzberg, *Legends*, VI, 370. Dieser Brauch überlebte bis in unser Jahrhundert – in den Fürstenhäusern Deutschlands und noch heute im Britischen Königshaus.
31 Siehe R. Gautier, *Le Livre des rois d'Egypte* (Kairo 1916), Vol. III.

Ebenfalls war es durchaus normal, daß der gleiche König, besonders in Mesopotamien, in verschiedenen Provinzen bei verschiedenen Namen gerufen wurde – so wurde Tiglatpileser III (–745 bis –727) von Assyrien in Babylonien, auch nach einem seiner Herrschaftsgebiete, Pul, genannt. »Es ist fast zur gebräuchlichen Regel geworden, daß der in Babylon regierende König dort einen anderen Namen als in Assyrien hatte.«[32] Nicht nur in Ninive und Babylon, sondern auch in anderen Teilen des Reiches trug der König unterschiedliche Namen. Hethiterkönige hatten neben ihren eigenen Thronnamen churritische Namen: So hatte der in der Geschichte unter seinem churritischen Namen Urchi-Teschup bekannte Knabenkönig den Thronnamen Mursilis (III).

Es war auch sehr gebräuchlich, mittels eines königlichen Erlasses den Namen einer Person so zu ändern, daß er für fremde Ohren angenehmer lautete. Eljakims Name wurde von Pharao Necho zu Jojakim abgeändert (II Könige 23:24), und Nebukadnezar wandelte Matthanjas Namen zu Zedekia (II Könige 24:17); die Namen von Daniel und seinen Freunden wurden von Nebukadnezar geändert (Daniel 1:7). Wer würde den biblischen Daniel in einem Beltsazar entdecken, wenn es keinen direkten Hinweis auf den Namenswechsel gäbe? Aus den Keilschriftinschriften der assyrischen Könige des 7. Jahrhunderts – Sanherib, Asarhaddon und Assurbanipal – ist bekannt, daß sie die ägyptischen Könige, ihre Vasallen, bei Namen nannten, die keinerlei Ähnlichkeit mit den Namen hatten, welche diese Vasallen in den hieroglyphischen Texten gebrauchten.

Die Sitte dieser Namenswechsel war sehr alt: ein Pharao des Mittleren Reiches änderte den Namen Josefs zu Zofnat Paneach (Genesis 41:45).

Nicht allein verschiedene Nationen, auch verschiedenartige Götter wollten zufriedengestellt sein. Der Name von Nebu-

---

32 R. W. Rogers, *A History of Babylonia and Assyria* (6th ed.; New York und Cincinnati 1915), II, 483, Fußnote.

kadnezar fordert den Schutz des Gottes Nebo, des Planeten Merkur, heraus. Die Planeten Jupiter (Marduk), Mars (Nergal), Venus (Ischtar) und Saturn (Bel) sowie der Mond (Sin) und die Sonne (Schamasch) mußten ebenfalls zufriedengestellt werden, weil jeder von ihnen Schaden anrichten konnte. Überdies hatten die Planetengottheiten in verschiedenen Provinzen wiederum andere Namen wie Enlil, Ninlil, Nana usw. Die Namen der Götter des planetaren Pantheon hatten auch wieder Äquivalente in verschiedenen Sprachen, und viele dieser Namen wurden in die akkadische Sprache aufgenommen.

Neben all diesem kann Keilschrift sowohl ideographisch als auch silbenweise gelesen werden, und so kann aus »Nergal« »Muwatallis« werden.[33]

Aus diesen Gründen überrascht es nicht, daß griechische Autoren Nabopolassar Belesys (Diodor II, 24) und Bussalossor (Abydenos) nannten und daß er in den Bogazköi-Texten Mursilis und Pijassilis, auf ägyptisch Merosar, auf babylonisch Belschumischkun und Nabopolassar genannt wird. Wie auf den vorangegangenen Seiten deutlich gemacht wurde, war Chattusilis der chaldäische Name des Königs, der in den Schriften verschiedentlich Nebukadnezar und Nebukadrezar genannt wird, mit dem Namen, den er selbst bevorzugte, nachdem er sich als Erbauer Babylons unter der Ägide von Nebo, dem Beschützergott seines Vaters und der Stadt, die der Vater erobert und der Sohn erbaute, großen Ruhm erworben hatte. In einem anderen Werk beabsichtige ich darzustellen, daß die Katastrophe, die wir mit dem Turmbau von Babel (Babylon) verbinden, durch einen nahe Vorbeizug des Planeten Merkur verursacht wurde, dem Nebo der Babylonier (in den Namen Nabopolassar und Nebukadnezar anklingend) beziehungsweise dem Thot der Ägypter (wie im Namen Thutmosis). Neriglissars Name reflektiert indessen den Marskult für einen Pla-

---

33 Delaporte, *Les Hitties*, S. 125: »Le nom de ce roi s'écrit tantot Moutalli, tantot Mouattalli, Mouwatalli, dans les textes en langue akkadienne; dans les documents en langue hittite, il se présente en allographie sous la forme sumérienne Nir-gal, idéogramme de l'akkadien Moutellou (*seigneur*).«

neten, der im 8. Jahrhundert vor unserer Zeitrechnung sehr im Vordergrund stand.[34]

Nabopolassar wird zum Invaliden

Berossos, der babylonische Historiker, der in Griechisch über drei und vier Jahrhunderte zurückliegende Ereignisse schrieb, hielt die Thronfolge der Könige des neubabylonischen Reiches fest und berichtet, wie Nabopolassar krank wurde und, »da er selbst den Strapazen nicht gewachsen war, seinem noch jugendlichen Sohn Nabuchodonosor einen Teil des Heeres übergab«, und wie Nebukadnezar die rebellierenden Provinzen bändigte.[35] »Um diese Zeit erkrankte sein Vater Nabopolassar und starb nach einundzwanzigjähriger Regierung in der Stadt Babylon.« Als Nabopolassar, der unermüdliche Krieger, erstmals von einer Krankheit heimgesucht wurde, mußte er den Posten an der Spitze seines Heeres aufgeben; später verschlechterte sich sein Gesundheitszustand ein zweites Mal, und er starb.

In den Archiven von Bogazköi wurde die authentische Geschichte der Krankheit von Mursilis, dem Vater von Hattusilis, erhalten.

Nach Til-Kunu – fuhr ich. Da brach ein Unwetter los, ferner donnerte der Wettergott schrecklich. Und ich erschrak.
Da wurde mir das Wort im Munde drin wenig, und das Wort ging mir etwas stockend.
Als aber die Jahre kamen (und) hintereinander vergingen, kann besagter Zustand (und) begann in meinen Träumen eine Rolle zu spielen. Da traf mich während eines Traumes die Gotteshand, und das Sprachvermögen ging mir (ganz) verloren.[36]

---

34 *Welten im Zusammenstoß*, »Mars«.
35 Berossos zitiert in Josephus, *Gegen Apion*, Übers. H. Clementz, I, 19.
36 A. Götze und H. Pedersen, »Mursilis Sprachlähmung, ein Hethitischer Text«, *Det Kongelike Danske Videnskabernes Selskab* (Kopenhagen), *Historisk-Filogiske meddelelser*, XXI, I (1934), S. 5.

Durch den ersten paralytischen Schlag wurde der König aktionsunfähig gemacht; da er die Strapazen des militärischen Lebens nicht mehr ertragen konnte, zog er sich als Feldherr zurück. Einige Jahre später wurde er schwer krank, als er die Fähigkeit zum Sprechen verlor; bald danach starb er. Nach seinen Annalen zu urteilen – den in Bogazköi gefundenen und jenen im Lager des British Museum entdeckten – war Nabopolassar-Mursilis ein unbezähmbarer Mann des Kampfes und ein ehrlicher Chronist ohnegleichen. Die Annalen bis zum 10. Jahr, vom 10. bis zum 17. Jahr und vom 19. bis zum Beginn des 22. Jahres sind Meisterstücke der Wahrhaftigkeit, welche die Siege und Rückschläge berichten und damit sehr verschieden sind von den assyrischen Annalen oder von jenen irgendeines anderen Königs der Alten Welt.

Die Thronfolge in Babylon

Nach der Beschreibung von Nabopolassars Tod am Ende einer 21jährigen Regierungszeit fährt Berossos fort:

> Als Nabuchodonosor bald darauf vom Tode seines Vaters Kunde erhielt, ordnete er die Angelegenheiten Ägyptens und der übrigen Landesteile und gab einigen seiner Freunde den Auftrag, die gefangenen Juden, Phönikier, Syrer und Ägypter samt dem schwerbewaffneten Teil des Heeres und dem Gepäck nach Babylonien zu führen; dann brach er auch selbst auf und legte in wenigen Tagen den Weg durch die Wüste nach Babylon zurück. Hier übernahm er die von den Chaldäern besorgte Leitung des Staates sowie die Königswürde, die der beste derselben ihm inzwischen gesichert hatte, und trat überhaupt die Vollherrschaft über sein väterliches Reich an.[37]

Über die Ereignisse, die Nebukadnezars Regierungszeit folgten, erzählte Berossos das folgende:

---

37 Josephus, *Gegen Apion*, Übers. von H. Clementz, I, 19.

[Nebukadnezar ...] fiel in eine Krankheit und starb nach dreiundvierzigjähriger Regierung. Den Thron bestieg nun sein Sohn Evilmaraduch, der ein Gesetzesverächter und übermütiger Herrscher war und nach nur zweijähriger Regierung von Neriglissar, dem Gatten seiner Schwester, meuchlings ermordet wurde. Nach seinem Tod trat eben dieser Neriglissar, durch dessen Hinterlist er sein Leben gelassen hatte, die Herrschaft an und blieb vier Jahre lang König. Dessen Sohn Laborosoarchod kam als neunmonatliches Kind auf den Thron, wurde aber, weil man recht schlimme Charaktereigenschaften an ihm bemerkte, alsbald von seiner Umgebung umgebracht, worauf seine Mörder sich versammelten und nach gemeinsamem Beschluß einem der Mitverschworenen, dem Babylonier Nabonned, die Krone aufs Haupt setzten.[38]

Berossos schrieb, daß der Perser Kyros Babylonien im 17. Jahr von Nabonid eroberte.

Der Talmud und die Midraschim stimmen im allgemeinen mit Berossos betreffend der Dauer von Nebukadnezars Regierungszeit überein, die sie mit 40 bis 45 Jahren beziffern.[39] In den Schriften wie auch in Berossos folgt ihm Awil-Marduk.[40] Indessen erwähnen die Schriften nicht, daß Awil-Marduk von Neriglissar und dann von dessen Sohn, der noch ein Knabe war, gefolgt wurde. Die Eroberung Babylons durch die Perser wird im Buch Daniel beschrieben, und der zechende König, der aus den Tempelgefäßen Jerusalems trank und die Handschrift an der Wand sah, als das Königreich fiel, wird Belsazar genannt. Gemäß einer Inschrift von Nabonid war Belsazar sein Erbe und Mitregent.[41]

Nabonid, bekannt als der König-Archäologe, der nach alten Fundamentinschriften forschte, schrieb in seiner eigenen Inschrift über die Ereignisse, die zu seinem Regierungsantritt führten, in folgenden Worten:

---

38 Ebenda, 20.
39 Siehe Ginzberg, *Legends*, VI, 427, 114. Gemäß den Schriften (vgl. II Könige 24:12, 25:27) regierte Nebukadnezar 43 Jahre lang als König von Babylon.
40 II Könige 25:27; Jeremia 52:31.
41 Langdon, *Die Neubabylonischen Königsinschriften*, »Nabonid«, Inschrift 4.

In die Mitte des Palastes brachten sie mich, und alle von ihnen warfen sich mir zu Füßen. Ich bin der mächtige Nachfolger von Nebukadnezar und Neriglissar, meiner königlichen Vorgänger. Awil-Marduk, der Sohn von Nebukadnezar, und Labasch-Marduk, der Sohn von Neriglissar, sie entstellten die Verordnungen.[42]

Diese Schilderung scheint den zweiten Teil von Berossos' Bericht perfekt zu bestätigen. Sein erster Teil, die babylonische Thronbesteigung durch Nebukadnezar betreffend, findet seine Bestätigung in einer Keilschrifttafel aus dem British Museum, die erstmals 1956 veröffentlicht wurde.[43] Sie berichtet:

Im 21. Jahr blieb der König von Akkadien in seinem eigenen Land, sein ältester Sohn Nebukadnezar, der Kronprinz, ließ [das babylonische Heer] zusammentreten und ergriff das Kommando über seine Truppen; er zog nach Karkemisch, das am Ufer des Euphrats ist, und überschritt den Fluß [um zu treffen] gegen das ägyptische Heer, das in Karkemisch lag... kämpften miteinander, und das ägyptische Heer zog sich vor ihm zurück. Er vollbrachte ihre Niederlage und [schlug?] sie zur Nichtexistenz. Was nun den Rest des ägyptischen Heeres betrifft, der von der Niederlage [so schnell] geflüchtet war, [daß] keine Waffe sie erreichen konnte, im Distrikt von Chamath überholten die Truppen sie und besiegten sie so, daß nicht ein einzelner Mann in sein Land [entkam]. Zu jener Zeit eroberte Nebukadnezar das ganze Gebiet des Chatti-Landes. 21 Jahre lang war Nabopolassar König von Babylonien gewesen. Am 8. des Monats Ab starb er [wörtlich: »Fatum«]: Im Monat von Elul kam Nebukadnezar nach Babylon zurück, und am ersten Tag des Monats von Elul setzte er sich auf den Königsthron zu Babylon.

Seit einiger Zeit sind wir auch im Besitz einer gut erhaltenen Votivstele der Mutter von Nabonid, einer Priesterin, die das ehrwürdige Alter von 105 Jahren erreichte. Die Stele verzeichnet die Namen der Könige, unter denen sie lebte, nach-

---

42 R. P. Dougherty, *Nabonidus and Belshazzar* (Yale Oriental Series, 1929), S. 72.
43 Tablet B. M. 21946, D. J. Wiseman, *Chronicles of Chaldean Kings*.

dem sie im 21. Jahr Assurbanipals geboren worden war: Die Thronfolgen der Könige und die Dauer ihrer Regierungszeiten sind dieselben wie in Berossos, der 300 Jahre nach Nebukadnezar lebte. Auf der Stele fehlt nur der Knabe, der Sohn von Neriglissar.

An Hand all dieser Zeugnisse sollte man auf keine Schwierigkeiten stoßen. Indessen versteckt sich in den Bauinschriften Neriglissars ein Problem. Bereits im einleitenden Satz dieser beiden Tafeln verkündet Neriglissar:

> Neriglissar . . ., der Sohn des Belschumischkun, des Königs von Babylon, bin ich.[44]

Nebukadnezar regierte in Babylon über 40 Jahre lang, und vor ihm herrschte sein Vater während mehr als 20 Jahren. Wer war dann der König von Babylon namens Belschumischkun, wenn Neriglissar nach Nebukadnezar regierte? Auf diese Frage gab es keine Antwort. »In seiner wichtigsten Inschrift nennt Neriglissar seinen Vater Belschumischkun, von dem nichts bekannt ist.«[45] Neriglissar verwendete »hochtrabende Titel auf Belschumischkun, nämlich Sar Babili, König von Babylon. Mit den jetzt verfügbaren Daten ist die Identifizierung von Belschumischkun mit irgendeinem bekannten Herrscher schwierig.«[46]

Und doch befindet sich eine mögliche Spur zur Identität des Königs von Babylon, den Neriglissar als seinen Vater beanspruchte, bei Diodor von Sizilien, der in seinem Bericht über den Fall von Ninive den Chaldäer Nabopolassar beim Namen Belesys nennt: »Dieser Mann hieß Belesys.«[47] – »Belesys« könnte leicht eine griechische Version des Keilschriftnamens Belschumischkun sein.

---

44 Langdon, *Die Neubabylonischen Königsinschriften*, »Neriglissar«, Inschriften 1 und 2.
45 Rogers, *A History of Babylonia and Assyria*, II, S. 547.
46 Dougherty, *Nabonidus and Belshazzar*, S. 61.
47 Diodor, II, 24.

Neriglissar hielt fest, daß er Esagila, den großen Tempel in Babylon, in einem Zustand des Verfalls antraf:

> Esagila ..., dessen Wände baufällig geworden waren, dessen Fugen nicht mehr zusammenhielten, dessen Schwelle nicht mehr fest war.
> Auf seinem alten Gründungsstein legte ich sein Fundament, führte hoch auf seine Wand.[48]

Wenn er wirklich zwei Jahre nach Nebukadnezar regierte, ist es seltsam, daß Esagila in solch kurzer Zeit in einen derart baufälligen Zustand gekommen wäre. Nebukadnezar ist berühmt für seine Bautätigkeit wie nicht viele andere Könige des Altertums; überall im Lande errichtete er und stellte er Tempel wieder her; aber mehr als jedem anderen Heiligtum schenkte er Esagila, dem großen Tempel, Beachtung. Seine religiösen Inschriften beginnen oft wie die folgende:

> Nebukadnezar, der König von Babylon, der Erhalter von Esagila und Ezida, der Sohn des Nabopolassar, des Königs von Babylon, bin ich.[49]

Sein Amt als Erhalter von Esagila erwähnt er noch vor der Tatsache, daß er der Sohn Nabopolassars war. Immer wieder schrieb er:

> Esagila und Ezida ließ ich wie die Sternenschrift des Himmels erglänzen, ließ es erstrahlen wie der helle Tag.[50]

Gemäß seinen Inschriften ließ Neriglissar am zerfallenen Tempel Reparaturen ausführen und auch die Tore mit Silber überziehen, aber Nebukadnezar erneuerte ihn vom Fundament bis zum Dach und ließ ihn rundum mit Gold belegen.

---

48 Langdon, *Die Neubabylonischen Königsinschriften,* »Neriglissar«, Inschrift 2.
49 Ebenda, »Nebukadnezar«, Inschrift 23, 24 und an vielen anderen Stellen.
50 Ebenda, 27 a, 27 b, und andere Stellen.

Abb. 17: Ausgrabungsarbeiten am Esagila-Tempel in Babylon.

Wie konnte es dann sein, daß zwei Jahre nach seinem Tod – und inzwischen hatte kein Feind Babylon verwüstet – die Verbindungsstücke des Tempels nicht mehr zusammenpaßten, die Balken nicht mehr standhielten und die Fundamente völlige Instandsetzung benötigten?

Ein Blick auf eine Photographie der Ausgrabung von Esagila mit den enormen Mauerkonstruktionen, wo sich Nebukadnezar »auf jedem seiner Millionen Ziegel als ›Pfleger von Esagila‹ bezeichnet«,[51] genügt, um einzusehen, wie schwach jede Hypothese über einen baufälligen Zustand der Mauern und Fundamente nach Nebukadnezars Tod sein muß.

In der anderen Inschrift erzählt Neriglissar, wie der Königspalast in Babylon verfallen und nicht länger bewohnbar war.

> Der Palast war ... oberhalb des Euphratufers eingestürzt, sein Gefüge war geborsten. Seine eingestürzten Wände riß ich nieder und drang bis zum Grundwasser vor. Angesichts des Grundwassers legte ich mit Asphalt und Brandziegeln sein Fundament fest. Ich erbaute ihn und vollendete ihn.[52]

Das war der Palast, den Nebukadnezar als König von Babylon bewohnte. »Die Residenz von Nergalschar-usur befand sich im gleichen Palast wie jene von Nebukadnezar, und er führte darin ausgedehnte Änderungen und Verbesserungen aus. Die ersten betrafen die Fundamente.«[53] Nebukadnezar schrieb über die Erneuerungs- und Vergrößerungsarbeiten, die gründlich ausgeführt wurden:

> An der Brust der Unterwelt legte ich sein Fundament, und mit Asphalt und Brandziegeln führte ich ihn bergehoch auf.[54]

---

51 R. Koldewey, *Das wiedererstehende Babylon* (1. Ausgabe; Leipzig 1913), S. 205–206.
52 Langdon, *Die Neubabylonischen Königsinschriften,* »Neriglissar«, Inschrift 1.
53 Rogers, *History of Babylonia and Assyria,* II, S. 547.
54 Langdon, *Building Inscriptions of the Neo-Babylonian Empire* »Nebuchadnezzar«, Inschriften 31, auch 36.

Nebukadnezar schrieb ebenfalls:

> Eine gewaltige Mauer ließ ich aus Asphalt und Brandziegeln bergehoch ringsdarum aufführen. Neben der Ziegelmauer erbaute ich eine große Mauer aus gewaltigen Steinen, der Ausbeute der großen Gebirge, wie ein Gebirge machte ich hoch ihre Spitze ...
> Zum Anschauen für die Gesamtheit der Leute füllte ich es mit strotzender Pracht, Üppigkeit, Fruchtbarkeit, Ehrfurcht Glanz königlicher Majestät umgeben seine Seiten.
> ... Möge das Haus, das ich erbaut, bis in Ewigkeit alt werden! ...
> Von den Königen der Weltteile, von der ganzen Menschheit möge ich ihren schweren Tribut darin in Empfang nehmen! ... Meine Nachkommen mögen darin auf ewig das schwarzköpfige Volk beherrschen![55]

Wie konnte es sein, daß einige Jahre nach seinem Tod der für viele Generationen errichtete Palast von Nebukadnezar zur Ruine verfallen war, seine mächtigen Mauern zermalmt, sein Fundament zerrüttet?

Aber wir haben auch archäologische Zeugnisse. Der Boden um das Fundament herum wurde abgetragen, und eine Mauer quadratischer Steinblöcke wurde gefunden, aus gewaltigen Quadern, die durch mit Asphalt versiegelte Holzklammern zusammengehalten wurden. Die Konstruktion steht im Grundwasser, auf der Felsformation in der Tiefe, »der Brust der Unterwelt«. Jeder Block in der dritten Reihe über dem Grundwasser trägt die Inschrift: »Nebukadnezar ... bin ich. Den dûru [das Fundament] des Palastes Babylon habe ich mit Gebirgssteinen gemacht.«[56] Nicht nur blieben diese Blöcke die dem Tod Nebukadnezars folgenden zwei Jahre an ihrem Platz, sondern sogar heute noch liegen sie in perfekter Ordnung dort, wo sie vor über 2500 Jahren zurechtgesetzt und zusammengefügt wurden.

---

55 Ebenda, Inschrift 15.
56 R. Koldewey, *Babylon*, S. 175.

Die hier angeführten archäologischen Daten betreffend den Zustand des Palastes und des Tempels von Esagila stimmen mit der akzeptierten Thronfolge der Könige von Babylon nicht überein. Das ist eine äußerst ernste Situation. Im hier ans Licht gebrachten Widerspruch stehen auf der einen Seite die folgenden Beweisstücke: (1) Die Erklärung auf der Tontafel British Museum 21496,[57] die besagt, an welchem Tag Nabipolassar starb, und an welchem Tag bald danach der nach Babylon zurückgerufene Nebukadnezar den Thron bestieg; (2) die Grabplatten der Mutter von König Nabonid,[58] die Neriglissar (aber nicht seinen Sohn Labasch-Marduk) als Nachfolger Nebukadnezars und seines Sohnes Awil-Marduk nennen, aber vor Nebukadnezar weder einen Neriglissar noch einen Labasch-Marduk aufführen; (3) die Thronerklärung von Nabonid,[59] der seine Vorgänger nicht aufzählt und nur auf Nebukadnezar und dessen minderjährigen Sohn Awil-Marduk sowie auf Neriglissar und dessen minderjährigen Sohn Labasch-Marduk verweist; und schließlich (4) der Bericht von Berossos,[60] der vollständig mit der Erklärung auf den Grabplatten der Mutter Nabonids übereinstimmt, mit der Ausnahme, daß er Labasch-Marduk, den Sohn Neriglissars, auf seinen Vater folgen läßt und sie das nicht tut.

Von diesen vier Beweisstücken stammt die British-Museum-Tontafel wohl aus der persischen Zeit (–538 bis –331). Berossos kommt aus der nachpersischen oder aus der hellenistischen Zeit. Die Mutter von Nabonid, die unter Assurbanipal geboren wurde und 105 Jahre lang lebte, ließ auf ihrem im Alter von 95 Jahren selbstentworfenen Nachruf Nabopolassar auf Assurbanipal folgen, obwohl wir wissen, daß der kö-

---

57 D. J. Wiseman, *Chronicles of Chaldean Kings*, S. 69.
58 James B. Pritchard, ed., *Ancient Near Eastern Texts Relating to the Old Testament* (Princeton University Press, 1950), 311–312; James B. Pritchard, ed, *The Ancient Near East, Supplementary Texts and Pictures Relating to the Old Testament* (Princeton University Press, 1969), S. 560–562.
59 Pritchard, ed., *Ancient Near Eastern Texts*, S. 309.
60 Flavius Josephus, *Gegen Apion*, I, 20.

nigliche Erbe Assurbanipals Sinscharischkun war – der –612 in seinem Palast in Ninive umkam – und daß danach Assuruballit kam: Gegen alle diese drei Könige nacheinander führte Nabopolassar einen langwierigen Krieg. Sie verweist auf Nebukadnezar als direkten Nachfolger Nabopolassars, ohne einen dazwischenliegenden Regenten. Die Erklärung von Nabonid, daß er »der wahre Vollstrecker des Willens von Nebukadnezar und Neriglissar, meinen königlichen Vorgängern«, sei, kann entweder in fallender (Nebukadnezar und dann Neriglissar) oder in aufsteigender (Neriglissar und dann Nebukadnezar) Linie gelesen werden. Da seine Mutter Labasch-Marduk nach Neriglissar nicht nennt – wie dieser es tut –, löst Berossos für den modernen Historiker die Frage, indem er den Knaben Labasch-Marduk auf Neriglissar folgen läßt. Berossos stellt Nabonid als »einen der Schar« und als Zechgenossen des Knabenkaisers dar. Doch als Nabonid zum König ausgerufen wurde, befand er sich schon im fortgeschrittenen Alter. Es scheint, daß Berossos hier ein Fehler unterlief; wenn man bedenkt, daß er nach –300 geschrieben hat und daß die von ihm geschilderten Ereignisse im späteren Teil des 7. Jahrhunderts stattgefunden haben (der Tod Nabopolassars und seine Nachfolge durch Nebukadnezar, als er von der Verfolgung der besiegten Ägypter zurückkehrte), so muß er sich auf ein früheres Zeugnis gestützt haben. Es ist eine interessante Tatsache, daß die Summe der Regierungsjahre der neubabylonischen Königsfolgen – Nabopolassar (21 Jahre), Nebukadnezar (43 Jahre), Awil-Marduk (2 Jahre) und Neriglissar (4 Jahre) – von Berossos ohne Abweichung mit den Zahlen von Nabonids Mutter übereinstimmt. Eine so genaue zahlenmäßige Übereinstimmung in zwei Quellen, die doch 250 Jahre auseinanderliegen, ist in der archäologischen Literatur ungewöhnlich. Die Gedenkplatte der Mutter von Nabonid, die 1906 in Charran gefunden wurde, war wegen vieler zerbrochener Zeichen unzulänglich, und die in den veröffentlichten Text eingefügten Zahlen über die königlichen Regierungszeiten wurden effektiv bei Berossos entliehen. Aber dann, auf der 1956 gefundenen zweiten und sich in perfektem Zustand befindlichen Gedenkplatte waren alle diese Zahlen vorhanden und identisch mit jenen in Beressos. Beim Lesen des Textes muß der Gedanke aufgetaucht sein: Könnte nicht die neue Platte Falsifikat oder Produkt einer gelehrtenhaften Fälschung sein? Viele Keilschrifttexte, die zum Kauf angeboten wurden, sind von den Museen in der Erkenntnis oder Annahme, es seien Fälschungen, zurückgewiesen worden. Doch im Fall von Nabonids Mutter können wir den Fundbericht über die zweite Gedenktafel zurückverfolgen, so daß der Fälschungsverdacht Boden verliert. Und doch hat sich in Gelehrtenkreisen eine gewisse Verwunderung seit der Entdeckung der zweiten Platte erhalten: Weshalb sollte eine einzige Person gleich zwei als Grabplatten gedachte Gedenktafeln haben?

Die aufgezählten Zeugnisse für die Königsabfolge im neubabylonischen Reich, mit Nebukadnezar als unmittelbarem Nachfolger Nabopolassars, können gefahrlos von 4 auf 2 reduziert werden – Nabonid sagt nichts zur Thronfolge nach Nabopolassars Tod, und Berossos scheint die Tafel von Nabonids Mutter als Hauptquelle vorgelegen zu haben. Andererseits ist die Existenz von König Neriglissar nach Nebukadnezar und Awil-Marduk fest etabliert, vor allem durch das Zeugnis von Nabonids Mutter.

In dem, was folgt, wird die andere Reihe archäologischer Zeugnisse, die nun einem juristischen Resümee zu unterziehen ist, eine Thronfolge vorstellen, gemäß welcher nach Nabopolassar und vor Nebukadnezar ein anderer Neriglissar (in diesem Fall Neriglissar I) regierte. Wenn diese Beweise stichhaltig sind, was sollen wir dann von der ganz eindeutigen Erklärung auf der British-Museum-Tafel halten? Zunächst müssen wir die sich widersprechenden Erklärungen gegeneinander abwägen und dann nach einer Lösung suchen.

Wie weiter vorne festgehalten, fand Neriglissar den Königspalast in Babylon in baufälligem Zustand vor; er reparierte ihn und legte neue Fundamente. Und doch befanden sich diese Fundamente in perfektem Zustand, als Koldewey[61] sie erreichte, und zwar bis hinunter auf den Felsen oder, wie Nebukadnezar sich ausdrückte, bis auf die »Brust der Unterwelt«. Theoretisch kann dieses Argument damit erledigt werden, daß man anderer Meinung als die modernen Gelehrten ist, die Neriglissar denselben Palast wie Nebukadnezar bewohnen lassen; aber kein anderer Palast wurde entdeckt, dessen Fundament Neriglissar zugeschrieben werden könnte, und warum sollte er einen verfallenen Palast instand setzen, wenn Nebukadnezar ihm einen prächtigen Bau auf festen Fundamenten hinterließ? Und sodann könnte kein derartiges Argument auf den Esagila-Tempel angewendet werden. Es gab nur ein Esagila. Der Tempel von Esagila war der Augapfel Nebukadnezars; in seiner großen Bautätigkeit brachte er keinem anderen Komplex so viel Beachtung entgegen oder so viel Anstrengung; nirgendwo verwendete er so viel Großzügigkeit wie auf den Tempel von Esagila. Die Fundamente von Esagila, wie sie von Nebukadnezar mit Ziegeln gelegt wurden, die seinen Namen tragen, sind noch heute in perfektem Zustand und sollten es auch zur Zeit seiner Thronfolger gewesen sein, einige Jahre nach seinem Tod. Hier lassen die archäologischen Beweise keinen Kompromiß zu: Neriglissar muß seine Bauinschriften geschrieben haben, bevor Nebukadnezar die seinen schrieb, und das bedeutet, daß er *vor* und nicht nach Nebukadnezar regierte.

Das dritte Beweisstück, das ebenfalls aus Neriglissars Bauinschriften kommt, ist sein Verweis auf sich selbst als einen Sohn des Königs von Babylon, Belschumischkun – aber wenn Nebukadnezar in Babylon 43 Jahre lang regiert hat und sein Sohn 2 Jahre lang nach ihm und vor Neriglissar, dann steht des letzteren Anspruch in absolutem Konflikt gegeüber den Tatsachen und Daten; aber er ist ohne weiteres vereinbar mit der Situation, wenn er nach Nabopolassar und vor Nebukad-

---

61 R. Koldewey, *Das wieder erstehende Babylon.*

nezar regierte. Darüber hinaus rief er seinen Vater mit einem ähnlichen Namen, wie ihn die griechischen Autoren für Nabopolassar gebrauchten.

Das vierte Beweisstück, das wir noch nicht diskutiert haben, ist eine im British Museum aufbewahrte Tontafel (25124), die einen von Neriglissar in seinem 3. Jahr in den westlichen Gebieten Kleinasiens, an der Grenze zu Lydien, geführten Krieg beschreibt.

> In diesem Jahr vom Paß, der zur Stadt Sallune führt, so weit wie bis zur Grenze der Stadt Lulu, verbrannte er mit Feuer.[62]

Der nach Nebukadnezar regierende Neriglissar muß den Thron bestiegen haben, nachdem die Lydier und die Meder – ob –615 oder –585 – sich über die Aufteilung der Einflußsphären in Kleinasien geeinigt hatten –, und es gab keine Gelegenheit und keine historische Wahrscheinlichkeit für schwache Inhaber des babylonischen Thrones, die Nachfolger Nebukadnezars, quer durch Kleinasien zur lydischen Grenze zu ziehen. Dieser Feldzug bot für sich selbst ein Element der Überraschung, dem sich die Historiker gegenübersahen, als sie das Dokument lasen.[63] Aber im 3. Jahr eines Neriglissar, der vor Nebukadnezar regierte, steht ein Vorstoß gegen Lydien im Einklang mit dem Gleichgewicht der Kräfte in Kleinasien zu jener Zeit.

Die Beweisführung der einen Reihe von Zeugnissen steht im Konflikt zur Beweisführung der zweiten Reihe von ebenfalls vier Zeugnissen. Einige der Nachweise auf beiden Seiten dieses Resümees haben sich als durch die Umstände bedingt herausgestellt, oder sie sind umstritten. Aber es verbleiben Daten, die unvereinbar sind, solange wir für die Debatte nur

---

62 D. J. Wiseman, *Chronicles,* S. 74–77, Kommentar auf den Seiten 39–42. Wisemans Argument, daß das »Ludu« der *Chronik* nicht Lydien, sondern Pamphylien unter lydischer Herrschaft ist, geht aus dem Text nicht hervor.
63 Ebenda, S. 39: »Die neue Chronik gibt uns jetzt ein ganz anderes Bild von Neriglissar.«

aus der neubabylonischen Geschichte gemustertes Material zur Darstellung bringen konnten.

Mit der Erkenntnis, daß die chaldäische (neubabylonische) Dynastie von Babylon ihren Ursprung in der Region von Bogazköi im Osten von Zentralanatolien hatte, können wir mit gutem Grund erwarten, daß dort die Lösung zu einem scheinbar unlösbaren Problem zu finden ist; und sogar der Grund für eine absichtliche Entstellung der Geschichte wird enthüllt werden.

Kapitel 5

Nebukadnezars Selbstbiographie

Die Thronbesteigung

Chattusilis' selbstbiographisches Zeugnis wurde verfaßt, um in einem Tempel der Ischtar hinterlegt zu werden. Chattusilis bekennt und rechtfertigt darin sein Trachten nach der Reichskrone. Die Selbstbiographie[1] erstreckt sich über den Teil seines Lebens von der Kindheit bis zur Reichsthronfolge.

Als Kind erkrankte Chattusilis so gefährlich, daß man ihn dem Tod geweiht glaubte. Sein Bruder träumte einen Traum, in welchem ihm Ischtar erschien und seinem Vater den Rat erteilte:

»Für Chattusilis sind die Jahre (nur noch) kurz. Er ist nicht gesund. Gib ihn mir; er soll mein Priester sein. Da wird er gesund sein.«

Sein Vater schlug die Mahnung nicht in den Wind und gab »den Kleinen der Gottheit zum Dienst«. Im Tempel der Ischtar wuchs er als Priester auf.

Bereits der Anfang der Selbstbiographie beleuchtet vier oder fünf Tatsachen, die wir über Nebukadnezar wissen. Sein ganzes Leben lang litt er unter einer schwachen Konstitution und seinem zwergenhaften Aussehen. In der talmudischen Tradition wird er Nebukadnezar der Zwerg *(nadas)* genannt.[2]

---

[1] Götze, *Mitteilungen, Vorderasiatisch-ägyptische Gesellschaft,* XXIX (1925); und »Neue Bruckstücke zum großen Texte des Hattusilis«, ebenda, XXXIV, Heft 2 (1930).
[2] Quellen in Ginzberg, *Legends,* VI, 422. Ist sein Ephitheton »*nanas*« auch eine Andeutung, daß er Ischtar-Nana geweiht war?

Seine in einem Tempel verbrachte Kindheit muß für Nebukadnezars ekstatisch-religiösen Charakter verantwortlich gewesen sein, der sich in seinen Bauinschriften so deutlich widerspiegelt. Sein ganzes Leben lang nannte er sich einen Priester.

Nebukadnezar, der Novize im Tempel der Ischtar, blieb auch als König ihr Diener. Während seiner Bautätigkeit in Babylon ließ er das berühmte Ischtartor errichten – oder renovieren und umbauen –, das an der Stätte des alten Babylons ausgegraben wurde.[3] »Das Ischtartor baute ich aus blauglasierten Ziegeln.«[4] Auch baute und renovierte er viele andere Ischtartempel und erinnert zukünftige Generationen an sein Tun in den Bauinschriften: »Der Ischtar von Uruk ... baute ich Eanna in Uruk neu auf.«[5] Er nannte sich »Fürsorger der heiligen Stätten von Ninib und Ischtar.«[6]

In anderen Glaubensbekenntnissen wurde Ischtar Nana, Ninchursag, Gula und Zarpanith genannt. Es war der Planet Venus, der im ganzen Orient – tatsächlich überall in der Alten Welt – zur Gottheit erhoben wurde. In seinen Bauinschriften ruft Nebukadnezar die große Göttin bei ihren verschiedenen Namen an. Er war ihr, die seine Gesundheit wiederhergestellt hatte, dankbar: »Der Gula, der großen Herrin, die mein Leben unversehrt erhält«, baute er Tempel.

Chattusilis' Selbstbiographie führt seine Genesung ebenfalls auf die Sorge durch die Göttin zurück.

Offenbar blieb der Knabe bis zum Tode seines Vaters im Tempel. Als sein Vater starb – »als er ein Gott ward« –, wurde Chattusilis' Bruder Nergil zum »Großkönig«; Nergil ernannte Chattusilis zum Oberkommandierenden des Heeres und setzte ihn auch an die Spitze von einem Teil des Reiches.

---

3 R. Koldewey, *Das Ischtar-Tor in Babylon* (Leipzig 1918).
4 Langdon, *Die Neubabylonischen Königsinschriften*, »Nebukadnezar«; Inschriften 22.
5 Langdon, *Building Inscriptions of the Neo-Babylonien Empire*.
6 Ebenda, 101.

SELBSTBIOGRAPHIE (SB), § 4 Als aber mein Vater Mursilis Gott geworden war, da setzte sich mein Bruder Muwatallis [Nirgal] aber auf den Thron seines Vaters, ich aber wurde vor dem Angesicht meines Bruders Befehlshaber des Feldlagers ... auch das Obere Land gab er mir zur Verwaltung, und das Obere Land nahm ich in meine Gewalt.

Das Obere Land war entweder Assyrien oder ein Teil von Anatolien; das Untere Land war Babylonien.
Schon als Jüngling führte er seine Truppen gegen die Feinde, die in das Land eindrangen.

SB, § 5 Und mein Bruder Nirgal pflegte mich in den Krieg zu entsenden. Und ... auf welches Feindesland auch immer ich da das Antlitz richtete, da richtete auf mich das Antlitz kein Feind zurück ... Solange ich aber jung war, welche Feindesländer ich da besiegt habe, darüber werde ich wahrheitsgemäß eine Tafel anfertigen.

Verschiedene Distrikte rebellierten gegen das chaldäische Joch und den Jüngling auf dem assyrischen Thron.

SB, § 6 Hernach aber empörten sich alle Gaschgasch-Länder, Pisch-churus, Isch-chupittas ... und die festen Städte nahmen sie weg. Und der Feind überschritt den Marassadas-Fluß und bedrängte von da an das Land.

In diesem Kapitel der Selbstbiographie Chattusilis' können wiederum drei oder vier Anspielungen auf Ereignisse und Umstände gefunden werden, die in den Nebukadnezar betreffenden Texten beschrieben werden. In seiner nicht erhaltenen *Geschichte von Chaldäa* schrieb Berossos an einer Stelle, die von Josephus Flavius wörtlich wiedergegeben wurde, daß der König von Babylon auf die Nachricht vom Abfall der Provinzen hin Nebukadnezar »einen Teil des Heeres übergab«

und ihn gegen den Satrapen aussandte. Nabuchodonosor stieß alsbald mit dem Empörer zusammen, lieferte ihm ein Treffen und bemächtigte sich nicht nur seiner Person, sondern unterjochte auch sein Land.[7]

Während der ersten Reihe von Kriegen kommandierte Nebukadnezar das Heer, obwohl er nicht König war; Berossos gibt das richtig wieder, wie wir sehen. Für einen Oberkommandierenden war er sehr jung: auch dieses Detail ist wahr. Er bezwang die rebellierenden Provinzen, und wiederum hatte Berossos recht. Aber in einem Detail irrten Berossos und andere spätere Quellen, und jetzt, nach mehr als 2000 Jahren, ist eine Nachprüfung und Korrektur möglich geworden. Es betrifft die Frage, wer Nebukadnezar gegen die Rebellen entsandte: sein Vater oder sein Bruder. Der Sache der Thronfolge wurde in einem vorausgegangenen Abschnitt besondere Aufmerksamkeit geschenkt. Das Ereignis an sich – die Revolte der Provinzen und ihre Niederschlagung – wird von Berossos wahrhaftig geschildert und in der Selbstbiographie ausführlich wiederholt:

SB, § 6 Die Gaschgasch-Länder fielen allesamt ab... Und mein Bruder Nirgal entsandte mich, gab mir aber Truppen und Wagenkämpfer nur in geringer Zahl... Und da traf ich auf den Feind... und lieferte ihm eine Schlacht. Und Ischtar, meine Herrin, half mir, und ich schlug ihn... Und das war meine erste Mannestat.

Beide – Chattusilis' Selbstbiographie und Berossos' Bericht über Nebukadnezar – betonen die außerordentliche Jugendlichkeit des Heerführers. Sobald der Jüngling zum Gouverneur des Oberen Landes gemacht worden war, noch bevor er sich seine Lorbeeren im ersten Treffen mit Rebellen geholt hatte, stieß er auf Opposition in der Person des vorherigen Herrschers dieser Provinz.

SB, § 4 Vor mir aber hatte es [das Obere Land] Sin-Uas, der Sohn des Zidas, verwaltet... Und Sin-Uas, der Sohn des Zidas, wollte

---

7 Josephus, *Gegen Apion,* übers. von H. Clementz, I, 19.

mir übel. Und gegen mich wurden Verleumdungen laut. Und mein Bruder Nirgal leitete ein Verfahren gegen mich ein. Ischtar aber, meine Herrin, erschien mir im Traume und sagte mir folgendes: »Einer Gottheit werde ich dich anvertrauen. Fürchte dich nicht!« Und dank der Gottheit wurde ich rein.

Das Verfahren, in welchem Chattusilis offenbar beschuldigt wurde, er habe den Thron an sich reißen wollen, markierte eine peinliche Periode im Leben des jungen Mannes. Aber es wurden nicht genügend Beweise beigebracht, und der König ignorierte die Warnungen des Beraters seines Vaters.

SB, § 5 Als aber mein Bruder Nirgal den Sachverhalt durchschaute, da führte er gegen mich nicht die geringste schlimme Maßnahme aus. Und er nahm mich wieder in Gnade an, und Heerlager und Wagenkämpfer des Landes Chatti legte er mir in die Hand.

Aus den Bauinschriften Nebukadnezars (Inschrift 17) wissen wir, daß er diesen Begriff für das Land unter seiner Herrschaft westlich des Euphrats gebrauchte: »Die Fürsten des Chattu-Landes hinter dem Euphrat im Westen, über welche ich Herrschaft ausübte.«
Dann kam die Zeit seiner großen und siegreichen Schlachten. Er wurde vom Statthalter zum König des Oberen Landes (entweder Assyrien oder ein Teil Anatoliens) erhoben. Der König des Oberen Landes war dem Großkönig von Chatti dienstbar, aber es war die zweitwichtigste Position im Reich.

SB, § 8 . . . und machte mich im Lande Chagmis zum König.

Nergil gab auch einige Provinzen unter seine Herrschaft.
Hier haben wir auch die Lösung zum Rätsel, weshalb im 2. Buch der Könige gesagt wird, daß »der Pharao Necho König von Ägypten heraufzog, auf den König von Assyrien los, auf den Strom Euphrat zu«, während in den parallelen Kapiteln der 2. Chronik auf dem »König von Babylon« oder den »König der Chaldäer« verwiesen wird. Zu jener Zeit war Ne-

bukadnezar noch König von Assyrien. In der Selbstbiographie folgt diese Passage:

> SB, § 9 Als es aber geschah, daß mein Bruder gegen das Land Ägypten auszog, ... Heerlager und Wagenkämpfer führte ich zu meinem Bruder zum Feldzug gegen das Land Ägypten hinab.

Die Selbstbiographie widmete diesem Feldzug nur ein paar Zeilen. Chattusilis versprach, seine Kriege auf einer besonderen Tafel zu beschreiben; diese ist bis heute, mit Ausnahme eines verstümmelten Fragments, noch nicht gefunden worden; es wurde erkannt,[8] daß darauf die Geschichte der Schlacht erzählt wird, die Chattusilis für seinen Bruder Nergil gegen Ramses II bei Kadesch-Karkemisch ausgefochten hat. Für unsere Zwecke genügt der kurze Hinweis auf jenen Kriegszug; die Geschichte wird eingehend im Kapitel über die Berichte von Ramses II behandelt, die seine Kriege mit Cheta betreffen, und das Material wurde bereits den biblischen Daten über Nebukadnezars Krieg mit Ägypten gegenübergestellt.

Man weiß,[9] daß Nebukadnezar bei der Verfolgung des geschlagenen ägyptischen Heeres bis an die Grenze Ägyptens vorstieß und dann nach Babylon zurückkehrte. Tatsächlich erklärt die Selbstbiographie:

> SB, § 9 Als ich aber aus dem Lande Ägypten zurückgekehrt war ..., da ging ich zur Gottheit, um zu opfern.

Ramses II hat nicht verraten, daß ihn das Heer von Cheta nach der Schlacht bei Kadesch durch Syrien und Palästina verfolgte; aber er verhehlte nicht die Tatsache, daß diese Provinzen nach der Schlacht verlorengingen: Auch die biblischen

---

8 D. D. Luckenbill, »Hittite Treaties and Letters«, *American Journal of Semitic Languages and Literatures,* XXXVII (April 1921), Document Nr. 7, S. 192–193.
9 Vgl. Berossos in Josephus, *Gegen Apion,* I, 19.

Quellen erhärten diese Tatsache, die hier von der Selbstbiographie enthüllt wird.

Es wird häufig berichtet, daß Nebukadnezar in der Schlacht auf dem Feld von Karkemisch noch als Prinz gefochten hatte, er aber wegen Zeitdruckes im Zusammenhang mit der Thronfolge von der ägyptischen Grenze zurückkehrte.[10] Die Wahrheit scheint zu sein, daß er wegen der Anschuldigung heimkehrte, er strebe nach dem Thron des Reiches; offenbar wurde er zurückgerufen, um eine Erklärung in dem Verfahren abzugeben, das bereits entschieden schien. Auf seinem Marsch durch Syrien und Palästina sahen seine Gegner in seinem Verhalten neue Gründe, ihn der Begierde nach der höchsten Macht im Reich zu bezichtigen. Oberster des Heeres und Sieger von Kadesch-Kardemisch, Eroberer der syrischen und palästinischen Provinzen, die nur wenige Jahre zuvor von Ägypten unterworfen worden waren – er schien Zustimmung und Macht erreicht zu haben. Aber seine Rückkehr war auch noch aus einem anderen Grund erforderlich geworden: Er hatte das Obere Land gegen eine Invasion zu verteidigen, die sich ereignet hatte, als sein Heer nach Syrien zog.

> SB, § 9 Als mir da aber Sin-Uas, der Sohn des Zidas, der Ischtar, meiner Herrin, und meines Bruders Gnade merkte, da begannen sie, mich darauf unrein zu machen, er samt seinen Söhnen.
> Chagmis aber fiel ab, und da verjagte ich die Gaschgasch-Leute und unterwarf es.

Bald nach seiner Rückkehr hatte er sich den Beschuldigungen zu stellen und wurde vor seinen Bruder, den Großkönig, gebracht.

> SB, § 10 Ischtar, meine Herrin, ... brachte den Prozeß wieder in Fluß.

---

10 Vgl. Louis Delaporte, *Die Babylonier, Assyrer, Perser und Phöniker* (Freiburg im Breisgau 1933), S. 288.

Er konnte seinem Widersacher religiöse Ausschweifungen nachweisen, und der Großkönig, sein Bruder, entschied schließlich zu seinen Gunsten und lieferte Sin-Uas an Chattusilis aus.

> SB, § 10 Weil aber Sin-Uas ... ein alter Mann war, ließ ich ab von ihm. Seinen Söhnen tat ich nichts. Nach Alasia [Zypern] schickte ich sie.

In einer Variante, welche denselben Teil der Selbstbiographie übermittelt, heißt es:

> Und weil mir Arma ein verwandter Mann war, er ferner ein Greis war und er leidend war, ließ ich ihn unbehelligt.[11]

Offensichtlich waren Sin-Uas und Arma (Armadattas) zwei Namen für dieselbe Person.

Wir werden bald sehen, ob dieser alte Verwandte recht oder unrecht hatte, als er den Großkönig vor seinem jungen Bruder warnte. Mittlerweile wartete Chattusilis auf seine Stunde. Der Tag würde kommen, da er sein Leben bis dahin mit folgender Erklärung zusammenfaßte:

> SB, § 13 Ich ... wurde darauf Großkönig. Darauf lieferte mir Ischtar, meine Herrin, meine Neider, Widersacher und Prozeßgegner in die Hand. Und die einen starben durch die Waffe, die anderen aber starben am (ihnen bestimmten) Tage; allesamt erledigte ich sie.

Aber wir sind unserer Geschichte voraus. Wir werden lesen, daß ein Sohn Armadattas' im Felde starb; Armadattas selbst wurde offenbar hingerichtet.

Chattusilis' Ehrgeiz, die Opposition, auf die er bei Armadattas traf, der Prozeß, seine Rechtfertigung und der entschei-

---

11 Götze, *Mitteilungen, Vorderasiatisch-ägyptische Gesellschaft,* XXXIV, Heft 2 (1930), 19.

dende Sieg über seine Gegenspieler nehmen einen hervorragenden Platz in der Selbstbiographie ein, welche die Periode bis zum Ende von Chattusilis' Ringen um die Krone des Großkönigs umfaßt.

Daß Nebukadnezar eifrig darauf bedacht war, die Krone seines Vaters nicht seinem Bruder zu überlassen, ist in der über Jahrhunderte ausgebildeten Geschichtsschreibung allgemein bekannt. Die Selbstbiographie von Chattusilis wirft ein klares Licht auf alle Phasen des erregenden Geschehens.

Es ist interessant festzuhalten, daß sowohl die talmudische Tradition als auch die Kirchenväter eine Erinnerung an die Persönlichkeit von Armadattas, einen imposanten bejahrten Prinzen, bewahrt haben, der ein Verwandter und Antagonist Nebukadnezars war. Er verlor sein Leben durch die Hand Nebukadnezars nach Jahren des Haders und Streits. Sein Name wurde als Hiram überliefert, König von Tyrus und Sidon. Unter den Königen von Tyrus und Sidon war dieser Name vererbbar.

Hiram »war ein Zeitgenosse Nebukadnezars und glich ihm in vieler Hinsicht ... Das Ende dieses stolzen Königs war, daß er von Nebukadnezar überwältigt, seines Thrones beraubt und einem grausamen Tod zugeführt wurde.«[12] Gemäß dem Midrasch war Hiram ein sehr alter Mann[13] und wurde, »von Nebukadnezar, der nah mit ihm verwandt war«, umgebracht.[14]

Die nächsten Passagen in der Selbstbiographie sind nur mangelhaft erhalten. Dann folgen diese Worte.

SB, § 10 ... aber meinem [verstorbenen] Bruder ein erwachsener Sohn noch nicht war, ... den Urchi-Teschup nahm ich auf, und in die Stadt Chatti hinein setzte ich ihn auf den Thron seines Vaters.

---

12 Ginzberg, *Legends,* IV, 335–336.
13 S. G. Bernstein, *König Nebucadnezar von Babel in der jüdischen Tradition* (Berlin 1907), 24.
14 Ginzberg, *Legends,* VI, 424ff. Hiram war mit Nebukadnezar durch seine Heirat mit Nabopolassars Witwe verwandt. Midrasch Rabba über Leviticus 18.

Das heißt, daß Nergil (Neriglissar) starb und sein minderjähriger Sohn auf den Thron des Reiches kam. Es ist diese Situation, die von Berossos beschrieben wird: »Dessen Sohn Laborosoarchod kam als neunmonatiges Kind auf den Thron . . .«[15] Im Text von Chattusilis' Selbstbiographie wird der Knabe auch Labasch genannt.[16]

König Nabonid schrieb: »Als die Tage erfüllt waren und er [Neriglissar] den Weg des Geschicks ging, Labasch-Marduk, sein junger Sohn, der nicht zu regieren verstand, gegen den Willen der Götter auf den Königsthron setzte er sich.«[17]

In seiner Selbstbiogtaphie sagte Chattusilis, daß er aus Respekt vor dem Andenken an seinen Bruder dessen Sohn krönte. Wahrscheinlich hatte Nergil ihn schwören lassen, seinem Sohn die Treue zu halten. Solche Schwüre, in Verbindung mit vielen Flüchen im Falle einer Verletzung, waren oft mit den Vereinbarungen aus dieser Zeit verknüpft; der Vertrag mit Ramses II hatte eine spezielle Schwur-und-Fluch-Klausel; in anderen Dokumenten aus Bogazköi verlangte ein »Großkönig von Chatti« von seinen Vasallenkönigen häufig einen Treueid und Schutz für seine Erben, unter der Beschwörung des Fluches von tausend Göttern. Berossos schrieb, daß nach 9 Monaten die Regierung des Knaben ein gewaltsames Ende fand.

Nach dem Text der Selbstbiographie zu urteilen, vergingen wohl nur wenige Monate, bis Chattusilis seinem Neffen den Gehorsam verweigerte. Die Dauer seiner Loyalität gegenüber seinem Bruder und dessen Sohn wird mit 7 Jahren angegeben, wobei der größere Teil unter die Regierung seines

---

15 Josephus, *Gegen Apion,* I, 20.
16 Götze, *Mitteilungen, Vorderasiatisch-ägyptische Gesellschaft,* XXXIV, Heft 2 (1930), 33 (IV, 62). In der babylonischen Sprache werden die Laute *m* und *b* (*v*)durch die gleichen Zeichen ausgedrückt; so kann Yaman als Yavan (griechisch) oder Amel-Marduk (Sohn Nebukadnezars) als Awel-(Evil-)Marduk gelesen werden.
17 Messerschmidt, *Mitteilungen, Vorderasiatisch-ägyptische Gesellschaft,* I (1856) 29; ebenfalls Langdon, *Die Neubabylonischen Königsinschriften,* 277.

Bruders fällt. Chattusilis hatte an seinem Neffen etwas auszusetzen und beschuldigte ihn, seine – Chattusilis – wohlerworbene Macht zu beschneiden. Er schrieb einen den Knabenkaiser herausfordernden Brief.

In den Bogazköi-Archiven ist ein Brief erhalten geblieben, den Chattusilis an den König von Karaduniasch (Babylon) adressierte. »Der letztere, ein Minderjähriger, scheint unter dem Daumen eines alten Großwesirs zu sein, der [gegenüber Chattusilis] keine wohlwollende Einstellung zu haben scheint.«[18] Der Hinweis, daß der Minderjährige in Babylon saß, ist natürlich wichtig.

In diesem Brief schrieb Chattusilis: »Als dein Vater den Weg des Geschicks ging, beklagte ich wie ein Bruder den Tod deines Vaters.«[19] Zu dieser Zeit versprach er Loyalität: Aus Liebe für seinen Bruder würde er den Sohn seines Bruders beschützen. Waren sie nicht treue Brüder gewesen? »Als der König von Ägypten und ich zornig aufeinander waren«, hatte er an den Vater seines gegenwärtigen Adressaten geschrieben: ›»Der König von Ägypten hat Krieg gegen mich gemacht.‹ Und dein Vater antwortete! ›... ich werde mit dir ziehen.‹« Weiter unten im Brief nennt er seinen Bruder beim Namen, Muwatallis (Nergil).[20] Dieser Brief bestätigt die Tatsache, daß Nergil (Neriglissar), Chattusilis' Bruder, König von Babylon war.

Chattusilis fuhr fort: »Aber Itti-Marduk-Balatu [der Wesir], dem die Götter ein Altern über die Grenzen gestattet haben, aus dessen Mund die üblen Worte ohne Unterbrechung kommen, so sprach er: ›Du redest uns nicht als Brüder an, als deine Sklaven machst du uns untertan.‹«

Der Brief war für den Knabenkaiser in Babylon eine Her-

---

18 Luckenbill, *American Journal of Semitic Languages and Literatures*, XXXVII (1921), Document Nr. 13.
19 Ebenda. Der Übersetzer schrieb: »Ich kann die Bedeutung einiger Abschnitte der Korrespondenz nicht verstehen.« Der Zusatz »wie (als ob wir gewesen wären) Brüder« in Klammern scheint unnötig.
20 Ebenda, 204.

ausforderung. Dieser Brief, der in der Selbstbiographie erwähnt wird, offenbart einen offenen Bruch mit dem Knabenkaiser.

Chattusilis fühlte sich zu einer Rechtfertigung gedrängt und schrieb deshalb:

> SB, § 11 Wenn da etwa einer so gesagt hätte: »Warum hast du ihn vordem in die Königswürde eingesetzt, warum schreibst du ihm jetzt aber, um von ihm abzufallen?«, wäre zu sagen gewesen: »Ja! Hätte er mit mir je Streit nicht angefangen!«

Im nächsten Satz enthüllt Chattusilis, daß der alte Prinz Armadattas mit seinen Beschuldigungen recht gehabt hatte:

> SB, § 12 Weil mir aber die Königsherrschaft die Ischtar, meine Herrin, schon vorher zugesprochen hatte, erschien zu eben dieser Zeit die Ischtar, meine Herrin, meiner Frau im Traume: »Deinem Gemahl werde ich beistehen. Und ganz Hattusas [Chatti] wird auf die Seite deines Gemahls gewendet werden. Weil ich ihn hochschätze, überließ ich ihn nicht einem bösen Gerichte, einer bösen Gottheit, zu keinem Zeitpunkt. Auch jetzt werde ich ihn erheben...« Und Ischtar, meine Herrin, sorgte für mich, und wie sie mir sagte, wurde es auch. Und die Ischtar, meine Herrin, zeigte ihr Walten auch da in reichem Maße.

Während seiner Jahre als Feldherr des Heeres, als er seinen Siegeslorbeer im Kampf gegen Ramses II erntete, hatte er sich für die kommenden Tage der Auseinandersetzung die Unterstützung durch das Heer gesichert. Das Heer und das Land folgten ihm. Und wieder in einem Traumauftritt sagte Ischtar:

> SB, § 12 »Die Länder von Chatti aber insgesamt wandte ich, die Ischtar, dem Chattusilis wieder zu.«

Er versicherte sich des Knaben, dessen Thron in Babylon (Karaduniasch) stand; »aus Respekt vor meines Bruders Andenken« ließ er ihn unverletzt: »Ich führte ihn wie einen gefangenen mit mir.« Auch an dieser Stelle verweist Chattusilis auf Nergil, den Vater von Labasch, als seinen Bruder. Er brachte den Knaben »nach Nuchasse«, wahrscheinlich Baalbek. Aber Chattusilis (Nebukadnezar) war nicht der Mann, der ruhig schlief, solange der legitime Thronerbe nahebei allein gelassen war.

Chattusilis mußte seine Gefühle der Dankbarkeit verdrängen, die er gegenüber seinem Bruder hatte, der ihm Zuneigung gezeigt und so viel vertraut hatte. Wiederum hatte er an dem Knaben etwas auszusetzen. Nuchasse lag nah; ein Staatsstreich könnte den Knaben auf freien Fuß setzen.

> SB, § 12 Und so wie ich die Sachlage erfuhr, ergriff ich ihn und schickte ihn auf die Seite ins Meer.

Das war entweder eine Insel im Persischen Golf oder das Küstengebiet am Schwarzen Meer.
Die Mutmaßung einiger Gelehrter, daß der Knabenkönig in Ägypten ein Asyl fand, scheint nicht genug begründet zu sein.
Jetzt konnte Chattusilis seine Apotheose schreiben:

> SB, § 13 Und ich war Prinz, und wurde Groß-Mesedi; ich, der Groß-Mesedi, aber wurde König von Chagmis; ich, der König von Chagmis, aber wurde darauf Großkönig.

Alle seine Widersacher verurteilte er zum Tode. Es wird nicht gesagt, ob auch der Knabenkönig umgebracht wurde. »Wer bei Nebukadnezars Lebzeiten ins Gefängnis geworfen wurde, hat es nie wieder verlassen«, berichtet hebräische Tradition.[21]

In seinen Bauinschriften schrieb Nebukadnezar: »Die Könige des fernen Bezirks, welcher ist am Oberen Meer

---

21 Bernstein, *König Nebukadnezar von Babel in der jüdischen Tradition*, 32.

und . . . die Region beim Unteren Meer, die Fürsten des Landes von Chatti hinter dem Euphrat im Westen, über die ich Herrschaft ausübte . . .«[22]

Das Reich, das unter seinem Vater und Bruder gewachsen war, erreichte unter seiner Regierung eine Macht wie nie zuvor. »Die Geschenke aber, die sie mir schickten, die sandten sie von meinen Vätern und Vorvätern an keinen«, steht in der Selbstbiographie. Alle Könige huldigten ihm, und »was mir aber Feind war, das besiegte ich. Den Ländern von Chatti aber fügte ich Gebiet um Gebiet hinzu.« Der Hinweis auf die »Länder von Chatti« ist derselbe in den aus Bogazköi und aus Babylon stammenden Texten.

Diese abschließenden Sätze der Selbstbiographie sind keine leere Prahlerei: Nebukadnezar brachte das Chaldäerreich wahrhaftig zu einer Größe, die nie zuvor von einem historischen Staat erreicht worden war. Tribut wurde bezahlt, Feinde wurden bezwungen; Jerusalem bezeugte das.

Der Krieg zwischen Chattusilis und Ramses II wird im Detail durch ägyptische Quellen berichtet, und alles in den vorangegangenen Kapiteln, das zur Identifizierung von Ramses II mit Pharao Necho dient, dient ebenfalls der Identifizierung Nebukadnezars mit Chattusilis, und zwar zusätzlich zu dem im vorliegenden Kapitel präsentierten Material. Der Verlauf der Schlacht von Kadesch-Karkemisch, die zahllosen Ereignisse des neunzehnjährigen Krieges in ihrer präzisen Abfolge und der Vertrag mit seinen Klauseln haben Bedeutung für beide Identifikationen. Ein nachfolgendes Kapitel wird von den friedlichen Beziehungen zwischen Nebukadnezar und Ramses erzählen.

---

[22] Langdon, *Building Inscriptions of the Neo-Babylonian Empire,* Inschrift »Nebuchadnezzar«, XVII.

Nebukadnezars Persönlichkeit

Der Geist, in welchem die Selbstbiographie von Chattusilis geschrieben wurde, ist der eines gegen andere arroganten, skrupellosen, tückischen und machtgierigen Mannes, der sich aber gegenüber seiner Gottheit demütig, voller Furcht, ekklesiastisch sowie abergläubisch verhält und seiner himmlischen Beschützerin mit Psalmengesängen und priesterlichen Opfern für Führung und Schutz huldigt. Er fühlte sich erwählt als König über viele Könige. In ekstatischer Hingebung beschwörte er Erscheinungen herauf und gab acht auf seine Träume. Er nannte sich selbst nicht »Sonne«, wie sein Vater und Großvater es getan hatten: »Und wenn du, Vasallenkönig Soundso, die Sonne schützest, wird die Sonne dich beschützen«; und auch den Stil der ägyptischen Könige übernahm er nicht, die sich selbst in den Einleitungs- und Schlußpassagen ihrer Annalen und Dekrete mit bombastischen Worten vergötterten. Es darf gesagt werden, daß die Selbstbiographie Chattusilis' in keinen anderen hieroglyphischen oder Keilschriftquellen irgendwelcher Könige eine Parallele findet, ausgenommen die babylonischen Inschriften Nebukadnezars. Hier wie dort findet man denselben Geist von Hochmut und die gleiche demütige Einstellung gegenüber der Schutzgottheit, die mystische Besessenheit, die Furcht vor Zaubersprüchen, das Beschäftigsein mit Träumen und mit ekstatischer Psalmodie. Wenn es keinen Beweis dafür gäbe, daß Chattusilis und Nebukadnezar dieselbe Person sind, so würde die Gleichartigkeit ihrer Geisteshaltung sehr merkwürdig erscheinen.

In der Selbstbiographie wird berichtet, daß die Himmelskönigin in einem Traum erschien, um davor zu warnen, daß der Knabe dem Tod entgegensah; und um zu fordern, daß er ihr zu weihen sei: »Da wird er gesund sein.«

Nebukadnezar dankte der Himmelskönigin, »die meinen Körper gesund macht.«[23] Er schrieb: »Geliebte Beschützerin,

---

23 Langdon, *Building Inscriptions of the Neo-Babylonian Empire*, S. 129.

die über mein Leben wacht und gute Einsicht bringt ... ein Zeichen, das meine Krankheit hinwegtreibt.«[24] »Und Ischtar, meine Herrin, nahm mich an der Hand und waltete über mir«, schrieb Chattusilis wiederholt.[25] »Geliebte Herrin, Beschützerin meiner Seele, Große Gebieterin«, »Schirmherrin meines Lebens, meine Herrin, die meiner Seele gewogen ist«,[26] schrieb Nebukadnezar. »Nicht aber überwand mich jemals die Waffe des Feindes. Ischtar, meine Herrin, errettete mich immer bei jeder Gelegenheit; wenn es mir einmal schlecht ging, sah ich gerade krank das Walten der Gottheit deutlich. Die Gottheit, meine Herrin, hatte mich bei all und jeder Gelegenheit bei der Hand.«[27] Die Göttin erschien an Tagen der Prüfung, um Chattusilis zu ermutigen: »Fürchte dich nicht!«, und sie erschien wiederum in einem Traum, um Chattusilis Erfolg im Ringen um die Krone zu prophezeien.

»Meine geliebte Beschützerin, die über mein Leben wacht und mir gute Einsicht bringt«, schrieb Nebukadnezar.[28] »Mache meine Einsichten klar«, forderte er wieder.[29] »In Furcht ohne Unterlaß«,[30] »war ich zitternd gehorsam«,[31] schrieb Nebukadnezar im gleichen Geist, in welchem er seine Selbstbiographie verfaßte.

In seinen späteren Jahren bewies Nebukadnezar hingebungsvolle Frömmigkeit für die Vatergottheit Marduk; im mittleren Alter für den Gott Nebo;[32] und, wie wir hier sahen, in seinen jungen Jahren für die »Mutter des Erbarmens.«[33] Aber auch seinen Göttern blieb er nicht treu. Eine Krankheit,

---

24 Ebenda, S. 67.
25 Götze, *Mitteilungen, Vorderasiatisch-ägyptische Gesellschaft*, XXIX, 3; Abt. 3, S. 9.
26 Langdon, op. cit., S. 107.
27 Götze, op. cit., S. 11.
28 Langdon, op. cit., S. 67.
29 Ebenda, S. 69.
30 Ebenda, S. 67.
31 Ebenda, S. 103.
32 Ebenda, S. 17, 22.
33 Ebenda, S. 131; siehe S. 89.

die Geschichte einer wundersamen Heilung, ließ ihn eine andere Gottheit suchen; die Geschichte von Daniel und der weiter unten zitierte Bericht eines ägyptischen Priesters illustrierten dies. Es konnte sogar vorkommen, daß ein und dieselbe Gottheit zur Heilung in dem einen Tempel unwirksam, am nächsten heiligen Ort wohlwollend sein konnte. Die Gunst Ischtars von Agade, Ischtars von Arbela, Ischtars von Uruk oder von Gula oder Nana wurde gesucht und mit Opfern, der Instandsetzung ihrer Gebäude, mit religiösen Zeremonien, Geld, Gebeten, Liturgien, Unterwerfung und Magie erwidert.

Das Gefühl, geführt zu werden, wechselte immer wieder ab mit dem des Entsetzens, und die Züge einer paranoischen Persönlichkeit werden sowohl durch die Selbstbiographie, die »Bauinschriften« als auch die Schriften enthüllt.

Unter den Bogazköi-Texten wurden Gebete zur Vertreibung böser Geister aus dem Königspalast gefunden.

»Diese zeigen, daß auch die Hethiter gleich den Babylonischen apotropäische Hundebilder zur Abwehr böser Dämonen verwendeten.«[34]

Die ältere Tochter von Chattusilis wurde geisteskrank, und Chattusilis schrieb ein Gebet:

»Wenn du nun, o Gott, mein Herr, von meiner ältesten Tochter etwas ... Böses suchst, so habe ich dir, siehe ein geschmücktes Bild hergeschickt, ... sieh dieses an; der ältesten Tochter aber wende dich wieder gütig zu und heile sie von dieser Krankheit ...[35]«

Dem bösen Geist, der in seine Tochter gefahren war, opferte er gemästete Tiere.

Talmudische Quellen berichten, daß eine geisteskranke Tochter Nebukadnezars zwei falsche Propheten konsultierte

---

34 J. Friedrich, »Aus dem hethitischen Schrifttum«, II, *Der Alte Orient*, XXV, 13.
35 Ebenda, »Gebet der Gaschschulijawiasch«.

und von ihnen den unbilligen Rat erhielt, mit ihnen sexuellen Verkehr zu haben: Sie wurden von Nebukadnezar zum Tode verurteilt.[36]

In der ägyptischen Literatur ist eine Geschichte über die Geisteskrankheit der Tochter eines fremden Königs (wahrscheinlich Chattusilis) erhalten. Die Stele (Bentreesch-Stele genannt), die vorgeblich ungefähr 800 bis 900 Jahre nach Ramses II während der Perserherrschaft in Ägypten geschrieben wurde,[37] schildert die wunderbare Heilung der geisteskranken Prinzessin Bentreesch, der älteren Tochter des Königs von »Bachtan«. Die Priester von Chonsu in Ägypten schrieben die Heilung ihrem Gotte zu. Die Geschichte trug sich in der Zeit zu, als Pharao Ramses II (Usermare-Setepenre) nach der Beendigung des langen Krieges friedliche Beziehungen mit dem »Häuptling von Chatti« unterhielt.

Es wird nicht erklärt, weshalb die in der Kunst des Schreibens gutunterrichteten Priester von Chonsu die Geschichte so viele Jahrhunderte lang mündlich überliefert haben sollen, bevor sie dieselbe schriftlich aufzeichneten. Aber es gibt hier keine wirkliche Schwierigkeit. Zwischen dem Ende der Regierung von Ramses und der persischen Eroberung vergingen lediglich Jahrzehnte, nicht Jahrhunderte.

Die Tatsache, daß Chattusilis zur Besänftigung des bösen

---

36 Trakat Sanhedrin 93a; Origenes, *Epist. ad Africanum;* Hieronymus über Jeremia 29.

37 A. Erman, »Die Bentresh Stele«, *Zeitschrift für ägyptische Sprache und Altertumskunde,* XXI (1883), 54 ff., nahm an, daß die Stele in der späten pharaonischen Epoche entstand. J. Wilson in Pritchard, ed. *Ancient Near Eastern Texts,* S. 29, verbindet die Stele mit der persischen oder griechischen Periode. Die Stele, Louvre C 284, spricht eigentlich vom Lande von Bachtan, und einige Gelehrte haben angenommen, daß Bachtan Baktrien sei (z. B. Constant de Wit, »Het Land Bachtan in de Bentresjstele«, *Handeligen van het XVIIIe Vlaamse Filologencongres* [Gent 1949], S. 80–88). Es kann sein, daß Babylonien gemeint ist. Allgemein wird angenommen, daß der König von Bachtan tatsächlich der König von Chatti, Chattusilis, war. Der Name der Tochter des Königs von Bachtan, die Ramses II zur Hauptfrau nahm (Nefru-Re), ist der gleiche wie der Name der Tochter von Chattusilis, die Ramses in seinem 34. Jahr heiratete (siehe weiter unten, »Nebukadnezar besucht Ramses II«).

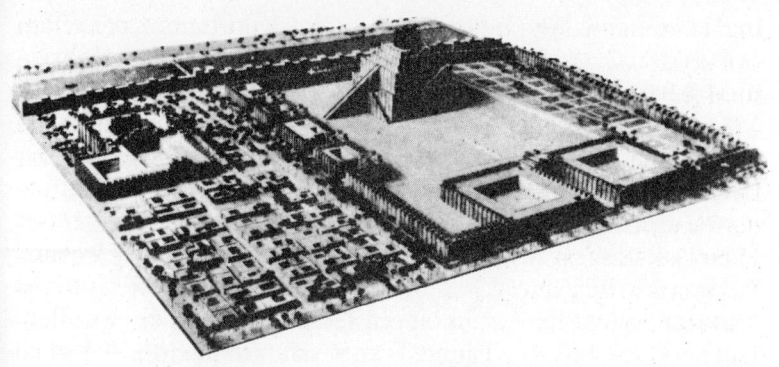

Abb. 18: Eine Rekonstruktion des Zentrums von Babylon zur Zeit Nebukadnezars.

Geistes, der in seine Tochter gefahren war, einen Zauber schrieb, verleiht dem von den ägyptischen Priestern geschriebenen Bericht Glaubwürdigkeit. Gemäß der Stele der Priester von Chonsu entsandte man aus Ägypten einen Arzt, als die Tochter des Königs von »Bachtan« an »Besessenheit von Geistern« erkrankte; aber der Arzt konnte nichts gegen sie ausrichten. Darauf wurde das Abbild des Gottes Chons aus Ägypten gebracht, »auf daß sie sofort geheilt werden möge«, und der Geist verließ sie. Der König ehrte den bösen Geist mit einem Abschiedsgelage. Er entschied, das wunderwirkende Bildnis in seinem Lande zu behalten und zögerte drei Jahre lang mit dessen Rücksendung.

Dann, so berichtet die Bentreesch-Stele, »sah der König, als er auf seinem Bette schlief, diesen Gott zu ihm kommen, aus seinem Schrein heraus; er war ein Falke aus purem Gold, und er flog (hinauf) in den Himmel und (hinweg) nach Ägypten. [Der König] erwachte in Panik.«[38] Erschreckt durch den Traum, befahl er den Priestern von Chonsu, mit ihrem Wagen abzureisen.

Die Begebenheit, daß ein König in Panik erwacht, ist zwei-

---

38 J. Wilson, »The Legend of a Possessed Princess« in Pritchard, ed., *Ancient Near Eastern Texts*, S. 29–31. Vgl. G. Lefebvre, *Romans et contes de l'epoque pharaonique* (Paris 1949), S. 221–232.

mal in einem weiteren literarischen Werk enthalten, das ebenfalls in der persischen oder frühen griechischen Zeit in Babylonien schriftlich niedergelegt wurde – im Buche Daniel. Beide Male verweist es auf den König der Chaldäer, Nebukadnezar.

»Im zweiten Jahr der Königschaft Nebukadnezars aber träumte Nebukadnezar Traumgesichte, sein Geist ward aufgerührt, und um seinen Schlag war's geschehn.« (Daniel 2:1)

Nebukadnezar maß seinen Träumen außerordentlich große Bedeutung bei, und das 2. und 4. Kapitel des Buches Daniel bezeugen dies.[39] Sogar in einem Dekret schrieb er, laut dem Buche Daniel (4:5): »Einen Traum schaute ich, der hat mich erschreckt, – Anwandlungen auf meinem Lager und Schau meines Hauptes haben mich bestürzt.«

Durch seine Träume geplagt, ließ der König »die Magier und die Beschwörer, die Zauberer und die Chaldäer rufen« und war »aufgerührt, des Traums kundig zu werden«. (Daniel 2:2–3)

Obwohl er von seinen Träumen geängstigt wurde, beschwor Chattusilis trotzdem Visionen herauf. In seinen jüngeren Jahren, als er und seine Frau Gesichte Ischtars hatten, bedeuteten ihm diese Träume Glück und Erfolg.

Die Inschrift im Sonnentempel von Sippar, den Nebukadnezar errichtete, lautet: »Du, oh Schamasch, in Gesicht und Traum antworte mir recht.«[40]

Eher abergläubisch als religiös, ließ er auch gegensätzlichste Gottheiten anbeten und verehren und dadurch gegenseitig verleugnen. Er »machte ein goldenes Bild« und »stellte es auf die Ebene Dure« (Daniel 3:1); und er wurde zur Verehrung

---

39 Dougherty schreibt dem Buch Daniel eine frühe Entstehungsgeschichte zu, besonders dem 5. Kapitel. »Der Ansicht, daß das 5. Kapitel Daniel in makkabäischer Zeit entstand, ist kein Glaube zu schenken ... Ein von derart exakter historischer Perspektive charakterisierter Bericht wie Daniel 5 sollte gerechterweise einen zeitlich den zuverlässigen Dokumenten viel näheren Platz einnehmen, welche zur generell darin behandelten Epoche gehören.« Dougherty, *Nabonidus and Belshazzar,* S. 200, Fußnote.
40 H. Winckler, *Inschriften Nebukadnezar's,* Keilinschriftliche Bibliothek, III, 2 (1890). S. 65. Langdon, Building Inscriptions, S. 99.

der »heiligen Gottheit« Daniels bekehrt (Daniel 4:2); und er verwahrte in seinem Land die Statue der ägyptischen Gottheit Chons.

Der Mann, zu dessen Lebzeiten niemand zu lachen wagte,[41] war selbst das wehrlose Opfer seiner Alpträume. Der böse Geist näherte sich ihm. Ein erfahrener Psychiater kann in der Selbstbiographie Chattusilis' die schizothymische Persönlichkeit erkennen, die leicht in eine paranoide Schizophrenie umschlagen kann.

Nebukadnezars Krankheit, die während langer Zeit durch seine gespaltene Persönlichkeit verdeckt worden war, brach endlich aus. Er konnte sein Gefühl der Entfremdung nicht länger verheimlichen und fragte: »Ist nicht dieses das große Babel, das ich mir zur Königsbehausung erbaue?« (Daniel 4:27)

DANIEL 4:29 ... ward er aus der Menschheit vertrieben, und Gras wie die Rinder mußte er fressen, und sein Leib ward vom Tau des Himmels benetzt, bis sein Haar gewachsen war wie Adlergefieder und seine Nägel wie Vogelkrallen.

Ungefähr 7 Jahre lang litt Nebukadnezar unter dieser geistigen Umnachtung und konnte weder das Land regieren noch für sich selber sorgen.

Die biblische Erzählung der Geisteskrankheit Nebukadnezars birgt alle Zeichen der Glaubwürdigkeit.

Nebukadnezar war fraglos ein Mann mit großen Fähigkeiten. Als begabter militärischer Führer führte er neue Waffen und eine neue Taktik schneller Bewegungen und blitzartiger Angriffe ein; als gewandter Politiker wußte er den Kampfgeist der Nationen, mit denen er im Krieg lag, durch Entzweiung zu unterminieren und ihren Widerstand zu schwächen (Buch Jeremia). Der Produktivkraft seiner Kriegsindustrie schenkte er

---

41 Babylonischer Talmud, Traktat Schabbat 149b.

volle Aufmerksamkeit, und aus jedem Land, das unter seine Herrschaft geriet, brachte er an erster Stelle alle ausgebildeten Arbeiter, Handwerker und Schmiede nach Babylon. Ganze Bevölkerungen eroberter Länder versetzte er aus ihrer Heimat in weit entlegene Gebiete, in aller Eile und unter völliger Mißachtung menschlichen Leidens. Seinen Opfern gegenüber verhielt er sich ganz und gar unbarmherzig; viele hielt er im Gefängnis fest, manche verstümmelte er, und in seinen Greueltaten war er überaus erfinderisch. Er begünstigte die Wissenschaften, und besonders förderte er die Erziehung der Jugend (Daniel 1:4). Er war abergläubisch und beriet sich mit Astrologen. Er frönte pervertierten sexuellen Praktiken,[42] litt unter einer gespaltenen Persönlichkeit, wurde von Alpträumen heimgesucht und versank schließlich in Wahnsinn. Nach einer Anzahl von Jahren gewann er die geistige Ausgewogenheit wieder zurück, nur um seine Tochter mit einem ähnlichen Leiden geschlagen zu sehen.[43]

Als er seine Hauptstadt erbaute, »Babylon das Große«, beschwor er den Gott Marduk, daß von dort aus seine Nachkommen die Menschheit für immer und ewig regieren sollten.

Eine Generation später, in einer Nacht des Zechens und der Visionen, verschwand das Reich Nebukadnezars.

Geschichtsentstellung

Schon seit Beginn der Regierung von Nergil (Neriglissar) ist sein jüngerer Bruder Chattusilis (Nebukadnezar) verdächtigt worden, nach der Krone des Reiches zu streben. Nach der Schlacht von Karkemisch wurde der Feldzug unterbrochen, weil Chattusilis – um sich von Anschuldigungen zu entlasten – zurückberufen wurde. Als Nergil nach einer Regierung von nur wenigen Jahren starb, hinterließ er ein Kind – einen Sohn

---

42 Siehe Traktat Schabbat 149b und Hieronymus, Kommentar zu Habakuk 2:16, betreffend Nebukadnezars Päderastie.
43 Die Bentreesch-Stele.

Labasch –, der zum König von Babylon gekrönt wurde. Aber bald empörte sich Chattusilis gegen seinen Neffen, den Knabenherrscher, und vertrieb ihn. Es scheint, daß der Junge kurz darauf umgebracht worden ist. Die Regierung von Nergil und seinem jungen Erben zusammen dauerte 7 Jahre.

Diese Abfolge der Ereignisse wird in der Selbstbiographie Chattusilis' (Nebukadnezars) enthüllt.

Es scheint, daß Nebukadnezar nach der Thronbesteigung vom Gedanken geplagt wurde, seine Leistungen seien durch Verrat und Bruch eines heiligen Eides erzielt worden. Der ihm von seinem Bruder, dem König, auferlegte Schwur, seinem minderjährigen Sohn und Erben die Treue zu halten, war – wie in ähnlichen Beispielen jener Zeit – von einer Reihe sich selbst auslösender Flüche im Falle eines Eidbruches begleitet. Einer nach dem anderen wurden die Götter beschworen, sich bei Eidesbruch im Zorn gegen den Eidgeber zu wenden. Die schrecklichsten Strafen wurden ausgesprochen, um den schwörenden Mann von der Treulosigkeit abzuhalten – und zwar speziell gegenüber dem Verstorbenen, der jetzt in direkter Verbindung mit den Göttern stand und sie dazu anhalten konnte, den Eidesbrecher zu bestrafen, der ihre Namen feierlich als Garantie gegen eine so niedrige Haltung beschworen hatte.

Um sich selbst vor seinen Untertanen zu rechtfertigen und mit seinem eigenen Gewissen leben zu können, klagte Nebukadnezar seinen Neffen gerade jener Tat an, der er selber schuldig war: des Verrats. Der König konnte seine Untertanen täuschen oder Mitglieder der fremden Königshäuser oder sogar Geschichtsschreiber; aber sich selbst vermochte er nicht irrezuführen. Selbst wenn es ihm gelang, an die Beschuldigungen gegen seinen Neffen zu glauben, könnten die aus dem geängstigten Unterbewußtsein durchsickernden Schuldgefühle zu seiner Geisteskrankheit beigetragen haben. Er löste seinen Treueid nicht ein. Der Thron war deshalb auf einem wackligen Fundament errichtet, soweit es die innere Sicherheit des Königs betraf.

Im Verlaufe der Jahre entstand in Nebukadnezar (Chattusilis) der Wunsch, die Vergangenheit auszulöschen und den Anschein zu erwecken, daß er von allem Anfang an ein legitimer Thronerbe seines Vaters Nabopolassar war und daß Neriglissar – sein älterer Bruder, der ihrem Vater gefolgt und dann als König gestorben war – sowie Labasch-Marduk, der kleine Sohn Neriglissars – den Nebukadnezar vom Thron gestoßen hatte – keine rechtmäßigen Könige waren. Indem er die Geschichte entstellte, erhob Nebukadnezar den Anspruch, daß seine Regierung direkt auf diejenige seines Vaters folgte und er in Wirklichkeit gleich nach dem Tode seines Vaters gekrönt worden sei. Dynastische Geschichtsschreibungen kennen eine ganze Anzahl solcher »Änderungen«; mit dem Verlust ihres Thrones verlieren Könige oft zugleich auch ihren Platz in der Geschichte der Nationen.

In der ägyptischen Geschichte wurden später Echnaton und die Epigonen der 18. Dynastie (inklusive Tutanchamun) in den dynastischen Listen ausgelassen.

Nebukadnezar änderte die dynastische Abfolge und die Geschichte der auf den Tod seines Vaters folgenden Jahre – er eliminierte seinen Bruder und dessen Sohn als seiner eigenen Regierung vorausgegangene Könige, so als wenn sie unrechtmäßige Throninhaber gewesen wären. Es wurden Dokumente verfaßt, in welchen er wieder und wieder »erstgeboren« genannt wird, obwohl er es nicht war. Indem er das tat, konnte er eine Rechtfertigung im orientalischen Brauch finden, wonach »der Vater das Recht zur Mißachtung der Primogenitur und zur Wahl des Sohnes mit der Bezeichnung ›erstgeboren‹ hatte«.[44] Dieser Brauch, bekannt aus den literarischen Zeugnissen in den Archiven von Ugarit und Nuzi, ist auch vom Zeitalter der israelitischen Patriarchen her vertraut: Bei der Geburt Isaaks widerrief Abraham Ismaels Erstgeburtsrecht, und Jakob wählte Joseph an Stelle von Reuben und Ephraim anstatt Josephs ältestem Sohn Manasse.[45] Aber

---

44 D. Wiseman, »Alalakh« in *Archaeology and Old Testament Study* (Oxford 1967), 127.
45 Genesis 21:10 ff.; 48:14, 22; 48:13; 49:3 ff.; vgl. I Chronik 5:1 ff.

Nabopolassar entschied sich nicht für Nebukadnezar gegen Neriglissar – das Erstgeburtsrecht wurde widerrechtlich beansprucht, als der Vater nicht länger mehr am Leben war.

Weder sagte Sanherib von sich, er sei der Erstgeborene von Sargon, noch beanspruchte Asarhaddon das Erstgeburtsrecht von Sanherib, das ihm nicht zustand; Asarhaddon tötete seine Brüder, die Vatermörder waren, und er brauchte weder Rechtfertigung noch Verheimlichung der Tatsachen; Assurbanipal mußte nicht betonen, er sei der Erstgeborene Asarhaddons, obwohl er gegen seinen Bruder Schamasch-schumukin, den König von Babylon, einen Krieg führte: Keiner von ihnen bestand in diesem Krieg auf seinem Erstgeburtsrecht, da ihr Vater das Reich in seinem Testament zwischen ihnen aufgeteilt hatte. Aber Nebukadnezar beanspruchte ständig, der Erstgeborene und damit der rechtmäßige Erbe des Thrones von Babylon zu sein. Er mußte die Geschichte fälschen, um seinen Anspruch auf die rechtmäßige Thronfolge vollstreckbar zu sehen.[46]

Nebukadnezar nannte sich erstgeborener und unmittelbarer Nachfolger Nabopolassars. Diese Täuschung hatte Erfolg, und Historiker nahmen seine Worte als Wahrheit; und doch sollte gerade die Tatsache, daß Nebukadnezar das »erstgeboren«, und deshalb die rechtmäßige Erbfolge auf dem Thron, so sehr herausstellte, mißtrauisch machen.

Seine Version der Nachfolge läßt ihn von der Verfolgung des ägyptischen Heeres zurückkehren, weil er vom Tod seines Vaters gehört habe; in Wirklichkeit wurde er von der Grenze Ägyptens durch seinen Bruder zurückbeordert, der davon gehört hatte, wie Nebukadnezar sich auf seinem Marsch durch Syrien und Palästina als Herrscher des Reiches gebärdet hatte.

---

46 Selbst die eine mit dem Namen Nabopolassars gezeichnete Tontafel, in welcher er auf Nebukadnezar als seinen Erstgeborenen verweist, muß nicht echt sein; keine anderen Hinweise dieser Art auf einen »erstgeborenen« Sohn sind aus den Inschriften der assyrischen und babylonischen Königshäuser bekannt.

Die Historiker der folgenden Generationen – der Verfasser der Babylonischen Chroniken, der während der persischen Periode (–538 bis –332) lebte, und Berossos, der zu Beginn des hellenistischen Zeitalters lebte – wurden irregeführt. Indem sie den offiziellen Regierungsquellen aus der Herrschaftszeit Nebukadnezars vertrauten, akzeptierten sie seine Variante der Geschichte.

So entfernte Nebukadnezar nicht nur seines Bruders Sohn vom Thron – er verbannte ihn auch, um ihn später wahrscheinlich noch zu ermorden –, sondern er rottete auch beider Plätze in der Weltgeschichte aus.

Die Ereignisse in ihrer richtigen Reihenfolge sind von solcher Tragweite, daß ein weiterer Blick darauf gerechtfertigt ist.

Chattusilis kam auf den Thron des Reiches und hielt das Szepter fest im Griff. Zu Lebzeiten seines Bruders, der ihm so sehr vertraute, und sogar zu Lebzeiten seines Neffen – in den wenigen Jahren, die sein Neffe auf dem Thron saß – erhob Chattusilis nicht ein einziges Mal, und nicht einmal in Gedanken, die Frage nach der Legitimität der Thronfolgerechte seines Neffen oder Bruders. In noch jungen Jahren muß er sich seines ehrgeizigen Strebens bewußt gewesen sein: Direkt aus dem Tempel kommend, wo er als Novize aufgewachsen war, zeigte er seine militärische Meisterschaft; durch sein Verhalten in Syrien und Palästina war sein Trachten offenbar geworden; in gleichem Maße begabt, sich dem Gericht und seinen Anklägern zu stellen, drehte er die Waage der Gerechtigkeit und war seinem Bruder dankbar – und Ischtar, seiner Beschützerin. Aber er stellte die Legitimität seines Bruders als oberster Richter nie in Frage. Und später, als der Bruder noch in jungen Jahren dahingeschieden war (und wir werden nie wissen, ob ein Verbrechen mit im Spiele war),[47] rühmte sich Chattusilis seiner Loyalität gegenüber seinem Bruder, dessen

---

47 G. Bruno Meissner, »Die Beziehungen Ägyptens zum Hattireiche nach hattischen Quellen«, *Zeitschrift der Deutschen Morgenländischen Gesellschaft*, 72 (1918) 42.

minderjährigen Sohn er auf den Thron des Reiches gesetzt habe – noch immer ohne Argumente gegen die Legitimität der Thronrechte seines Neffen.

Als nächstes wollte er die Geschichte der ehemaligen Kriege so darstellen, als ob er der Verbündete seines jetzt toten Bruders beim Feldzug gewesen sei, in welchem die Chaldäer (Babylonier) dem Pharao von Ägypten gegenüberstanden. Er schrieb an seinen Neffen in Babylon:

> Als der König von Ägypten und ich zornig waren, an deinen Vater... schrieb ich: »[Der König von Ägypten] hat Krieg gegen mich gemacht.« Und dein Vater antwortete wie folgt: »[Wie ich] gegen den König von Ägypten zog, so werde ich jetzt mir dir gehen – werde ich gehen...«[48]

Wie wir aus seiner Selbstbiographie aber lernten, war er in Wirklichkeit von seinem Bruder Nergil an die Spitze des Heeres gestellt worden, das gegen den Pharao kämpfte: er war nicht ein Verbündeter. Hier lügt er seinen Neffen offensichtlich an.

Bald danach begann er gegen den Knaben auf dem Thron eine Verleugnungskampagne; und obwohl nur ein paar wenige Sendschreiben des Schriftwechsels überlebt haben, muß etwas Wahres an den Worten des alten Wesirs gewesen sein, der aus Babylon schrieb:

> Du redest uns nicht als Brüder an, als deine Sklaven machst du uns untertan.[49]

Dann kamen die unheilvollen Worte in der Selbstbiographie (§ 11):

> Wenn da etwa einer so gesagt hätte: »Warum hast du ihn vordem in die Königswürde eingesetzt, warum schreibst du ihm jetzt aber,

---

48 D. D. Luckenbill, »Hittite Treaties and Letters«, *American Journal of Semitic Languages an Literatures*, 37 (1921), 202.
49 Ebenda, 201

um von ihm abzufallen?«, wäre zu sagen gewesen. »Ja! Hätte er mit mir je Streit nicht angefangen!«

Natürlich brach nicht der Knabenkönig, der Sohn seines Bruders, einen Streit vom Zaun, denn dazu war er nicht in der Lage. Bald wurde er aus Babylon nach irgendeinem Festungsplatz in Syrien verbannt – es könnte Tell Nebi Mend (das alte Ribla) gewesen sein; oder Palmyra oder Baalbek. Doch dort blieb er nicht lange. Chattusilis selbst schrieb: »Ich bemächtigte mich seiner und schickte ihn an die Küste.« Und er stellte die Frage nach der Legitimität des Thronanspruches seines Neffen. Labasch-Marduk, auch Urchi-Teschup genannt, den er vom Thron entfernte, hatte keine legitimen Rechte. Seinem Bruder Nergil war er nicht von dessen Hauptfrau, sondern von seiner Nebenfrau geboren worden.[50]

Es wurde nicht nur verkündet, daß der Sohn Nergils ein illegitimes Kind und seine Regierung gesetzwidrig sei – er wurde auch eingekerkert oder gleich vom Leben in den Tod gesandt.

Dann erhob Chattusilis die Frage nach der Legitimität des Thronanspruches seines Bruders Nergil. In einem viele Jahre nach seines Bruders Tod mit einem König in Syrien (Amurru) abgeschlossenen Vertrag schrieb er, daß auf den Tod ihres Vaters »Muwatallis [Nergil], mein Bruder, den königlichen Thron an sich riß«.[51] Indem er das sagte, wollte Chattusilis offensichtlich den Eindruck erwecken, daß sein Bruder nicht von Rechts wegen, sondern durch einen illegalen Akt der Inbesitznahme auf den Thron kam, und daß er deshalb ein Usurpator sei. Über sich selbst schrieb Chattusilis: »Als Nergal den Großkönig in sein Schicksal getrieben hatte,[52] saß ich, Chattusilis, auf dem Thron meines Vaters«.[53]

---

50 Selbstbiographie, III: 41. Der von Chattusilis gebrauchte Ausdruck ist »Sohn der Konkubine«.
51 Luckenbill, op. cit., 198.
52 Zu dieser Äußerung kommentiert Meissner (op. cit., 42): »Ob man hieraus allein auf einen gewaltsamen Tod schließen kann, ist mir unsicher.«
53 Luckenbill, op. cit., 198.

Hier macht Chattusilis mit Hilfe der Ausdrucksweise einen klaren Unterschied zwischen der widerrechtlichen Regierung seines Bruders und seiner eigenen legitimen Thronbesteigung. Hinzu kommt, daß er nicht nur die Regierung seines Neffen übergeht[54], sondern augenfällig anstatt seines Bruder oder Neffen sich selbst als Nachfolger seines Vaters bezeichnet.

Als Zeugnis besitzen wir lediglich Fragmente aus Ton, die viele Jahrhunderte, ja Jahrtausende überlebt haben – aber sie tragen mit sich die fast vollständige Geschichte eines dynastischen Verbrechens. Zur Verheimlichung dieses Frevels fälschte Nebukadnezar die Geschichte.

Endlich wissen wir, welche der zwei Beweisketten für und wider Nebukadnezars Thronbesteigung auf Nabopolassars Tod hin schwerer wiegt. In Bogazköi, der alten Hauptstadt des chaldäischen Königreiches, haben wir die Antwort in einem vom Beschuldigten selbst verfaßten Bekenntnis gefunden – in seiner Selbstbiographie und in seinen Briefen und Verträgen. Natürlich war die Verkündung, daß sein Bruder Neriglissar und sein Neffe Labasch-Marduk unrechtmäßige Throninhaber gewesen seien, ein Teil des Komplottes, nicht allein dazu, den rechtmäßigen König seines Thrones zu berauben, sondern ebenfalls zur Entstellung der Geschichte. Beides ist ihm gelungen.

Nach der Schlacht von Karkemisch wurde er von der Verfolgung Ramses' II (Pharao Necho) nicht wegen des Todes seines Vaters zurückgerufen – Nabopolassar war schon seit einiger Zeit gestorben –, sondern weil ihn sein eigenes Verhalten in Syrien-Palästina des Strebens nach der Reichsmacht

---

54 Daß Chattusilis die Jahre seines Neffen als seine eigenen zählte, hat schon H. G. Güterbock erschlossen. Vgl. Ph. H. J. Houwink Ten Cate, »The Early and Late Phases of Urhi-Teshub's Career«, in *Anatolian Studies Presented to Hans Gustav Güterbock* (Instanbul 1974), 137, Fußnote 49. J. D. Schmidt macht auf die Tatsache aufmerksam, daß im Vertrag, den Chattusilis mit Ägypten abschloß, die Regierung seines Neffen »völlig ignoriert wird«. *Ramesses II* (Baltimore 1973), 125.

verdächtig gemacht hatte: Er trat auf, als wäre er bereits der Herrscher. In den folgenden Jahren würde es zum Staatsverbrechen werden, auf Neriglissar und Labasch-Marduk als seine legalen Vorgänger hinzuweisen. Man durfte sie nicht als frühere Könige erwähnen. Für seine eigene Regierungszeit werden unterschiedliche Zahlen genannt – 40, 43, 45 oder mehr, bis zu 48 Jahren. In rabbinischen wie auch arabischen Quellen des Mittelalters wird die Dauer der Regierungszeit Nebukadnezars gewöhnlich mit 40, durchwegs aber auch mit 45 Jahren angegeben.[55] Die wahre Dauer von Nebukadnezars Regierung kann geklärt werden, wenn realisiert wird, daß einige Berechnungen von der Zeit ausgehen, als Nebukadnezar den Thron des Reiches bestieg; andere, als er die Position eines Vizekönigs von Assyrien erhielt; und wieder andere mit dem Tode seines Vaters zu zählen beginnen. Dieses letzte Datum war die Zahl, die er – wie wir sehen werden – in den Dokumenten seiner späteren Regierungszeit bevorzugte.

Die Entpersonifizierung Neriglissars und seines Sohnes muß während mehrer Jahrzehnte von Nebukadnezars Regierungszeit mit solchem Eifer betrieben worden sein, daß Nabonids Mutter sie auf ihrer Grabplatte nicht mehr erwähnt.

Es ist recht gut möglich, daß der Usurpator des Thrones nach Awil-Marduk, Nebukadnezars Sohn, sich vorsätzlich Neriglissar nannte, mit dem Namen von Nebukadnezars älterem Bruder. In jenen Zeiten waren Mystizismus, Nekromantie und der Glaube in Auferstehung oder Wiedergeburt derart ausgeprägt, daß mehrere Möchtegernusurpatoren sich als Reinkarnationen Nebukadnezars ausgaben und Thronansprüche erhoben – ein solcher Nebukadnezar begann –522 eine Bewegung, nach dem Tod von Kambyses.[56]

---

55 Bernstein, *König Nebukadnezar von Babel*, 69–79. Die Zahl von 45 Jahren ist ebenfalls zu finden in Maçoudi, *Les prairies d'or* (Paris 1861–1877). Aus Angaben in II Könige 23:29; 23:36; 24:8 und 25:27 kann eine Regierungszeit von wenigstens 48 Jahren abgeleitet werden.
56 Hermann Bengston, *The Greeks and the Persians from the Sixth to the Fourth Centuries* (New York 1965), 357–358.

Es ist auch möglich, daß Neriglissar II seinen Sohn »Labasch-Marduk« nach dem Namen des Sohnes von Neriglissar I nannte. Aber wie ich früher sagte, wurde er von Nabonids Mutter nicht erwähnt, und Nabonid könnte auf Neriglissar I – eine ausdrücklicher verehrte Person als Neriglissar II – und auf seinen Sohn Labasch-Marduk verwiesen haben. Angesichts dieser Ränke und Entstellungen könnte der von Berossos angeführte Labasch-Marduk eine nichtexistente Figur gewesen sein. Ob ein Labasch-Marduk II neun Monate lang in Babylon regiert hat oder nicht, ist ein sehr nebensächliches Problem – ein Zechbruder und Trinkkumpan des schon älteren Nabonid war er nicht.

Das Hauptproblem der königlichen Thronfolge, das mit Zeugnissen allein aus Babylon nicht zu lösen war, wurde hier mit Hilfe der Bogazköi-Archive geklärt. Die British-Museum-Tontafel 21946 aus der persischen (oder möglicherweise sogar hellenistischen) Zeit – die aber die Geschichte des Todes von Nabopolassar und die Nachfolge Nebukadnezars berichtet – gehört zur gleichen Gruppe wie einige andere Besitztümer des Museums, z. B. der Piltdown-Schädel: Nur wurde die Fälschung schon zur Zeit von Chattusilis dem Chaldäer eingeleitet, den wir aus den Schriften als Nebukadnezar kennen.

Kapitel 6

Das »Vergessene Reich«: Zeugnisse der Kunst

Yazilikaya: »Der beschriftete Felsen«

Die »hethitische« Geschichte entpuppt sich als die Geschichte der chalidäischen Dynastie, vor allem der Periode des neubabylonischen Königreiches. Die Dokumente von Bogazköi – dem alten Chattusa – reflektieren die politischen Verhältnisse des 7. und des frühen 6. Jahrhunderts. Zu dieser Schlußfolgerung führt die Rekonstruktion der ägyptischen Geschichte. Die schriftlichen Überlieferungen aus Kleinasien widersprechen den chronologischen Daten dieser Rekonstruktion nicht; im Gegenteil, diese Zeugnisse verleihen ihr noch zusätzliches Gewicht.

Werden die Sammlungen »hethitischer« Kunst im Widerspruch zu den Zeugnissen stehen? Kunst hat ihre eigene Weise, sich zu entwickeln; Einflüsse können in den Motiven und der Art ihrer Ausführung aufgespürt werden. In Museen sind der »hethitischen« Kunst gewidmete Abteilungen eröffnet worden; wird sich aus diesen lautstark die Stimme der Opposition erheben?

Genau das Gegenteil ist der Fall.

Es ist interessant, der Frage über mehr als 140 Jahre der Forschung nachzugehen; von der Zeit um 1830, als die Ruinen von Bogazköi erstmals beschrieben wurden, bis zum heutigen Tag. Diese Periode kann in drei Phasen aufgeteilt werden: in die Zeit, bevor die Theorie des »Hethiterreiches« um 1870 lanciert wurde; von da an bis zur Entdeckung der »hethitischen« Archive in Bogazköi, 1906; und in die Zeit von 1906 bis zur Gegenwart.

Die Ruinen von Bogazköi und die Felsskulpturen von Yazilikaya, dem »beschrifteten Felsen« in 3 Kilometer Entferung, wurden 1834 erstmals bekanntgemacht.[1] Ein Forschungsreisender, der einige Jahre danach Kleinasien erkundete, war von den Felsskulpturen beeindruckt – »eines der seltsamsten und bemerkenswertesten Monumente« – und schrieb: »Die künstlerische Anordnung scheint das Treffen zweier Könige darzustellen, von denen jeder ein königliches Emblem in der Hand hält und von einem langen Zug gleichartig gekleideter Soldaten oder Gefolgsleuten begleitet wird. Die Hauptfigur auf der linken Seite ... ist in ein enganliegendes Gewand gekleidet und trägt eine hohe konische Kappe sowie einen Bart; während die andere führende Figur in lose fliegende Gewänder gekleidet ist, mit einer barettähnlichen Kopfbedeckung und ohne Bart.«

Abb. 19: Yazilikaya. Blick auf die West- und Nordwand des Felsenraumes.

---

1 Von C. Texier, *Description de l'Asie-Mineure* (Paris 1839), I, 214 ff.

»Ich neige zu der Annahme«, fuhr er fort, »daß hier das Zusammentreffen von zwei zeitgenössischen Königen dargestellt und ein Denkmal zur Erinnerung an einen zwischen ihnen abgeschlossenen Friedensvertrag errichtet wurde. Der Fluß Halys, der nur einige Meilen entfernt vorbeifließt, ist lange Zeit die Grenze zwischen Lydien und Persien gewesen, und es ist möglich, daß wir in der Figur mit den fließenden Gewändern den König von Persien erkennen können und in der anderen den König von Lydien mit seinem Gefolge aus Lydiern und Phrygern, weil ihre Kopfbekleidung dem gutbekannten phrygischen Barett gleicht. Dieser Ort hätte zur Erinnerung an den Friedensschluß gewählt werden können.

Dieselbe Höhlung enthält eine weitere Figur . . ., die in den Felsen gemeißelt ist, allerdings abgetrennt von der oben erwähnten Prozession. Ihre Hand hält ebenfalls merkwürdige Embleme fest.«[2]

Indem er sich von der Erscheinung der sich einander nähernden Königsfiguren und ihrer Gefolge leiten ließ, dachte der zitierte Gelehrte, daß das Relief den Abschluß eines Waffenstillstandes nach der großen Schlacht veranschaulichte, die in der Nähe um -550 zwischen Krösos und Kyros geschlagen wurde.[3] Die eine Gruppe trägt phrygische Kappen, die andere persische Tiaren.

Ein anderer früher Gelehrter,[4] der die Ruinen bei Bogazköi und die Felsskulpturen von Yazilikaya untersuchte, interpretierte die Figuren im Felsen als Lydier und Meder. Der Mederkönig Kyaxares, der gemeinsam mit Nabopolossar Ninive erobert hatte, wurde später in einen fünfjährigen Krieg mit dem Lydierkönig Alyattes, dem Vater von Kroisos, verwickelt. Während dieser Schlacht in der Nähe des Flusses Halys

---

2 W. J. Hamilton, *Researches in Asia Minor, Pontus and Armenia* (London 1842), I, 393–395.
3 Herodot, I, 76.
4 H. Barth, »Versuch einer eingehenden Erklärung der Felssculpturen von Boghaskoei im alten Kappadocien«, *Monatsberichte der Königlichen Preussischen Akademie der Wissenschaften* (Berlin 1859), 128–157.

trat eine Sonnenfinsternis ein, wie Thales von Milet sie vorhergesagt hatte.[5] Die Truppen brachen den Kampf ab. Durch die Bemühungen des Königs von Babylonien und von Kilikien wurde ein Frieden ausgehandelt und unterzeichnet.[6] »Sie setzten durch, daß der Friedensschwur getan und ein verwandtschaftliches Band geschaffen wurde: Alyattes mußte seine Tochter Aryanis mit Kyaxares' Sohn Astyages vermählen.«[7]

Auf dem Felsenrelief von Yazilikaya wird von zwei Figuren ein Neumond oder eine verfinsterte Sonne getragen: Das scheint die Interpretation zu stützen, wonach die Szenen auf dem Felsen in Yazilikaya an den Friedensvertrag zwischen dem Mederkönig Kyaxares und dem Lydierkönig Alyattes erinnern.

Der als Vermittler tätige babylonische König soll entweder Nabopolassar oder Nebukadnezar gewesen sein, je nach dem Datum der Sonnenfinsternis: Diejenige vom 30. September -610 rivalisiert mit derjenigen vom 28. Mai -585 um die Ehre, von Thales vorhergesagt worden zu sein.[8]

Herodot nennt den babylonischen König, der den Frieden herbeiführen half, Labynetos. Ich bin geneigt anzunehmen, daß der Friedensstifter Neriglissar hieß und daß in diesem Falle von den zwei Daten das frühere von Thales vorhergesagt wurde. In den Bogazköi-Texten trägt Nergil, oder Muwatallis, auch den Namen Labarnas.[9]

Die Felsenreliefs enthalten auch einige Zeichen in der Bil-

---

5   Siehe Herodot, I, 74. Thales lebte von vielleicht –640 bis –550. Von F. K. Ginzel, *Specieller Kanon der Sonne und Mond Finsternisse* (Berlin 1899), wird die berühmte Finsternis dem 28. Mai –585 zugeschrieben. Er zitiert 10 weitere vermutete Daten, vom 3. Februar –626 bis 16. März –581.
6   Herodot, I, 74.
7   Ebenda.
8   Zur Zeit von Mursilis fand eine Sonnenfinsternis statt, die er mit folgenden Worten beschrieb: »Während ich gegen das Land Azzi zog, wurde die Sonne verdunkelt.« Siehe E. Forrer, »Die astronomische Festlegung« in *Forschungen*, II (Berlin 1926), S. 2.
9   J. Friedrich, »Staatsverträge des Hatti-Reiches in Hethitischer Sprache«, *Mitteilungen, Vorderasiatisch-ägyptische Gesellschaft*, XXXIV (1936).

Abb. 20: Eine Reliefskulptur aus Chattusa: Beispiel chaldäo-»hethitischer« Kunst des späten 7. oder frühen 6. Jahrhunderts.

derschrift, aber solange sie nicht entziffert waren, vermochten sie den Gelehrten keine Anhaltspunkte über die Zeit zu geben, in der sie eingraviert wurden; in ihrer charakteristischen Darstellungsart sprechen der Stil, die Kleidungsstücke und gewisse Einzelheiten wie Keulen und Streitäxte für das Ende des 7. oder die erste Hälfte des 6. Jahrhunderts. »Die Keule sowie die Streitaxt erscheinen auf den assyrischen Sculpturen *zum ersten Mal in den Kriegsdarstellungen des Enkel's Sennacherib's,* der vielleicht eben der letzte König von Nineve war, also ein Zeitgenosse des Cyaxares.«[10]

Der zerstörte Palast von Bogazköi beeindruckte diesen Gelehrten auch durch seine »größte Übereinstimmung mit dem Grundplane des Nord-West-Palastes von Ninive«, den Sanherib -700 erbaute.[11]

Als in den siebziger Jahren des 19. Jahrhunderts die Theorie des »Hethiterreiches« vorgebracht wurde, wurden die in Hamath und Karkemisch sowie die auf den Felsenreliefs von Bogazköi gefundenen piktographischen Zeichen als »hethitische«, in die Zeit Ramses' II gehörende Hieroglyphen angesehen. Das bedeutete für das Alter der Skulpturen 600 bis 700 Jahre mehr. Obwohl davor gewarnt wurde, dieses spezielle Monument in eine Zeit vor Asarhaddon, dem Sohn von Sanherib[12] zu setzen, blieben solche Bedenken unbeachtet: Die von der Gegenwart der piktographischen Zeichen in den Reliefs beeinflußten Historiker schrieben die Skulpturen und andere Denkmäler desselben Stils der Zeit des »Hethiterreiches« zu, das heißt dem Zeitalter von Sethos und von Ramses II im 14. und 15. Jahrhundert.

Darauf zu bestehen, die »hethitischen« Skulpturen seien

---

10 Barth, op. cit., S. 139. Assurbanipal, Sanheribs Enkel, war der zweitletzte König Ninives.
11 Ebenda, S. 129.
12 G. Hirschfeld, »Die Felsenreliefs in Kleinasien und Das Volk der Hettiter«, *Philosophisch-historische Abhandlungen der Königlichen Preussischen Akademie der Wissenschaften,* 1886 (Berlin 1887), II, 23 ff.

nicht im 2. Jahrtausend entstanden, war gleichbedeutend mit der Verleugnung der Theorie des »Hethiterreiches«; und da der Stil eines Kunstdenkmals eine sichtbare Tatsache und eine Theorie lediglich Theorie ist, bekannte sich ein berühmter Kunstexperte (O. Puchstein) zu einer klar ausgedrückten Ansicht.[13]

Die Motive dieser Skulpturen und viele Details ihrer Ausführung sprechen dafür, daß diese Kunst in die Zeit zwischen dem 10. und dem 6. Jahrhundert gehört und nicht in das 14. und 13. Jahrhundert.

»Alle jene Bildwerke weisen deutliche Kennzeichen einer viel späteren Entstehungszeit auf; es ist daher ausgeschlossen, daß sie Schöpfungen der ägyptischen Cheta sein könnten.

Jedenfalls gibt es weder hier in Kleinasien noch in Nordsyrien ein Zeugnis dafür, daß die sogenannte hethitische Plastik schon in dem 10. Jahrhundert v. Chr. existierte. Diese Tatsache scheint mir mit den Ansichten von Sayce unvereinbar zu sein. Für ihn liegt die größte Machtenfaltung des hethitischen Reiches und damit auch die Blüte der hethitischen Kunst fast um ein halbes Jahrtausend vor der Zeit, in der die erhaltenden altkommagenischen und kleinasiatischen Denkmäler entstanden sind.

Es braucht daher die Kunst, die diese und ähnliche Werke hervorgebracht hat, nicht den rätselhaften Hethitern des 2. Jahrtausends v. Chr. zugeschrieben werden, sondern sie ist als ein merkwürdiges Zeichen der ehemals hochentwickelten Kultur der kleinasiatischen und kommagenischen Bevölkerung in der Zeit von 1000–600 v. Chr. zu betrachten.«[14]

Die am besten ausgebildeten Motive in der »hethitischen« Kunst Kleinasiens und Nordsyriens deuten auf das 7. Jahrhundert bis -600; sie als Produkte selbst des 8. Jahrhunderts auszugeben, erscheint als Verletzung gesunder Beurteilung. Der spätassyrische Einfluß ist unmißverständlich sichtbar.

---

13 O. Puchstein, *Pseudohethitische Kunst* (Berlin 1890).
14 Ebenda, S. 13, 14, 22.

Die »hethitischen« Monumente wurden einer mindestens 5 Jahrhunderte weiter zurückliegenden Epoche zugeschrieben und können deshalb nicht dem »Vergessenen Reich« angehören. Und was die Yazilikaya-Skulpturen betrifft, »erhielten die [an der Prozession teilnehmenden] Götterfiguren ihre Gestalt nicht vor dem 7. Jahrhundert, unter dem Einfluß assyrischer Vorstellungen«.

Abb. 21: »Prozession der Götter« aus Yazilikaya.

»Erst damals, das heißt im 7. Jahrhundert v. Chr., kann assyrisches Wesen in Kappadokien sich eingebürgert und die Künstler der Reliefs von Bogazköi beeinflußt haben.«

». . . Aus derartigen Abweichungen dürfen wir den Schluß ziehen, daß es sich in Bogazköi um einheimische Götter handelt, deren Bilder erst im 7. Jahrhundert v. Chr. unter dem Einfluß assyrischer Vorstellungen, so wie wir es sehen, ausgeprägt worden sind. Sie lassen sich tatsächlich mit den Göttern in Übereinstimmung bringen, die nach griechisch-römischen Quellen in späterer Zeit in Kappadokien verehrt wurden.«[15]

Der Kunstexperte bestand darauf, daß die Kunstbeispiele von Kleinasien und Nordsyrien, welche die unentzifferten Hieroglyphen enthalten, nicht den Cheta – den Feinden Ramses' II – zugeschrieben werden können. Warum nicht? Weil

---

15 Ebenda, S. 13, 21.

die Cheta oder die »Hethiter« gemeinsam mit Sethos und Ramses II in das 14. und 13. Jahrhundert gehört haben müssen, wogegen die diesen »Hethitern« zugeschriebene Kunst im 7. Jahrhundert produziert wurde. Die Zeit von Sethos oder Ramses wurde nicht angezweifelt, und die Chronologie der Geschichte kam nicht unter Verdacht.

Als aber 1906 der Boden in Bogazköi die Archive des Königs von Cheta (Chatti) freigab und darunter die Keilschriftkopie des Vertrages zwischen Chattusilis (Chetasar) und Ramses II gefunden wurde, brachte man alle Einwände gegen die Theorie des »Hethiterreiches« zum Verstummen. Der gleiche Kunstexperte, der die hervorragende Stilanalyse abgegeben hatte, schrieb ein umfangreiches Werk über die »hethitische« Architektur von Bogazköi; und indem er nun die Entdeckung der Keilschriftkopie des Vertrages zwischen dem König von Cheta (Chatti) mit Ramses II betonte, unterließ er es, seine früheren Einwände noch zu erwähnen. »Der archäologische Hauptgewinn dieser ersten Grabungskampagne war aber die von Winckler den Tontafeln entnommene Erkenntnis, daß die alte Stadtanlage bei Bogazköi einst die Hauptstadt des Hatti-Reiches gewesen ist. Bis in welche Zeit sie sicher zurückreichte, bestimmte sich durch Stücke des Briefwechsels, den um 1300 v. Chr. Ramses II mit dem Hethiterkönig Hattusil geführt hat.«[16]

Ein Faktum, das zwingender erschien als Stil und Motive, stand vor seinen Augen. Keine Kunstexpertise konnte sich an

---

16 O. Puchstein, *Boghasköi, Die Bauwerke* (Leipzig 1912), S. 2. Siehe auch Hall, *The Ancient History of the Near East*, S. 329: »Es könnte sich schließlich als nicht unmöglich herausstellen, daß einige der tatsächlichen Überbleibsel in Boghaz Kyoi in eine spätere Zeit als die von Winckler gefundenen Archive gehören: es ist aber unwahrscheinlich, daß sie in eine viel spätere Zeit gehören.« Vor der Entdeckung der Archive hatte Hall zu den hauptsächlichen Gegnern der Theorie des »Hethiterreiches« gehört. 1901 vertrat er für die Monumente von Bogazköi eine Entstehungszeit im 8. Jahrhundert wegen des assyrischen Einflusses, den er in den Skulpturen erkannte. Fünf Jahre später stellte er seine Ansicht völlig auf den Kopf. Siehe sein *The Oldest Civilization of Greece: Studies fo the Mycenean Age* (Philadelphia 1901), S. 115, 124, 273.

solch offensichtlichen Zeugnissen messen. Stumme Denkmäler können nicht mit beredten Tontafeln wetteifern. Nachdem die aus den Erwägungen über die Kunstobjekte abgeleitete Ansicht aufgegeben war, blieb kein Zweifel, daß die Kultur von Bogazköi zeitgenössisch mit dem Ende der 18. und dem Beginn der 19. Dynastie in Ägypten und ein Produkt des 2. Jahrtausends vor unserer Zeitrechnung gewesen war.

Auf den in Keilschrift verfaßten Abhandlungen und Annalen der Könige von Chatti waren piktographische Siegelabdrücke, und identische Siegelembleme kommen auf den Yazilikaya-Reliefs vor. Wie wir sehen werden, zwang diese Tatsache die Archäologen, die seit einem halben Jahrhundert in Bogazköi gegraben und die Reliefs von Yazilikaya studiert haben, an der Ansicht festzuhalten, daß diese Kunst ein Produkt des Hethiterreiches sei, das vor -1200 existierte.

Archäologie und »hethitische« Denkmäler

»Hethitische« Denkmäler wurden in Babylon gefunden, das wichtigste im Palast Nebukadnezars entdeckt. Es handelt sich um eine Reliefstele mit einer Gottheit, die Blitze in der Hand hält und in Tiefrelieftechnik ausgeführt ist. Die Rückseite des Doleriten ist mit ausgezeichnet erhaltenen »hethitischen« Hieroglyphen beschrieben.[17] Die Stele kommt offenbar aus Aleppo und datiert aus der ersten Hälfte des 9. Jahrhunderts.[18] Sie ist jetzt übersetzt worden.[19]

Im Lauf der Ausgrabungen in Anatolien und Nordsyrien wurden verwirrende Fakten angehäuft, und fast jeder »hethitische« Fund konnte als zwei verschiedenen Zeitaltern zugehörig interpretiert werden.

In Gordion – bekannt wegen der Legende um den gordi-

---

17 R. Koldewey, *Die Hettitische Inschrift gefunden in der Königsburg von Babylon am 22. August 1899* (Leipzig 1900).
18 Persönliche Mitteilung von J. D. Hawkins vom 18. März 1977.
19 P. Meriggi, *Manuale die Eteo Geroglifico,* II/I (Rom 1967), No. 13, S. 37 ff.

schen Knoten – fand man phrygische Hügelgräber mit Altertümern, welche ihre Entdecker[20] dem 7. und 6. Jahrhundert zuschrieben. Sie beurteilten das Alter ihrer Funde durch Vergleiche mit gutbekannten griechischen Vorbildern. »An der kulturellen Abhängigkeit Phrygiens von Hellas im VI. Jahrhundert ist seit dem Funde zahlreicher griechischer Vasen in der Nekropole sowie der stark hellenisierenden Terrakotten nicht mehr zu zweifeln.«[21] Viele dieser Objekte schrieben die Archäologen einer Zeit nach der Vertreibung der Kimmerier und vor dem Fall von Kroisos zu, das heißt zwischen –630 und -546.[22]

Doch von einem Gelehrten, der die Funde von Gordion in ihrer Beziehung zur »hethitischen« Epoche studierte, kam ein Protest: »Es scheint sehr wahrscheinlich, daß die Bestattung (Tumulus III) in die letzten Jahrhunderte des 2. Jahrtausends, in die letzte Periode des hethitischen Reiches gehört.«[23]

Der Unterschied in der Bewertung umfaßt mehr als 600 Jahre. Die zuletzt zitierte Meinung schien durch die Ausgrabungen in Alisar (80 km südöstlich von Bogazköi) bestätigt zu werden,[24] wo die Archäologen einen Horizont mit ähnlichen Funden dem 14. und 13. Jahrhundert zuschrieben, und zwar auf Grund von Siegeln, die »hethitische« piktographische Zeichen trugen, sowie von – mit geometrischen Mustern bemalter – Keramik, wie sie auch in Gordion gefunden worden ist.

Aber die Zeitaltereinteilung der Funde in Alisar wurde ihrerseits kritisiert. Fibeln, das heißt Metallspangen einer bestimmten Form, wurden dort gefunden, und es ist deshalb

---

20 G. und A. Körte, *Gordion* (Berlin 1904).
21 Ebenda, S. 219.
22 Ebenda.
23 H. Frankfort, *Studies in Early Pottery in the Near East* (London 1927), S. 158. Siehe K. Bittel und H. Güterbock, »Bogazkoy«, *Abhandlungen der Preussischen Akademie der Wissenschaften, Philosophisch-historische Klasse*, 1935 (Berlin 1936).
24 H. H. von der Osten und E. Schmidt, *The Alishar Huyuk*, 7. Bde. (Chicago 1930–1937).

»unmöglich«, daß sie nach der einzig denkbaren Erklärung »nur zufällig in eine so sehr viel ältere Schicht geraten« wären.[25] »Es ist daher ausgeschlossen, daß es schon ... allermindestens 400 Jahre früher viel entwickeltere Fibeln in Anatolien gegeben haben soll.«

Diese letztere Ansicht und die Kritik der Alisar-Resultate kam von den neuen Ausgräbern in Bogazköi.[26] Doch diese ihrerseits waren durch die in Bogazköi verkehrt verlaufenden Horizonte verwirrt. Über ihre eigene Arbeit bei der Zitadelle berichteten sie, daß »jede Angabe über die Tiefe, in der ein Fund gemacht wird, wertlos ist«, und sie versuchten, sich von den Erfahrungen der Ausgräber Jerichos[27] Trost zu holen – einer dieser Archäoloen hatte übrigens seine Bewertung des Alters von Jericho zu widerrufen, ein Vorfall, auf den ich an geeigneter Stelle eingehen werde.

Die Ausgräber in Bogazköi wiesen die Bauten (Schicht II) der Periode des »Hethiterreiches« im 2. Jahrtausend zu; sie mußten allerdings zugestehen, daß diese Gebäude »bis ins 7. Jahrhundert hinein bewohnt gewesen sein müssen«. Immerhin kommt ostgriechische spätgeometrische Keramik in so großen Mengen vor, »daß man sie schwerlich höher datieren kann«.[28] Das bedeutet, daß die Bauten mindestens sechs bis sieben Jahrhunderte lang bewohnt waren und daß ihre letzten Bewohner neben der Keramik ihrer eigenen Periode – des 7. Jahrhunderts – Objekte aufbewahrten, die den früheren Bewohnern dieser Räume gehört hatten – neben anderen Gegenständen »hethitische« Siegel des »Hethiterreiches«, vorgeblich aus dem 2. Jahrtausend. Ist es vernünftig anzunehmen, daß jemand, der ein Haus bewohnt, in seinen Räumen Dinge aufbewahren würde, die von jenen zurückgelassen wurden, die dort 600 Jahre früher gehaust hatten?

Angesichts erneuter wissenschaftlicher Zweifel, welche die

---

25 Bittel und Güterbock, op. cit. 1935, S. 22.
26 Ebenda.
27 C. Watzinger, *Die Denkmäler Palästinas,* 2. Bde. (Leipzig 1933–1935), I, 5.
28 Bittel und Güterbock, op. cit., S. 26 .

Entstehungszeit der Yazilikaya-Felsskulpturen wiederum in eine spätere Zeit einzuordnen begannen, sahen sich die Ausgräber von Bogazköi ein weiteres Mal zur Festlegung des Alters der Reliefs aufgefordert. Während ein Gelehrter es für möglich hielt, die Felsenreliefs dem »Alten Hethiterreich« des 19./18. Jahrhunderts vor unserer Zeitrechnung zuzuschreiben,[29] und andere sie auf das 13. Jahrhundert zurückführten[30] – manchmal sogar das Jahrzehnt nannten oder die Reliefs als die Hochzeit Chattusilis' erklärten –, berücksichtigte eine Reihe von Gelehrten vermehrt Parallelen mit anderen ausgegrabenen Altertümern und schrieb die Skulpturen einer dem Niedergang des »Hethiterreiches« folgenden Periode zu,[31] und einige brachten das Datum der Felsenreliefs bis hinab zum 10. oder 9. Jahrhundert.[32] Es wurde sogar eine Hypothese vorgetragen, nach welcher ein Teil der Felsenskulpturen dem 14. oder 13. Jahrhundert und der andere dem 10. oder 9. Jahrhundert zuzuschreiben sei.[33]

Dieses Meinungschaos veranlaßte einen Gelehrten zu schreiben: »Jeder, der die zeitlichen Ansetzungen der einzelnen Denkmäler vergleicht, weiß, wie sehr die Urteile der Gelehrten auseinandergehen. Nicht Jahrzehnte oder Jahrhunderte, oft trennen Jahrtausende die Fixierungen der verschiedenen Forscher.«[34]

Die Ausgräber von Bogazköi entschlossen sich, dieser alten Auseinandersetzung ein Ende zu bereiten. Sie schrieben: »Seit H. Wincklers [dem Entdecker der Archive] Erschließung des Namens und der Bedeutung der Ruinen von Bogazköi hätte man eigentlich auch an der Datierung von Yazili-

---

29 Herzfeld, »Hettitica«, in *Archäologische Mittelungen aus Iran,* 2 (1930), 132–203. Siehe Bittel, *Die Felsbilder von Yazilikaya* (Bamberg 1934).
30 Sayce, J. Garstang, V. Müller.
31 H. H. von der Osten, Albright.
32 V. Christian, *Archiv für Orientforschung,* IX (1933), 25 ff.
33 F. W. von Bissing, »Untersuchungen über Zeit und Stil der ›chetitischen‹ Reliefs«, *Archiv für Orientforschung,* VI (1930–1931), 159–201.
34 Helmuth Th. Bossert, »Das hethitische Pantheon«, *Archiv für Orientforschung,* VIII (1923–1933), 297.

kaya in die Jahrhunderte vor 1200 nicht mehr ernstlich zweifeln dürfen ... Die architektonischen Merkmale Yazilikayas weisen weiterhin deutlich genug in die Zeit des Neuen Chatti-Reiches«,[35] das heißt auf das Neue Reich von Suppiluliumas, Mursilis und Chattusilis. »Eine endgültige Entscheidung« fanden sie in hieroglyphischen Siegeln aus Bogazköi und in identischen Kartuschen auf dem nahe gelegenen Felsenrelief von Yazilikaya.

Doch in Bogazköi fanden die Ausgräber Bittel und Güterbock auch »Hieroglyphensiegel in höheren Schichten«,[36] die sie nicht erklären konnten. Ebenfalls fanden sie eine ganze Reihe griechischer Inschriften der spät- und nachphrygischen Perioden,[37] aber da sie schon von allem Anfang an entschieden hatten, daß »jede Angabe über die Tiefe, in der ein Fund gemacht wird, wertlos ist«, wiesen sie entsprechend ihrer vorgefaßten Chronologie die phrygischen Objekte einem gegenüber dem Ende des »Hethiterreiches« 400 oder 500 Jahre jüngeren Datum zu.

»In tiefster Dunkelheit«

Die Kritik an den Alisar-Ausgrabungen durch die Ausgräber von Bogazköi in der Angelegenheit der Fibeln machte größeren Eindruck, als beabsichtigt worden war. Die Archäologen von Alisar widerriefen alle ihre Bewertungen, die sie schon in monumentalen Bänden veröffentlicht hatten.

»Eine endgültige Änderung muß eingeführt werden« – im Hinblick auf die archäologische Schicht, »die wir früher Periode IV nannten und auf Grund der häufigen Funde von Siegeln mit ›hethitischen‹ Hieroglyphen in die Zeit des Neuen Hethiterreiches (ungefähr -1500 bis -1200) setzten ... Außer-

---

35 Bittel und Güterbock, *Abhandlungen der Preussischen Akademie der Wissenschaften*, 1935, S . 46.
36 Ebenda, S. 58.
37 Ebenda, S. 84 ff.

dem enthüllen Studien auf Grund erweiterten Materials eine nahe Verwandtschaft zwischen unserer Keramik der Periode IV und der späteren phrygischen Ware aus Gordion. Das Auftreten der sogenannten ›hethitischen‹ Hieroglyphen in dieser Gebäudeschicht, und *nur* in dieser Schicht, erfordert eine Erklärung... Der Beginn hieroglyphischer Schreibkunst in Kleinasien ist viel zu früh angesetzt worden, und ihre Verbindung mit den Hethitern der zwei Reiche erscheint eher fragwürdig.«[38]

Diese Erklärung, wonach die »hethitischen« Hieroglyphensiegel in der späten phrygischen Schicht, und *nur* in dieser Schicht gefunden wurden, und daß demzufolge die »hethitischen« Hieroglyphen nicht zu den »Hethitern« gehören, kommt der Unterschrift unter eine Bankrotterklärung gleich. Diese eigenartige hieroglyphischen Zeichen waren das Alpha der Theorie des »Hethiterreiches«. W. Wright, ein Missionar in Damaskus, machte den hieroglyphischen Stein in der Ecke eines arabischen Gebäudes in Hamath zum Grundstein der Konstruktion des »Vergessenen Reiches«..[39] Durch das Auffinden der Archive von Bogazköi, den Aufzeichnungen des Chatti-Reiches, war diese Theorie glänzend bestätigt worden. Und jetzt, nach all diesen Triumphen, diese Kapitulation?

»Es scheint am wahrscheinlichsten, daß dieses hieroglyphisch schreibende Volk eine aktive Rolle bei der Zerstörung des hethitischen Reiches spielte, vielleicht in Verbindung mit den Phrygern.«[40]

Die Schicht mit den hieroglyphischen Inschriften wurde neu als »erste nachhethitische Schicht« bezeichnet,[41], und in Übereinstimmung mit der Schicht IV wurde das Alter aller Schichten um eine Reihe von Jahrhunderten reduziert.

So wird Licht zur Finsternis. »Trotz aller Fortschritte der

---

38 H. H. von der Osten, *Discoveries in Anatolia. 1930–1931,* Publications of the Oriental Institute of the University of Chicago (1933), S. 9–10.
39 Wright, *The Empire of the Hittites.*
40 Von der Osten, *Discoveries in Anatolia,* S. 10.
41 Ebenda.

letzten 25 Jahre in der ›Hethitologie‹ bleiben wir aus archäologischer Sicht über die hethitische Frage in tiefster Dunkelheit.«[42]

Dieses *testimonium paupertatis* konnte nur durch eine grundlegende Verwirrung hervorgerufen worden sein.

Die Nekropolis von Gordion wurde wegen der geometrischen Muster auf ostgriechischer Keramik dem 7./6. Jahrhundert zugehörig erklärt. Alisar IV lieferte dieselbe Ware. Aber auch diese Schicht enthielt hieroglyphische Siegel. Diese sind zeitgleich mit den Siegeln von Bogazköi und den Kartuschen auf den Reliefs von Yazilikaya und ebenfalls mit den Archiven von Bogazköi: Auf einigen Tontafeln aus diesen Archiven gibt es Abdrücke von (piktographischen) Siegeln, die vor dem Brennen in den noch weichen Ton geprägt worden waren.

Zu einem späteren Zeitpunkt unterzog der Ausgräber von Alisar ein Stück Holz, das unter der Mauer der Akropolis in Schicht III – zunächst als altbronzezeitlich bestimmt – gefunden worden war, einer Radiokarbondatierung. Das Resultat wollte, daß das Holz 700 Jahre jünger war, als auf Grund der akzeptierten historischen Chronologie erwartet wurde.[43]

Der gleiche zerknirschte Autor, der seine Einschätzung von Alisar IV widerrief und es der nachphrygischen Zeit zuschrieb, hatte einige Jahre früher geschrieben: »Es gibt keine historisch bekannten Umstände, die eine allgemeine Verwendung von Hieroglyphen inmitten des hethitischen Großreiches während seiner Existenz angemessen erklären könnten.«[44]

Jetzt war alles durcheinander.

Da »hethitische« Geschichte keine eigene Chronologie hat, »müssen wir nach wie vor die hethitische Chronologie auf die

---

42 H. H. von der Osten, *Four Sculptures from Marash* Metropolitan Museum Studies, II, 1929–1930, (New York 1930), 115.
43 W. F. Libby, *Radiocarbon Dating* (Chicago 1952), S. 71.
44 Von der Osten, *Four Sculptures from Marash,* S. 115.

ägyptische aufbauen«, schrieb einer der führenden Hethitologen.[45] Wie fatal diese Abhängigkeit ist, beginnen wir jetzt zu verstehen.

Gordion

Durch das phrygische Königreich floß der Sangarios (heute Sakarya); seine Ostgrenze verlief entlang dem Halys (heute Kisil Irmak). Die Ruinen von Gordion befinden sich etwa 80 Kilometer südwestlich von Ankara und weitere 140 Kilometer von Bogazköi (Chattusa) entfernt. Es war der Sitz von König Gordios, dem Gründer der Dynastie, und des legendären König Midas – alles, was er berührte, verwandelte sich zu Gold.

Gemäß griechischer Tradition kamen die Phryger von Thrakien über den Bosporus. Die Zeit ihrer Ankunft ist unbekannt, und es gibt keine archäologischen Anhaltspunkte, welche die manchmal geäußerte Ansicht stützen könnten, die Phryger wären bereits im 13. Jahrhundert in Anatolien angekommen: Einziges Argument für ein so frühes Datum ist der Umstand, daß Homer auf die Phryger als Verbündete des Königs Priamos von Troja verweist. Aber es wird auch die Meinung vertreten, daß dieses frühe Datum nicht beachtet werden sollte, da Homers Hinweis auf die Phryger in der Art eines Anachronismus aufzufassen sei. Keine phrygischen Altertümer wurden aus einer Zeit vor der ersten Hälfte des 8. Jahrhunderts (-800) gefunden.[46]

Das Ende des phrygischen Königreiches ist bekannt – es fiel –687 oder ein bis zwei Jahre später der Invasion der Kimmerier zum Opfer.

Die Kimmerier kamen aus dem Norden, auf den Küstenstraßen des Kaukasus entlangziehend; ihre ursprüngliche

---

[45] Götze, Mitteilungen, *Vorderasiatisch-ägyptische Gesellschaft,* XXXVIII (1933), 9.
[46] E. Akurgal, *Phrygische Kunst* (Ankara 1955), S. 112: »Die phrygische Kunst ist erst am Beginn des 8. Jahrhunderts entstanden.«

Heimat wird oft auf der Krim gesucht. Obwohl die literarische Tradition über die Invasion der Kimmerier und den Fall von Gordion sich beharrlich wiederholt, wurde von den Archäologen nichts gefunden, das ihrer Anwesenheit in dieser Stadt oder in Phrygien überhaupt zugeschrieben werden könnte. Es scheint, daß sie kaum in Phrygien verweilten und – wie die Skythen, die ihnen auf den Küstenstraßen des Kaukasus bald folgten – nur als vorüberziehende Eroberer auftraten. Die Zeit, zu der sie ihre Heimat verließen (-687 oder bald danach), läßt mit Sicherheit erkennen, daß sie von den Naturereignissen jenes Jahres, die in *Welten im Zusammenstoß* ausführlich beschrieben sind, zu ihrer Wanderung getrieben wurden. Es war auch das Jahr, in dem Sanherib sein berühmtes Debakel erlebte, das von Herodot und auch in den Büchern Jesaja, II Könige und II Chronik geschildert wird, während er Jerusalem mit Erstürmung und seine Bevölkerung mit Vertreibung und Exil bedrohte.

Nach dem Durchgang der Kimmerier war Phrygien der Besetzung durch die westlichen und östlichen Nachbarstaaten ausgesetzt. Im Westen lag Lydien mit der Hauptstadt Sardes; Im Osten war das chaldäische Königreich. Wir aber erkennen das »Hethiterreich« mit seiner Hauptstadt Chattusa als das chaldäische Königreich, und seine Zeit als das 7. und die erste Hälfte des 6. Jahrhunderts. Das Felsenrelief mit der Friedensprozession in Yazilikaya stammt aus derselben Periode.

Nachdem zu Beginn unseres Jahrhunderts die Brüder Körte in Gordion gegraben hatten, fanden bis nach dem Zweiten Weltkrieg keine weiteren Ausgrabungen statt. Aber 1950 führte Rodney Young, gefördert vom University of Pennsylvania Museum, ein Team dorthin und kehrte viele Jahre hindurch für weitere Grabungskampagnen zurück.

Wenn das konventionelle Geschichtsschema wahr ist, sollte in Gordion die Schicht des »Hethiterreiches« *unter* dem phrygischen Horizont gefunden werden; wenn aber das rekonstruierte Schema wahr ist, müssen einige der Relikte von dem, was unter dem Namen des Hethiterreiches zurückgeblieben ist, über der phrygischen Schicht vorkommen. Und hier ist, was Dr. Young und sein Team in Gordion aufdeckten: Der phrygische Horizont wird von einer Lehmschicht bedeckt. »Für Datierungszwecke eignen sich die Scherben aus dieser Lehmschicht wenig; sie sind fast ausschließlich hethitisch.« Die im Überfluß vorhandenen »hethitischen« Relikte qualifizieren die Schicht, in der Auffassung ihres Ausgräbers, als »offensichtlich eine Ablagerung«, die bereits im Lehm war, als dieser von anderswo zur Bedeckung der Oberfläche des phrygischen Stadthügels herbeigebracht worden war.«[47]

Young führt weiter aus, daß wenn diese Lehmschicht während der Perserperiode über den Hügel ausgebreitet worden sei, wie er sich gezwungen sieht anzunehmen, »würde es nötig gewesen sein, den Lehm über das persische Tor [der Stadtmauer] zu heben, bevor er auf den Hügel im Westen geschüttet werden konnte«.[48] Er bezeichnet dies als »einen offensichtlich höchst extravaganten Arbeitsvorgang«.

Dies wäre in der Tat extravagant gewesen, wenn es wahr wäre. Ist es aber wahr, daß die Perser den lehmigen Boden von irgendwo im Osten herbeibrachten, dann diese Erdschicht, mit hethitischer Keramik darin, über das hügelige Terrain transportierten und sie gleichmäßig überall auf die Hauptstadt von Phrygien verteilten, um darauf neu zu bauen? Im Durchschnitt ist die Schicht 4 Meter dick, und wenn man die Ausdehnung von Gordion bedenkt, muß das Unternehmen – wenn es stattgefunden hat – die Bewegung von Millionen Tonnen lehmigen Grundes über eine bedeutende Distanz mit sich gebacht haben.

Sogar wenn das die Lösung der bemerkenswerten Schichtenfolge wäre, so müßte es, abgesehen von der Lehmschicht zwischen der phrygischen und der persischen Schicht, noch einen weiteren Horizont geben, um die Lücke zwischen dem Ende des phrygischen Königreiches um –687 und –548 auszu-

---

47 R. S. Young, »Gordion: Preliminary Report, 1953«, *American Journal of Archaeology,* Vol. 59 (1955), S. 12.
48 Ebenda.

füllen, als Kyros Kleinasien und damit das chaldäische Königreich, das phrygische Gordion und Sardes von Lydien eroberte, wo er Kroisos gefangennahm. Aber lediglich der »hethitische« Horizont trennt die phrygische von der persischen Schicht.

»Die über die Lehmschicht gebaute neue Stadt datiert aus der zweiten Hälfte des 6. Jahrhunderts. Es gibt deshalb eine *Lakune* [Lücke] von etwa einundeinhalb Jahrhunderten in der Schichtung und Geschichte der Städte; die Lehmschicht war nicht akkumuliert, sondern aufgeschüttet, offenbar alles zu ein und derselben Zeit; der von anderswo gebrachte Lehm enthält fast ausschließlich Keramik der hethitischen Periode.«[49]

Der Grund zur Aussage, daß die Schicht nicht akkumuliert worden ist, sondern über den ganzen Hügel aufgeschüttet wurde, ist offenbar in der Tatsache zu sehen, daß die darin enthaltene Keramik fast ausschließlich aus der Periode des »Hethiterreiches« stammt.

Folgen wir ein wenig dieser Richtung von Logik: Die Schicht mit den Gegenständen aus dem »Hethiterreich« ist für Gordion völlig fremd, da sie aus einiger Entfernung zur Bedeckung der phrygischen Stadt herantransportiert wurde. Die phrygische Stadt fiel -687 den Kimmeriern zum Opfer, die aber nicht dortblieben. Die persische Regierungszeit begann -548. Ungefähr 140 Jahre trennen diese zwei Ereignisse. Etwas Akkumulierung von Abfall, Keramik und anderen Relikten der Bewohner dieses Ortes muß es während dieser 140 Jahre gegeben haben. Aber indem die »hethitische« Schicht als nicht zugehörig unberücksichtigt bleibt, haben wir eine »Lakune«.

Young nimmt an, die Perser hätten die phrygische Hauptstadt mit einer »hethitischen« Schicht als Basis für die Neuanlage überdeckt. Entfernten sie auch eine gleichartige Schicht, die sich während fast eineinhalb Jahrhunderten akkumu-

---

49 Young, »The Campaign of 1955 at Gordion: Preliminary Report«, *American Journal of Archaeology,* Vol. 60 (1956), S. 264.

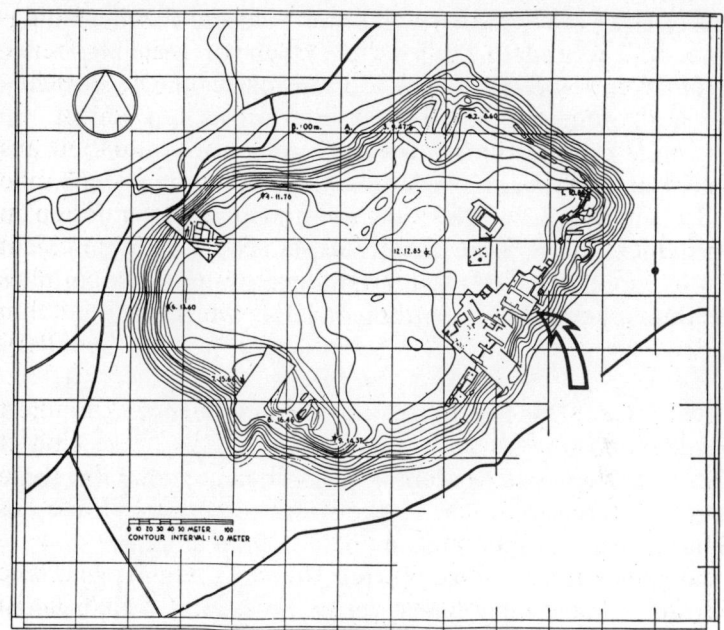

Abb. 22: Gordion. Plan des mit der »hethitischen«, 4 Meter mächtigen Lehmschicht überdeckten Stadthügels. Der Lehm hätte über das Persische Tor (Pfeil) transportiert werden müssen.

lierte, um die Lücke in der Schichtung des Hügels zu schaffen? Young schreibt: »Das Gordion der lydischen Periode zwischen ca. 690 und 550 hat sich uns bislang entzogen, obwohl es unwahrscheinlich erscheint, daß die Hauptstätte während dieser langen Periode gänzlich verlassen war.«[50]

Nach dem Durchzug der Kimmerier wurde das phrygische Königreich zwischen den Lydiern und den Chaldäern aufgeteilt. Die »hethitische« Schicht über der phrygischen und unter der persischen Schicht befindet sich an ihrer richtigen Stelle. Die Erde wurde nicht von weit her gebracht.

Young beobachtete ebenfalls, daß die Konstruktion des

---

50 Ebenda.

phrygischen Tores in Gordion seine »nächste Parallele in der Mauer der 6. Stadt in Troja hatte«. Doch vorgeblich liegt eine Spanne von vielen Jahrhunderten dazwischen. »Obwohl durch eine Zeitspanne von 500 oder ungefähr soviel Jahren getrennt, können die zwei Befestigungen gut eine gemeinsame Bautradition in Nordwestanatolien vertreten; wenn das so ist, müssen dazwischenliegende Beispiele noch gefunden werden.«[51] Die 6. Stadt von Troja, indessen, gehört nicht in das 13., sondern in das 8. Jahrhundert, genau in die Zeit, als die Befestigungen von Gordion errichtet wurden.

Das Dunkle Zeitalter Anatoliens

»Trotz der eifrigen Spatenforschung der letzten Jahrzehnte liegt die Zeitspanne von 1200–750 für die meisten Teile des anatolischen Raumes noch in völliger Dunkelheit.«[52]

Dies sind die Worte von Ekrem Akurgal, einem prominenten türkischen Archäologen, der große Regionen Kleinasiens sorgfältig begutachtet hat. Das Gebiet enthält für eine volle Spanne von 450 Jahren keine Relikte aus Kunst oder Gewerbe, keine Überreste menschlicher Kultur oder auch nur einer Besiedlung.

»Demnach scheinen die Kulturreste der Zeit zwischen 1200–750 im mittleren Kleinasien, vor allem im Hochland, für uns fast unwiederbringlich verloren zu sein.«[53]

»Auffallend ist ferner, daß bis heute in Zentralanatolien nicht nur keine phrygischen, sondern überhaupt keine Kulturreste irgendeines Volkes zutage getreten sind, die in die Zeit 1200–750 datiert werden können.«[54]

»Doch ist auch hier [im Süden der Halbinsel] die frühe Ei-

---

51 R. S. Young, »Gordion: Preliminary Report, 1953«, *American Journal of Archaelogy, 59* (1955). S. 13.
52 E. Akurgal, *Die Kunst Anatoliens* (Berlin 1961).
53 Ebenda.
54 Ebenda.

senzeit, das heißt die Periode zwischen 1200 und 750, in Dunkelheit gehüllt.«[55]

Um zu solchen Schlußfolgerungen zu kommen und trotzdem am akzeptierten chronologischen Zeitplan festzuhalten, muß ein Gelehrter völlig überzeugt sein, daß an keinem Grabungsort einer derart großen Region irgendein Artefakt oder begrabener Körper aus vier bis fünf aufeinanderfolgenden Jahrhunderten zu finden sei. Wie vollkommen entvölkert muß dieses Gebiet gewesen sein, welches zur Zeit des »Hethiterreiches« von vielen Nationen bewohnt wurde, die kommerzielle und diplomatische Beziehungen gepflegt und kulturellen Austausch und gewerbliche Güter in Fülle gehabt hatten.

In einem vorgesehenen Band über die Archäologie und Chronologie Griechenlands werde ich das sogenannte Dunkle Zeitalter in Griechenland behandeln, das, wie in Kleinasien, den akzeptierten Zeitplan derselben Periode von -1200 bis -750 ausfüllt. Diese Jahrhunderte, zwischen der mykenischen und der ionischen (griechischen) Periode, sind unreal: Sie resultieren aus der Abhängigkeit der mykenischen zeitlichen Abstimmung von der ägyptischen Chronologie – von der gleichen Situation also, die wir in Kleinasien vorgefunden haben. Dort brachte der Vertrag mit Ramses II in Chattusa (Bogazköi) die Welt der Historiker zu ähnlichen Schlüssen, wie die in den mykenischen Gräbern gefundenen Skarabäen der Könige und Königinnen der 18. Dynastie sie nach sich zogen.

Das Dunkle Zeitalter Anatoliens (Kleinasiens) wurde von H. Frankfort, einem Kunsthistoriker, noch ausgedehnt in Richtung der Länder des Ostens gesehen.[56] Akurgal indessen zeigte auf Karkemisch am Euphrat als den Ort, wo eine ununterbrochene Bewohnung verfolgt werden könne, welche die in Anatolien nichtüberbrückten Jahrhunderte miteinander verbindet.

---

55 Ebenda. S. 7.
56 H. Frankfort, *The Art and Architecture of the Ancient Orient* (Baltimore 1954), S. 164–166.

Das »Goldgrab« von Karkemisch

Als einziges Grab innerhalb der Stadtmauern wurde unter dem Boden eines Raumes (Raum E) im nordwestlichen Fort von Karkemisch das »Goldgrab« entdeckt – so genannt wegen der goldenen Objekte, vor allem Figurinen, die darin gefunden wurden. Es lieferte »die feinsten Kleinobjekte, die während der ganzen Expedition ans Licht kamen«.[57]

Es handelte sich um eine Krematoriumsbestattung. Die Urne mit den ausgeglühten Knochen, einem kleinen Lapislazuli und vier goldenen Quasten stand in einem Trichter und war von einem kleineren Trichter zugedeckt. Alles war in einer Anhäufung von Holzasche eingehüllt; in diesem Haufen wurde eine Serie von 39 kleinen, als Relief in Lapislazuli geschnitzte oder aus Steatit in Goldzellenschmelz gefaßte Figurinen gefunden. Es gab auch durch Feuer formlos gemachte Bronzebarren, Elfenbeinfragmente von Möbeln – ebenfalls verbrannt –, eine große Anzahl kleinster Goldperlen und -pyramiden und ein Paar goldener Scheiben (eine davon beschädigt) mit einem Muster menschlicher und tierischer Figuren. Einige der Objekte waren durch die Verbrennung stark beschädigt worden, andere waren offenbar in noch heißem Zustand in die Asche gekommen, aus dem Scheiterhaufen in die Grube gegossen, in welche die Urne bereits gestellt worden war.

Die 39 kleinen Figurinen – nicht alle überlebten gut – erweckten Aufmerksamkeit. Woolley schrieb: »Diese kleinen Figurinen sind miniaturisierte Juweliersreproduktionen der großen Felsskulpturen von Yazilikaya. Nicht allein das allgemeine Thema ist dasselbe – eine lange Aufreihung von Göttern, Königen und Soldaten –, sondern die einzelnen Figuren sind in Typ, Haltung, Attributen und Kleidung identisch. Die einen langen Mantel tragende zentrale Figur, mit der geflügelten Scheibe über ihrem Kopf, einen umgekehrten Lituus

---

[57] Sir Leonard Woolley, *Carchemish III* (London 1952), S. 250 ff.

Abb. 23: Eine der kleinen Goldfigurinen aus dem »Goldgrab« und das Relief eines Hethiterkönigs aus Yazilikaya. Zwischen der Fertigung des Reliefs (13. Jh.) und des Grabes (7. Jh.) sollen 600 Jahre liegen.

greifend; die Figur mit der konischen Kopfbedeckung, offenem Rock und caduceusähnlichem Stab; die weibliche Figur mit dem bis auf die Füße reichenden Faltenrock; die Soldaten mit ihren zugespitzten Helmen, kurzen Röcken und nach oben gebogenen Schuhen – alles ist direkt von Yazilikaya hergeleitet.«

Das aber bedeutete ein Problem:

»Die nahe Verwandtschaft zwischen den Felsskulpturen und den Karkemisch-Schmucksachen kann keine Täuschung sein. In erster Linie liegt die Schwierigkeit bei der Datierung; die Schnitzereien stammen aus dem 13. Jahrhundert v. Chr. und das Grab aus den letzten Jahren des 7. Jahrhunderts. Dann sind entweder die Schmucksachen selbst viel älter als das Grab, in welchem sie gefunden wurden, und sind als Erbstücke durch viele Generationen gereicht worden; oder sie sind relativ jung und wurden in Syrien hergestellt (nachdem die Hethiter von Anatolien Hunderte von Jahren vorher verschwunden waren) und bewahren ungebrochen die alte hethitische Tradition. Es muß zugestanden werden, daß die ›Erbstück‹-Theorie weit hergeholt ist, angesichts der Tatsache, daß Karkemisch von Chattusa weit entfernt ist und jegliche Familienkontinuität über diese weite Trennung von Ort und Zeit höchst unwahrscheinlich ist.«

Indessen wurde diese Ansicht von anderen Sachverständigen nicht geteilt. Güterbock,[58] der in Chattusa (Bogazköi) viele Jahre lang gegraben und das nahe liegende Felsenrelief von Yazilikaya studiert hatte, schrieb:

»Es gibt keinen Zweifel, daß diese Figuren sowohl in Stil als auch vom Thema her ... hethitisch im Sinne des Hethiterreiches von Bogazköi sind. Wie kamen Schnitzereien des 13. in ein Grab des 7. Jahrhunderts?« Güterbock fuhr weiter: »Zwei Möglichkeiten bieten sich an: Entweder wurden die Figuren vor 1200 hergestellt und bis zu ihrer Deponierung im Grab als ›Erbstücke‹ weitergereicht, oder sie wurden in der späthethitischen Periode, aber in dem Stil hergestellt, der vom Reich her überlebte. Sir Leonard scheint geneigt, die zweite Alternative zu bevorzugen, aber seine Argumentation beruht zum Teil auf seinen Daten für die Wassertor- und Heroldsmauerskulpturen, denen ich nicht zustimmen kann. Ich würde eher die ›Erbstück‹-Theorie vorziehen ... Der Einwand gegen die ›Erbstück‹-Theorie, daß es keine Familienkontinuität zwischen den Königen des Reiches und den späten hethitischen Herrschern von Karkemisch gab, ist richtig.« Er versuchte, diesen Einwand zu überwinden, indem er folgende Hypothese anbot: Es könnte geschehen sein, daß »die späten Hethiter, die sich am Euphrat nach 1200 etablierten, sie [die goldenen Figuren] als Beute nahmen, als sie das Reich plünderten«; oder es waren Erbstücke aus der Zeit, als »Suppiluliumas und seine Nachfolger diese Schmuckstücke nach Karke-

---

58 H. G. Güterbock, »Carchemish«, *Journal of Near-Eastern Studies*, 1954, S. 113 ff.

misch brachten, wo sie trotz des Herrschaftswechsels in der Schatzkammer aufbewahrt blieben«.

»Die einzige dritte Möglichkeit wäre, das Alter des Grabes selbst zu bezweifeln, aber das ist angesichts der klaren Beschreibung der Fundumstände nicht möglich.«[59]

Ist das die einzige andere Möglichkeit?

Die Reliefs von Yazilikaya stammen nicht aus dem 13. Jahrhundert, sondern sind sechs bis sieben Jahrhunderte jünger: Das ist die Antwort auf die oben gestellte Frage »Wie kamen Schnitzereien des 13. in ein Grab des 7. Jahrhunderts?«

Die Heroldsmauer

Ekrem Akurgal konnte in seinem archäologischen Bericht über Kleinasien kein einziges Relikt aus dem Dunklen Zeitalter (-1200 bis -750) erwähnen; allein in Karkemisch, der Festungsstadt am Euphrat ganz am Rande Kleinasiens, glaubte er, eine ununterbrochene Geschichte aufspüren zu können, welche sowohl die letzten Jahrhunderte des 2. Jahrtausends als auch die ersten Jahrhunderte des 1. Jahrtausends ausfüllen könnte.

So wie wir immer stärker zu realisieren begannen, daß es in Anatolien, der zentralen Hochebene in Kleinasien, keine leeren Jahrhunderte gab, so wurde uns auch immer klarer einsichtig, daß die Geschichte von Karkemisch in der konventionellen Darstellung nicht einer ordentlichen Methode folgt, sondern die Jahrhunderte alle durcheinanderwirft. Die Schlacht von Karkemisch (die Schlacht von Kadesch), die zwischen Ramses II und Nebukadnezar ausgetragen wurde, fand -605 statt. Es folgte, daß die Ansetzung dieses Schlachtgeschehens im 14. oder zu Beginn des 13. Jahrhunderts ein Durcheinander historischer Abfolgen nach sich zieht. Das Balawat-Tor von Salmanasar III aus dem mittleren 9. Jahr-

---

59 Ebenda.

hundert mit einem Bronzerelief der Karkemisch-Festungstürme entstand vor Ramses' II Gestaltung der äußeren Verteidigungsanlagen in Karkemisch – und nicht erst danach.

Diese äußeren Verteidigungsanlagen von Karkemisch haben wir bereits diskutiert. Der Hügel ist nie völlig erforscht worden, aber bestimmte Zonen im inneren Teil wurden ans Licht gebracht – ein Tempelkomplex und Stücke der inneren Festungsanlagen. Dazu gehört ein Tor, eine angrenzende und mit Tiefreliefskulpuren verzierte Schutzwehr, »Heroldsmauer« genannt, damit verbunden ist ein weiteres Stück Mauer, die bis zum Wassertor führt, so bezeichnet, weil es teilweise versunken im Euphrat stand.

Eine der verwitterten Figuren auf der skulpturierten Steinplatte der Heroldsmauer stellt ein weibliches Wesen dar, mit einer »kunstvollen Kopfbedeckung aus drei untergeordneten Bändern, über denen eine hohe, von senkrechten Furchen in drei offenbar in der Mitte durch Kreuzlinien zusammengehaltene Säulen geteilte Krone steht – es ist die Kopfbedeckung der Göttin, die in der großen Vertiefung von Yazilikaya eingemeißelt ist und der auch die Figur als Ganzes augenfällig gleicht.«[60]

Von dieser wie auch von einer Anzahl weiterer Steinplatten, eigentlich »von der Mehrheit der Steine kann zum mindesten gesagt werden, daß der Stil der Bildhauereien archaisch ist«; und das ist verblüffend, wenn der Palast aus »der letzten Kunstphase in Karkemisch« datiert. Die Schlußfolgerung widerspricht sich selbst, und eine Lösung wird in der Alternative gesucht: »Entweder stammt die ganze Mauer aus einer früheren Periode und wurde als Ganzes in den späten Palast übernommen, oder die einzelnen Reliefs kamen von einem älteren Gebäude und wurden ein zweites Mal verwendet.« Woolley fuhr fort: »Im Gegensatz dazu gibt es im Königstor unbezweifelbare Hinweise, daß die Serie einer späten Periode entstammt, obwohl Heroldsmauer und

---

60 Sir Leonard Woolley, *Carchemish III* (1952), S. 187.

Königstor aneinanderstehen und Teile desselben Gebäudes sind ...«[61]

Von einer Steinskulptur schrieb Woolley: »Gewiß sieht die Statue archaisch aus ... bei ihrer Entdeckung war unser erster Eindruck, daß es sich um eine frühe Figur handelte und neu errichtet wurde, als man das Gebäude umbaute. Aber dieser Archaismus muß einfach die Folge konservativer Religiosität sein.« Die Analogie wurde in beide Richtungen getrieben: mit dem, was man als früh oder spät erachtete, und die Schlußerwägung (»die Analogie der Cençirli-Figur«) »ist entscheidend für ein spätes Datum«.

M. E. L. Mallowan schrieb 20 Jahre nach Woolley und folgerte, daß die Heroldsmauer im frühen 9. Jahrhundert, etwas später als die lange Skulpturenmauer, gebaut wurde.[62]

Dieser Ansicht folgte auch J. D. Hawkins, einer der Pioniere bei der Entzifferung der hethitischen piktographischen Inschriften, der seine Zeitbestimmungen hauptsächlich auf epigraphische Zeugnisse stützte.[63]

Die syrischen Stadtstaaten

Die Stadtstaaten von Nordsyrien und Ostanatolien – Karkemisch, Malatya, Sençirli, Karatepe, Marasch – entstanden um die Jahrtausendwende zum 1. Millenium vor unserer Zeitrechnung, und sie blühten fast bis zum Ende des 8. Jahrhunderts, als die letzte unter ihnen die Unabhängigkeit an Assyrien verlor.

Diese Stadtstaaten entwickelten nie genügend Bindekraft, um ein geeintes Reich zu bilden, obwohl sie bei Gefahr ihre Kräfte gegen einen gemeinsamen Feind vereinten. Als im 9. Jahrhundert Salmanassar III seine Heere bis zum Oberen Meer (dem Mittelmeer) führte und Übergriffe in nordwestli-

---

61 Ebenda, S. 190–191.
62 »Carchemish«, *Anatolian Studies*, (1972), S. 63–86.
63 »Building Inscriptions of Carchemish«, ebenda, S. 106.

cher Richtung in die Anti-Taurus-Region Anatoliens machte, vereinten sich die Stadtstaaten zu einer weitgreifenden Föderation, die auch Ahab von Israel einschloß und der es unter der Führung des ägyptischen Oberbefehlenden Biridri glückte, dem assyrischen Vordringen Einhalt zu gebieten.

Die Geschichte der Stadtstaaten ist recht unscharf, und was bekannt ist, muß fast ausschließlich aus Hinweisen in den Annalen assyrischer Könige rekonstruiert werden; die piktographischen Inschriften der einheimischen Fürsten, die heute einigermaßen verläßlich entziffert werden können, ergeben höchst spärliche Informationen über die politische Geschichte dieser Fürstentümer; es handelt sich zumeist um Widmungsinschriften. In zunehmendem Maße liefern archäologische Zeugnisse Einsicht in das tägliche Leben, in die Religion und in die kulturellen Errungenschaften der Stadtstaaten.

Allen Anzeichen nach war ihre Kultur einheimisch, wuchs aus ihren eigenen Wurzeln und reifte in einem langsamen Prozeß. Die Schrift, umständlich und unpraktisch; der primitive Stil der Reliefs; die politische Organisationsform in Stadtstaaten – alles spricht für langsames, regionales Wachstum.

Und doch versichern die Proponenten des akzeptierten Geschichtsschemas, daß diese Staaten die Nachfolger des großen »Hethiterreiches« des 2. Jahrtausends gewesen seien; daß nach dem Niedergang dieses Reiches unter der Welle wandernder Horden sich Überbleibsel seiner einstigen Größe in den isolierten Bergfesten von Nordsyrien festsetzten, wo sie jahrhundertelang noch fortlebten. Schließlich wurden sie zu Vasallen Assyriens und zur Zeit Nebukadnezars dann ausgelöscht.

Bei der Untersuchung der syro-hethitischen Hinterlassenschaft müssen in bezug auf diese Ereignisabfolge unvermeidlich starke Zweifel aufkommen. Die in den Archiven von Bogazköi im Osten Zentralanatoliens am allerhäufigsten vorkommende Sprache ist Babylonisch, und die dafür gebrauchte Schrift ist fast ausschließlich die Keilschrift – nur auf Denkmälern und Königsinsignien überlebte die alte piktogra-

phische Schrift. Und doch sollen die Syro-Hethiter, die in viel engerer Nachbarschaft zur mesopotamischen (assyrischen) Kultur lebten, vorgeblich zur piktographischen Schrift zurückgekehrt sein, die bereits zur Zeit des Reiches außer Gebrauch gekommen war. In der Tat, die piktographische Schrift wird jetzt als charakterisierendes Merkmal der Syro-Hethiter hervorgehoben.

Syro-hethitische Kunst, so wie sie in den primitiven Reliefs sichtbar ist, zeugt nicht von großartigen zurückliegenden Ereignissen in Yazilikaya. Während einige der Motive einander ähnlich sind, fällt es trotzdem schwer, die Reliefs von Malatya und Karatepe lediglich als degenerierte Imitationen monumentaler Werke aus der Reichsperiode zu verstehen. Die

1. *EMU*-wa-mi ¹*Ga-tu-wa-s* ᵏ LÌ *tar-wa-na-s* ᵏ *Kar-ga-mi-sa-ī-s*^(ST) ᵏ LD-*na*-HR-*s*
   ¹*Lu-ḫi-sa* ᵏ LD-*na*-HR-*ā-a-s* ᵏKDᵏ-*na-mu-wa-ī-s*
   ¹*E-s-tu-wa-di-ma-ī-sa-a* ᵏ LD-*ná*-HR-*ā-a-s* ᵏKDᵏ-BETT-WIEGE-*s*

   „ich bin(?) *Gatuwas*, κοίρανος, Kargamiser Landesherr,
       des *Luḫis*, Landesherrn, Sohn,
       des *Estuwadimaīs*, Landesherrn, Enkel".

Abb. 24: Orthostaten-Reliefs (S. 221) und Hieroglypheninschrift aus Karatepe (oben); Übersetzungsmuster einer Torinschrift aus Karkemisch: Diese syrohethitischen Inschriften sollen im 7. Jahrhundert einer 600jährigen Tradition aus dem »Hethiterreich« des 13. Jahrhunderts nachgeahmt worden sein, als die benachbarten Völker längst schon die Keilschrift kannten.

Kunst jedes Stadtstaates hat ihren eigenen Einschlag. Sie ist keineswegs degeneriert oder formalistisch: Es handelt sich um primitive, lebenssprühende und in der heimischen Erde verwurzelte Kunst.

In der politischen Organisation der Syro-Hethiter zeigt sich weiteres starkes Beweismaterial für eine lokale Entwicklung, die nichts mit einem großen »Hethiterreich« im vorangegangenen Jahrtausend zu tun hat. Gleich wie im frühen Griechenland ging der Entwicklung eines geeigneten Großreiches eine Periode von Stadtstaaten voraus.

Diese drei Beweisklassen – Schrift, Kunst und politische Organisation – bestätigen die bereits im revidierten chronologischen Schema einbegriffene Schlußfolgerung, daß das Großreich der Hethiter, das heißt das chaldäische Reich, den syro-hethitischen Staaten nachfolgte. Unter dem chaldäischen Reich – im späten 7. und frühen 6. Jahrhundert – kam die alte piktographische Schrift außer Gebrauch, die Kunst blühte in einem monumentalen und vereinheitlichten Stil auf, und die politische Stadtstaaten-Organisation wurde durch ein monolithisches Reich abgelöst.

Das Löwentor von Malatya

Malatya liegt genau im Zentrum der Bergregion Ostanatoliens, wo die frühen chaldäischen (»hethitischen«) Staaten zu Beginn des 1. Jahrtausends blühten. Seitdem eine französische Expedition unter der Führung von Louis Delaporte in den Jahren 1928 bis 1930 dort die ersten Grabungen vornahm, kamen die Auseinandersetzungen in der wissenschaftlichen Literatur über die korrekte chronologische Einordnung der hauptsächlichsten Monumente nicht zum Schweigen. Besonders die Reliefs am Löwentor verursachten viel Diskussion. Offensichtlich waren sie nahe verwandt mit der »hethitischen« Kunst aus der Reichsperiode: In seinem Bericht verwendete Delaporte mehrere Seiten auf einen detaillierten Vergleich vieler Einzelheiten der Löwentorreliefs mit den Skulpturen von Yazilikaya und Alaca Höyük, den zwei Hauptstätten aus der Reichsperiode;[64] die eigentümliche konische Haartracht der Hauptgottheit kommt nur in Malatya, Yazilikaya und in Alaca Höyük vor; die Bekleidungsart des Gottes und andere Einzelheiten, wie die geflügelte Scheibe über den Köpfen der Relieffiguren, sind fast genau identisch. Für Delaporte war offensichtlich klar, daß solche Ähnlichkeit in künstlerischen Details ein Zeichen enger zeitlicher Nachbarschaft ist, und nach seiner ersten Überzeugung gehörte die Stadt Malatya in die Zeit des Reiches. »Zur Zeit der Entdeckung des Löwentors legte uns die augenscheinliche Verbindung seiner Skulpturen mit denen von Yazilikaya die Berechnung nahe, daß es kurz nach dem benachbarten Heiligtum

---

[64] Louis Delaporte, *Malatya, Fouilles de la Mission Archéologique Française*, Fascicule I, »La Porte des Lions« (Paris 1940), S. 31–32 ff.

von Chattusa gebaut worden ist; da der Niedergang des hethitischen Reiches zu Beginn des 12. Jahrhunderts stattfand, schrieben wir die Monumente von Malatya dem Ende des 13. Jahrhunderts zu.«[65]

Als aber die Ausgrabungen voranschritten und die Schichten der Stätte bestimmt werden konnten, wurde klar, daß der Horizont des Löwentores effektiv die letzte »Hethiter«-Schicht war, direkt unter dem assyrischen Horizont. Delaporte erkannte richtig, daß die assyrische Besetzungszeit der Stätte, die er archäologisch ausmachte, den Feldzug Sargons im Jahr -712 reflektieren mußte, in dessen Verlauf – so behauptet Sargon – er Malatya besetzte und dessen Herrscher gefangennahm. Demnach ergaben die archäologischen Nachweise, daß das Löwentor in der Mitte des 8. Jahrhunderts errichtet wurde, kurz vor der assyrischen Besetzung der Stadt; andererseits wiesen die Kunstzeugnisse nach, daß es zeitgenössisch mit den anderen Monumenten des »Hethiterreiches« war, die ihrerseits in das 13. Jahrhundert zu datieren waren. Jene Gelehrten, die hauptsächlich auf Grund künstlerischer Zeugnisse debattierten, zogen im allgemeinen ein frühes Datum vor. So schrieb Henri Frankfort: »Die das Tor bewachenden Löwen zeigen eine Reihe von Merkwürdigkeiten, die sie mit der Kunst von Boghazkeuy verketten; ihre Mähnen werden durch verbundene Spiralen wiedergegeben ... die kleinen runden Marken zwischen ihren Augen kommen bei den Löwen von Boghazkeuy vor.«[66] Nach dem Auflisten noch weiterer »eindrucksvoller« Ähnlichkeiten kam Frankfort zum Schluß, daß das Löwentor nicht später als im frühen 12. Jahrhundert errichtet sein konnte.

Eine ähnliche Ansicht wurde von G. Hanfmann geäußert, der damit übereinstimmte, daß die Löwentorskulpturen »ikonographisch und stilistisch immer noch sehr nahe an den spä-

---

65 Delaporte, *Malatya*, S. 39.
66 H. Frankfort, *The Art and Architecture of the Ancient Orient* (Baltimore 1954), S. 129.

Abb. 25: Der rechte Löwe am Löwentor von Chattusa (vorgeblich aus dem 13. Jahrhundert) und ein Portallöwe aus Malatya im »traditionellen Stil 1050–850« (Akurgal, *Die Kunst der Hethiter*).

testen Skulpturen des hethitischen Reiches liegen«,[67] und er schlug ebenfalls ein frühes Datum vor (-1050 bis -900). Historiker, welche die archäologischen Zeugnisse berücksichtigten, konnten diese Datierung nicht akzeptieren. Besonders H. T. Bossert argumentierte unerbittlich, daß ein frühes Datum allem zuwiderlief, was aus der stratigraphischen Situation in Malatya bekannt war.[68] Sogar Hanfmann, der ein frühes Datum verfocht, erkannte die archäologischen Schwierigkeiten, die seine Ansicht stiftete: Denn sie unterstellte, daß die Schicht, in welcher das Löwentor gefunden wurde, »mindestens 250 Jahre umfassen und somit der Zeitdauer aller fünf früheren neohethitischen Schichten gleich sein würde.«[69] Diese fünf Schichten zusammen würden dann weniger als 200 Jahre umfassen. Bossert fand das unannehmbar und plazierte das Bauwerk unzweideutig in die Mitte des 8. Jahrhunderts.

William F. Albright stellte einen Vergleich mit dem nahe gelegenen Karkemisch an und kam zur Überzeugung, die Malatya-Reliefs seien nicht später als im 10. Jahrhundert anzuordnen, weil die Karkemisch-Reliefs derselben Periode den Einfluß der hethitischen Reichsperiode bereits verloren hatten. Er entschied sich für ein Datum zwischen -1150 und -1050.[70] Wir indessen würden in Karkemisch-Reliefs aus dem 10. Jahrhundert keine Einflüsse aus Yazilikaya erwarten, denn der berühmte Felsen war zu dieser Zeit noch nicht behauen. Die Kunst, die Yazilikaya auf primäre Art repräsentiert, erschien erst im 8. und blühte im 7. und im frühen 6. Jahrhundert.

Albrights Lösung wurde von O. W. Muscarella zurückgewiesen, der ein alternatives Schema vorstellte: Malatya war

---

67 G. Hanfmann, »Remarques stylistiques sur les Reliefs de Malatya; Ankara Universitesi Dil ve Tarih-Cografya, No. 53, Arkeoloji Entstitüsü, mo. 3, by Ekrem Akurgal«, *American Journal of Archeology*, 51 (1947), S. 329.
68 H. T. Bossert, *Altanatolien* (Berlin 1942), S. 69.
69 Hanfmann, op. cit., S. 329.
70 W. F. Albright, »Comment on Recently Reviewed Publications«, *Bulletin of the American Schools of Oriental Research*, 105 (1947), S. 14.

Abb. 26: Syro-hethitische Kunst: Skulpturen vom Löwentor in Malatya. Das obere Relief zeigt ein Trankopfer an einen Gott, das untere den Kampf mit einem Drachen. Diese primitiven Kunstformen entwickelten sich später zu den Monumentalskulpturen von Yazilikaya – s. Abb. 21, S. 198

»eine hethitische Stätte, wo Reliefs später zusammen mit Skulpturen aus dem späten 9. und dem 8. Jahrhundert wiederverwendet wurden. Es gibt keinen Beweis für ein Datum des 11. Jahrhunderts, das höchstens zweckdienlich erscheint...«[71] Muscarella dachte das Problem so lösen zu können, indem er Malatya sowohl früh als auch spät, nicht aber dazwischen, leben ließ. Noch vor ihm hatte Albright eine Lösung gesucht, indem er das Bauwerk zwischen die gegensätzlichen Ansichten von Bossert (8. Jahrhundert) und von Delaporte, Hanfmann und Frankfort (13. oder 12. Jahrhundert) setzte.

Jetzt ist die Lösung zur Hand. Das Löwentor wurde irgend-

---

71 O. W. Muscarella, »Hasanlu in the Ninth Century B. C., and Its Relations with Other Cultural Centers of the Near East«, *American Journal of Archaeology*, 75 (1971), S. 263.

wann in der zweiten Hälfte des 8. Jahrhunderts errichtet, vor der assyrischen Besetzung der Stadt, so wie es die stratigraphische Situation ganz klar anzeigt. Es rangiert einige Jahrzehnte vor den Yazilikaya-Skulpturen, die möglicherweise in derselben künstlerischen Tradition gemeißelt wurden, welche dem assyrischen Druck zum westlicher liegenden Ort gewichen war. In den Anfangsjahren der Regierungszeit Assurbanipals kam der Druck aus einer anderen Richtung: Die »Hethiter« bewegten sich nach Osten und besetzten zur Zeit Suppiluliumas' Karkemisch und einige Jahrzehnte später Babylon. Nicht lange danach fiel Ninive, und das große chaldäische Reich kontrollierte den größten Teil des Alten Ostens.

»Das Land ihrer Geburt«

»Die Länder von Chatti« muß ein geographischer Begriff für ein in der Tat sehr großes Gebiet gewesen sein; nachdem es zur höchsten Macht im ganzen neubabylonischen Reich gelangt war, schrieb Chattusilis (Nebukadnezar): »Die Länder von Chatti aber insgesamt wandte ich, die Ischtar, dem Chattusilis wieder zu.« In gleicher Weise bezeichnete Nebukadnezar in seinen in Babylon gefundenen Bauinschriften die gesamte Region westlich des Euphrats, deren Oberherr er wurde, als Chatti-Land. Es umfaßte Ostanatolien, Syrien und noch andere Länder. Es war ein geographischer Begriff; auf die gleiche Weise gebrauchen wir Namen wie Kleinasien, Fruchtbarer Halbmond, Naher oder Mittlerer Osten.

Noch bis vor kurzem wurde »Ur der Chaläer« am südlichen Euphrat als Geburtsort des Patriarchen Abraham angesehen.[72] Archäologen, die in Tell Muqajjar Grabungen anstellten, fanden dort eine Inschrift, welche sie in ihrem Glauben bestätigte, daß der Ort das alte Ur sei. Große physische Störungen, die sich im 2. Jahrtausend ereignet haben, und riesige

---

72 Genesis 11:31.

Ablagerungen von Schwemmland, das die Stadt in einer plötzlichen Katastrophe[73] bedeckte, muß die Überlebenden aus ihrer Heimat vertrieben haben.

Cyrus H. Gordon hat nun aber argumentiert, daß Ur im Süden nicht Abrahams Geburtsort war: Die biblische Beschreibung seiner Wanderungen, bevor er nach Kanaan ging, um dort seinen Wohnsitz zu nehmen, weist auf ein anderes Ur, nordwestlich von Babylonien; und dieses Ur wurde, zur Unterscheidung von der Stadt im Süden, das Ur der Chaldäer genannt.[74]

Die Chaldäer wechselten ihre Heimat mehr als einmal in erzwungenen, großen Wanderungen. Nach einem ausgedehnten Krieg gegen die Chaldäer (Kaldu) wurden sie von Tiglatpileser III -728 in die nördlichen Regionen deportiert, und gegen Ende des 8. Jahrhunderts gab es Chaldäer verstreut in Uruk, Nippur, Kisch, Kutha und Sippar.[75]

Merodach-Baladan, der Rivale von Sargon II, Sanherib und Assurbanipal, wurde »König der Chaldäer« genannt. Sein Hauptterritorium war in Bit-Jakin, wahrscheinlich nahe am Persischen Golf; einige Zeit lang hielt er Babylon besetzt. Assurbanipal vernichtete die chaldäische Bevölkerung in Bit-Jakin.

In der Region Ararat, östlich vom Ur der Chaldäer, am oberen Euphrat und am Van-See, lebte ein Volk, das den Gott Chaldi verehrte. Beginnend mit Lehmann-Haupt wurden sie von modernen Gelehrten »Chaldier« in der Annahme genannt, daß ihr Stammesname den Namen ihrer Hauptgottheit reflektiere (auf dieselbe Weise bekam die assyrische Nation ihren Namen von ihrem Hauptgott Assur); diese Namensform wurde gewählt, um sie von den Chaldäern Babyloniens zu unterscheiden. Die Dynastien dieser »Chaldier« waren in Verteidigungskriege gegen die Assyrer verwickelt.[76]

---

73 C. L. Woolley, *Ur of the Chaldees* (London 1929).
74 »Abrahma of Ur«, *Journal of Near Eastern Studies*, 17 (1958), S. 77–89.
75 Sanheribs Prisma, I, 37f.
76 Boris B. Piotrovsky, *The Ancient Civilization of Urartu* (New York 1969).

Sie wurden auch Urartu genannt, ein Name, der im biblischen Ararat überlebt.

Gelehrte haben »verblüffende« Ähnlichkeiten zwischen der Kultur von Urartu (der Chaldier) und der »Hethiter« festgestellt.[77]

Im Lichte des anhaltenden Druckes gesehen, den die Assyrer unter Asarhaddon und seinem Sohn Assurbanipal auf die Bevölkerung im Gebiet des Urmia- und des Van-Sees ausübten und der in unfreiwilligen Neuansiedlungen dieser Volksgruppen immer weiter im Westen resultierte, läßt sich mit einiger Begründung doch vermuten, daß die Verehrer von Chaldi ihren Namen »Chaldäer« (*kasdim* auf hebräisch) erhielten, weil sie einer der Zweige des alten Chaldäervolkes waren.

Unter Nabopolassar besetzten die Chaldäer Babylonien, aber Babylonien war nicht ihr Heimatland. Sie kamen aus Chaldäa und verlegten ihre Hauptstadt nach Babylon. Hesekiel nannte sie »Söhne Babels, Chaldäa das Land ihrer Geburt« (Hesekiel 23:15).

Wo war »das Land ihrer Geburt?« Woher kam Nabopolassar?

Beurteilt nach der Hinterlassenschaft der seltsamen, den »Hethitern« – die ich als Chaldäer identifizierte – zugeschriebenen Kultur, befand sich das Geburtsland der Chaldäer des 8. und 7. Jahrhunderts in Kappadokien und Kilikien, zwischen dem Schwarzen Meer im Norden, der Region Ararat und dem oberen Euphrat im Osten, dem großen Bogen des Mittelmeers im Süden und dem Fluß Halys im Westen, Bogazköi, Alisar, Sençirli und Karkemisch liegen in diesem Gebiet.

Xenophon,[78] der Soldat aus Athen (ca. -435 bis -334), der im Heer von Kyros dem Jüngeren von Persien kämpfte und mit den berühmten »Zehntausend« Söldnern die ganze Länge

---

77 M. N. van Loon, *Urartian Art: Its Distinctive Traits in the Light of New Excavations* (Istanbul 1966), S. 170.
78 Xenophon, *Anabasis*, IV, iii, 4; V, v, 17. *Kyrupädie*, III, i, 34 ff. Siehe auch *Strabon* XII, iii, 18–19; Plutarch, *Lucullus*.

Kleinasiens durchquerte, bezeichnete die Chaldäer als einen Stamm, der in Armenien lebte, das von Ararat bis in den Süden des Schwarzen Meeres reichte. 140 Jahre früher verwies Kyros der Große, als er sich im Krieg gegen Kroisos befand, auf die Chaldäer als »Nachbarn« der Armenier. Über das Land, das moderne Gelehrte den Hethitern zuweisen, schrieb er außerdem: »Diese Berge, die wir sehen, gehören zu Chaldäa.«[79] Strabon, ein Einheimischer von Amaseia in Pontus, der Kleinasien aus erster Hand kannte, lokalisierte die Chaldäer bei Trapezus (Trebsond) an der Schwarzmeerküste: »Über die Region von Pharnakeia und Trapezus sind die Tibarenoi und die Chaldaioi, deren Land zum niederen Armenien reicht.«[80] Es wird versichert, daß diese »Schwarzmeerchaldäer« Xenophons und Strabons nicht die richtigen Chaldäer seien, sondern »Chaldier«, oder daß Xenophon für den kampfeslustigen Stamm in dieser Region den falschen Namen verwendete. Aber Xenophon und Strabon irrten nicht. Obwohl die Chaldäer unter Nabopolassar und Nebukadnezar in den Schmelztiegel des neubabylonischen Reiches gerieten, überlebten in Kappadokien viele von ihnen: Auf sie traf Xenophon dort am Ausgang des 5. Jahrhunderts, und Strabon verzeichnet ihre Gegenwart in diesem Gebiete noch im 1. Jahrhundert. Bald werden wir auch archäologische Zeugnisse zur Beurteilung der Frage anführen und zeigen, daß die chaldäischen (»hethitischen«) Bilderschriftzeichen in dieser gleichen Region zur Zeit Strabons, und sogar später noch, im Gebrauch waren.

---

79 Xenophon, *Kyrupädie*, III, ii.
80 Strabon, 12 : 3, 18–20, 28, 29.

Die geheime Schrift der Chaldäer

Nachdem das chaldäische Reich die Oberherrschaft in einem weitausgreifendem Gebiet, von den Ufern des Persischen Golfes bis zum Schwarzen Meer und vom Mittelmeer bis zum Roten Meer, erlangt hatte, umfaßte es viele Nationen, Religionen und Sprachen. In den unterworfenen Provinzen wurden die einheimischen Sprachen respektiert. »An euch, Völker, Stämme und Zungen!« ruft Nebukadnezars Herold im Buche Daniel (3:4). Die Alltagssprache in Babylon war Akkadisch-Babylonisch; in den Provinzen war dies die Sprache für offizielle und diplomatische Dokumente; diese Dokumente wurden oft in die Ortssprache übersetzt. Das System war nicht zwei-, sondern dreisprachig. Neben dem Babylonischen als offizieller internationaler Sprache und den einheimischen Sprachen der verschiedenen Gebiete wurde in den Gottesdiensten für Liturgien und Gebete sowie bei feierlichen Anlässen im Palast auch Chaldäisch gebraucht. Im Buch Daniel heißt es, daß König Nebukadnezar die Ausbildung bestimmter jüdischer Knaben aristokratischer Herkunft anordnete, »an denen allweg kein Gebrechen ist, von gutem Aussehn und begreifend in aller Weisheit, wissensgerecht wissende und Gewußtes Verstehende, an denen Tauglichkeit ist, in der Königshalle anzutreten, und man solle sie Schrift und Sprache der Chaldäer lehren.«[81]

Viele Jahrhunderte lang und bis in die heutige Zeit haben Gelehrte angenommen, daß ein Teil des Buches Daniel wie auch der Talmud in der chaldäischen Sprache abgefaßt wor-

---

81 Daniel 1 : 4. Die Ansicht, daß Daniel ein Produkt des 2. Jahrhunderts vor unserer Zeitrechnung sei, ist erschüttert, und Dougherty (*Nabonidus and Belshazzar*, S. 196–200) demonstriert, daß »von allen nichtbabylonischen Überlieferungen, die sich mit der Situation am Ende des neubabylonischen Reiches befassen, das 5. Kapitel Daniel an Exaktheit an die Keilschriftliteratur heranreicht«, und daß »die in allen erreichbaren chronologisch fixierten Dokumenten aus den Keilschrifttexten nach dem 6. Jahrhundert v. Chr. aufzufindende Gesamtinformation ... nicht das nötige Material für das historische Gerüst des 5. Kapitels Daniel hätte liefern können.«

den sei. Aus diesem Grund gibt es »chaldäische« Wörterbücher. In der Folge wurde allerdings aufgezeigt, daß die Sprache dieser Bücher nicht Chaldäisch, sondern Aramäisch respektive Altsyrisch ist. Im gleichen Buch Daniel (2:4) wird gesagt, daß neben den Sprachen Chaldäisch und Babylonisch im Palast auch Syrisch gesprochen wurde. »Die Chaldäer redeten zum König aramäisch: . . .«

Das Fehlen von Inschriften in chaldäischer Sprache stand im Widerspruch zum Hinweis im Buch Daniel auf eine Sprache, welche die Chaldäer für ihre geheimen Lehren und für religiöse Zwecke gebrauchten. Man gelangte schließlich zur Meinung, daß die »Sprache dieser Chaldäer sich in keiner Weise vom gewöhnlichen semitisch-babylonischen Idiom unterschied«[82] und praktisch identisch war mit der akkadischen Sprache Babylons und Assyriens.

Die akkadische Bevölkerung Babylons vermischte sich mit dem chaldäischen Stamm, aber Babylon war nicht die ursprüngliche Heimat der Chaldäer. Die Chaldäer behielten für sich selbst die Position einer Kaste von Priestern und Astrologen,[83] und es wäre nur selbstverständlich gewesen, daß sie bei ihren Glaubensinvokationen und Mysterien von der Sprache ihrer alten Traditionen Gebrauch gemacht hätten, die dem gewöhnlichen Volk nicht bekannt war. Sie erhielten ihr geheimes, nicht zur Verbreitung bestimmtes Wissen in einer Schrift, die den profanen Abc-Schützen unverständlich war.

Es wird oft versichert, in den Ländern entlang dem Euphrat sei keine geheime Schrift entdeckt worden. Sogar moderne Bücher über Altertumsgeschichte halten das in Kapiteln aufrecht, in welchen die Chaldäer behandelt werden; und in den

---

82 J. D. Prince, »Chaldea«, *Encyclopedia Britannica* (14. Ausgabe), V, 195. Es wird manchmal vermutet, daß die Sprache der Weisen nichtsemitisches Sumerisch war. Vgl. E. Renan, *Histoire générale et système comparé des langues sémitiques* (7. Ausgabe), S. 65.
83 »Die Chaldäer also gehören zu den ältesten Babyloniern und nehmen in der Einrichtung ihres Staatswesens eine ganz ähnliche Stellung ein, wie in Ägypten die Priester.« Diodor, II, 29.

Kapiteln über die Entdeckung einer seltsamen piktographischen Schrift in Karkemisch am Euphrat, in Babylon, in Assur am Tigris, in Hamath, in Bogazköi und an anderen Orten wird die Erklärung abgegeben, daß diese Schrift vom Volk »eines vergessenen Reiches« zurückgelassen worden sein muß und, Jahrhunderte danach, auch von den sogenannten syrischen Hethitern.

Aber da wenigstens einige dieser Monumente mit dieser piktographischen Schrift einmütig dem 6. Jahrhundert zugeschrieben worden sind,[84] müssen die »Hethiter«, die vorgeblich diese Hieroglyphen (Bilderschriftzeichen) zur Zeit der späten Könige der chaldäischen Dynastie niederschrieben, nicht nur der Erinnerung nachfolgender Generationen, sondern auch der Aufmerksamkeit ihrer Zeitgenossen entgangen sein.

Ein Dolch und eine Münze

Obwohl das chaldäische Reich mit der Eroberung Babylons durch Kyros -539 (oder -538) sein Ende fand und Chaldäisch aufhörte, Staatssprache zu sein, war das nicht zugleich der Untergang der Chaldäer als Stamm im gebirgigen Kappadokien und Kilikien oder als eine Klasse von Priestern. Man könnte deshalb erwarten, daß die chaldäische piktographische Schrift in den Jahrhunderten nach dem Fall Babylons weiterverwendet worden ist. Die Bilderschriftzeichen enthaltenden Bleistreifen aus Assur stellten sich als gleichartig mit den Streifen des 3. und 2. Jahrhunderts heraus, auf welchen in griechischer Sprache Exorzismen eingeprägt sind. Man könnte ebenfalls erwarten, daß chaldäische Bilderschriftzeichen so lange zur Anwendung gelangten, wie Keilschrift im Gebrauch war. Keilschrift überlebte hauptsächlich darum,

---

84 Die Königsstele von Marasch, die Bor-Stele und die Palanga-Statue haben alle piktographische Inschriften. Siehe Von der Osten, *Four Sculptures*, S. 112–132.

  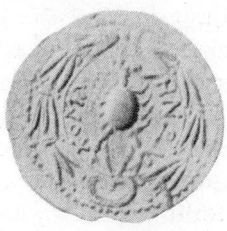

Abb. 27: Die Inschrift des Tarkudimme und die Münze von Antiochos IV.

weil die Perser sie ihrer Sprache als silbenbildende Zeichen anpaßten. Die jüngste erhaltene Keilschrift datiert aus dem Jahr 75 unserer Zeitrechnung, aus der Regierungszeit des Kaisers Vespasianus.

Sehr bald nach der Bekanntgabe der Entdeckung des »Hethiterreiches« zog eine zweisprachige Inschrift in Keil- und Bilderschrift die Aufmerksamkeit der Wissenschaft auf sich. A. H. Sayce schrieb in seinem *The Hittites: The Story of a Forgotten Empire* (1888): »Innerhalb eines Monats, nachdem mein Papier der Society of Biblical Archaeology vorgetragen worden war, das die Entdeckung des Hethiterreiches und die Verbindung der merkwürdigen Kunst Kleinasiens mit derjenigen von Karkemisch zum Gegenstand hatte, stolperte ich über eine bilinguische Inschrift in hethitischen und keilschriftlichen Zeichen. Sie stand auf dem Silberknauf von König Tarkondemos.« Der Knauf ist eine gravierte Scheibe, die an einem Dolchgriff befestigt war. Sayce fuhr fort: »Die Lesung der keilschriftlichen Erläuterung bietet keine weiteren Schwierigkeiten. Sie gibt uns den Namen und den Titel des Königs, dessen Abbild darin eingraviert ist – ›Tarqudimme, König des Landes von Erme‹. Der Name Tarqudimme ist offensichtlich derselbe wie jener des kilikischen Fürsten Tarkondemos oder Tarkondimotos«, der zur Zeit des Augustus in den allerersten Jahren des christlichen Zeitalters lebte. »Den Namen trifft man auch in anderen Teilen Kleinasiens in der Form Tarkondas und Tarkondimatos; und wir können ihn als einen ausgesprochenen hethitischen Typus auffassen. Wo der Distrikt war, über den Tarqu-dimme regierte, können wir nur erraten; es kann der von den klassischen Autoren Arima genannte Bergzug gewesen sein, der nahe am Fuß der hethitischen Monumente des Bulgar Dagh lag. In diesem Falle wäre Tarkondemos ein kilikischer König gewesen.«

Schon seit den ersten Anfängen der »Hethiter«-Forschung ist der Knauf des Tarkudimme ein hervorstechendes Untersuchungsobjekt gewesen, da es sich für lange Zeit um die einzige zweisprachige Inschrift in Bilderschriftzeichen und in einer anderen Schrift handelte. Die piktographische Inschrift wurde nicht entziffert – sie schien nicht das exakte Gegenstück zur Keilschrift zu sein. Aber der oben zitierte Autor (Sayce) zog in Erwägung, daß der Dolch einem Fürsten in Kilikien gehört haben könnte, dessen Namen Tarkondemos war; er fand des weiteren heraus, daß ein Fürst dieses Namens zur Zeit des Kaisers Augustus in Kilikien gelebt hatte. Der Frage, ob es zur Zeit Augustus' eine Nation der »Hethiter« gab, wurde ausgewichen. Kein römischer Autor, Historiker oder Geograph sagte irgend etwas über Hethiter, und doch stand Kleinasien unter römischer Herrschaft.

Im ersten vorchristlichen Jahrhundert wurde den chaldäischen und persischen Magiern der Besitz geheimen und alten Wissens zugeschrieben. Ein Zauber in chaldäischen Buchstaben auf dem Griff eines Dolches könnte zum Schutz seines Eigentümers gegen Feinde entworfen worden sein. Einer der Urheber der Idee des »Hethiterreiches« lieferte unwissentlich den Nachweis, daß die piktographischen Zeichen mindestens bis zum Beginn der christlichen Zeitrechnung verwendet worden sind.

Spätere Autoren, welche die piktographische Schrift der »Hethiter« behandelten, waren sich in ihren Meinungen völlig einig, daß diese Schrift, die in den syrischen Städten unter den sogenannten »Syro-Hethitern« bis ins 6. Jahrhundert hinein verwendet wurde, in Kleinasien bereits um -1200 völlig außer Gebrauch gekommen war. Wenn die Schrift aber

Chaldäisch und nicht »Hethitisch« ist, so darf vernünftigerweise ihr Überleben im Nahen Osten bis in griechische und römische Zeiten erwartet werden.

1950 veröffentlichte ein Schweizer Numismatiker in einer lokalen numismatischen Zeitung eine Mitteilung, die von einer Münze mit irgendwelchen piktographischen Zeichen und der daneben abgedruckten griechischen Version berichtete. Der Welt der Orientalisten wurde dieser Fund erst 1952 bewußt, als H. T. Bossert mit einem Aufsatz die Aufmerksamkeit auf diese Münze lenkte.[85] Einige Zeit danach kaufte Theresa Goell, die Ausgräberin von Nemrud-Dag in der Kommagene-Landschaft westlich des Euphrats, in Samosata, der alten Hauptstadt des Kommagene-Königreiches, eine gleichartige Münze.[86] Beide Münzen bieten dieselbe »hethitische« piktographische Lesung *Gal-Lugal* (»Großkönig«) und daneben auf griechisch *Basileus Megas*, d. h. »Der Große Herrscher«. Die Münzen wurden von Antiochos IV geprägt, einem König des Kommagene-Königreiches; er regierte zur Zeit des Kaisers Vespasianus, von dem er im Jahre 72 unserer Zeitrechnung auch abgesetzt wurde.

Bossert nahm an, daß die »hethitische« Bilderschrift ohne jegliches Wissen um die Bedeutung der Zeichen zur Verzierung der Kommagene-Münze aus dem 1. Jahrhundert gewählt wurde, weil die »hethitische« Kultur und Sprache Dinge einer fernen Vergangenheit waren; das hört sich nicht glaubhaft an. Warum wurde aus einer sehr großen Anzahl »hethitischer« Bilderschriftzeichen, die auf Denkmälern zu finden waren, exakt das Wort »Herrscher« oder »König« ausgewählt? Es handelt sich um eine Übersetzung des griechischen Begriffes *Basileus Megas*, auf die gleiche Münze geprägt. »Hethiter« gehörten in eine längst vergangene Epoche, aber die Chaldäer waren den Römern bekannt und wurden auch

---

85 Bossert, »Wie lange wurden hethitische Hieroglyphen geschrieben?«, *Die Welt des Orients* (1952), S. 480–484. Siehe auch C. Küthmann, *Schweizer Münzblätter*, I (1950), S. 62–69.
86 Persönliche Mitteilung.

für ihr altes Wissen bewundert. Die Welt war begierig, die Geheimnisse der Vergangenheit kennenzulernen, und von den persischen Magiern, den Chaldäern und den ägyptischen Priestern nahm man an, sie überlieferten solche Traditionen. Die Chaldäer lebten als ethnische Gruppe während persischer und griechischer Perioden im Gebiet, das an die Kommagene grenzte, in der Nähe von Malatya und anderen Stätten, wo die Denkmäler von den Tagen erzählen, als die Chaldäer das Land und, in der Tat, den größten Teil des Alten Ostens regiert hatten. Zur Zeit Strabons, in den letzten vorchristlichen und in den ersten zwei nachchristlichen Jahrzehnten, bewohnten die Chaldäer als ethnische Einheit noch immer dieses Gebiet, es entspringt deshalb nicht unbedingt einem Willen zur Tributleistung an archaische Traditionen, wenn die Kommagene-Könige, Nachfahren der makedonischen Generale, ihre Münzen mit chaldäischen Zeichen neben griechischen Buchstaben schmückten.

Im Stil seiner Monumente bewahrte das Königreich von Kommagene Merkmale, die auf die Zeit des »Hethiterreiches« zurückzugehen schienen, vorgeblich zwölf Jahrhunderte lang.

Theresa Goell, Ausgräberin von Nemrud-Dag, der Hauptstadt der hellenistischen Könige von Kommagene, berichtete: »Von besonderem Interesse für die Kultur- und Kunstgeschichte ist das archaische Überleben hethitischer Attribute und Details im Vergleich mit Grundzügen aus Yazilikaya, Tell Halaf, Karkemisch ... Die Kolossalstatuen, Wächterlöwen ... sind Details, die unverkennbar hethitischen Einfluß verraten.«[87]

Wenn der »hethitische« aber eigentlich ein chaldäischer Einfluß ist, so ist er ohne weiteres durch die Gegenwart chaldäischer Stämme in dieser Region noch im 1. Jahrhundert vor unserer Zeit zu erklären.

---

[87] »Summary of Archaeological Work in Turkey in 1954«, *Anatolian Studies* (1955), S. 14.

Mitanni

Noch ein anderes Königreich löst sich in Luft auf, wenn die Jahrhunderte ihre richtige Position einnehmen.

Im »hethitischen« Bereich lebte ein Volk indoeuropäischer Rasse – das Volk von Mitanni. Die Könige von Mitanni waren unter den aktiven Korrespondenten der El-Amarna-Periode. Tuschratta schrieb einen Brief teilweise in babylonischer und zum Teil in mitannischer Sprache. Nach langem Werben des ägyptischen Königshauses waren die Könige von Mitanni einverstanden, ihre Töchter den Pharaonen zur Gemahlin zu geben.[88] Diese Tatsache deutet die wichtige Position an, welche die Könige von Mitanni und ihr Land einnahmen.

Es war keine leichte Aufgabe, in Nordsyrien oder in Mesopotamien ein nicht schon von anderen Völkern bewohntes geographisches Gebiet zu finden; deshalb wurde – im Zusammenhang mit noch anderen Erwägungen – die Region von Karkemisch, die bereits den »Hethitern« und den Assyrern zuerkannt worden war, auch den Mitanni zugeteilt; auf historischen Karten werden die Namen dieser drei Völker in verschiedenen Richtungen quer über das gleiche Gebiet geschrieben.

Mithras, Waruna und Indra – von indoiranischer Herkunft – umfassen das Pantheon des Volkes von Mitanni. Die Mitanni hatten »indoiranische technische Begriffe in ihrem Vokabular«.[89] Wenn man annimmt, daß dieses Volk am oberen Euphrat lebte, muß man auch eingestehen, daß sie in einer noch früher zurückliegenderen Zeit aus dem Iran einwanderten. Wer waren die Leute von Mitanni?

Es wird versichert, daß das Königreich von Mitanni und sein Volk im 13. oder 12. Jahrhundert verschwanden, da in den nachfolgenden Jahrhunderten nichts mehr über sie be-

---

88 »Zeitalter im Chaos«, Band I, *Vom Exodus zu König Echnaton*, »Eine syrische Koalition...« in Kap. 8.
89 Albright, *From the Stone Age to Christianity*, S. 153.

kannt ist. Aber der libysche Pharao Scheschonk verwies einmal mehr auf die Mitanni, was als Anachronismus aufgefaßt wurde.[90]

Im 15. bis zum 13. Jahrhundert war von den indoiranischen Medern noch nichts gehört worden, aber mit dem 9. bis zum 8. Jahrhundert, kurze Zeit bevor ihre Aktivitäten aufzufallen begannen, sollte ihre Gegenwart im Kreis der Nationen erwartet werden.

Die Rolle der Meder im Bündnis gegen Assyrien, wie sie in den Annalen Nabopolassars dargestellt wird, und die Rolle der Mitanni, ebenfalls in einer Allianz gegen Assyrien, wie sie von Mursilis und seinem Vater berichtet wird, scheinen zusammenzufallen.

Ein vatermörderischer Prinz von Mitanni floh Hals über Kopf aus seinem Land, kam zum Vater von Mursilis und wurde Mursilis' Schwager: Die Ehe wurde zur Sicherung einer Allianz wegen des bevorstehenden Krieges mit Assyrien geschlossen.[91] Aus dem knappen Bericht in den Annalen von Nabonid über den Fall Assyriens kann geschlossen werden, daß der Prinz aus Medien, der Verbündete der Chaldäer, ein Vatermörder war.

Der politische Zweck des Bündnisses durch eine Ehe mit dem Prinzen aus Mitanni im bevorstehenden Krieg gegen Assyrien wird in den Bogazköi-Texten ausführlich geschildert.[92] Bei griechischen Autoren nahm diese Tatsache die Form einer Legende über Nabopolassar an, der eine medische Prinzessin als Braut für seinen Sohn Nebukadnezar akzeptierte.[93] Aber es wurde bemerkt, daß aus Keilschrifttexten

---

90 J. A. Wilson, »Egyptian Historical Texts«, in *Ancient Near Eastern Texts*, hrsg. von Pritchard, S. 263–264; »Mitanni hat als Nation mindestens vier Jahrhunderte früher aufgehört zu existieren.«
91 E. Weidner, Hrsg., »Die Staatsverträge in akkadischer Sprache aus dem Archiv von Boghazköi«, *Boghazköi Studien*, VIII–IX (1923).
92 Luckenbill, *American Journal of Semitic Languages*, XXXVII (April 1921), Treaty between Shubbiluliuma of Hatti and Mattiuazza of Mitanni, S. 161–211.
93 Alexander Polyhistor in Eusebios, *Kirchengeschichte*, I, 29.

nichts über eine medische Gefährtin Nebukadnezars bekannt ist.[94]

Herodot (V, 49) bezeichnet den nordwestlichen Teil Mediens unter den Perserkönigen als das Land der Matiener. Diese persische Satrapie lag in der Nähe des Berges Ararat.[95] Wir verbinden den Namen Matiene mit dem Namen Mitanni aus el-Amarna und Bogazköi. Wir fügen hinzu, daß Mitanni der ursprüngliche Name der Meder war und daß ihr Gebiet nicht am mittleren Euphrat, sondern südlich des Kaspischen Meeres lag. Die Invasion Mediens durch die Skythen (Umman-Manda)[96] brachte einen Zufluß neuen Blutes mit sich, und danach wurde der Name Manada auch auf die Mitanni angewendet.[97] Die Mischnation wurde mit dem Mischnamen Medien bezeichnet. Aber der ursprüngliche Name von Mitanni wurde im Namen einer separaten Satrapie im Nordwesten von Medien beibehalten.

Ganz anders, als üblicherweise dargestellt wird, fanden die wirklichen Bewegungen rassischer Gruppierungen von Osten nach Westen, von Norden nach Süden, von Süden nach Osten und Norden statt, als indoiranische Völkergruppen durch den Filter semitischer Nationen passierten und eine vereinte Kultur Kleinasien erreichte.

---

94 Dougherty, *Nabonidus and Belshazzar*, S. 55.
95 Kiepert, »Vortrag über die geographische Stellung der nördlichen Länder in der phönikisch-hebräischen Erdkunde«, *Monatsberichte der Akademie der Wissenschaften zu Berlin*, 1859 (1860), S. 191–219.
96 Gadd, *The Fall of Nineveh*; E. Meyer (*Geschichte des Altertums*, Band III, S. 74) betrachtet Umman-Manda als eine Bezeichnung für Kimmerier, die gleichzeitig mit den Skythen in Kleinasien eindrangen.
97 »In den Königsinschriften des neubabylonischen Reiches sind die Umman-Manda gewiß identisch mit den Madai, Medes«, Langdon, *The Venus Tablets of Ammizaduga*. S. 9, Fn.

Kapitel 7

Exil oder Exodus

Nebukadnezar besucht Ramses II

Als Jeremia (43:7ff.) in Ägypten im Exil weilte, nahm er in einem symbolischen Akt »große Steine«, verscharrte sie »im Schutt am Ziegelbau, der am Einlaß des Hauses Pharaos in Tachpanches ist«, und prophezeite dann im Namen des Herrn: »Wohlan, ich sende hin, ich hole Nebukadnezar, König von Babel..., ich setze seinen Stuhl oberhalb dieser Steine, die ich verscharren ließ, er soll seinen Prachthimmel über ihn spannen. Er kommt daran, er schlägt das Land Ägypten...«

Im babylonischen Exil prophezeite auch Hesekiel, daß Nebukadnezar Ägypten erobern würde (29:19). Wurden diese Prophezeiungen erfüllt?

»Ob Nebukadnezar je in Ägypten eingedrungen ist, wie Hesekiel prophezeite, wissen wir noch nicht.«[1] Diese zu Beginn des Jahrhunderts geschriebenen Worte haben ihre Gültigkeit für die Geschichtsforscher noch nicht verloren. Tausende von Tonziegeln mit den Gebeten Nebukadnezars sind gefunden worden, aber von den modernen Gelehrten wird nur eine einzige Inschrift mit geschichtlichem Inhalt Nebukadnezar zugeschrieben: Es handelt sich um ein kleines, verstümmeltes Fragment, auf welchem von einer Expedition Nebukadnezars nach Ägypten die Rede ist.

Die Könige, (die Vasallen?) seiner Macht — — seinen Höchstkom-

---

1 H. Winckler, *The History of Babylonia and Assyria* (New York 1907), S. 318.

mandierenden und seine Söldner -- sprach er zu ihnen -- welche vor -- mitten auf dem Weg ...
-- Im 37. Jahr Nebukadnezars, des Königs von Babylon, (die Könige?) von Misir [Ägypten] rückten heran, eine Schlacht zu liefern.-- ... es, der König von Misir, entbot seine Heeresmacht (und ...) -kus von der Stadt Butu-Javan -- (und andere von?) fernen Gebieten mitten im Meere -- den zahlreichen -- im Lande Misir ...
-- Waffen, Pferde und -- entbot er zu seinem Beistand ...[2]

Seit der Veröffentlichung dieses Fragments[3] wurde es wiederholt als Bezugnahme auf eine Invasion Ägyptens durch Nebukadnezar in seinem 37. Jahr ausgelegt. Einige, dem verstümmelten Text hinzugefügte Mutmaßungen ließen militärische Aktionen vermuten. Vom Namen des Pharaos war nur der letzte Teil, -es oder -is, übriggeblieben, und die Rekonstruktion erfolgte folgendermaßen: »Der einzige Name eines Königs von Ägypten aus dieser Periode, der mit -is [-es] endet, lautet Ahmes oder Amasis.«[4] Amasis regierte Ägypten von ungefähr -568 bis -526.

»Dieser Tafel kommt wegen der Tatsache Bedeutung zu, daß es sich um die einzige historische Tontafel handelt, die wir aus dieser Epoche besitzen. Daß der König eine kleine Tontafel wählte, um auf ihr die Unterwerfung der ägyptischen und mittelmeerischen Allianz festzuhalten, ist überaus verblüffend und erheischt eine Erklärung.«[5] Der Autor dieses Zitates dachte, daß das Dokument ein königlicher Brief gewesen sei.

Aber weder in ägyptischen noch griechischen Quellen gibt es einen Hinweis auf die Tatsache, daß Nebukadnezar tatsächlich in Ägypten eingedrungen ist. Ebensowenig sprechen

---

2 Vgl. Langdon, *Building Inscriptions of the Neo-Babylonien Empire*, S. 182; *Die Neubabylonischen Königsinschriften*, »Nebukadnezar«, Inschrift 48.
3 T. G. Pinches, »A New Fragment of the History of Nebukadnezar«, *Transactions of the Society of Biblical Archaeology*, Vol. 7, 188 D (1882), S. 210–225.
4 Ebenda, S. 216.
5 Langdon, *Building Inscriptions of the Neo-Babylonian Empire*, S. 183.

die hebräischen Quellen von einer Eroberung Ägyptens durch Nebukadnezar oder von der Erfüllung der Prophezeiungen Hesekiels oder Jeremias – obwohl die Tatsache erwähnt wird, daß Nebukadnezar die jüdischen Flüchtlinge aus Ägypten nach Baylon holen konnte.

Eine kritischere Untersuchung der Tafel legt nahe, daß »diese Inschrift gewöhnlich als Hinweis auf eine Invasion Ägyptens durch Nebukadnezar mißverstanden wurde.«[6] Die Expedition scheint eine friedliche gewesen zu sein, obwohl Infanterie und Kavallerie den König begleiteten.

Was bedeuten die fragmentarischen Sätz der Tontafel? Der König zog nach einer Konsultation mit seinen Anführern und einer Ansprache an sein Heer in Richtung Ägypten. Er wurde von Berittenen und Fußsoldaten begleitet. In Verbindung mit der Expedition werden ein Pharao, dessen Name mit -es endet, und die Stadt der griechischen Söldner in Ägypten[7] erwähnt.

Mein revidiertes historisches Schema führt mich zur Auffassung, daß Nebukadnezars Gastgeber Pharao Ramses II war.

Im 34. Jahr von Ramses II kam Chattusilis nach Ägypten, um den Pharao zu besuchen und ihm seine Tochter zur Frau zu geben. Ebenfalls wollte er die Wunder dieses Landes sehen. Die sogenannte »Hochzeitsstele« in Ägypten[8] berichtet, daß der König von Cheta sein Heer und seine Anführer versammelte; und »dann sprach der Häuptling des Landes Chatti zu seinem Heer und seinen Anführern«, um ihnen die Vorteile auseinanderzusetzen, Ramses eine Tochter zur Gemahlin zu geben.

---

6   Hall, *The Ancient History of the Near East*, S. 547.
7   Butu-Javan (*Javan* bedeutet im Babylonischen »griechisch«).
8   Breasted *Records*. Vol. III, Sec. 415 ff. Die Stelen in Karnak, Elephantine und Abu Simbel enthalten den Text. Siehe Ch. Kuentz, in: *Annales du Service des Antiquités de l'Egypte*, XXV (1925), und J. Wilsons Übersetzung in Pritchard, *Ancient Near Eastern Texts*, S. 256 ff. Eine gute Zusammenfassung der Texte aus Bogazköi, welche die Reise von Chattusilis nach Ägypten betreffen, findet man im Artikel von Elmar Edel, »Der geplante Besuch Hattusilis III in Ägypten«, *Mitteilungen der Deutschen Orient-Gesellschaft*, 92 (1960), S. 16–20.

»Seine Majestät [Ramses] empfing die Botschaft – im Palast, mit frohem Herzen ... als er hörte so seltsame und unerwartete Dinge ...«

Zu jener Zeit sammelten sich viele Prinzen und Fürsten fremder Länder in der Residenz des Pharaos. Als sie aber hörten, daß der Großkönig von Chatti kommen würde, wurden sie von Ehrfurcht erfaßt. »Es kamen die großen Häuptlinge eines jeden Landes; sie waren tief gebeugt, in Furcht zurückweichend, als sie seine Majestät den Häuptling zu Cheta in ihre Mitte treten sahen, um die Gunst von König Ramses [II] zu suchen.«

Es war Nebukadnezar, von welchem der Talmud sagt, daß der Schrecken, den er in allen Königen erweckte, derart groß war, daß zu seinen Lebzeiten die ganze Welt in einem Zustand der Angst war und niemand zu lachen wagte.«[9]

Die Hochzeitsstele – in leicht beschädigten hieroglyphischen Zeilen – schildert die Ankunft des großen Gefolges:

> Sein Heer kam, ihre Glieder gesund, und sie schritten weit aus ...
> Die Tochter des Großkönigs von Cheta schritt an der Spitze des Heeres ... Seiner Majestät, ihr folgend. Es war gemischt aus Fußvolk und Berittenen aus Cheta; sie waren Krieger wie auch Berufssoldaten; sie aßen und tranken, nicht sich bekämpfend – untereinander ...[10]

Beim Vergleich des ägyptischen Textes der Hochzeitsstele mit der Keilschrifttafel Nebukadnezars finden wir eine Anzahl von Parallelen: Sie beginnen bei der Rede des Königs von Chatti, d. h. Nebukadnezars, an sein Heer und seinen Anführer, gefolgt vom Marsch der Infanterie und Kavallerie nach Ägypten bis zum Treffen mit dem Pharao und seinen zahlreichen Truppen sowie der Schilderung des Vertrauens, das sie einander bewiesen.

Neben der Hochzeitsstele aus dem 34. Jahr von Ramses II

---

9 Bernstein, *König Nebukadnezar von Babel in der jüdischen Tradition*, S. 32.
10 Breasted, *Records*, Vol. III, Sec. 424.

Abb. 28: Chattusilis-Nebukadnezar bringt seine Tochter zu Ramses II. Man beachte den Kopfputz des Königs, identisch mit jenem auf der einzig bekannten Abbildung Nebukadnezars aus Wadi Brissa.

existiert auch eine in Koptos gefundene Stele, die einen Hinweis auf königliche Prinzen aus Chatti enthält, die »seine [des Königs] andere Tochter« begleiteten und »ein zweites Mal nach Ägypten« kamen.[11] Entweder ist die Hochzeitsstele oder die Koptostele ein Gegenstück zur Tontafel Nebukadnezars.

Aus der Selbstbiographie von Chattusilis wissen wir, daß er sich sieben Jahre lang seinem Bruder und Neffen untergeordnet hatte. Während dieser Zeit war er König des Oberen Landes (entweder Assyrien oder ein Teil Anatoliens) sowie Oberbefehlshaber des westlichen Heeres (des Heeres von Chatti).

Wie wir sahen, konnte Nebukadnezar seine Regierungsjahre auf verschiedene Art kalkulieren. Zählte er sie von dem Jahre an, in welchem er König von Babylonien wurde, wäre das 34. Jahr Ramses' II das 29. oder 30. Jahr von Nebukadnezar, und die in seinem 37. Jahr geschriebene Tontafel würde seinen zweiten Besuch in Ägypten betreffen; wenn aber Nebukadnezar – wie er es in seinen späteren Jahren sicher tat – seine Regierungsjahre vom Tod seines Vaters an zählte, wäre das 34. Jahr von Ramses das 37. Jahr von Nebukadnezar. In diesem Fall ist die Tontafel Nebukadnezars, die in seinem 37. Jahr geschrieben wurde, zeitgleich mit der Hochzeitsstele aus dem 34. Jahr von Ramses.

Ein Relief im Felsentempel von Abu Simbel in Nubien zeigt, wie der König von Chatti seine Tochter zu Ramses II bringt. Sie steht vor ihrem Vater; er erhebt seine Arme mit offenen Händen mit dem Ausdruck eines respektvollen Grußes. Sein Gesicht ist glatt rasiert, und ein großer Haarschopf fällt in seinen Nacken unter einer hohen, konisch geformten Kopfbedeckung hervor, die wie eine Bischofsmütze aussieht und eine phrygische Kappe ist.

Im Wadi Brissa im Libanon ließ Nebukadnezar an zwei Stellen sein Bild in den Felsen meißeln; es sind vorgeblich die zwei einzigen bekannten Abbildungen dieses Königs. Die Fi-

---

11 Ebenda, Sec. 427 f.

guren sind verwittert und erodiert; aber es läßt sich ausmachen, daß er auf einem der Reliefs ein Tier hält – wahrscheinlich tötet er einen Löwen – und auf dem anderen einen Baum fällt, wohl eine Libanonzeder. Die Reliefs werden von langen Glaubensinschriften begleitet, die seinen frommen Taten gewidmet sind.[12]

Das am besten erhaltene und charakteristischste Kleidungsstück Nebukadnezars auf diesen Reliefs ist seine Kopfbedeckung. Unter dieser phrygischen Kappe hervor fällt der schwere Haarschopf über seinen Nacken. Die Kopfbedeckung, »eine hohe Tiara, ähnelt der bischöflichen Mitra.«[13]

Obwohl das Bild im Libanon beschädigt ist, bieten die erhaltenen Teile eine verblüffende Ähnlichkeit mit dem Bild des »Königs von Chatti« in Abu Simbel dar, besonders, weil beide Ansichten den König im gleichen Profil zeigen; seine auf beiden Porträts identische Haartracht ist ungewöhnlich.

Wir haben die historischen Annalen verglichen, wir verglichen auch die geistig-seelischen Bildnisse und haben nun die Möglichkeit, auch die körperlichen Porträts des Chaldäer- und des »Hethiter«-Königs miteinander zu vergleichen, die ein und derselbe waren.

Der Ziegelofen von Tachpanches

Im Zusammenhang mit seinem Besuch in Ägypten erwähnt Nebukadnezar Butu-Javan, die Kolonie der Griechen. Zur Zeit Nebukadnezars war Tachpanches der hebräische Name für die Stadt der griechischen Soldaten in Ägypten. Um ihm auf seinem Besuch zu Ramses II zu folgen, müssen wir uns nach Tachpanches begeben.

---

12 Die Inschriften sind auf Englisch übersetzt von Langdon, Building Inscriptions of the Neo-Babylonian Empire, S. 153–175.
13 F. H. Weißbach, »Die Inschriften Nebukadnezars II im Wadi Brissa und am Nahr el-Kelb«, *Wissenschaftliche Veröffentlichungen der deutschen Orientgesellschaft* (Leipzig 1906), Heft 5.

Tachpanches war eine Grenzstadt im Osten des Deltas.[14] Es gab dort einen Königspalast (Jeremia 43:9), und es war eine Festung. Ihr griechischer Name war Daphne, heute Tell ed-Defenne.[15] Im 7. und 6. Jahrhundert waren dort griechische Soldaten stationiert; der Ort war zum Schutz der palästinischen Grenze Ägyptens gewählt worden (Herodot). Dort unternommene Ausgrabungen brachten große Mengen griechischer Waffen, Werkzeuge und Töpferwaren zutage.[16] Die Fundamente eines von Ramses II erbauten Tempels wurden entdeckt. Der Teil einer Statue von Ramses II, auf dem sich seine Kartuschen befanden, wurde in den Ruinen gefunden.[17] Daphne war vorgeblich zur Zeit der 26. Dynastie um ungefähr -664 erbaut worden und soll bis -565 existiert haben; Überreste eines von Ramses II errichteten Tempels wurden von den Ausgräbern nicht erwartet.[18]

Flinders Petrie, der Ausgräber von Tachpanches-Daphne war von den rötlichen ofengebrannten Ziegeln beeindruckt, die in Tell ed-Defenne und im benachbarten Dorf Nabesche gefunden wurden. Steine- und Schlammziegel sind seit je das Baumaterial Ägyptens gewesen. Die Schlammziegel wurden an der Sonne getrocknet, ein Verfahren, daß noch heute in Ägypten angewendet wird.

Deshalb waren die an diesen zwei Orten verwendeten ofengebrannten Ziegel in Petries Augen etwas sehr Ungewöhnliches. Auch im Tempel in Nabesche fand Petrie eine Statue mit den Kartuschen von Ramses II. Er öffnete einige Gräber. Prompt enthüllte das erste Grab die Zeit seiner Entstehung. »Einige im Grab gefundene Fragmente geformten Granits stimmen wiederum mit einer ramessidischen Periode überein. Die Verwendung roter Brandziegel in diesem Grab, und im

---

14 Sir W. M. Flinders Petrie, A. S. Murray und F. Ll. Griffith, *Tanis*, Teil II, *Nebesheh (Am) and Defenneh (Tahpanhes)* (London 1888).
15 Ebenda, S. 52. Herodot, II, S. 30, 107.
16 Petrie, *Tanis*, Teil II, *Nebeshed and Deffeneh*, S. 30.
17 Ebenda, S. 30.
18 Ebenda.

nächsten, das ebenfalls ramessidisch ist, ist von großer Bedeutung. Bisher hatte ich in Ägypten nie Brandziegel aus einer früheren Zeit als der konstantinischen Periode gesehen; und es schien ein Test für jenes Zeitalter zu sein. Nun sehen wir aus diesen Fällen . . ., daß der Brandziegel zu ramessidischer Zeit im Delta eingeführt wurde.«[19]

Ebenfalls in Tachpanches (Daphne) brachte der Archäologe das Fundament eines aus ofengebrannten Ziegeln errichteten Gebäudes ans Licht. »Die frühesten hier gefundenen Überreste sind Teil des Fundamentes eines Gebäudes aus Brandziegeln.«[20] Da diese Ziegel mit jenen der Gräber identisch waren, wurde der Schluß gezogen, daß einige Bauten zur Zeit der Ramessiden errichtet worden sind.

Es ist wesentlich, folgende Tatsachen festzuhalten: In Ägypten sind Brandziegel aus einer früheren Zeit als der ramessidischen nicht bekannt und auch nicht aus einer auf die Ramessiden folgenden Zeit; erst zur Zeit des christlichen Kaisers Konstantin treten sie wieder in Erscheinung.

Von woher kam diese kurzlebige Neuerung nach Ägypten?

R. Koldewey, der Ausgräber von Nebukadnezars Palast in Babylon, schrieb auf der ersten Seite seines Berichtes: »Nebukadnezar erneuert zunächst den Palast seines Vaters, indem er die Lehmziegelmauern durch solche aus gebrannten Ziegeln ersetzt.«[21] In seiner Beschreibung der charakteristischen Eigenheiten der Gebäude Nebukadnezars betont der Ausgräber Babylons wiederholt die »gut gebrannten, rötlichen Nebukadnezar-Ziegel«, und Nebukadnezar selber verweist in seinen Bauinschriften immer wieder darauf.

Die Fabrikation ofengebrannter Ziegel war offenbar eine Neuerung, die unter Nebukadnezar aus Babylon nach Ägypten eingeführt wurde.

Wir besitzen auch das Zeugnis von Jeremia, daß es zu seiner Zeit in Daphne-Tachpanches einen Ziegelofen gab. Er

---

19 Ebenda, S. 19.
20 Ebenda, S. 47
21 R. Koldewey, *Die Königsburgen von Babylon* (Leipzig 1931), I.

nahm Steine und verscharrte sie »im Schutt am Ziegelofen, der am Einlaß des Hauses Pharaos in Tachpanches ist« (Jeremia 43:9)

Da außer jenen der Ramessiden-Periode im vorchristlichen Ägypten keine ofengebrannten Ziegel gefunden worden sind, müssen die Anhänger der konventionellen Chronologie annehmen, daß der Ziegelofen nach Ramses II sieben Jahrhunderte lang bis zu Jeremia unbenützt stand und daß die zur Zeit Jeremias im Ofen hergestellten Ziegel alle verschwunden sind.

Ramses' Hochzeit

Der Besuch Nebukadnezars in Ägypten wird nicht nur durch die oben erwähnten Bilder und Tontafel festgehalten, sondern auch durch seine in Ägypten gefundenen königlichen Siegel bezeugt. Das sind »drei Terrakottazylinder, die eine Inschrift Nebukadnezars tragen, ein gewöhnlicher, auf seine Bauten in Bablyon hinweisender Text... Sie sollen vom Isthmus von Suez gekommen sein, und sie gehören offensichtlich zu einem Ort, wo Nebukadnezar ›seinen Thron aufgestellt‹ und ›sein Königszelt ausgebreitet‹ hatte. Da er nur der syrischen Straße gefolgt war und im Gebiet des Isthmus Daphnai der einzige Halteort an dieser Straße sein konnte, weisen alle Folgerungen auf die Herkunft aus Tefenne [Daphnai] hin, und als Gedenkzeichen des dortigen Aufenthalts«.[22] Mit anderen Worten, diese Siegel sind Anzeichen für Nebukadnezars Besuch in Tachpanches-Daphne.

Ramses II-Necho seinerseits beehrte Nebukadnezar durch die Erwiderung des Besuches in Babylon. Die Bentreesch-Stele von Ramses II informiert uns: »Siehe, seine Majestät war in Naharina (Mesopotamien), gemäß seiner jährlichen Gewohnheit.«

---

22 Petrie, *Tanis*. Teil II, *Nebesheh and Defenneh*, S. 51.

Es ist von Interesse, in Babylon Spuren seiner Besuche zu finden.

Eine Gebäudeinschrift Nebukadnezars erwähnt *bît nikî*, d. h. das Haus von Necho, außerhalb der Mauern Babylons.[23] Wahrscheinlich handelt es sich um das Haus, welches der frühere Gegner und jetzige Schwiegersohn während seiner alljährlichen Besuche in Babylon bewohnte. Der Ort wartet auf seine Ausgräber.

Als die Tochter des »Großkönigs von Chatti« ein Mädchen gebar, schrieb er an Ramses einen Brief mit der Forderung, ihm die Kleine zu überlassen, damit er sie später »zur Königinnenwürde« führen könne.[24] Nebukadnezar war daran gelegen, daß seine Enkelin nicht das Leben einer Nebenprinzessin in Ägypten führen würde. Ramses hatte die Tochter Nebukadnezars geheiratet, als er bereits in mittleren Jahren stand; obwohl die Neue zu seiner Hauptgemahlin wurde, hatte er vorher eine Hauptfrau gehabt, die ihm viele Kinder geboren hatte. Diese frühere Hauptfrau hatte mit »ihrer Schwester, der Frau des großen Häuptlings von Chatti« korrespondiert und Kopien dieser Briefe blieben in den Archiven von Bogazköi erhalten.[25]

Jeremias Prophezeiung, der König von Babylon würde sein Königszelt, den »Prachthimmel«, am Eingang von Pharaos Haus in Tachpanches ausbreiten, ging in Erfüllung. Wenn die Prophezeiung zur Zeit von Ramses II und nicht zu der seines Nachfolgers gemacht worden war, so sagte Jeremias genau den Platz voraus, wo Nebukadnezar seinen Thron aufstellen ließ. Wenn er aber zur Zeit Merenptahs, des Nachfolgers von Ramses II, prophezeite, dann kannte Jeremia bereits den Platz, an welchem Nebukadnezar zweimal vorher sein Zelt aufgeschlagen hatte.

---

23 Koldewey, *Die Königsburgen von Babylon*, II, S. 63–64; *bît nikî* wird gewöhnlich in der Bedeutung »Spendehaus« verstanden.
24 Luckenbill, *American Journal of Semitic Languages and Literatures*, XXXVII (April 1921), 195.
25 Ebenda.

Der zweite Teil derselben Prophezeiung – »Er kommt daran, er schlägt das Land Ägypten« – erfüllte sich nie, soweit die Ägypter davon betroffen waren und soweit uns die historischen Dokumente Auskunft erteilen. Aber sie erfüllte sich insoweit, als davon die Juden in Ägypten betroffen waren, und zwar in Übereinstimmung mit dem Vertrag über die Auslieferung der Flüchtlinge.

Nun werden wir einigen dieser kümmerlichen Reste des Volkes folgen, das zwischen Nebukadnezar und Ramses zermalmt wurde, als die zwei Herrscher sich zunächst bekämpften und dann wieder, als sie zu Freunden wurden.

Die Israel-Stele Merenptahs und die Klagelieder Jeremias

Die acht Jahrhunderte geordneten Lebens im Lande des Stammes Juda gingen zu Ende. Ein Volk, das in der Dämmerung dieser Epoche aus der Knechtschaft in Ägypten gekommen war, wurde ins Exil nach Babylon verschleppt.

Jeremia, der zusammen mit anderen in Ketten von Jerusalem nach Ribla getrieben worden war, wurde dort freigelassen. Aber er folgte der Aufforderung nicht, als freier Mann nach Babylon zu gehen, sondern er kehrte nach Juda zurück, wo eine kleine Zahl verelendeter Bauern vom babylonischen Kriegsheer zurückgelassen worden war.[26]

Gedalja, Sohn des Ahikam, wurde zum Statthalter über die Reste der Bevölkerung Palästinas ernannt. Die Juden, die nach Moab, Ammon und Edom vertrieben worden waren, begannen zu Gedalja zurückzukehren, der in Mizpa in Juda war. Er hörte nicht auf die Warnungen seiner Freunde; Aufrührer, die vom Ammoniterkönig Baalis aufgewiegelt waren, fielen über Mizpa her und töteten Gedalja zusammen mit seinen Begleitern und den Chaldäern, die sich dort aufhielten. Aus Angst vor einer gnadenlosen Rache Nebukad-

---

26 Jeremia 40: 4–6.

nezars entschlossen sich die letzten Juden, nach Ägypten zu ziehen.

> JEREMIA 42:14 ... ins Land Ägypten wollen wir kommen, daß wir Krieg nicht mehr sehn, daß wir Posaunenhall nicht mehr hören, daß wir nach Brot nicht mehr hungern, und dort wollen wir siedeln!

Die jüdischen Auswanderer, die »in Moab, bei den Söhnen Ammons, in Edom« waren und die »aus all den Orten, wohin sie versprengt waren«, zurückkehrten (Jeremia 40:11–12) und nach Mizpa kamen, nur um weiter nach Ägypten zu flüchten, könnten von den Ägyptern als Flüchtlinge aus Edom, Moab und Ammon angesehen worden sein. Weitere Flüchtlinge, die nicht mehr nach Mizpa zurückkehren wollten, strömten aus Edom und Moab nach Ägypten und folgten so dem verarmten, aus Juda flüchtenden Volk.

Ein fragmentarischer Brief eines Grenzbeamten ist gefunden worden, in dem es heißt:

> Wir haben aufgehört, den Schosu-Stämmen von Edom das Passieren der Festung des Merenptah-hotphima'e, welche sich in Tjeku befindet, ... um sie am Leben zu erhalten und um ihre Herden am Leben zu erhalten durch die Güte Pharaos, die schöne Sonne eines jeden Landes.[27]

> JEREMIA 43:7 ... sie kamen ins Land Ägypten, denn sie hörten nicht auf SEINE Stimme. Sie kamen bis Tachpanches.

In Tachpanches gab es ein »Haus Pharaos« (Jeremia 43:9). Die Stadt war eine Grenzfestung im Osten des Deltas, und Petrie fand dort einen Königspalast.[28] Tjeku (T-k'), die Grenzstadt im Osten des Deltas an der Hauptstraße von Sy-

---

27 Sir Alan H. Gardiner, *Geschichte des Alten Ägypten* (Stuttgart 1965), S. 305 f. Siehe R. Caminos, *Late-Egyptian Miscellanies* (Oxford 1954), S. 293.
28 Petrie, *Tanis,* Teil II, *Nebesheh and Defenneh.*

rien –Palästina, wurde als das Tachpanches der Schriften und Daphnai der griechischen Autoren identifiziert.

Der Pharao, dessen Name Binerē'-meramun Merenptah-hotphi (r) mā'e gelesen wird und der auf Ramses II folgte, ist der Pharao Hophra des Jeremia. Die Lesung hotphi (r) mā'e sollte als hophrāma'e erfolgen. Der Buchstabe *t* in *hotep* (»geliebt von«) wurde offenbar nicht ausgesprochen (entsprechend wird Amen-hotep im Griechischen zu Amenophis), und so wurde Hotphir im Hebräischen zu Hophra und im Griechischen zu Apries transkribiert.

Als er im Exil in Ägypten weilte, sagte Jeremia von diesem Pharao (44:30):

> So hat ER gesprochen: Wohlan, ich übergebe Pharao Chofra, König von Ägypten, in die Hand seiner Feinde ... wie ich übergeben habe Zidkijahu [Zedekia], König von Jehuda [Juda], in die Hand ... seines Feindes.

Die griechische Form des Namens Hophra ist Apries. Sowohl laut Jeremia als auch nach Herodot folgte Hophra-Apries dicht auf Necho-Nekos.[29]

Ein Gelehrter[30] theoretisierte, der oben zitierte Brief eines Beamten aus der Festung Tjeku, der nach Ägypten kommende Einwanderer betraf, stelle einen Bericht über den Zug Jakobs und seiner Söhne in das Land Pharaos dar; dies, natürlich, wenn Merenptah nicht der Pharao des Exodus war, wie die meisten Gelehrten heute annehmen.

Doch wie weit daneben gezielt! Merenptah war nicht der Pharao Josephs oder des Exodus, sondern der Pharao des Exils. Dazwischen liegt die lange Geschichte Israels – der Aufenthalt in Ägypten, die Wanderung in der Wüste und die Zeit der Richter und dann der Könige.

Weshalb wurde Merenptah die Rolle als Pharao des Exo-

---

29 Herodot (II,161) schob die sechsjährige Regierungszeit von Psammis zwischen Nekos (Necho) II und Apries.
30 B. D.Eerdmans, *Alttestamentliche Studien,* II (Giessen 1908), 67.

dus zugeschrieben? Hauptsächlich wegen der sogenannten Israel-Stele. Sie wurde 1896 von Petrie gefunden. Dieses Monument sollte »die Libyen-Stele« heißen, denn sie enthält einen Bericht über den libyschen Feldzug; aber sie hat zwölf abschließende Zeilen, aus welchen ihr Name abgeleitet wurde: die Israel-Stele.[31]

Zum besseren Verständnis der Schlußverse ist es nötig, den Geist zu bestimmen, in welchem die Stele geschrieben wurde. Diese Inschrift beschreibt den König als

die Sonne, die die Wolken verjagte, die über Ägypten waren; der Ägypten die Strahlen der Sonne sehen ließ; der einen ehernen Berg vom Nacken der Menschen wälzte ...

Die der Erwähnung Israels vorausgehenden Zeilen lauten:

Singend geht man, und kommt man, und es gibt kein Schreien trauernder Leute mehr. Die Dörfer sind wieder aufs neue besiedelt, und wer sein Korn gebaut hat, wird es auch essen. Re hat sich Ägypten wieder zugewendet; er ist geboren mit der Bestimmung, sein Schützer zu sein, er, der König Merenptah.

Hier folgen die abschließenden Zeilen:

Die Fürsten liegen ausgestreckt und sagen »Schalom«, und kein einziger erhebt noch seinen Kopf unter den neun Bogen. Tehenu ward zerstört; das Chattiland ist friedlich; Pekanon ist mit (?) jedem Bösen gefangengenommen; Askalon ward fortgeführt; Gezer ward gepackt; Jenoam ist zu nichts gemacht; Israel ('-s-r-'-r) ist verdorben und hat keinen Samen; Charu (H'-rw, Palästina) ist zur Witwe geworden für (?) Ägypten – alle Länder insgesamt sind in Frieden, und wer immer umherschweifte, der ist gebändigt von dem Könige von Ober- und Unterägypten ... Merenptah, dem es gegeben ist zu leben wie Re, alle Tage.

---

31 J. Wilson in Pritchard, *Ancient Near Eastern Texts,* S. 376–378. Siehe »Zeitalter im Chaos«, Band I *Vom Exodus zu König Echnaton.* »Welches ist die historische Zeit des Exodus?«

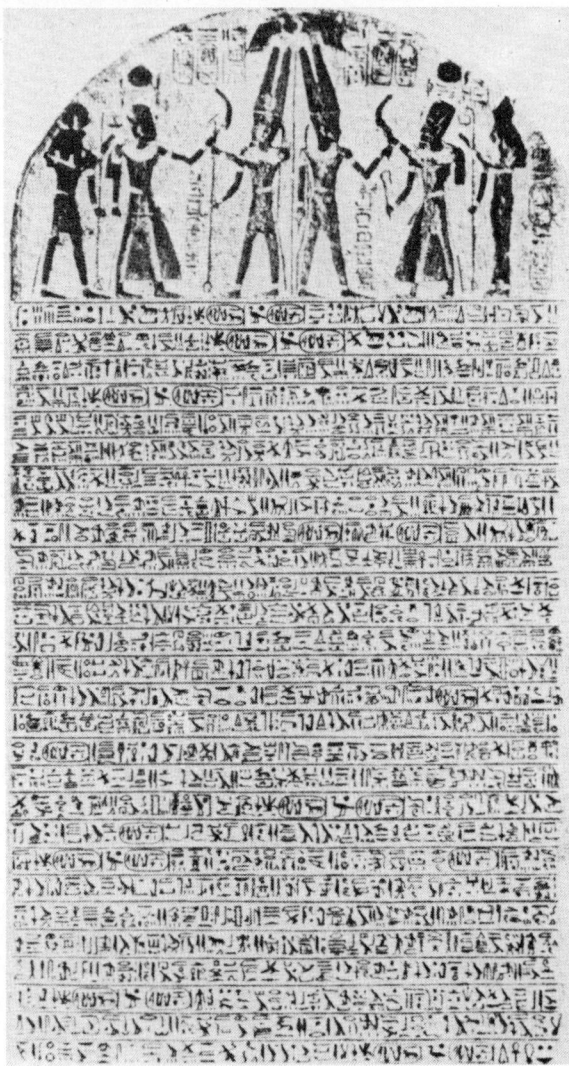

Abb. 29: Die »Israel-Stele« von Pharao Merenptah-Apries (Hophra).

Die Zeile »Israel ist verdorben und hat keinen Samen« in der abschließenden Passage der Stele inspirierte eine umfangreiche Literatur; man ist sich einig, daß Israels Name hier zum ersten Mal schriftlich genannt wird, noch bevor sogar die ältesten Teile der hebräischen Traditionen in geschriebenen Buchstaben festgehalten wurden. Es wird uns versichert, daß es sich nicht allein um die älteste, sondern auch um die einzige Erwähnung Israels in den erhaltenen Aufzeichnungen aus Ägypten handelt.[32]

»Und hat keinen Samen« wurde wiederholt als Hinweis auf das Umbringen der männlichen Kinder der Israeliten durch die Ägypter interpretiert, doch wird diese Auslegung von der Mehrheit unter den Gelehrten als gekünstelt angesehen; sie sind der Meinung, daß diese Zeile auf Merenptahs Stele eine Niederlage beschreibt, die der Pharao den aus Ägypten flüchtenden Israeliten beigebracht hatte. Es wurde betont, daß »Israel« ohne das Zeichen für ein seßhaftes Volk oder ein Land geschrieben wurde. Bände voller Kontroversen und Debatten türmen sich auf dieser einzelnen Zeile, um ihren Inhalt zu beleuchten.[33] Ihre wenigen Worte beginnen die Geschichtsschreibung des »Ewigen Volkes«; und für viele Gelehrte ist sie auch das »Alpha« zur Berechnung der Zeit des Exodus.

Welches war der Grund für die Versicherung, daß die Stele Merenptahs ein den Exodus der Israeliten nach Palästina betreffendes Dokument sei? Weil er ein Pharao war, der Palästina plünderte? Die Geschichte des Exodus weiß nichts von der Plünderung Palästinas durch den Pharao des Exodus. Weil er die Israeliten besiegte? Die Geschichte des Exodus

---

32 »Das Monument hat weite Beachtung gefunden, wegen der Hinweise auf Israel im letzten Abschnitt. Das ist die älteste uns bekannte Erwähnung Israels in der Literatur, eingeschlossen die hebräischen Schriften selbst.« Breasted, *Records,* Voll. III, § 603. Siehe auch Adolf Erman, *Die Literatur der Aegypter* (Leipzig 1923) S. 346: »Die weitaus älteste Erwähnung Israels und die einzige in einem ägyptischen Text. Es ist hier im Unterschied von den anderen Namen als Volk und nicht als Land geschrieben...«
33 Vom kontroversen Material vor 1925 findet sich einiges in J. W. Jack, *The Date of Exodus in the Light of External Evidence* (Edinburgh 1925).

weiß nichts von der Niederlage der Israeliten durch den Pharao; sie weiß lediglich von der Katastrophe, die das ägyptische Heer ereilte. Wenn die vage Zeile bedeutet, daß die Israeliten von Merenptah besiegt wurden, so wäre das ein Beweis gegen und nicht für die Identifizierung Merenptahs mit dem Pharao des Exodus.[34]

Die Geschichte des Exodus weiß weder etwas davon, daß Ägypten von den Hethitern bedroht war, noch daß es die Hethiter befriedete; die Stadt Pekanon, offensichtlich wichtig in Palästina, ist in der detaillierten Liste des Buches Josua nicht enthalten, in welcher die von den Israeliten nach ihrem Auszug aus Ägypten in Kanaan gefundenen Städte aufgezählt werden.[35] Auch die Tatsache, die von den durch die Grenzbeamten Merenptahs geschriebenen Dokumente enthüllt wird, wonach zu dessen Zeit Semiten aus Palästina nach Ägypten kommen durften, harmonisiert nicht mit den Umständen beim Exodus. »Der Name des Volkes Israel an dieser Stelle ist in jeder Hinsicht überraschend: Es handelt sich um das einzige Beispiel des Namens Israel auf irgendeinem Monument, und es erfolgt 400 Jahre, bevor das Volk keilschriftlich erwähnt wird; es steht klar außerhalb unserer literarischen Tradition, die zur Überzeugung geführt hat, daß es in Palästina zwischen ihrem Zug nach Ägypten und ihrem Einfall in Jericho keine Israeliten gegeben hat; indessen hier Israeliten in Jenoam in Nordpalästina zu einer Zeit erwähnt werden, in welcher das historische Israel außerhalb Palästinas war... Aber die Frage nach dem Exodus wird noch erschwert durch die offensichtliche Ruhe an der Grenze, die sich aus dem

---

34 S. A. B. Mercer, *Tutankhamen and Egyptology* (Milwaukee 1923), S. 48 f.
35 Im Band über die Periode der assyrischen Herrschaft weise ich nach, daß Pekanon der Name für Samaria war, das von einem der letzten Könige Israels, Pekah, vergrößert wurde. Seit der Zeit von Sargon II und Sanherib lebten dort Siedler aus den nördlichen Provinzen Assyriens.

Die Stadt Jenoam, die auf der Stele erwähnt wird, ist wahrscheinlich der Name sowohl von Dan als auch Jerusalem, und zwar wegen der Tempelorakel, die im Namen Jahwes sprachen (Jenoam bedeutet »Jahwe spricht«); in der Passage der Stele ist Jerusalem gemeint.

Grenztagebuch erweist ... Es würde also scheinen, daß die Ägypter weitere semitische Stämme begrüßten ... nur wenige Jahre vor dem Exodus.«[36]

Die Israel-Stele enthält nichts, um Merenptah mit dem Pharao des Exodus zu identifizieren. Welches ist dann aber die wahre Bedeutung der abschließenden Zeilen der Israel-(Libyen-)Stele?

Die gesicherte Position Ägyptens, im Vergleich zur Verheerung Palästinas, wird durch die Zeichenabfolge hervorgehoben. Derselbe Gedanke wird im Buch Jeremia (42:14) von jenen ausgedrückt, die sich zur Flucht nach Ägypten entschieden: »... ins Land Ägypten wollen wir kommen, daß wir Krieg nicht mehr sehn, ... daß wir nach Brot nicht mehr hungern ...«

Im ägyptischen Exil sprach Jeremia über das Land Juda und Israel zu seinem Volk in ähnlichen Ausdrücken, die auch Merenpthah gebrauchte:

JEREMIA 44:2 Selber habt ihr all das Böse gesehn, das ich über Jerusalem und über alle Städte Jehudas habe kommen lassen, wohl, eine Ödnis sind sie an diesem Tag, keiner mehr siedelt darin.
6 ... die Städte Jehudas, die Gassen Jerusalems [wurden] zur Einöde und zur Starrnis ...
22 So wurde euer Land zur Ödnis, zum Erstarren, zur Veränderung, insassenlos, wie es an diesem Tag ist.

Jeremia sagte, daß die Gassen Jerusalems »zur Einöde« wurden; Merenptah verwendet auf seiner Stele dieselbe Ausdrucksweise in bezug auf Israel. Jeremia gebrauchte sogar dieselbe Metapher wie Merenptah, der von Palästina als »einer Witwe« spricht. Die Klagelieder Jeremias werden mit den folgenden Worten eröffnet: »Wehe, wie weilt die Stadt einsam, die einst viel bevölkerte, einer Witwe gleich ist sie geworden!«

In seinem »Lastwort gegen die Philister, ehe der Pharao Gasa schlug«, sprach Jeremia (47) über das Schicksal der phi-

---

36 Petrie, *A History of Egypt*, III, 114–115.

listinischen Küste: »Glatzschur kam über Gasa, schweigsam ward Askalon.«

Diese Worte erinnern uns an »Askalon ward fortgeführt« auf der Stele. Jeremia sagt nicht, ob seine Worte über Askalon die Zerstörung anläßlich des Marsches von Necho (Ramses II) betreffen, wie wir sie mit Hilfe der Reliefs von Ramses II greifbar machten; oder ob sie sich auf die Heldentaten irgendwelcher Truppen Hophras (Merenptah) beziehen.

Die Frage, ob die Schlußzeilen der Libyen-Stele einen Feldzug Merenptahs nach Syrien–Palästina behandeln, wurde von einigen Gelehrten zustimmend, von anderen negativ beantwortet.[37] Die letzteren bestanden darauf, daß ein Zug nach Syrien und ein Sieg dort nicht nur in einigen wenigen vagen Worten, sondern in einer für Merenptah typischen Weise erwähnt worden wären, wie das durch die Gedenkinschriften über seine anfänglichen Siege im libyschen Feldzug illustriert wird.

Dieser Kontroverse kann noch hinzugefügt werden, was Herodot über die sieghafte Kampagne von Apries gegen die Küste Palästina–Syriens vor dem libyschen Feldzug berichtet.[38] Auch Diodor von Sizilien verwies auf Apries, der die phönikische Küste terrorisierte und sagte, daß Apries »Sidon eroberte ... und die anderen Städte Phöniziens so in Schrekken versetzte, daß er ihre Unterwerfung erlangte.«[39]

Wenn das ein regelrechter Feldzug war, erforderte er das Einverständnis Nebukadnezars. Nebukadnezar machte sich nicht viel aus dem Land, das ruiniert und entvölkert worden war. Die einzige Zeit, zu welcher Merenptah-Apries aus eigenem Ermessen in Palästina hätte handeln können, war die Periode von Nebukadnezars geistiger Umnachtung. Einige Truppen von Apries (Merenptah) machten sich den anarchischen Zustand des verwüsteten Landes zunutze, um Gezer,

---

37 Siehe E. Naville, »Did Meneptah Invade Egypt?«; *Journal of Egyptian Archaeology*, II (1915), S. 195–201.
38 Herodot, II, 161.
39 *Diodor,* I, 68.

Askalon und weitere Städte der philistinischen Ebene zu überfallen. Ammoniter[40] und Eboniter[41] – räuberisch und habgierig – kamen in die mauerlosen Dörfer, zu Städten ohne Tor und Schranken, um von ihrer Asche noch zu zehren. Vielleicht waren auch ägyptische Banden darunter.

Das chaldäo-babylonische Reich (Chatti) war durch den Vertrag und verwandtschaftliche Bande befriedet; deshalb fühlte Ägypten seinen Nacken von einem ehernen Joch befreit. Jeremia prophezeite vergeblich, daß der König von Babylon kommen und das Land Ägypten züchtigen würde. Der Untergang Ägyptens war noch nicht besiegelt. Aber auch das Verhängnis in der Israel betreffenden Prophezeiung Merenptahs – »Israel ist verdorben und hat keinen Samen« – war nicht besiegelt.

> JEREMIA 46:27 Du aber fürchte dich nimmer... Jisrael, laß dich nimmer bestürzen! Denn, wohlan, ich befreie dich fernher, aus ihrer Gefangenschaft Land deinen Samen.

Mehr als das; als alle Übel, die er vorhergesagt hatte, eingetroffen und er sich zum Segen an die Überreste seines Volkes gewandt hatte, sagte Jeremia: »So hat ER gesprochen, der die Sonne zum Licht gibt bei Tag, nach Satzungen, Mond und Sterne zum Licht bei Nacht... Könnten diese Gesetze mir vorm Antlitz je schwinden,... dann nur könnte Jisraels Samen aufhören, ein Stamm zu sein mir vorm Antlitz alletag.«

Dieselbe Periode, die gleichen Ereignisse bewegten Merenptah und Jeremia zu gleichartiger Ausdrucksweise über »verdorbenes Land«, Städte, die »zu nichts gemacht«, Orte, die »fortgeführt« wurden, ein Land, das »einer Witwe gleich« war und der »Same Israels«.

Die Schriftrollen Jeremias und die Stele Merenptahs erhel-

---

40 Jeremia 41:10; 49:1.
41 Hesekiel 25:12

len beide die politische Situation in den siebziger Jahren des 6. Jahrhunderts in den Ländern an den Küsten des östlichen Mittelmeeres.

Der libysche Feldzug

Nach dem Vergleich der Schlußpassage auf der Stele von Merenptah-Hophrama'e mit Jeremias Hinweis auf Pharao Hophra ist es interessant, Merenptahs Denkmalinschriften über seinen libyschen Krieg mit dem zu vergleichen, was Herodot über Apries, den Pharao Hophra, zu sagen hatte.

Die ägyptischen Quellen lassen uns erkennen, wie Merenptah »den üblen Zuständen an seiner libyschen Grenze gegenüberstand... Jahrelang sind die Libyer in das westliche Delta eingedrungen und haben es besetzt. Sie stießen fast bis zu den Toren von Memphis vor... Sie waren ein Bündnis mit Küstenvölkern des Mittelmeeres eingegangen, die jetzt aus Sardinien im Westen und von Kleinasien im Osten in das Delta strömten. Die Erwähnung dieser Völker in diesen Dokumenten bedeutet das früheste Auftreten von Europäern in der Literatur, das immer der Mittelpunkt vieler Forschung und großen Interesses war.«[42]

Eine neuerdings entdeckte Inschrift Merenptahs aus Heliopolis berichtet:

Regierungsjahr 5, zweiter Sommermonat, kam einer, seiner Majestät kundzutun: »Der elende Häuptling der Libyer... und jedes Fremdland, das mit ihm ist, dringen ein, um die Grenzen Ägyptens zu übertreten.« Dann befahl seine Majestät [seinem] Heer, sich gegen sie zu erheben.[43]

Die große Karnak-Inschrift zählt Merenptahs Feinde auf:

---

42 Breasted, *Record,* Vol. III, Sec. 570.
43 H. Bakry, »The Discovery of a Temple of Merenptah at On«, *Aegyptus,* LIII (1973), S. 7

Ekwesch, Teresch, Luka, Scherden, Schekelesch, Nordvölker, die aus allen Ländern kommen.

In diesem Namen erkannte man die europäischen Völker, von Sardinien im westlichen Teil des Mittelmeeres bis nach Kleinasien im Osten: Etrusker (Teresch[44]); Sardinier (Scherden, Sardan), die später zu den Leuten aus Sardes erklärt wurden; Lykier (Luka); Sizilier (Schekelesch). Sie strömten nach Cyrenaica (Ostlibyen) und nahmen an der Invasion über die Westgrenze Ägyptens teil.

Es war die Sensation der sechziger Jahre im vorigen Jahrhundert, als die Inschriften Merempthas übersetzt und auf diese Weise interpretiert wurden; das Eindringen wurde die Invasions Ägyptens durch die arischen Völker des 13. Jahrhunderts genannt.

Diese Beteiligung der nordmittelmeerischen Völker an den Kriegen in Libyen und Ägypten im 13. Jahrhundert vor unserer Zeitrechnung, vor der Belagerung Trojas und ungefähr ein halbes Jahrtausend vor Homer, wurde als eine äußerst seltsame und merkwürdige Tatsache angesehen. Sie wurde zu einer Angelegenheit großer Bedeutung für den gesamten Bereich hellenistischer Forschung. Griechische Quellen wissen nichts von einer Invasion Ägyptens durch hellenistische oder irgendwelche andere Völker im 13. Jahrhundert. Jetzt wurde postuliert, das, was den griechischen Historikern und Dichtern verhüllt geblieben war, sei in den ägyptischen Inschriften erhalten; und die modernen Erforscher der ägäischen Vergangenheit hatten nun aus dem Born der Ägyptologie zu schöpfen.

Aber wie kann die Gegenwart europäischer Heere im Ägypten des 13. Jahrhunderts erklärt werden, oder wie sollen wir Herodot verstehen, der schrieb, daß Apries (im 6. Jahr-

---

44 Eine andere Identifikation bekundet die Teresch als die Leute von Tarsus in Ostkleinasien. Aber E. Schorr schlägt vor, daß Teresch die Leute von der ägäischen Insel Thera bezeichnet, die in Cyrenaica eine Kolonie gründeten (Herodot, IV, 159).

hundert) der erste gegen die Griechen kämpfende Ägypter war, daß Psammetich zwei oder drei Generationen früher (im 7. Jahrhundert) als erster griechischen Freischärlern den Zutritt nach Ägypten gewährte – er nahm sie in seine Dienste – und daß vor Psammetich die Ägypter die Griechen nicht gekannt hatten?

Der Hinweis auf Eindringlinge, die aus den nördlichen Küstenländern und von den Inseln des Mittelmeeres kamen, in den Inschriften Merenptahs, sowie Berichte über Sardan-Krieger in noch älteren Dokumenten – von Sethos und Ramses II – vereitelten jeden Erklärungsversuch und verwirrten die hellenistische Forschung. Gelehrte dieses Forschungsbereiches weigerten sich zunächst zu glauben, daß eine solche Interpretation der ägyptischen Texte korrekt sein könne;[45] doch Schritt um Schritt sahen sie die Notwendigkeit, ihre akzeptierten Vorstellungen zu revidieren. Die frühere Skepsis wurde vergessen, und aus der Wiederholung wurde Überzeugung; und so enthalten Bücher, die das helladische Zeitalter behandeln, Berichte über »das erste Auftreten europäischer Völker« in den Dokumenten der Weltgeschichte.

Es wurde nun erwogen, daß die frühe griechische Geschichte durch schriftliches Material aus dem zeitgenössischen Ägypten beleuchtet wurde; und daß das, was Herodot und Thukydides nicht kannten, zu einem offenen Buch geworden war.

Libyen war ein Stachel in Merenptahs Seite. Er ging mit seinem Heer, »um das Land Libyen zu vernichten«. »Die Libyer planten üble Dinge, sie in Ägypten zu tun.« (Karnak-Inschrift.) Der Häuptling der Libyer kam, um die »Mauern-des-souveränen-Memphis« zu überschreiten (Israel-Stele). Die Karnak-Inschrift, die Kairo-Säule, die Athribis-Stele, die Inschrift von Heliopolis und die Israel-Stele beschreiben

---

45 Siehe Hall, *The Oldest Civilization of Greece* (London und Philadelphia 1901), S. xxvii, 96, 173, 220.

diesen Krieg mit den Libyern, aber offensichtlich nur sein Anfangsstadium.

Merenptah schrieb: »Die Prahlereien, die er [der Häuptling von Libyen] verbreitete, wurden in den Wind geschlagen«, aber der Krieg war nicht vorbei, als diese Erinnerungen in den Stein gemeißelt wurden. Jede Inschrift, die historisches Material aus der Zeit Merenptahs enthält, beschäftigt sich mit dem libyschen Feldzug. In seinem 5. Jahr war es ihm möglich, die Route zu blockieren, auf welcher die Libyer über die Grenze gekommen waren, und es gelang ihm sogar, die Vorhut der Libyer in die Flucht zu schlagen; doch errang er seinen Sieg in einem Verteidigungskrieg.

Im Namen eines Gottes berichtet die Kairo-Säule: »Ich mache, daß du die Häuptlinge von Libyen niederschlägst, deren Invasion du zurückgewiesen hast.«[46]

Im üblichen bombastischen Stil schildert die Athribis-Stele,[47] daß »die Familien von Libyen über die Gräben verstreut sind wie Mäuse« und der Pharao »sie beim Genick packt wie ein Falke«. Schon vor dieser Schlacht war den Libyern die Besetzung ägyptischen Territoriums und das Einbringen von Beute gelungen: Darin liegt die Bedeutung des bildlichen Ausdrucks, »er werde in die Hand Merenptahs gegeben, daß er ihn wieder ausspeien lasse, was er wie ein Krokodil verschlungen hat«. In jenem Moment waren die Aussichten für einen entscheidenden ägyptischen Sieg gut. Der Pharao sammelte die unbeschnittenen Phalli der Eindringlinge, lud sie auf Esel und ließ sie vom Schlachtfeld zur Hauptstadt bringen. »So sagt jeder Greis zu seinem Sohne! ›O Unglück für die Libyer!‹« Und doch konnte sich der libysche Herrscher unversehrt zurückziehen. »Der elende Große, der Gefallene von Libyen ist unter dem Schutze der Nacht geflohen, ganz allein.«

Der Konflikt war nicht vorbei; die Invasion der Libyer und

---

46 Breasted, *Records,* Vol. III, Sec. 594.
47 Ebenda, Sec. 598 ff.

Abb. 30: Merenptah, griechisch Apries, hebräisch Hophra, der Pharao des Exils.

die Versuche, sie zurückzuwerfen, entwickelten sich zu einem ausgedehnten Krieg mit wechselndem Erfolg. In späteren Jahren hatte Merenptah weniger Grund, seine militärischen Triumphe zu verewigen. Er enthüllte das Ergebnis dieser langwierigen Kampagnen nicht. Von sich selbst schrieb der Pharao, er sei dazu ausersehen, der Untergang der Libyer zu sein; doch in Sachen des Schicksals zählt nur das Resultat.

Auch verriet er nicht, was schließlich mit den nordmittelmeerischen Truppen geschah, deren Erwähnung in den etablierten historischen Schemata so viel Verwirrung stiftete.

Ich werde den Inhalt der zitierten Merenptah-Inschriften mit den historischen Aussagen Herodots über Apries vergleichen. Im 2. Buch seiner *Historien* gibt der griechische Geschichtsschreiber einen kurzen Bericht: »Apries sandte ein starkes Heer gegen Kyrene, das eine furchtbare Niederlage erlitt.« (II, 161.) Im 4. Buch berichtet Herodot ausführlich über den Krieg. Er fand im 6. Jahrhundert statt, und es war die Auswanderung von Griechen nach Kyrene (Ostlibyen), welche den Feindseligkeiten vorausging.

Durch einen Orakelspruch trieb die Pythia [Priesterin des Orakels zu Delphi] alle hellenischen Städte an, ebenfalls Kolonisten nach Libyen auszusenden. Die Kyrenaier hatten nämlich zur Aufteilung des libyschen Landes aufgerufen. Der Orakelspruch lautete:
»Wer nach Libyen einst, dem vielgeliebten, zu spät kommt...
Wenn das Land schon verteilt ist, der wird es bitter bereuen.«
So kam eine große Menge Volks in Kyrene zusammen, und man nahm den benachbarten libyschen Stämmen und ihrem König namens Adikran einen großen Teil ihres Landes weg.[48]

Bald kamen die neuen Siedler in Konflikt mit der benachbarten Bevölkerung, und Ägypten wurde in den Streit mit hineingezogen.

Apries sammelte ein großes ägyptisches Heer und schickte es gegen Kyrene. Die Kyrenaier zogen aus nach der Landschaft Isara und der Quelle Theste, wo es zum Kampf mit den Ägyptern kam. Die Kyrenaier blieben Sieger. Die Ägypter hatten sich nämlich nie vorher mit den Hellenen gemessen und verachteten sie. Darum wurde ihr Heer jetzt so völlig geschlagen, daß nur wenige Leute nach Ägypten zurückkamen.[49]

---

48 Herodot, IV, S. 159.
49 Ebenda.

Nach dieser Niederlage rebellierte das Heer von Apries.
Merenptah ließ seine Siege im frühen Stadium des libyschen Feldzuges in einer Anzahl von Inschriften festhalten, von denen fünf erhalten sind. Aber über sein unglückliches Ende wollte und konnte er nichts schreiben. Herodot indessen schilderte es. Das ägyptische Heer an der libyschen Front meuterte. Apries sandte Amasis (Ahmose), den General, um die Rebellen zurückzugewinnen. Statt dessen wurde Amasis selber vom Heer dazu überredet, König zu werden. Apries sandte seinen Wesir, um Amasis zu verhaften, und durch ihn ließ Amasis antworten, er komme mit seinen Männern. Für das Überbringen dieser Nachricht ließ Apries seinem Wesir Nase und Ohren abschneiden. Durch diese Tat verfeindete sich der König mit der Bevölkerung der Hauptstadt. Apries mußte gegen sein eigenes Heer kämpfen und konnte sich nicht auf seine Leibgarde von Kariern und Ioniern verlassen, die Nachkommen der von Sethos (Psammetich) und Ramses II (Necho) in Ägypten angesiedelten Söldner waren.

> Nun waffnete Apries seine Söldner und zog gegen seine ägyptischen Untertanen. Er hatte ein Heer von 30000 karischen und ionischen Söldnern.[50]

Die Schlacht fand bei Momemphis (Memphis)[51] statt, und Apries wurde besiegt. Dies war das Ende des langen Krieges. Der libysche Feldzug nahm für Merenptah-Apries ein böses Ende.

Amasis nahm Apries gefangen und hielt ihn in seinem Palast fest; aber das Volk verlangte nach seinem Leben, und er wurde vom Pöbel erwürgt.[52]

Jeremias Prophezeiung (44:30), daß Pharao Hophra in die Hand seiner Feinde gegeben würde, wie Zedekia, König von

---

50 Ebenda, II, S. 163.
51 Petrie interpretiert Momemphis als einen Ort namens Menouf im Westen von Benha.
52 Herodot, II, 169, und Diodor, I, 68.

Juda, in die Hand seines Feindes gegeben wurde, ging in Erfüllung.

Amasis, der seinen Gefangenen nicht des königlichen Gewandes und der Königskrone beraubt hatte, erwies ihm nach seinem Tode die königlichen Ehren; der Leichnam wurde einbalsamiert und einer Grabkammer übergeben.

Im Schädel der Mumie Merenptahs befindet sich ein von einem spitzen Instrument stammendes Loch.[53] Um diese Verletzung zu erklären, wird vermutet, daß zu Lebzeiten Merenptahs oder nach seinem Tod eine chirurgische Operation an seinem Kopf vorgenommen wurde. Aber dieses Loch ist offenbar das Resultat der tödlichen Wunde, die ihm von seinen Mördern beigebracht wurde.

Die Verwicklungen über die Anwesenheit der nordmittelmeerischen Einwanderer in Kyrene sind geklärt. Sie waren die neuen Siedler in Kyrene, die aus allen Teilen der griechischen Welt gekommen waren. »Alle hellenischen Städte«, die vom pythischen Orakel zur Entsendung von Kolonisten ermahnt wurden, und die »große Menge Volkes«, das die See überquerte, waren die »Ekwesch, Teresch, Luka, Scherden, Schekelesch und das Nordvolk aus allen Ländern.«

Die Vorstellung, daß im 13. Jahrhundert vor unserer Zeitrechnung Arier in Libyen und Ägypten anwesend waren, ist ein Trugschluß. Es war das 6. Jahrhundert.

Die persische Eroberung Chaldäas und Ägyptens

Von der Schlacht bei Karkemisch, mit deren Beschreibung wir diesen Band eröffneten, bis zur Entthronung von Merenptah-Hophrama'e (dem biblischen Hophra und griechischen Apries) vergingen weniger als 50 Jahre. Zwar blende-

---

53 G. Elliot Smith, *The Royal Mummies,* Catalogue général des Antiquités Egyptiennes du Musée de Cairo (Kairo 1912), S. 68; James Harries und Kent Weeks, *X-raying the Pharaos* (New York, 1973), S. 157.

ten wir zurück zur Regierung des Vaters von Chattusilis, um so zwei Generationen des chaldäischen Königreiches zu überblicken; und wir gingen ebenfalls zurück, um kurz die Rolle von Sethos-Ptah-Maat (dem Psammetich der griechischen Autoren) im langwierigen Konflikt zu schildern, in welchem die von den Ägyptern unterstützten Assyrer gegen die Allianz der Chaldäer, Meder und – gegen Ende – der Skythen kämpften und verloren. Um diesen Band bis zum Ende des neubabylonischen (chaldäischen) Reiches weiterzuführen, und zugleich zum Ende dessen, was eine Vermengung der manethonischen 19. und 26. Dynastien ist, und um auf diese Art der Erzählung ein paar weitere Jahrzehnte hinzuzufügen, werden wir nicht viel Tinte verschwenden.

Der nach Westen gerichtete Druck der Chaldäer, der in der zeitweisen Besetzung der phrygischen Hauptstadt Gordion gipfelte – ein Druck, der zur Zeit Nergils (Neriglissar), der an der lydischen Grenze kämpfte, noch anhielt –, würde in den späteren Jahren Nebukadnezars lahmgelegt – zur Zeit seiner schwachen Thronfolger traf er auf den entschiedenen Gegendruck. Kroisos, der Sohn des Lyderkönigs Gyges, dessen Hauptstadt Sardes war, zerstörte Bogazköi –546. Bogazköi wurde nicht durch die mysteriösen Seevölker um –1200 zugrunde gerichtet; es wurde von Kroisos sechseinhalb Jahrhunderte später niedergebrannt. Kroisos begann den Krieg.

> Als er an den Halys kam, führte er das Heer hinüber und benutzte dazu, so ist wenigstens meine Meinung, die vorhandenen Brükken; ... nach Überschreitung des Halys gelangte Kroisos in den Teil Kappadokiens, der Pteria heißt. Pteria ist der stärkste Platz dieses Landstrichs und liegt gegen die Stadt Sinope hin, die zum größten Teil in den Pontos Euxeinos hineingebaut ist. Dort lagerte er und verwüstete die Felder der Syrier.[54] Er eroberte die Stadt Pteria und verkaufte die Bewohner in die Sklaverei, eroberte auch alle umliegenden Städte.[55]

---

54 Die sogenannten Weißen Syrier von Kappadokien. Der ägyptische Name für sie, Chatti, bedeutet ebenfalls »Syrier«, das Land Chatti ist Syrien.
55 Herodot, I, 76.

So berichtet Herodot über die Verwüstung von Pteria durch Kroisos, und die modernen Gelehrten stimmen darin überein, daß Herodots Pteria den Platz der alten Hauptstadt Bogazköi-Chattusa einnahm:[56] Es war genau jene Hauptstadt von der aus Mursilis, der Sohn von Suppiluliumas, weniger als 80 Jahre zuvor die Eroberung Babylons zuerst plante und dann ausführte und so das neubabylonische Reich errichtete.

Über die Zerstörung von Bogazköi durch Kroisos kann der archäologische Bericht nachgelesen werden:

> Deutliche Zeichen eines Unglücks sind überall in der königlichen Zitadelle gefunden worden. Nicht ein einziges Gebäude wurde verschont, und die Straßen und offenen Plätze wurden durch dicke Schichten von verkohltem Holz und durch vom Feuer gerötete Schlammziegel bedeckt.[57]

Nach dieser Eroberung hatte Kroises die höchste Regierungsgewalt in Anatolien nur ein paar wenige Monate inne. Kyros, der aus Anschan in Medien auftauchte, drang in Kleinasien ein, nahm Sardes im gleichen Jahr –546 und führte Kroisos als seinen Gefangenen und Begleiter auf seinen weiteren Kriegszügen weg. Babylon fiel –539, nach einer Nacht der Visionen und Gelage im Palast, den Nebukadnezar für seine Nachkommen und die Ewigkeit errichtet hatte.

In Ägypten regierte Amasis; sein Gefangener, der frühere Pharao Merenptah und Sohn von Ramses II, war dem Pöbel ausgeliefert worden, der ihn tötete – die bei Herodot überlieferte Geschichte über das Ende von Apries fand ihre Bestätigung, als die Mumie von Merenptah kürzlich von einem Expertenteam in Kairo untersucht wurde.[58] Ein Loch im Schä-

---

56 W. M. Ramsey, *Historical Geography of Asia Minor* (1890), S. 33 f.; J. Garstang, *The Land of the Hittites* (1910), S. 32 f. und 197. Vgl. Kurt Bittel, *Hattusha. Capital of the Hittites* (1970), S. 155–156. Die Identifikation wurde schon von Texier 1834 gemacht.
57 Bittel, *Hattusha*, S. 90.
58 Die Untersuchung der Mumien im Kairo Museum wurde von einem Expertenteam in den Jahren 1966 und 1971 vorgenommen.

del, verursacht durch ein spitzes Instrument, sowie weitere an der Mumie durch Röntgen entdeckte Schäden zeugen alle von einem unnatürlichen und grausamen Tod.[59]

Zu dem, was über Amasis' angeblich 43jährige Regierungszeit bekannt ist, haben wir wenig hinzuzufügen. Er war ein Bewunderer der Griechen: Er öffnete ihnen die Mittelmeerküste zur Kolonisierung – in Jahrtausenden ägyptischer Geschichte war diese sumpfige Küste eine vernachlässigte Region gewesen –, und Kaufherren, Seeleute, griechische Priester sowie einfache Siedler errichteten an der Küste viele griechische Votivkapellen, welche die verschiedenen Stadtstaaten von Hellas repräsentieren. Die Küste erhielt den Namen hellenische (Helu) Küste.

Die Griechen bewunderten die Ägypter nicht minder. Ein dünner Strom von Staatsmännern und Philosophen begann zu den Tempeln und Priestern Ägyptens zu pilgern, auf der Suche nach uralter Weisheit und nach dem Wissen, was die Welt in den vergangenen Zeitaltern erlebt hatte.

Aber nach 14 Jahren nach dem Fall Babylons und lediglich einige Monate nach dem Tode von Amasis fiel das Land Ägypten mit seinen vielen Städten und Tempeln vor Kambyses, dem Sohn von Kyros. Kambyses verursachte viel Verwüstung im gesamten Land, und in *Die Seevölker* wird diese Geschichte im weiteren Zusammenhang erzählt. Erst vor kurzer Zeit wurde berichtet, daß die Waffen und Überreste der großen Expeditionsstreitmacht, die Kambyses durch die Wüste zum Angriff auf Karthago schickte, nicht weit entfernt von der Siwa-Oase gefunden wurden. Alle 50 000 Männer, so überliefert Herodot, gingen in einem Sandsturm zugrunde.[60]

Aus der langen Regierungszeit von Amasis wurden nur wenige, ihm zuschreibbare Objekte gefunden und überaupt

---

59 Harris und Weeks, *X-raying the Pharaohs,* S. 157.
60 Bericht aus Kairo von der Agence France-Press, Februar 1977.

keine Denkmalreste – obwohl wir von Herodot wissen, daß er große Bauten errichten ließ.[61] Aber den Grund dafür liefert Kambyses selbst. Kambyses nahm für sich in Anspruch, daß seine Mutter eine Tochter Merenptahs (Apries) war, die Kyros geheiratet hatte. Daher betrachtete er sich als legitimer Pharao durch Geburt und Erbfolge und sah in Amasis einen unrechtmäßigen Inhaber des ägyptischen Thrones oder einen verbrecherischen Usurpator. Er befahl die Vernichtung von allem, was den Namen Amasis trug, und wenn nicht alles zerstört wurde, so wurden doch sämtliche Kartuschen von Amasis auf den Monumenten ausgelöscht. Aufmerksamere Forscher könnten manches von der erhaltenen Kunst Amasis zuschreiben, der starb und das Elend der Besetzung und Erniedrigung seinem Sohn und Erben hinterließ.

---

61 Herodot, II, 177.

Epilog

Fragen und Antworten

Die Geschichte ist bis zu einem Punkt gebracht worden, an dem sie mit der Darstellung in *Die Seevölker* verkettet ist – mit der persischen Herrschaft über den Alten Orient.

Wenn ich das Beweismaterial und seine Gültigkeit, die Argumente und ihre Beweiskraft prüfe, frage ich mich, welche Art Gegenargumente ich von strengen Kritikern erwarten könnte. Es gibt davon mehrere, jedes soll hier erwähnt werden; gewisse singuläre Themen sind entweder bereits oder werden von mir an anderer Stelle diskutiert.

Und hier sind die Fragen, die ich erwarte:

1. Die Identifizierung von Psammetich, Necho und Apries in den griechischen Überlieferungen mit Sethos, Ramses und Merenptah, die wir von den Denkmälern kennen, führt zur Frage: Wenn die ersteren uns als die Pharaonen mit Tanis im Osten des Deltas als Hauptstadt bekannt sind, während wir die späteren Könige als die Saitischen Pharaonen mit ihrer Hauptstadt Sais, auf der anderen Seite des Deltas, kennen, wie läßt sich dieser Unterschied in Einklang bringen?

2. Die Kunst – Architektur, Skulptur und Malerei –, die Sprache – literarische Werke, Orthographie und Epigraphie (Inschriften) – und auch die Religion: Zeigen sie nicht alle in der 19. Dynastie (von Sethos und Ramses II) Lebensnähe und Affinität zur Kunst, Sprache und Religion gegen Ende der 18. Dynastie? Welches ist die wahre Situation? Ich verschiebe die detaillierte Diskussion einer großen Anzahl von Beispielen aus allen genannten Bereichen auf den Band der Rekonstruktion, der sich mit der auf das Ende des Hauses von Echnaton folgenden Periode befaßt. Es möge genügen, hier zu sagen, daß die 18. und 19. Dynastie bemerkenswert sind für die *Unterschiede* ihres Stils in Kunst, Sprache und Religion,

derweilen viele Merkmale des libyschen und äthiopischen Stils in enger Weise den Brauch der 18. Dynastie nachahmen, ihn angeblich, aber unerklärbar nach einer Kluft von mehreren hundert Jahren wieder zum Leben erwecken.

3. Seit dem Altertum war bekannt, daß Ramses II 66 Jahre lang regierte – Pharao Necho war eindeutig weniger lang; des weiteren wird dem Vater von Ramses, Sethos, von modernen Gelehrten eine verhältnismäßig kurze Regierungszeit von ungefähr elf Jahren zugeschrieben, während die vorliegende Rekonstruktion eine lange Regierung von über 50 Jahren nennt. Welches sind die wahren Nachweise?

4. Der »Hethiter«-König Suppiluliumas war einer der Korrespondenten der El-Amarna-Briefwechsel, die im staatlichen Archiv dieser kurzlebigen Hauptstadt des Ketzerkönigs Echnaton gefunden worden sind. Wie konnte er so lange gelebt habe, daß er ein Zeitgenosse von Assurbanipal dem Assyrer und Tirhaka dem Äthiopier gewesen sein konnte? In der revidierten – oder synchronisierten – Geschichtsschreibung vergingen zwischen der Zeit, in welcher die Amarna-Briefe geschrieben wurden, und Suppiluliumas, einem Zeitgenossen von Assurbanipal und Tiharka, über 150 Jahre. Wie lautet die Antwort?

5. Das Zeitalter von Sethos und Ramses fällt in die Bronzezeit; Psammetich und Necho aber lebten in der Eisenzeit. Diese Frage erfordert eine nähere Untersuchung. Den Abschnitt »Bronze und Eisen«, den ich vor über einem Vierteljahrhundert schrieb – als ich vor hatte, die gesamte Rekonstruktion in zwei Bänden abzuhandeln –, lasse ich stehen. Ich fühle mich nicht angespornt, »Bronze und Eisen« neu zu schreiben, da später veröffentlichte Werke das Problem, wie es sich 1952 präsentierte, nicht verändert haben; und wie der Abschnitt steht, überschreitet seine Länge sowieso schon die anderen hier diskutierten Fragen.

6. Stratigraphie dominiert alle Urteile der professionellen Archäologen. Literaturdenkmäler werden eindeutig als zweitrangig bewertet und, wenn sie in falschen stratigraphischen Lagen gefunden werden, als Intrusionen angesehen.

Töpferwaren indessen, besonders mykenischen und postmykenischen Ursprungs (geometrische auf verschiedenen Stufen und orientalisierte), definieren durch ihre Präsenz die chronologische Einordnung der Schicht. Skarabäen, die oft einen ägyptischen Königsnamen tragen, kommen gleich nach der Keramik (gewöhnlich Scherben) als Schiedsrichter über das Alter. Wie lautet also das Urteil aus den Bereichen Keramik und Skarabäen im Gerichtshof, wo die konventionelle Chronologie und das revidierte Schema vor den Schranken stehen?

7. Und wie lautet das Urteil, das aus den C-14-Laboratorien kommt? In der Einleitung zu *Die Seevölker* gab ich eine kurze Übersicht. In *Penseé* VI, Winter 1973/74, S. 5 ff., veröffentlichte ich einen zwei Jahrzehnte umspannenden Briefwechsel, der meine Bemühungen zur Erlangung von C-14-Resultaten von Material aus dem Neuen Reich Ägyptens im einzelnen darstellt. Der einzige Versuch, dessen Durchführung mir 1964 glückte, brachte ein Resultat, das die rekonstruierte Geschichtsversion rechtfertigte. *Pensée* VI, Frühsommer/Sommer 1973, war der Bedeutung der C-14-Datierung für die revidierte Chronologie gewidmet und enthielt auch meinen Aufsatz »Klippen der Radiokarbonmethode«, der im Anhang der deutschsprachigen Ausgabe von *Die Seevölker* vorliegt. Darin diskutiere ich das Problem der Anwendbarkeit dieser Datierungsmethode in einer Umwelt, die früher kosmischen Katastrophen mit Immissionen kohlenstoffhaltigen Materials fremden Ursprungs ausgesetzt war, und in welcher weltweite Großbrände stattfanden, die das ^{14}C; ^{12}C-Verhältnis in der Hydro- und Biosphäre gestört haben müssen.

8. Endlich gibt es das Argument der »astronomischen Datierung«. Bis vor kurzem wurde es als äußerst schwierig empfunden. Mit Hilfe der Sothis-Kalkulation oder dem Fortschreiten des Tages des heliakischen (mit der Sonne gleichzeitigen) Aufganges des Sternes Sirius quer durch den Kalender von 365 Tagen wurde eine Chronologie errichtet, deren Begriff »astronomisch festgelegt« einen unheilvollen Vorrang über alle und jede Datierung hatte – und ebenfalls einen ge-

wichtigen Status unter den Gelehrten aller Disziplinen. In dieser Datierung begann eine neue Sothis-Periode, genannt »Ära von Menophres«, im Jahr 1321 vor unserer Zeitrechnung; und kanonisiert wurde sie auch in der neuen Ausgabe der *Cambridge Ancient History* als Datum der einjährigen Regierungszeit von Ramses I (Menpehtire), des Vaters von Sethos dem Großen – obwohl einige Ägyptologen wie M. B. Rowton und D. B. Redford, wie ich selbst, dazu neigten, Menophres als den Namen für Memphis (Men-Nofre) und nicht den einer Person ansehen.

Da ich das Problem des Sothis-Kalenders und der astronomischen Chronologie ausführlich im Anhang von *Die Seevölker* behandelt habe, gibt es eigentlich nichts hinzuzufügen; es sei denn die Erklärung, daß auch der schroffste Kritiker von *Die Seevölker* es nicht wagte, für die »astronomische Chronologie« Stichhaltigkeit zu beanspruchen. Sie ist ein Bereich, in welchem die Anstrengungen der sogenannten »Giganten« – unter ihnen Eduard Meier und Ludwig Borchardt, deren Bemühungen so viel Beifall fanden – sich letztlich nur als große Übung in Sinnlosigkeit herausstellten.

Dieses Thema wird nicht wieder diskutiert werden.

Es verbleibt die Behandlung der Fragen 1, 3, 4, 5 und 6.

1. Tanis und Sais

Die vorliegende Rekonstruktion bietet ausführliche Beweise an, daß die 19. Dynastie dieselbe ist wie die 21. Dynastie, und daß Sethos I, Ramses I, Sethos II, Ramses II und Merenptah dieselben sind wie Psammetich (Sethos), Necho I, Psammentich II, Necho II und Apries (Hophra) der griechischen Autoren. Nun haben wir die Erklärung dafür zu finden, weshalb die 26. Dynastie als die Saitische Dynastie, das heißt diejenige aus der Stadt Sais, bekannt ist, während die Dynastie von Sethos und Ramses ihre Hauptstadt in Tanis hatte.

Die Ruinen von Tanis sind über ein großes Gebiet im östlichen Teil des Deltas verbreitet. Petrie im vergangenen Jahrhundert und Montet im jetzigen untersuchten die alte Metropole und fanden sie dicht besetzt mit bedeutungsvollen Überresten der Residenz, mit Palästen und Tempeln und einer Nekropolis. Heutzutage nimmt ein Fischerdorf, San el Hagar, einen Teil des alten Tanis ein. Nicht weit entfernt ist Nebesche, wo ebenfalls ramessidische Bauwerke und Gräber ans Tageslicht gebracht wurden.

Vor über 100 Jahren wurde Sais von Lepsius im westlichen Teil des Deltas plaziert, am Rosetta-Arm des Nils an einem Ort namens Sa el Hagar – ähnlich dem Namen des Dorfes an jener Stelle von Tanis. Seine Identifizierung wurde nicht in Frage gestellt. Jedoch fand man dort keine altertümlichen Ruinen der Residenz. Von Herodot (II, 169; 175–176), und auch aus anderen Quellen, wissen wir, daß Sais große und luxuriöse Bauten sowie oberirdische königliche Grabstätten besaß. Unter Kambyses, der das Grab von Amasis zerstörte, erlitt die Stadt Beschädigungen. Aber zur Zeit der Ptolemäer war Sais wiederum ein wichtiges Zentrum. Wo sind die Ruinen? Sais war eine der ältesten und bedeutendsten Städte in Ägypten, und Ruinen aus allen Zeitaltern müssen überlebt haben: ganz gewiß aus dem Mittleren Reich, dem Neuen Reich und natürlich aus der 26., der saitischen Dynastie sowie aus der hellenistischen Periode. Wo also sind diese Ruinen?

Unsere Hauptquelle zu Sais ist Herodot. Aber Herodot (II, 17) unterläßt bei seiner Aufzählung der Nilarme im Delta die Erwähnung des tanitischen Armes und nennt statt dessen den saitischen Arm des Nils an der Stelle, an welcher der tanitische hätte aufgezählt werden müssen. Des weiteren beschreibt Herodot den saitischen als eine Abzweigung des sebennytischen Armes. Das paßt zwar auf die tanitische Abzweigung, aber nicht auf den Rosetta-Arm, wo man sich Sais gewöhnlich vorstellt. Der Geograph Strabon (XVII, i, 20) unterscheidet zwar zwischen Sais und Tanis, aber er schreibt, daß der saitische Arm des Nils derselbe ist wie der tanitische. Diese Identifizierung des saitischen mit dem tanitischen Nilarm durch einen frühen Historiker und einen frühen Geographen läßt die moderne Ansicht sehr fragwürdig erscheinen,

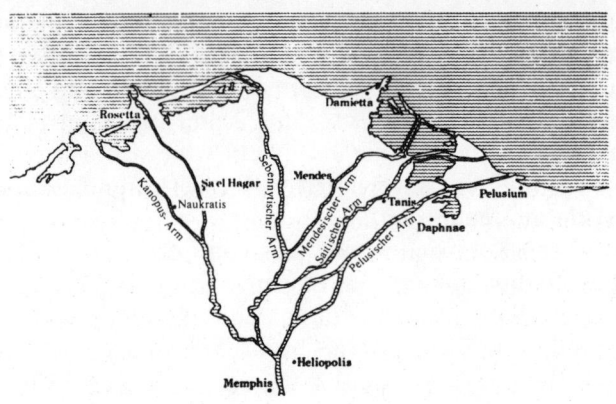

Das Nildelta, wie Herodot es beschrieb

Nach Omer Tousson, »Anciennes Branches du Nil«, *Memoires de l'institut d'Egypte,* IV (Kairo 1922–23).

welche diese zwei Nilarme voneinander trennt und den einen im Westen und den anderen im Osten des Deltas ansiedelt.

Gemäß den Schriften (Numeri 13:22) war Tanis sieben Jahre nach Hebron gegründet worden. Der hebräische Name von Tanis war Zoan. Seltsamerweise ist ihr ägyptischer Name für die Zeit der Ramessiden, deren Hauptstadt sie war, unbekannt geblieben;[1] und als Zane erscheint er erstmals im Papyrus Wenamun, der unbestreitbar aus einer späteren Zeit stammt.[2] Jesaia (19:11,13; 30:4) spricht um das Jahr –700 und Hesekiel (30:14) 100 Jahre später von Zoan als der Metropole Ägyptens. Assurbanipal nannte sie Saanu.

Tanis wird in den Schriften die Hauptstadt Ägyptens genannt, als sowohl nach dem konventionellen Plan als auch nach dieser Rekonstruktion Sais die Hauptstadt war.

Die Frage ist hier zu stellen: Ist nicht Sais ein anderer Name für Tanis? Und wenn die zwei Städte nicht identisch wären,

---

1 Vgl. A. H. Gardiner, *Journal of Egyptian Archaeology*, V (1918), 248.
2 Die Zeit der Reisen Wenamuns wird im Band *Die Seevölker* diskutiert.

muß Sais ganz nah bei Tanis gelegen haben, am gleichen Nilarm des Deltas: Möglicherweise könnte es bei Tell Nebesche gelegen haben, nur einige Kilometer entfernt, wo zahlreiche Ruinen aus dem gleichen Zeitalter wie in Tanis gefunden wurden.[3]

Von Strabon wissen wir, daß Sais, die Hauptstadt von Unterägypten, der Kultort der libyschen Pallas Athene, Neith, war, die auch Sais genannt wurde. Offenbar wegen dieses libyschen Kultes der Sais wurde angenommen, die Stadt befände sich auf der libyschen Seite des Deltas; indessen reichte die Stadt viel weiter ins Altertum zurück als bis zur libyschen Dynastie in Ägypten. Sais erhob ebenfalls den Anspruch, innerhalb seiner Grenzen das Grab von Osiris zu besitzen (Herodot, II, 17; Strabon, XVII, i, 20), und die Osiris-Mysterien fanden dort auf einem heiligen See statt. Es war das Zentrum ägyptischer Kultur, als Solon Ägypten im 6. Jahrhundert besuchte.

Tanis war der Kultort der Isis-Athene, und sein Name ist von Tanit abgeleitet, dem Namen der karthagischen Athene:[4] Tanit und Sais sind zwei Namen für dieselbe libysche oder karthagische Göttin. Tanis war auch dem Osiris heilig: Plutarch sagt, daß die Lade mit Osiris darin durch die tanitische Mündung des Nils in das Meer geschwemmt wurde.[5]

Wir haben allen Grund, die moderne von Lepsius stammende Ansicht zu revidieren, wonach sich Sais auf der libyschen Seite des Deltas befindet; wir müssen es, Herodot und Strabon folgend, am tanitischen Zweig des Deltas lokalisieren. Dies würde erklären, warum an der vermeintlichen Stelle von Sais im Westen des Deltas keine Ruinen aus dem Altertum gefunden wurden. Die in den »Gefilden von Zoan« reichlich vorhandenen Ruinen am tanitisch-saitischen Flußarm

---

3 Die Ruinen dieser Ebene sind so zahlreich, daß Ch. Hayes den Vorschlag machte, nach Tanis in einiger Entfernung südlich von San el Hagar zu suchen.
4 Noch heute trägt Tunis, bei den Ruinen von Karthago, den Namen der Göttin Tanit so wie Athen den Namen der Athene.
5 Plutarch, *De Iside* 13.

sind die Relikte der Königsresidenzen der 19., der gleichen wie der 26. Dynastie. Das erklärt, warum im 7. und 6. Jahrhundert, in der Zeit der »Saitischen Dynastie«, die hebräischen Propheten Jesaja und Hesekiel Tanis als die Hauptstadt von Ägypten betrachteten.

3. Wie lange regierten Sethos und Ramses II?

Die vorliegende Rekonstruktion der Geschichte des Altertums erläutert die Regierungsdauer von Sethos, Ramses II und Merenptah, wenn auch nicht auf das Jahr, so doch aber annähernd. Sethos-Ptah-Maat (Psammetich bei Herodot) regierte von −663 (dem Jahr, in welchem er im Gefolge Assurbanipals nach Ägypten zurückkehrte) bis −609 (drei Jahre nach dem Fall Ninives, −612), insgesamt also 54 Jahre.

Ramses II wurde zum Mitregenten gemacht, als er noch ein kleines Kind war. In seinen eigenen Worten:

> Als mein Vater vor allem Volk Hof hielt und ich, damals noch ein Kind, auf seinem Schoß saß, sprach er von mir: »Krönt ihn zum König, damit ich noch zu meinem Lebzeiten sehe, wie tüchtig er ist!« Und er befahl den Kämmerern, mir die Doppelkrone aufs Haupt zu setzen. »Laßt ihn dieses Land regieren, laßt ihn sich vor dem Volk zeigen«, so sprach er aus großer Liebe zu mir.[6]

Auch auf einem Relief ist Ramses II als Jüngling zu sehen, der von seinem Vater, König Sethos, im Gebrauch von Pfeil und Bogen unterrichtet wird.[7]

Ramses' erster Feldzug gegen Karkemisch fand in seinem 2. Jahr statt, offensichtlich vom Beginn seiner Alleinherr-

---

6 Übers. bei C. Aldred in *Akhenaten* (1968), S. 102. Vgl. K. A. Kitchen, *Ramesside Inscriptions* (1969), Vol. II, S. 323–326. Für eine Diskussion der Frage einer Mitregentschaft zwischen Ramses II und Sethos siehe Schmidt, *Ramses II*, Kap. V, »The Coregency«, S. 154–164.
7 Nordwand der großen Hypostylenhalle in Karnak.

schaft an gezählt; seinen zweiten Feldzug begann er in seinem 5. Jahr; Gaza und Askalon nahm er in seinem 9. Jahr; den Friedensvertrag mit Nebukadnezar schloß Ramses in seinem 21. Jahr ab; er heiratete eine Tochter Nebukadnezars im 34. Jahr, immer vom Tod seines Vaters Sethos an gezählt.

Als Jeremia im ägyptischen Exil lebte und bevor er nach Babylon gebracht wurde,[8] verwies er auf Pharao Hophra, den wir als Merenptah-Hophrama'e identifizierten. Nach den Daten seiner Inschriften beurteilt, dauerte Merenptahs Regierungszeit 10 bis 11 Jahre lang. *Wenn* die Zahl von 43 Regierungsjahren für Amasis[9] der Wahrheit entspricht, dann muß er seine Regierung −568 oder 19 Jahre nach der Zerstörung Jerusalems begonnen haben: −525 ist Ägypten von Kambyses, dem Perser, erobert worden, nur wenige Monate nach Amasis Tod. Der größere Teil dieser 19 Jahre gehört Ramses; aber Merenptah könnte in den letzten Jahren von Ramses dessen Mitregent gewesen sein. Daß Amasis nach der Thronergreifung Merenptah erlaubte, die Krone als Mitregent zu tragen, wissen wir von Herodot (II, 169).

Es folgt, daß Ramses II über 30 Jahre lang regierte; wenn indessen die Jahre seiner Mitregentschaft mit Sethos hinzugezählt werden, so dauerte seine Regierung fast sein ganzes Leben lang und könnte 60 Jahre überschritten haben.

In modernen Textbüchern über Geschichte wird die Regierungszeit von Ramses II konstant mit 66 Jahren eingesetzt. Die Streitfrage, über welche die Meinungen gewisser Fachleute auseinandergehen und welche sie in endlose Debatten verwickelt, bezieht sich darauf, ob Ramses II von -1304 bis -1238 oder von -1290 bis -1224 regierte. Wie dem Leser mittlerweile bewußt geworden ist, steht die Geschichtsschreibung vor einem ganz anders dimensionierten Problem. Doch ist die Frage, »Wie lange regierte Ramses II?« zweckdienlich und

---

8 Jeremia 44:30.
9 Herodot, III, 103 und die Manetho-Version des Africanus geben für Amasis eine Regierungsdauer von 44 Jahren; aber Eusebios und die armenische Version von Eusebios teilen Amasis nur 42 Jahre zu.

sollte im Licht der historischen Ereignisse des 7. und 6. Jahrhunderts behandelt werden.

Die Angabe von 66 Jahren findet sich in der Eusebios-Version der manethonischen Dynastien. Gemäß dieser Version regierte in der 19. Dynastie Sethos 55 Jahre lang und nach ihm sein Sohn Ramses während 66 Jahren: Somit umfassen die Regierungsjahre von Vater und Sohn zusammen 121 Jahre.

Africanus, der andere Kompilator der Listen Manethos, gibt folgende Zahlen: Sethos Regierung, 51 Jahre; Rapsaces (der ihm folgte), 61 Jahre; zusammen 112 Jahre und damit immer noch sehr lang für eine Vater-Sohn-Thronfolge, *es sei denn, es gab eine Mitregentschaft.*

Josephus, der dritte Kompilator Manethos, hat in der 19. Dynastie einen König Sethos, der »nach der Vertreibung von Harmais, 59 Jahre lang und sein ältester Sohn Rampses 66 Jahre lang regierte«.

Der Streitfall wird noch weiter verwirrt, denn Eusebios hat in der vorangehenden 18. Dynastie einen König Ramesses, der 68 Jahre lang regierte. Josephus hat in der 18. Dynastie einen König Miamum (der Eigenname von Ramses II) mit 66 Jahren und 2 Monaten. Africanus indessen läßt diesen Pharao (Ramesses bei Eusebios und Miamun bei Josephus) im Königsregister der 18. Dynastie aus.

Zu welcher Lösung kamen die modernen Historiker? Ramses in der 18. Dynastie ist natürlich ein Fehler oder eine Erfindung. Ramses II der 19. Dynastie wird eine Regierungszeit von 66 Jahren zugeteilt, wie Eusebios sie hat, aber seinem Vater Sethos sind nur 11 Jahre zugewiesen und nicht 55, die Zahl, die Eusebios für ihn nennt.

Trotz Ramses' II lebhafter Beschreibung, wie er als kleines Kind zum Mitherrscher eingesetzt wurde, stand für die modernen Gelehrten die Tatsache im Vordergrund, daß er für die erste Kampagne nach Syrien das »Jahr 2« und für den zweiten Feldzug das »Jahr 5« nannte und somit seine Regierungsjahre mit der Alleinherrschaft zu zählen begann – als Kind konnte er das Heer nicht führen.

Mit dem Ende der 10. Dynastie, angeblich im letzten Teil des 14. Jahrhunderts, so wurde berechnet, konnte die 19. Dynastie nicht lange vor −1300 begonnen haben. Die Kalkulationen wurden mit Hilfe astronomischer Überlegungen angestellt, deren Gültigkeit in unserer Diskussion der Sothis-Periode in *Die Seevölker* für null und nichtig erklärt wurde. Indem Ramses eine lange Regierungszeit zugewiesen wurde, blieben für Sethos nicht allzu viele Jahre übrig.

Für die Zuteilung der sehr langen Regierungszeit an Ramses II war eine Anzahl von Argumenten maßgebend. Aus der Zeit von Ramses II gibt es eine groß Zahl von Denkmälern, von denen einige kolossale Proportionen aufweisen. Es existiert ein Dokument aus dem 67. Jahr von Ramses; und es gibt ein schriftliches Bittgebet von einem späteren Ramessiden, die göttlichen Mächte möchten ihm ein an Jahren zweimal so langes Leben gewähren wie Ramses II – was besagt, daß in späteren Generationen dem Leben oder der Regierungszeit von Ramses eine ans Wunderbare grenzende Dauer zugeschrieben wurde.

Dieses Beweismaterial ist nicht unumstritten. Aus der großen Masse von Ramses' Denkmälern verweisen die meisten auf die ersten drei oder vier Jahrzehnte seiner Regierung, und seltsamerweise kaum eines der Dokumente in die letzten zwei oder drei Jahrzehnte seiner Regierung datiert. Zu Beginn seiner Regierungszeit – wie auf den Monumenten im Andenken an seine Feldzüge nach dem Euphrat (Jahr 2, Jahr 5) – notierte Ramses II seine Jahre von seiner Thronbesteigung an. Aber in späteren Jahren mag er auf eine Datierung ab Beginn der Mitregentschaft zurückgekommen sein. Ob das nun so ist oder nicht, die Tatsache besteht, daß Ramses II kein sehr alter Mann war, als er starb, und darum nicht 66 Jahre lang regierte – nur das ist nötig, festgehalten zu werden.

Hätte er nach dem Tod seines Vaters 66 Jahre lang als Alleinherrscher regiert, müßte Ramses II bis zu seinem Tod die späten achtziger oder die neunziger Jahre erreicht haben.

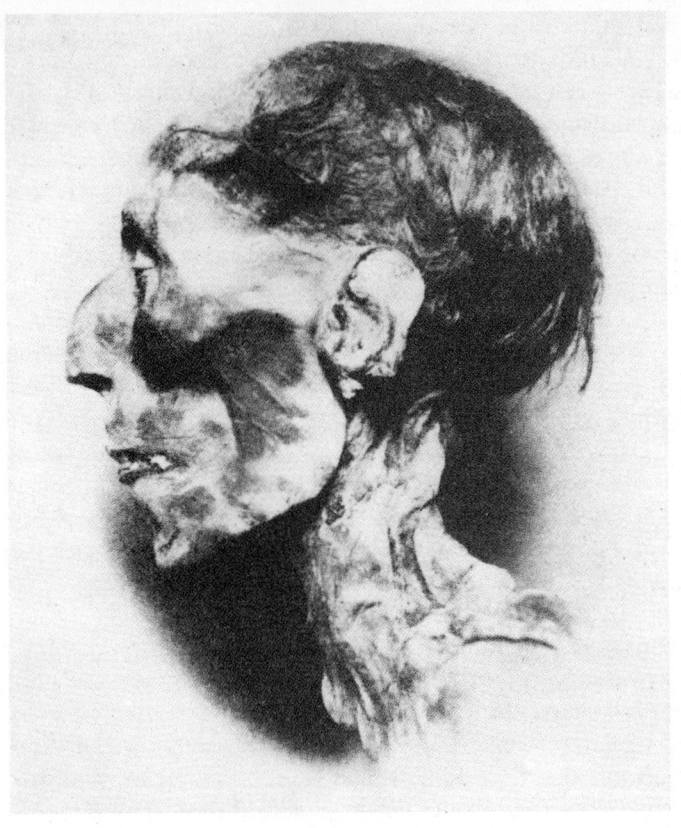

Abb. 31: Kopf der Mumie von Ramses II-Necho (Nekos).

Rudolph Virchow, der renommierte Anatom in der zweiten Hälfte des 19. Jahrhunderts, war für sein archäologisches Interesse bekannt. Er untersuchte den Schädel der Mumie von Ramses und wunderte sich über die Form des Kieferknochens; er konnte nicht der eines sehr alten Mannes sein.

G. Elliot Smith, der Anatom an der Universität von Kairo, der alle greifbaren Königsmumien in Ägypten untersuchte, schrieb über die Mumie von Ramses: »Die Zähne sind sauber und in exzellentem Zustand der Erhaltung; sie waren nur wenig abgenützt. Es ist ein merkwürdiges Problem zu bestimmen, weshalb dieser überaus alte Mann gesunde und nur wenig abgenützte Zähne hätte haben sollen.«[10]

Dieser Untersucher der Königsmumien war verwirrt, daß die Zähne von Ramses II nicht diejenigen eines Mannes von 90 oder 80 oder 70 Jahren waren: sogar für ein Alter von 60 Jahren waren die Zähne des Königs ungewöhnlich gut erhalten. Seine Ansicht über den Zustand der Zähne von Ramses II wurde in jüngerer Zeit von J. E. Harris und K. E. Weeks in Frage gestellt,[11] die den Körper von Ramses einschließlich der Mundhöhle einer Röntgenuntersuchung unterzogen. Sie fanden, »was schmerzhafte Zahnhöhlenabszesse gewesen sein müssen«, aber sie bestritten nicht Smith's Einschätzung des Alters von Ramses bei seinem Tod. Dr. Wilton Krogman, der mit dem Röntgenteam der Universität von Michigan arbeitete, interpretiert die Resultate als Anzeichen, daß Ramses II aller Wahrscheinlichkeit nach zur Zeit seines Todes »zwischen 50 und 55« Jahren alt war. Diese Zahl wurde aus einer sorgfältigen Studie über die Demineralisation der Beckenknochen gewonnen.[12]

Das Sternum (Brustbein) ist ein guter Indikator für das Alter einer Person. Smith untersuchte das Sternum und schrieb: »Ein Teil des Sternums war vom oberen Thorax (Brustkasten) losgebrochen. Bei dessen Anheben fand ich zu meiner Überraschung, daß trotz des hohen Alters, das Ramses erreicht hatte, das *Manubrium steri* (Brustbeinfortsatz) mit dem *Gladiolus* (Mittelbrustbein) nicht fest verwachsen war, und daß die verknöcherten zweiten Rippenknorpel zum Sternum immer noch gelenkig waren.«[13]

Dies weist auf ein zweifellos jüngeres Alter von Ramses II bei seinem Tode hin, als allgemein angenommen wurde. Bei der Entscheidung zwischen einer Zahl auf einem Dokument

---

10 G. E. Smith, *The Royal Mummies* (Kairo 1912), S. 63.
11 Harris and Weeks, *X-raying the Pharaohs*, S. 155.
12 Philadelphia *Inquirer*, 15. Juni 1975, S. 14.
13 Smith, op. cit. S. 64.

und einem anatomischen Gutachten ist es immer das letztere, dem mehr Gewicht zukommt. Würde ein Gerichtsmediziner das Alter eines toten Mannes – oder, was das betrifft, auch eines lebenden – auf Grund des Verknöcherungsstadiums bescheinigen oder auf Grund des Datums auf einer Heiratsurkunde?

Bei seinem Tod befand sich Ramses II gerade in den Sechzigerjahren, und die Daten, wie wir sie aus den Schriften kennen, stimmen mit dem Verdikt von zwei großen Anatomen überein, R. Virchow und G. E. Smith.

Wenn also die berühmte Mumie von Ramses II mit diesem König identisch ist, so kann er nicht 66 Jahre lang allein geherrscht haben. Wenn das Dokument aus dem 67. Jahr auf Ramses II verweist, und nicht auf einen anderen König, dann stützt er sich auf die Anzahl Regierungsjahre seit der Investitur in seiner Kindheit. Das Bittgebet eines späteren Königs (des letzten Königs vor der Wiedereroberung Ägyptens durch Artaxerxes III) könnte sich auf die gesamte Dauer von Ramses Mitregentschaft und Regierung bezogen haben, es sei denn, daß nicht Ramses, sondern Sethos (»Sethos genannt Ramesses« bei Josephus) gemeint war.

Manetho teilt Psammetich aus der 26. Dynastie 53 Jahre zu, also die Dauer der Regierungszeit von Sethos, wie oben gezeigt; aber dem Nekos (Necho) gibt Manetho nur 6 Jahre; Herodot indessen sagt 16. Die zuletzt genannten Zahlen sind weit von den historischen Werten entfernt – nach Sethos' Regierung von 53 Jahren regierte Ramses als Alleinherrscher nicht 6 oder 16 und nicht 66 Jahre lang, sondern um die 30 Jahre.

4. Zwei Suppiluliumas

Es ist bereits argumentiert worden, daß Suppiluliumas, der Autor von zwei Briefen der El-Amarna-Sammlung, kaum der König des gleichen Namens gewesen sein konnte, welcher der Vater von Mursilis war. In der konventionellen Chronologie vergingen zwischen dem Tod von Amenophis III (−1375) und dem 21. Jahr von Ramses II (−1279), als der Vertrag mit Chattusilis unterzeichnet wurde, 105 Jahre; für die Regierungsjahre von drei aufeinanderfolgenden Generationen erscheint das zu lang, besonders wenn man berücksichtigt, daß nur ein Teil der Regierungszeiten von Suppiluliumas und Chattusilis in dieser Spanne enthalten sind.[14]

Gemäß meiner Rekonstruktion der Geschichte müssen zwischen der Periode der Amarnabriefe und der Zeit von Suppiluliumas, dem Großvater von Chattusilis, mehr als 160 Jahre verflossen sein (von der Zeit Josaphats bis zur Zeit Manasses), und es ist unmöglich, daß der Autor eines Amarnabriefes der Großvater von Chattusilis hätte sein können.

Die Amarnabriefe, wie ich versucht habe nachzuweisen (*Vom Exodus zu König Echnaton*, »Die El-Amarna-Briefe«), wurden in der Mitte des 9. Jahrhunderts zur Zeit des Assyrerkönigs Salmanassar III (−859 bis −824) geschrieben. Salmanassar beruft sich in der Tat auf seine kriegsähnlichen Verhältnisse mit Suppiluliumas (»Sapalulme«) von Chatti (»Hattina«).[15]

An geeigneter Stelle im vorliegenden Band wurden einige der politischen und militärischen Aktivitäten von Suppiluliumas II kurz diskutiert, und die detailliertere Behandlung des Themas für den Band über *Die Assyrische Eroberung* in Aussicht gestellt. Aus der von seinem Sohn Mursilis geschriebenen Biographie über Suppiluliumas[16] verdient eine Einzelheit, hier besonders hervorgehoben zu werden. Eine ägyptische Königin namens Dachamun, deren Gatte gestorben war, ohne ihr einen Thronfolger zu hinterlassen, sandte an Suppi-

---

14 Breasted, *Records*, Vol. III, Anm.: »Wie [Max] Müller vorgeschlagen hat (*Vorderasiatisch-ägyptische Gesellschaft, Mitteilungen,* VII), könnte der Amarnabrief von einem früheren Seplel (Suppiluliumas) stammen.«
15 *Reallexikon der Assyriologie*, IV, s. v. Hattina. Vgl. J. D. Hawkins, »Assyrians and Hittites«, *Iraq* 36 (1974), S. 81–83. Der Name des Landes wird manchmal als Pattina gelesen.
16 H. G. Güterbock, »The Deeds of Suppiluliuma as Told by His Son Mursili II«, *Journal of Cuneiform Studies*, Vol. X (1956), S. 41–50, 59–68, 75–130.

Iuliumas einen Boten mit einem Brief, in welchem sie den Adressaten um einen seiner Söhne bat; den wollte sie heiraten und auf den Thron Ägyptens setzen, da ihr die Verbindung mit einem ihrer Untertanen zuwider war.

Gewöhnlich wird angenommen, und so steht es in vielen Textbüchern, daß die Königin, die diesen Brief an den »Hethiter«-König Suppiluliumas schrieb, die Witwe Tutanchamuns war, Anchsenpa'aton, Tochter Echnatons.[17] Aber diese Mutmaßung ist auf sehr schwache Argumente gebaut, abgesehen von der Tatsache, daß Anchsenpa'aton (ca. −830) und Suppiluliumas II (7. Jahrhundert) keine Zeitgenossen, sondern durch über 160 Jahre getrennt waren.

Die historische Szene im ägyptischen Theben verleiht der Idee, daß Anchsenpa'aton die Rolle einer verwitweten Königin übernommen und von einem fremden König einen Sohn zur Wiederverheiratung verlangt habe, keine Glaubwürdigkeit. Beim Tod Tutanchamuns im Alter von 18 oder vielleicht 17 Jahren war Anchsenpa'aton sehr wahrscheinlich 16 Jahre alt, wenn nicht jünger. Das Reich befand sich unter schwerer Hand von Eje, der sich selbst zum Pharao ausrief und ohne Verzug, noch bevor er die Krone aufgesetzt und den Thron bestiegen hatte, Anchsenpa'aton heiratete, die zu Anchsenpa'amun umbenannt wurde: Nur durch die Heirat mit einer Prinzessin von königlichem Geblüt konnte er die Regalien erhalten.[18] Die Kindkönigin wurde wahrscheinlich nicht einmal befragt, ob sie ihren Großonkel mütterlicherseits als Gatten dulden würde (Eje war ein Bruder der Königin Teje,

---

17 Beispielsweise A. Goetze, »The Struggle for the Domination of Syria«, *Cambridge Ancient History* (3rd ed.; 1975), Vol. II, Pt. 2, S. 17–18; Güterbock, »The Deeds of Suppiluliuma«, S. 94; Alan Gardiner, *Geschichte des Alten Ägypten*, S. 267.
18 Beim Fehlen eines legitimen Erben – dem ältesten Sohn der Hauptkönigin (W. Stevenson Smith, »The Old Kingdom in Egypt«, *Cambridge Ancient History* (3rd ed.; 1975), Vol. I, Pt. 2, S. 166 – suchte sich der Prätendent durch die Heirat mit einem Mitglied des Königshauses zu legitimisieren: entweder mit der Hauptkönigin selbst oder mit einer Prinzessin in direkter Abstammung vom letzten rechtmäßigen Pharao.

der Mutter Echnatons); und nach den Trauungsfeierlichkeiten wurde nichts mehr von ihr gehört – sie war ein Spielzeug in den politischen Plänen des verschlagenen Eje. Der Schauplatz in Theben und die Rollen der verschiedenen Mitglieder des Königshauses und der Palastumgebung werden detailliert in meinem *Ödipus und Echnaton* beleuchtet.

Suppiluliumas war ein Zeitgenosse Tirhakas, des an der Spitze Ägyptens stehenden äthiopischen Königs. Tirhaka starb −663, ohne einen Erben zu hinterlassen. Es muß *seine* Witwe gewesen sein, die den vielzitierten Brief an Suppiluliumas schrieb.

Nun liegt die Probe auf diese Schlußfolgerung zur Hand. Die von Mursilis, dem Sohn Suppiluliumas', berichtete Geschichte gibt den Namen des Pharaos als Bib-khururia (oder Nib-khururia)[19] wieder. Der Königsname Tirhakas endet mit »khu-ra«.[20] Der Name seiner Königin war Duchat-amun.[21] »Der Name existiert nur einmal unter den Königinnen Ägyptens.

Im Rahmen der konventionellen Chronologie läßt sich der Name Dachamun im Text aus Bogazköi nicht erklären. »Ihr Name ist in dem Text durch irgendein Versehen völlig entstellt.«[22] Als Alternative wurde die Hypothese aufgestellt, daß Dachamun gar kein Name sei, sondern ein Status;[23] diese gekünstelte Ansicht zeigt nur die Schwierigkeit der konventio-

---

19 Güterbock, »Deeds of Suppiluliuma«, S. 94, Fn. e.
20 R. Gauthier, *Le Livre des rois (Mémoires*, l' Institut français d'archéologie orientale du Caire, t. 20, 1916), S. 31–42. Einer von Tirhakas Namen, auf einem in Tanis gefundenen Skarabäus eingraviert (Louvre N. 632), beginnt mit *neb-khu*. Siehe J. Leclant und J. Yoyotte, »Scarabée Commémoratif de la crue du Nil«, *Kêmi* 10 (1949), S. 39.
21 Petries Lesung. Maspero liest »Dikahitamanou«.
22 Gardiner, *Geschichte des Alten Ägypten*, S. 267; H. R. Hall, »The Hittites and Egypt«, *Anatolian Studies*, gewidmet Sir W. M. Ramsey (London 1923), S. 179: »Aus ägyptischen Quellen kennen wir diese Königin nicht. Sie kann kaum dieselbe Person sein wie Tutanchamuns Gemahlin, die wohlbekannte Anchsenpa'amun.«
23 Walter Federn, »Dahamunzu (KBo V 6 iii 8)«, *Journal of Cuneiform Studies*, Vol. XIV, No. 1 (April 1960), S. 33.

nellen Chronologie auf, in welcher Suppiluliumas, der Vater von Mursilis, an das Ende der Amarnaperiode plaziert wird.

Der Prinz, den Suppiluliumas nach wiederholten Bitten Dachamuns (ägyptisch Duk-hat-amun) entsandte, wurde auf seinem Weg nach Ägypten in Syrien ermordet. Es war töricht, den Prinzen auf dem Landweg zu schicken, besonders angesichts der Tatsache, daß Assurbanipal Syrien kontrollierte. Nach einem langwierigen Krieg gegen Tirhaka war −667 Assurbanipal tief nach Ägypten eingedrungen; der Äthiopier hatte sich in den Sudan zurückgezogen, wo er bald darauf an seinen Wunden starb. In dieser Krisis haben Suppiluliumas die Appelle Dachamuns erreicht, als er in Nordsyrien in der Umgebung von Karkemisch in einen Krieg verwickelt war.

Der letzte kurzlebige Vorstoß der Äthiopier nach Ägypten kam vier Jahre später, −663 unter Tanutamun, einem Neffen Tirhakas. Die assyrische Reaktion war schnell. Assurbanipal trieb Tanutamun aus dem Land, besetzte und zerstörte Theben und setzte so der äthiopischen Periode der ägyptischen Geschichte ein Ende.

5. Bronze und Eisen

In den dreißiger Jahren des 19. Jahrhunderts hat ein Gelehrter,[24] der den Fußstapfen von Hesiod und Lucrez folgte, vorgeschlagen, die Vergangenheit der Menschheit nach dem Material einzuteilen, aus welchem in aufeinanderfolgenden Zeitaltern der historische Mensch seine Werkzeuge und Geräte herstellte, das heißt zu unterscheiden zwischen den Zeitaltern von Stein und Knochen, von Bronze und von Eisen. Dieser Vorschlag war erfolgreich, und die Einführung weiterer Unterteilungen übersäte moderne Geschichts- und Archäologiewerke mit Buchstaben, die »junge«, »mittlere« und »späte« Perioden in jedem Zeitalter anzeigten, mit später

---

24 Christian Thomsen. Vgl. Hesiod, *Erga* (Werke und Tage).

noch weiteren Unterabteilungen I, II und manchmal sogar III. Das frühe Bronzezeitalter wird mit größerer Genauigkeit Kupferzeit genannt.

Die Archäologie konstruiert ihre Zeitalter gewöhnlich entweder nach dem Charakter der Töpferwaren oder nach den für die Werkzeuge verwendeten Metallen; die zweite Unterteilungsart ist besser umrissen, so daß Keramik verschiedener Art nach Metallperioden etikettiert wird – z. B. Keramik der Spätbronze I a oder Jungeisenzeit II b usw. Im folgenden Abschnitt werden wir die Konfusion sehen, die sich durch die Einteilung der Keramikzeitalter zieht. Hier beabsichtigen wir eine kurze Prüfung der Metallzeitalter und ihrer Auswirkung auf die Chronologie.

Verursachen wir keine Verschiebung der Metallzeitalter, wenn wir die ägyptische Geschichte um sechs oder sieben Jahrhunderte näher an unsere Zeit bringen? Ein Segelschiff benötigt nur zwei oder drei Tage, um eine Ladung von Ägypten nach Palästina zu bringen; die Wüstenstraße wurde von Thutmosis III mit seinem Heer in neun Tagen bewältigt. Man möchte erwarten, daß die konventionelle Chronologie die Nähe von Ländern wie Ägypten und Palästina berücksichtigen würde; wenn also der Beginn der Eisenzeit in Palästina nach der allgemeinen Meinung −1200 begonnen haben.

Das ist nicht der Fall. »Wenig Themen sind umstrittener als das Datum, an welchem Eisen in Ägypten erstmals Verwendung fand.«[25] Folglich gibt es keinen Grund zur Befürchtung, daß die revidierte Chronologie Verwirrung in das Bronze-Eisen-Schema bringen könnte; die Verwirrung ist bereits vorhanden. Wann die Eisenzeit in Ägypten begann, kann nicht im Vertrauen auf die konventionelle Chronologie bestimmt werden. Es ist auch klar, weshalb das so ist. Die Zeit der 19. Dynastie geht jener der 26. Dynastie nicht um 700 Jahre voraus; es ist ein und dieselbe Periode. Und die 20. Dynastie von Ramses III liegt nicht sechs Jahrhunderte vor der Zeit

---

25 A. Lucas, *Ancient Egyptian Materials and Industries*, S. 193.

von Necho II, sondern sie folgt zwei Jahrhunderte danach. Unter derartig fehlerhaften Prämissen ist es natürlich hoffnungslos, den Eintritt Ägyptens in die Eisenzeit zu bestimmen.

Wenn wir uns das vor Augen halten, um die Abfolge der Zeitalter rekonstruieren zu können, müssen wir fragen: Wann wurde Eisen erstmals verwendet? Wann wurde der Prozeß der Eisengewinnung aus dem Erz bekannt? Wann verdrängte das Eisen die Bronze für die meisten Zwecke, für die Eisen heute der Bronze vorgezogen wird?

Eisenerz ist auf der Erde weiter verbreitet als Kupfer oder Zinn, und die Metallurgie des Eisens ist einfacher als diejenige der Bronze.[26] In gediegener Form wird Eisen in Meteoriten gefunden, was ein Gewinnungsverfahren überflüssig macht. Aus dem Erz wird es durch Erhitzung auf 500 °C gewonnen (verhüttet); wenn es rotglühend ist, kann es in die gewünschte Form geschmiedet werden. Durch Hinzufügen von Kohlenstoff (Verhüttung auf Holzkohle) und schnell darauf folgende Abkühlung wird es zu Stahl. Um Eisen flüssig zu machen (es zu schmelzen), so daß es in Formen gegossen werden kann, wird eine Temperatur von über 1500 °C benötigt.

Kupfer wurde von der Natur weniger generös ausgestattet; es ist in gediegener Form zu finden und kann auch aus Malachit und anderen Erzen durch Erhitzung gewonnen werden. Seine Gewinnung erfordert eine Temperatur von ungefähr 1085 °C, bei der es auch schmilzt und in Formen gegossen werden kann. Anders als Eisen besitzt Kupfer die Eigenschaft, auch in kaltem Zustand schmiedbar zu sein. Durch

---

26 Lucretius war nicht dieser Meinung. Er schrieb: »Und eher als den des Eisens lernte man den Gebrauch des Erzes [Bronze] kennen, je leichter seine Natur zu bearbeiten ist und in je größeren Mengen es gefunden wurde. Mit Erz behandelten sie den Boden der Erde, mit dem Erz mischten sie die Fluten des Krieges ... Dann machte Schritt für Schritt das eiserne Schwert seinen Weg ... und mit dem Eisen fingen sie an, den Boden der Erde aufzubrechen.« Lukrez, *Über die Natur der Dinge* (Übers. Josef Martin; Berlin 1972).

Hämmern läßt es sich härten; zu starkes Ausschmieden macht es brüchig. Bronze, eine Legierung aus Kupfer und Zinn, ist viel härter als Kupfer. Die Fabrikation von Legierungen markiert einen entscheidenden Fortschritt in der metallurgischen Kunst; im Vergleich mit der Metallgewinnung nur aus dem Erz und dem Hämmern zu einer Form entsprechen Legierungen einem fortgeschrittenen Stand.

Kupfer mit Zink legiert wird Messing genannt. Diese Legierung ist aus vergleichsweise später Zeit bekannt; »Messing«, die Übersetzung des biblischen *nechoschet*, bedeutet eigentlich sowohl Kupfer als auch Bronze, ohne dazwischen zu unterscheiden.

Eisenerze kommen in Ägypten in recht großen Ablagerungen vor, doch sind sie von geringer Qualität.[27] Kupfer wurde von außerhalb der eigentlichen ägyptischen Grenzen gebracht. Den Ägyptern gehörende Malachitminen wurden im Südwesten des Sinaimassivs entdeckt. Die Inschriften informieren uns, daß sie bereits schon im Alten Reich ausgebeutet wurden; Schlackenhaufen neben den Minen zeigen an, daß die Gewinnung an Ort und Stelle erfolgte. Vor dem Ende des Alten Reiches lieferten die Kupferminen auf Zypern Metall nach Ägypten. Entweder gab die Insel ihren Namen dem Metall oder das Metall erhielt seinen Namen von der Insel.[28]

Die zur Gewinnung und zum Schmelzen des Kupfers erforderliche hohe Temperatur (1085 °C) wurde durch die Verwendung von Blasebälgen erreicht und auch durch die Konstruktion von Öfen mit Kamin, um Luftzug zu erhalten, wie auf alten ägyptischen Zeichnungen zu sehen ist. Mit diesen Mitteln konnte Eisen ohne Mühe bei einer niedrigeren Temperatur aus seinem Erz gewonnen (verhüttet) und dann zu einer Form gehämmert werden.

Zinn ist bis heute in den Zentren der Bronzezivilisation, Zypern, Ägypten oder Griechenland, nicht gefunden worden.

---

27 W. F. Hume, *The Distribution of Iron Ores in Egypt* (Kairo 1909). Siehe auch sein *Geology of Egypt* (1925–1937), 2 Bände.
28 Hill, *A History of Cyprus*, I, 82.

Zur Herstellung von Bronze wurde es von weither importiert.[29] Hesekiel (27:12) sagt, daß die Seeleute von Tyrus mit Zinn handelten, das sie aus Tarschisch brachten. Noch früher wird Zinn von Jesaja[30] erwähnt, und Homer verweist wiederholt darauf.[31] Herodot berichtet von dessen Import nach Griechenland, und mit den »Zinninseln« werden wahrscheinlich die Britischen Inseln gemeint sein.[32] Im 2. Jahrhundert vor unserer Zeitrechnung nannte Poseidonios die Iberische Halbinsel als eine Abbauquelle für importiertes Zinn;[33] desgleichen Plinius, und Diodor berichtete von dessen Gewinnung in Cornwall.[34] Im ersten Jahrhundert unserer Zeitrechnung wurde Zinn über Ägypten nach Indien transportiert.[35]

Da allgemein angenommen wird, daß der Steinzeitmensch das Meer nur zufällig und nicht in regulären Reisen befuhr, muß die Kupferperiode der Bronzezeit die Eroberung des Meeres gesehen haben, und der Bronzezeitmensch muß bereits einen Seehandel in Zinn entwickelt haben.

In Ägypten begann die Kupferperiode in vordynastischer Zeit, und vom Alten Reich wird ebenfalls angenommen, daß es in das Zeitalter des Kupfers gehört. Nur vom Ende des Alten Reiches (6. Dynastie) sind ein paar wenige Kupferobjekte übriggeblieben. Die Bronzezeit umfaßt das Mittlere Reich und erstreckt sich bis zu einem nicht definierbaren Datum. Das Auseinanderklaffen der Meinungen über den Beginn der Eisenzeit in Ägypten ist extrem. »Das Datum des Beginns der Eisenzeit in Ägypten wird ausdauernd dis-

---

29 In jüngeren Jahren wurde vermutet, daß Zinn als Schwemmabbruch durch die Winterbäche aus dem syrischen Bergland in die Umgebung von Byblos gebracht und dort in den ausgetrockneten Flußbetten während des Sommers eingesammelt wurde.
30 Jesaja 1:25. Vgl. Numeri 31:22.
31 *Ilias*, XI, 25, 34; XVIII, 474, 565; XX, 271 usw.
32 Herodot, III, 115.
33 Zitiert bei Strabon.
34 Plinius, III, 2, 9; Diodor, V, 2.
35 Lucas, op. cit., S. 211.

kutiert, und leider kommt im Verlaufe der Zeit nur wenig neues Beweismaterial zum Vorschein.«[36]

Die Eisenzeit in Ägypten »könnte jetzt noch als Vorläuferin der Bronzezeit nachgewiesen werden«,[37] ist die Ansicht einer Autorengruppe.[38] Die Eisenzeit begann ungefähr −1800 mit dem Ende des Mittleren Reiches, ist die Meinung einer anderen Gruppe, oder zur Zeit von Ramses II laut einer dritten Gruppe. Die ausgebildete Eisenzeit begann ungefähr −1200, das heißt zur Zeit von Ramses III, verfechten ein paar weitere Gelehrte. Viele ziehen das Datum −1000 unter der libyschen Dynastie vor.[39] »Die jüngere Eisenzeit Ägyptens begann nicht vor −800 (zwischen der 22. und der 25. Dynastie).«[40] Das Jahr −700 »kann als der Beginn der Eisenzeit in Ägypten angesehen werden«,[41] ist eine oft gehörte Erklärung. Es wird auch versichert, daß die früheste Verhüttung in Ägypten (in Naukratis) aus dem 6. Jahrhundert datiert. Alle Meinungsschattierungen, welche die gesamte Dauer der ägyptischen Geschichte umfassen, haben ihre Vertreter. »Über Eisen wurden mehr sich widersprechende Erklärungen laut als über irgendein anderes Metall.«[42]

Für den Beginn der Eisenzeit muß ein Kriterium definiert werden, und das Problem muß in zwei Teile geteilt werden: Wann gelang es dem Menschen, Eisen herzustellen, und wann gelangte Eisen zur allgemeinen Verwendung und verdrängte maßgeblich Kupfer und Bronze?

---

36 H. Garland und C. O. Bannister, *Ancient Egyptian Metallurgy* (London 1927), S. 85–86.
37 Ebenda, S. 5.
38 Diese Meinung wurde bereits im vergangenen Jahrhundert vertreten. Vgl. St. John V. Day, *The Prehistoric Use of Iron and Steel* (London 1877).
39 Vgl. H. C. Richardson, »Iron, Prehistoric and Ancient«, *American Journal of Archaeology*, XXXVIII (1934), 555.
40 R. A. Smith, »Archaeology, Iron Age«, *Encyclopaedia Britannica* (14th ed.), II, 252.
41 Lucas, *Ancient Egyptian Materials*, S. 406.
42 Sir W. M. Flinders Petrie, »The Metals in Egypt«, *Ancient Egypt* (1915), II, 18.

Nicht nur wegen des im Vergleich mit Bronze einfacheren Herstellungsprozesses und wegen der ausgedehnten Erzvorkommen wurde ein vorangehendes Auftreten des Eisens postuliert, sondern auch wegen des Zeugnisses, das die damit ausgeführten Arbeiten ablegten. Die Steine für die Pyramiden wurden im Alten Reich rechtwinklig zugehauen – Kupfer- oder Bronzewerkzeuge hätten den Kalksteinfelsen nicht schneiden können. Granitsarkophage mit gemeißelten scharfen Ecken in perfektem Winkel und mit messerscharfen Kanten und lotrechten Linien; Skulpturen mit fein geschnittenen Augenlidern und Lippen aus der 4. Dynastie; die mit spitzen Stichen in die sehr harten Steine Granit und Basalt und sogar in Diorit, das stählerne und härteste aller Gesteine, geschnittenen Hieroglyphen: das alles deutet darauf hin, daß ein Material so hart wie Stahl verwendet wurde. Ein moderner Bildhauer würde sich über die Idee amüsieren, daß etwas weniger Hartes als Stahl diese Gesteine auch nur anzukratzen vermöchte, welche nach wenigen Hieben den Stahlmeißel stumpf werden lassen.

Im Ägypten des Alten Reiches, und sogar im vordynastischen Ägypten, wurden tatsächlich verschiedene, aus Eisen gearbeitete Objekte entdeckt. In El-Gerzeh, etwa 80 Kilometer südlich von Kairo, wurden Eisenperlen gefunden, die vordynastischen Zeiten zugeordnet werden konnten.[43] Ein Eisenmeißel wurde zwischen den Steinen der großen Pyramide aus der 4. Dynastie gefunden.[44] Eine Reihe von Meißeln und andere Werkzeuge aus der 5. Dynastie sind in Sakkara gefunden worden, nicht weit von Kairo.[45] Mehrere Stücke einer Breithacke aus der 6. Dynastie sind in Abusir ans Tageslicht gebracht worden[46] und ein Haufen zerbrochener Werkzeuge

---

43 G. A. Wainwright, »The Coming of Iron«, *Antiquity*, X (1936), 7.
44 R. W. H. Vyse, *Operations Carried on at the Pyramid of Gizeh in 1837* (London 1840–1842), I, 275–276.
45 Olshausen, *Zeitschrift für Ethnologie*, 1907, S. 373.
46 1882 von G. Maspero gefunden.

aus der gleichen Periode in Dahschur;[47] in Abydos ist ein Klumpen aus Eisenstaub, wahrscheinlich ein Keil, entdeckt worden.[48]

Die meisten dieser Objekte wiesen Nickelgehalt auf, was darauf schließen läßt, daß sie aus Meteoriteneisen hergestellt wurden. Die Große Pyramide und Stücke aus Abydos enthielten »Spuren von Nickel«, aber die Analysen waren nicht überzeugend. Meteoritisches Eisen muß nicht aus dem Erz gewonnen (verhüttet) werden. Wenn meteoritisches Eisen verwendet wurde, ohne daß das Metall aus dem Erz gewonnen werden mußte, so kann der Herstellungsprozeß nicht als abgeschlossen betrachtet werden und die Eisenzeit hatte noch nicht begonnen. Andererseits ist meteoritisches Eisen schwieriger in eine Form zu hämmern als Eisen aus dem Erz. Einige Gelehrte betonen, daß Geologen nur ein paar hundert Tonnen Meteoreisen gesammelt haben, vor allem in der westlichen Welt, und daß demzufolge – solange die Quellen so spärlich waren – die echte Eisenzeit nicht beginnen konnte. Andere meinen, daß dem Menschen, der Metalle erst seit fünf- oder sechstausend Jahren verwendet, zu der Zeit, als er die Verarbeitung von Metallen erlernte, die im Verlaufe von Hunderten Millionen von Jahren niedergegangenen Meteoriten zur Verfügung standen.

Von einem oder zwei Eisenobjekten der 6. Dynastie wird allerdings erklärt, daß sie keinen Nickel enthalten und somit nicht meteoritischen Ursprungs sind. Das bedeutet, daß bereits im Alten Reich die Eisenverhüttung bekannt war. Wenn der erste erfolgreiche Versuch zur Eisenverhüttung aus dem Erz als Beginn der Eisenzeit anzusehen ist, dann begann sie bereits zu dieser frühen Zeit. Es bleibt aber die Frage, warum aus dem Erz gewonnenes Eisen nicht zur allgemeinen Verwendung kam, wenn der Verhüttungsprozeß bekannt war? Und überhaupt, weshalb kam zuerst die Bronzezeit und erst

---

47 Siehe Olshausen, op. cit., S. 374.
48 Sir W. M. Flinders Petrie, *Abydos*, II (*Egyptian Exploration Fund, Memoirs*, Vol. 24; London 1903), 33.

danach die Eisenzeit? Hier haben wir gelernt, daß zumindest nicht aus Mangel an Fertigkeit Eisen während des Alten und Mittleren Reiches nicht zur breiteren Verwendung gelangte.

Bronze und Eisen nach dem Fall des Mittleren Reiches. Die historischen Abschnitte der Schriften, welche die Periode vom Exodus bis zur Rückkehr aus dem Exil zum Inhalt haben, präsentieren Palästina als eine gemischte Eisen-Bronze-Zivilisation. Kupfer und Bronze diente zu vielem, wofür diese Metalle heute nicht mehr verwendet werden, aber Eisen war ein vertrautes Metall und seine Herstellung ein wohlbekannter Prozeß. *barzel* (Eisen) und *nechoschet* (Kupfer, Bronze) werden in den Schriften gleich häufig erwähnt.

Bei ihrer Ankunft in Palästina – nach der Wanderung in der Wüste – fanden die Israeliten, daß die Bewohner des Landes Eisen verwendeten (das eiserne Bett des Og, König von Basan; die eisernen Gefäße von Jericho). Doch sobald das Fortschreiten der Eroberungen vom philistinisch-amalekitischen Block aufgehalten worden war, fanden sich die Israeliten von der Werkzeugfabrikation und vom Zugang zu den Grubengebieten ausgeschlossen.[49] Wenn die Israeliten auf die Arbeit eines Schmiedes angewiesen waren, mußten sie ins Tal zu den Philistern gehen. Die Philister verwendeten Bronze für Waffen, aber Eisen für Lanzenspitzen.[50] Die Kanaaniter besaßen eiserne Streitwagen, die Israeliten hatten keine.[51]

Wegen dieser Bedingungen waren Metallobjekte in dem von den israelitischen Stämmen bewohnten Hügelland selten, und für archäologische Funde sind wenige übriggeblieben. An der Schefela (der Küste) der Philister rostet ungeschütztes Eisen in wenigen Jahren dahin, und nur unter besonders vorteilhaften Voraussetzungen würde es jahrtau-

---

49 I Samuel 13:19.
50 I Samuel 17:5–7.
51 Josua 17:16–18; Richter 1:19.

sendelang konserviert bleiben. Derart vorteilhafte Bedingungen herrschten in Gezer.

»Eine merkwürdige Ausnahme vom völligen Fehlen des Eisens in den frühsemitischen Perioden muß indessen erwähnt werden. Ganz zuunterst des geneigten Teiles des Wasserdurchflusses wurden zwei keilförmige Eisenklumpen gefunden, offenbar Stücke von Blättern einer Axt oder einer Hacke. Wie diese zu ihrem Ruheplatz gekommen sind, der 400 oder 500 Jahre vor der allgemeinen Verwendung von Eisen hermetisch verschlossen wurde, ist nicht leicht zu erklären.«[52]

Wie schon vorher gesagt wurde, hat der Ausgräber von Gezer die Zeitalter der semitischen Perioden seiner früheren Grabungen um gut 500 Jahre geändert. Die Eisenblätter von Gezer datieren am wahrscheinlichsten aus der Zeit der Richter, als Gezer eine philistinisch-amalekitische Stadt war.

Zur Zeit, als die Amu-Hyksos Ägypten von Auaris aus regierten, müssen sie in bezug auf die Metallherstellung eine ähnliche Politik verfolgt haben, wie sie auch in Palästina zur Anwendung gelangte. Ein Beispiel für die Gleichartigkeit ägyptischer Werkzeuge mit den Eisenblättern aus Gezer ist ein Meißel, der zusammen mit dem Beschlag eines Hackengriffes bei Esna gefunden wurde; diese Stücke stammen aus der 17. Dynastie, gegen Ende der Hyksos-Herrschaft.[53]

Im Verlaufe des letzten Teiles des 11. Jahrhunderts, als die Israeliten unter Saul und David die Unabhängigkeit erlangten, traten sie wieder in die Eisen- und Bronzezeit ein. In Damaskus nahm David »sehr viel Erz« (Kupferlegierung).[54] Streitwagen und Bogen (II Samuel 1:18) wurden zur neuen Kriegsausrüstung der Israeliten, als »das Volk der Bogen«,[55] das heißt die Amu beziehungsweise Amalekiter, ihre beherrschende Position verloren. Schwert und Schild wurden aus

---

52 Macalister, *The Excavation of Gezer* (1902–1909), II, 269.
53 Wainwright, *Antiquity*, X (1936), 8.
54 II Samuel 8:8.
55 Gardiner, *Admonitions*, 2:2.

Bronze (»Erz« oder »Messing«) hergestellt, aber die landwirtschaftlichen Geräte, »die eisernen Picken und die eisernen Äxte«, aus dem grauen Metall.[56]

Für den Bau des Hauses Gottes bestellte David »Eisens die Menge zu den Nägeln für die Türflügel der Tore und zu den Klammern ... und Erzes die Menge, nicht zu wägen«. Jedes Metall hatte seinen eigenen Verwendungszweck (»Erz für Erze, Eisen für Eiserne«). Die Fürsten Israels brachten zur Errichtung des Hauses ihren Anteil dar: 18 000 Barren Kupfer und Bronze und 100 000 Barren Eisen. Das beweist, daß Eisen in allgemeinerem Gebrauch stand als Kupfer und Bronze.[57]

Wechsel auf der politischen Szene waren vom Erwerb der Metallherstellung durch die Israeliten begleitet; mit dem Ende der Amalekiterherrschaft kamen die Israeliten in den Besitz der Kupfer- und Eisenlager im edomitischen Teil des Arabagrabens und an anderen Orten, und sie erlernten die künstlerische Metallbearbeitung von den Phöniziern und von ihren Landsleuten, die in der Umgebung der phönikischen Städte wohnten.[58]

Im Araba-Bergbaugebiet zwischen dem Toten Meer und dem Golf von Akaba, mit Sela – oder Petra – in seiner Mitte, wurde zur Zeit von David und Salomon fleißig Abbau getrieben. Es trug die Bezeichnung Tal der Schmiede, und die dort lebenden Keniter oder Kenizziter waren die Schmiede, welche das Arsenal der verbündeten Amalekiter mit Waffen versorgten, bevor David die letzteren überwältigt und das Tal erobert hatte. Das Gebiet ist reich an kupferhaltigem Gestein und an Eisenerzen (Oxyden). In letzter Zeit ist es von N. Glueck erforscht worden.[59] Entlang des Tals wurden die Ruinen von Verhüttungsöfen gefunden; zur Zeit Salomons wurde darin Kupfer und Eisen verarbeitet. Große Eisennägel kamen sogar ans Licht, die der Zeit Salomons zugeschrieben wurden.

---

56 Samuel 12:31.
57 I Chronik 22:3; 22:14; 29:7.
58 II Chronik 2:7.
59 N. Glueck, *The Other Side of the Jordan* (New Haven 1940), S. 51 ff.

Salomons Hafen Ezeon-Geber am Golf von Akaba war eine industrielle Gemeinschaft, wo zur »Verhüttung und zum Feinen von Kupfer und Eisen und für die Herstellung von Metallgegenständen für eigene und fremde Märkte« Öfen eingesetzt wurden, die mit künstlichem Luftzug arbeiteten.[60]

In Schiffen wurde zur Zeit Salomons von weither Silber in großen Mengen gebracht, wodurch eine weitere Metallrevolution ausgelöst wurde, wie wir in den Schriften und in den Inschriften von Königin Hatschepsuts Wesir nachlesen können. Sowohl in Palästina als auch in Ägypten wurden luxuriöse Gebäude errichtet, und in einigen Fällen wurden die Fußböden mit Silber belegt.[61]

Der rapiden Übernahme metallurgischer Fertigkeit durch die Israeliten folgte ein ähnlich rapider Prozeß in Ägypten. Thutmosis III (Schischak) besaß 1200 Streitwagen, die bei der Eroberung von Palästina und Syrien eine wichtige Rolle spielten. Gefangene aus Rezenu (Palästina) wurden in den Metallwerkstätten Ägyptens beschäftigt, und die Ägypter erlernten von ihnen das Handwerk, wie die Bilder im Grab des Rechmire, des Wesirs von Thutmosis III, zeigen.[62] Kupfer wurde als Tribut aus Syrien und Zypern gebracht; und der Bergbau im Gebiet des Sinai wurde wiederaufgenommen. In der Tributliste einer der Kampagnen Thutmosis III in Syrien werden Eisengefäße (*bia*) aufgezählt.[63]

Eine Liste des Tempelschatzes von Qatna, die vor der Eroberung durch Thutmosis III aufgestellt wurde, enthält sieben Objekte aus Eisen, von denen sechs in Gold gefaßt waren.[64] Das bedeutet nicht, daß Eisen besonders selten war. Das in Tempeln verwahrte Eisen war meteoritischen Ur-

---

60 Ebenda, S. 94.
61 Siehe *Vom Exodus zu Echnaton*, »Das Begehren der Königin von Saba«.
62 N. de Garis Davies, *The Tomb of Rehk-mi-re at Thebes* (New York 1943), Vols. I und II.
63 Breasted, *Records*, Vol. II, Sec. 537.
64 C. Virolleaud, Syria, *Revue d'art oriental et d' archéologie*, IX (1928), 92. Qatna (Tell Mischrife) wurde von Du Mesnil du Buisson ausgegraben.

sprungs. Das Wort *bia* bedeutet Metall im allgemeinen, aber spezifischer auch Eisen oder »das Metall vom Himmel«. Meteoriten wurden in vielen Heiligtümern verehrt: Im Tempel der Astarte in Tyrus, im Tempel des Amun in Theben, in Delphi, in mexikanischen Tempeln und bis auf den heutigen Tag in Mekka.[65] Wegen seiner Herkunft wurde das meteoritische Eisen in Gold gefaßt und im Tempel von Qatna aufbewahrt, wie das auch an anderen Orten geschah.

Die verschiedenen an das Mittelmeer grenzenden Völker hatten ihre Vorlieben für das eine oder das andere Metall. In den meisten Fällen diktierten die natürlichen Erzvorkommen, ob Kupfer oder Eisen bevorzugt wurde.

Im Palast Assurbanipals und Salmanassars III aus dem 9. Jahrhundert in Nimrud, den auch Tiglatpileser in der zweiten Hälfte des 8. Jahrhunderts bewohnte, wurden Lanzen- und Pfeilspitzen, Äxte und Sicheln aus Eisen gefunden: »Eisenhorte« kamen in Chorsabad und Ninive an den Tag. Das Erz dieses Eisens ist in den Hügeln von Tiyari im Nordosten von Ninive und im Gebiet der Chalybes im Südosten des Schwarzen Meeres abgebaut worden; ungefähr −881 wurde vom letzteren Ort eine wertvolle Ladung Eisen zu Assurbanipal nach Ninive gesandt. Diese Region lag im Herrschaftsgebiet der Chaldäer; wir sollten deshalb erwarten, Eisen schon in den aus früher Zeit stammenden Teilen der Bogazköi-Archive erwähnt zu finden. Und tatsächlich gibt es »eine lange Liste der Erwähnungen von Eisen in diesen Dokumenten, die sich bis zum Ende des Hethiterreiches um −1200 erstreckt ... Hier ist Eisen das normale Metall, nicht Bronze, wie man das aus anderen Ländern des Nahen Osten gewöhnt ist.«[66]

Wegen der Nähe Zyperns mit seinen reichen Kupferminen waren die Phöniker an der syrischen Küste mit dem Eisen nicht sehr vertraut, obwohl gelegentlich auch dort kleine Men-

---

65 Wainwright, *Antiquity*, X (1936), 6.
66 Ebenda, 14.

gen verarbeitet wurden. Es ist kein Wunder, daß fast alles in Ras Schamra, das gegenüber von Zypern liegt, gefundene Metall Bronze war; doch wurden dort auch verrostete Eisenobjekte gefunden.[67]

Eines der Hauptargumente zur Stützung der Theorie, daß das mykenische Zeitalter vor den Homerischen Epen liegt, ist auf die Annahme gegründet, daß die mykenischen Gräber zur Bronzezeit gehören, während die *Ilias* und die *Odyssee* die Eisenzeit reflektieren. Die Waffen der Homerischen Helden bestehen aus Bronze, aber in den Epen wird Eisen 44mal erwähnt; und obwohl aus einigen Hinweisen geschlossen worden ist, daß Eisen zu jener Zeit selten war,[68] hatte die Eisenzeit die Epoche der Bronze bereits überholt, und die Herstellung von Stahl war bereits bekannt.

In den mykenischen Gräbern ist Bronze im Überfluß vorhanden, aber Eisen fehlt nicht.[69]

Wie zur Zeit Salomons, so war Sidon zur Zeit Homers (vermutlich 8. Jahrhundert) »mit Bronze angefüllt«. Wenn die mykenischen Gräber den Karern gehörten, die aus Ugarit auswanderten, oder den Argiverfürsten, welche von den phönikischen Händlern mit Waffen beliefert wurden, so käme die Feststellung nicht überraschend, daß Bronze in diesen Gräbern reichlich und Eisen selten vorhanden ist.

Das Kupferabbaugebiet Zyperns, Temessa, exportierte Kupfer nicht nur nach Ägypten, sondern auch in die ägäische Region, und nach Zypern segelnde Schiffe, die dort Kupfer laden wollten, brachten manchmal auch Eisen dahin.[70]

Wegen der Verteilung der Ablagerungen, mit großen Fundstellen für Kupfer in Zypern und auf dem Sinai und dem

---

67 Schaeffer, Syria, *Revue d'art oriental et d'archéologie*, X (1929), 292.
68 *Ilias*, XXIII, 826 ff.
69 Auch spätminoisches I-Eisen wurde in Griechenland gefunden: Forsdyke in *Annual of the British School at Athens*, XXVIII (1926–1927), 296.
70 *Odyssee*, I, 182 ff. Die Kupferminen auf Zypern, welche seit dem Alten Reich in Ägypten und zur Zeit Homers ausgebeutet wurden, sind noch heute in Betrieb.

schlechten Eisenerz in Ägypten war Bronze das Hauptmetall von Phönikien und Ägypten, während Eisen in und um Assyrien und Chaldäa häufiger verwendet wurde.

Ein Korrespondent der Amarnaperiode, Tuschratta von Mitanni, schrieb an seinen Schwiegersohn Amenophis III, daß er ihm ein heiliges Messer (*mittu*) aus Eisen und mit in Gold gefaßten Eisenringen schicke. Mit Gold belegte Eisenringe und einen Dolch, dessen Klinge aus Eisen und dessen Griff aus mit Edelsteinen besetztem Gold bestand, schickte er auch an Echnaton.[71] Die Tatsache, daß ein Eisendolch ein Heft aus Gold oder Bronze hatte, bedeutet nicht unbedingt, daß Eisen seltener als Gold oder Bronze war. Folgte man derartigen Überlegungen, so könnte ein zukünftiger Archäologe beim Fund eines Satzes von Tafelmessern mit silbernem Heft auf die Idee kommen, daß Silber in unserer Zeit weniger wertvoll als Stahl gewesen sei.

Eisenringe wurden manchmal mit Gold belegt, um Gold zu sparen, wie man es auch heute tut, wenn weniger wertvolles Material vergoldet wird. In Megiddo wurden eiserne Werkzeuge neben einer Eisengießerei gefunden; mit Gold belegte Eisenringe wurden dort ebenfalls entdeckt.[72]

Im Grab Tutanchamuns kommt Kupfer häufiger als Bronze vor, obwohl die Kupferperiode vor dem Mittleren Reich zu Ende ging. Ein mit einem goldenen Heft versehener Stahldolch kam dort zum Vorschein, zusammen mit ein paar kleinen Eisenobjekten.[73] Zu dieser Zeit war das Verfahren zur

---

71 Amarnabriefe 22 und 25.
72 »Ein Eisenobjekt, ein Ring, wurde der Spätbronze-II-Periode zugeschrieben. Auf jeden Fall ist er nicht später. Vier Eisenobjekte kamen aus einem Jungeisen-I-Begräbnis, eine Dolchklinge, ein mit Gold verkleideter Ring, das Fragment einer Messerklinge und ein Armband.« Guy, *Megiddo Tombs*, S. 162. Über die Eisengießerei von Megiddo und Eisenarbeitsgeräte siehe Schumacher, *Tell el-Mutesellim*, 130–132, und Watzinger, ed., *Tell el-Mutesellim*, II, 80–81. Das Datum dieser Gießerei ist »ungewiß, liegt aber in jedem Fall wahrscheinlich vor 926 v. Chr.« Wainwright, *Antiquity*, X (1936), 20.
73 Carter, *The Tomb of Tut-ankh-Amen*, Vol. II, Tafeln 77 B, 82 A, 82 B; ebenda, Vol. III, Tafel 27.

Überwachung des Kohlenstoffgehaltes im Eisen schon perfektioniert – zumindest im Norden –, so daß die Dolchklinge aus gehärtetem Stahl schärfer als eine von Bronze war und auch bezüglich Flexibilität und Dauerhaftigkeit einen Vergleich aushalten konnte. Zu allen Zeiten brachte das Geheimnis des Härtens von Stahl erst dem einen und dann dem anderen Ort Berühmtheit – in späteren Zeiten waren kastilische und Damaszenerklingen den Produkten aus anderen Orten überlegen.

Als die Äthiopier die Libyer in Ägypten verdrängten, wurde im Süden dem Land eine neue Quelle für Eisen eröffnet.[74] Angehäufte Eisenerzschlacke, die in Meroe in Nubien gefunden wurde, wird dieser Periode zugeschrieben, die häufig als der Beginn der echten Eisenzeit in Ägypten angesehen wird. Im Ägypten der äthiopischen Dynastie wurden Werkzeuge und kleine Eisengießereien entdeckt. Die assyrische Eroberung Ägyptens fand mit Eisenwaffen statt, und assyrische Werkzeuge aus Eisen wurden in Ägypten gefunden.[75] In der Beute, die Assurbanipal aus Ägypten um −663 mitnahm, befindet sich kein Eisen, aber derselbe König zählt in Syrien erbeutetes Eisen auf.[76] Der allgemeine Eindruck ist, daß Nationen, die Eisen verwendeten – besonders für Waffen –, Völker zu unterwerfen vermochten, die Bronze verwendeten. Die assyrische Eroberung phönikischer Städte, die äthiopische Eroberung Ägyptens, die lange Auseinandersetzung zwischen Assyrien und Äthiopien über Ägypten sind Beispiele.

Mit dem Beginn der 19., das heißt der 26. Dynastie, schieden die äthiopischen Eisenlieferungen aus. Die Griechen von Daphne, und später von Naukratis in Ägypten, verarbeiteten Eisenerz zu Barren, aus welchen sie Werkzeuge herstellten. Eisenwerkzeuge blieben hauptsächlich auf griechische Sied-

---

74 Petrie, *Ancient Egypt*, II (1915), 22.
75 Ebenda; auch Petrie, *Six Temples at Thebes, 1896* (London 1897), S. 18f.
76 »Das Fehlen von Eisen auf der Liste steht in bemerkenswertem Gegensatz zu den Ernten, die von den Assyrern seit 200 Jahren von den Städten Syriens und Palästinas eingezogen wurden.« Wainwright, *Antiquity*, X (1936), 22.

lungen beschränkt, eine für Ägypten charakteristische Situation.[77] Nicht einmal aus späteren Zeiten – der Perser, Ptolemäer oder Römer – blieb so viel Eisen in Ägypten wie aus diesen griechischen Siedlungen der saitischen Periode.[78] Da aber das ägyptische Hematit von so schlechter Qualität ist, konnte das einheimische Eisen noch am besten für Objekte verwendet werden, die kein hervorragendes Material benötigen: Schutzvorrichtungen, Schnallen, Ketten und dergleichen. Ramses II importierte Eisen besserer Qualität aus dem Norden.

Ein Brief aus den Bogazköi-Archiven, wahrscheinlich von Chattusilis (Nebukadnezar) an Ramses II gerichtet, lautet:

»Was das reine Eisen anbetrifft, wegen dessen du an mich schriebst, so ist reines Eisen in Kiswadna in meinem verschlossenen Vorratshause nicht vorhanden. Eisen zu machen, war jetzt eine ungünstige Zeit, aber ich habe geschrieben, reines Eisen zu machen.«[79]

Also lebten Chattusilis und Ramses II in einer voll entwickelten Eisenzeit. Der Grund für eine Eisenbestellung aus dem Norden zu einer Zeit, als Eisen von den griechischen Söldnern in Ägypten verhüttet wurde, liegt im Qualitätsunterschied zwischen den in Ägypten und den im Norden verhütteten Metallen.

Zur gleichen Zeit fragte Jeremia (51:12): »Kann denn Eisen zertrümmern nordisches Eisen mit Erz [Stahl]?!«

In jener Epoche wurde Eisen sogar aus dem westlichen Mittelmeerraum gebracht: Tarschisch handelte mit Tyrus in Silber, Eisen, Zinn und Blei (Hesekiel 27:12). »Eisenwerk« wurde auch aus Jawan (Ionien) gebracht.[80]

---

77 »Eher späte Eisenwerkzeuge kommen in der griechischen Siedlung von Naukratis häufig vor, aber an rein ägyptischen Stätten treten sie nicht in Erscheinung.« Petrie, *Ancient Egypt*, II (1915), 22.
78 Garland and Bannister, *Ancient Egyptian Metallurgy*, S. 17.
79 B. Meissner, *Zeitschrift der Deutschen Morgenländischen Gesellschaft*, LXXII (1918), 61.
80 Hesekiel 27:19.

Eisen und Bronze bereicherten die Sprache mit Metaphern: »Ich, wohlan, ich gebe dich heut zur Festungsstadt, zur eisernen Säule, zu ehernen Mauern« (Jeremia 1:18); und Hesekiel (4:3) nennt symbolisch »eine eiserne Pfanne, und gib sie als eiserne Mauer«. – »Ich bin eure eherne Mauer«, sagte Ramses II von sich selbst.[81]

Es ist auch zugestanden worden, daß »von der 19. Dynastie (ca. 1300–1200 v. Chr.) an in Gerar in Südpalästina Eisen zum allgemein verwendeten Metall geworden war, aus dem Messer, Dolche, Lanzen- und Speerspitzen, Meißel, Bohrer, Haken und Sicheln hergestellt wurden«.[82] Doch in Wirklichkeit regierte die 19. Dynastie im 7. und 6. Jahrhundert.

Weil den Ägyptern die Lagerstätten im Sinai und den Phönikern die Ablagerungen auf Zypern zur Verfügung standen, waren sie bewandert in der Fabrikation von Kupfer- und Bronzegegenständen.[83] Für Ägypten behielt diese Situation Geltung bis in die Zeit der islamischen Eroberung,[84] und obwohl die Minen in Sinai schon seit langem die Produktion eingestellt haben, ist in Ägypten eine Vorliebe für Kupfergeräte noch heute bemerkbar.

Gold, Silber und Elektrum (eine Legierung aus Gold und Silber) sind Edelmetalle, die nicht korrodieren, und Ägypter, welche die Korrosionseigenschaften des Eisens kannten, würden daraus gefertige Objekte dem Grabmobiliar und der Begräbnisausstattung ihrer Toten nicht beigegeben haben, besonders wenn es sich um eine hochgestellte Person, noch weniger wenn es sich um einen Pharao handelte: Der Zweck

---

81 A. Erman und A. M. Blackman, *The Literature of the Ancient Egyptians* (London 1927), S. 268. Vgl. A. Alt, *Zeitschrift der Deutschen Morgenländischen Gesellschaft*, LXXXVI (1933), 40.
82 Wainwright, *Antiquity*, X (1936), 19.
83 T. A. Rickart, *Man and Metals* (New York 1932), I, 240.
84 »Kupfer und Bronze wurden in Ägypten für Pfeilspitzen bis in arabische Zeiten verwendet.« Garland und Bannister, *Ancient Egyptian Metallurgy*, S. 104.

der Mumifizierung war die Verlängerung des Totenlebens des Bestatteten. Da die für die Vornehmen gebauten Gräber zu den hauptsächlichen archäologischen Quellen für Metallfunde in Ägypten gehören, kann das seltene Vorkommen von verhüttetem Eisen bis zu einem gewissen Grade durch vorsätzliches Ausscheiden bei der Auswahl für die Grabkammern erklärt werden.

Neben der natürlichen Vorliebe für den Glanz von Kupfer und Bronze zu Lasten des Eisens kann für sein langsames Vordringen auch ein religiöses Tabu eine Rolle gespielt haben. Ein Tabu gegen den Gebrauch von Eisen für gewisse Zwecke ist aus Palästina bekannt – die Steine des israelitischen Altars mußten ohne die Verwendung von Eisen zugehauen werden;[85] ein ähnliches Tabu wurde in griechischen und römischen Kulten beobachtet;[86] es war und ist noch immer weit verbreitet.[87] In Ägypten wurde Eisen Seth »Knochen« genannt und spielte in religiösen Bekenntnissen und im Aberglauben eine Rolle. Winzige symbolische Instrumente, welche der »Mundöffnung« der Verstorbenen dienten und welche aus *bia*, dem himmlischen Metall – dem Eisen, das vom Himmel fiel – hergestellt wurden, sind in die Gräber gelegt worden. Sie werden in den ägyptischen Totenpsalmen erwähnt, aber nicht oft gefunden.[88]

Religiöser Glauben, die natürliche Verteilung von Eisen und Kupfer, die Eisenerzqualität, die Art der kultivierten Erde – schlammig (in Ägypten) oder steinig (in Assyrien und Palästina) – waren die Hauptfaktoren in der Konkurrenz zwischen Eisen und Kupfer.

Es wäre falsch, das mittelalterliche Kairo früher als Nimrud, Ninive oder Chorsabad des 9. bis 7. Jahrhunderts vor unserer Zeitrechnung zu datieren, nur weil an diesen Orten Ei-

---

85 Deuteronomium 27:5.
86 Siehe Literatur in H. B. Walters, *Catalogue of the Bronzes, Greek, Roman and Etruscan, in the British Museum* (London 1899), S. xviii.
87 J. G. Frazer, *The Golden Bough* (1911–1935), I, 172.
88 Wainwright, Antiquity, X (1936), 11.

sen in größeren Mengen gefunden wurde als im Ägypten irgendeines Zeitalters.

Als die Äthiopier oder Assyrer in Ägypten einbrachen, brachten sie Eisen mit sich; das gleiche taten die griechischen Söldner. Die griechischen Siedlungen in Ägypten beweisen, daß die Griechen Eisen, die Ägypter Bronze bevorzugten. Die Chronologie durch das Abwägen der gefundenen Metalle Eisen und Bronze zu fixieren, ist ein fehlerhaftes Vorgehen. Worauf es ankommt, ist, daß während der gesamten, in diesem Buch diskutierten Periode Ägypten, wie auch andere Länder, das Eisen kannten und verwendeten; es wird in den Quellen darauf verwiesen und es wird in den Ausgrabungen gefunden. Von gleicher Bedeutung ist die Tatsache, daß im Hinblick auf seine Beziehungen mit fremden Ländern – sei es Tribut aus Syrien an Thutmosis III oder eine von Ramses II bestellte Ladung Eisen – das Neue Reich Ägyptens inmitten der Eisenzeit des Nahen und Mittleren Osten liegt. Andererseits demonstrieren die Schriften und die klassischen Autoren seit Homer in dutzenden von Hinweisen, daß das Eisen die Bronze in vielen Anwendungen nicht ersetzte – besonders was die Waffen betrifft –, bis nahezu ans Ende der Periode, die wir das Hellenistische Zeitalter des Altertums nennen. In Ägypten war der »Fortschritt im großen und ganzen gleich, wenn auch etwas langsamer«, und »der Wechsel kam erst in römischer Zeit zur Vollendung«.[89]

Es kann abschließend gesagt werden, daß die Aufteilung historischer Perioden in Bronze- und Eisenzeit, mit jeweiligen Unterteilungen in jung, mittel und spät, und mit abermaligen Abschnitten in I, II und III, die noch weiter mit *a* und *b* zu unterscheiden sind, als Methode für die Beschreibung aufeinanderfolgender Zeitabschnitte in einem bestimmten Land verteidigt werden könnte, daß sie aber keine Klarheit in die vergleichende Archäologie zu bringen ver-

---

89 Ebenda, X (1936), 21.

mag; denn Eisen machte nicht in allen Ländern des Mittelmeerraumes die gleichen Fortschritte. Die konventionelle Geschichtsschreibung behauptete keine derartige Simultaneität, aber die konventionelle Chronologie verwickelte sich in viele widersprüchliche Erklärungen durch die Anwendung von Metallzeiten und ihrer Unterteilungen zur Synchronisierung historischer Perioden in den Ländern der Alten Welt.

6. Skarabäen und Stratigraphie

Skarabäen oder Käfer aus Keramik, aus Glas, aus Halbedelsteinen oder Metall tragen oft eingravierte Namen: die Kartuschen des Königs oder manchmal den Namen einer Privatperson. Diese wurden offenbar als Siegel verwendet. Es wird bezweifelt, daß Skarabäen als Geld dienten: Es gibt keine literarischen Hinweise auf diese Art der Verwendung und auch keine Bilder auf welchen eine Bezahlung mittels Skarabäen gezeigt würde. Einige Skarabäen sind zum Gedächtnis an ein wichtiges Ereignis hergestellt worden wie die großen Exemplare als Erinnerung an die Hochzeit von Amenophis III mit Teje. Einige dienten zur Übermittlung guter Wünsche, etwa »Glückliches Neujahr«, ähnlich unserer heutigen Karten. Die letzteren konnten als Amulette angesehen werden, nicht aber die anderen. Diejenigen, welche Kartuschen mit den Königsnamen tragen, müssen als datierbare Objekte herangezogen werden können.

»Nicht alle ägyptischen Skarabäen wurden als Siegel benutzt. Einige, im Verhältnis zur Siegelkategorie allerdings von sehr geringer Zahl, wurden als Amulette verwendet.«[90] »Ihr [die skarabäusgeformten Siegel] Wert als ergänzendes Zeugnis für andere historische Daten darf nicht übersehen werden, noch dürfen bestimmte Gruppen leichtfertig als Nippsachen abgetan werden von den Archäologen, die sich

---

90 P. E. Newberry, *Scarabs* (London 1906), S. 1, Fn. (1).

die Lösung oder die Erkundung der vielen Probleme als Aufgabe gesetzt haben, die jetzt im Zusammenhang mit den Alten Völkern des Mittelmeerraumes aufgetaucht sind.«[91] Diese Probleme entstanden aus der Tatsache, daß bei unzähligen Gelegenheiten Skarabäen in einer vermeintlich um Jahrhunderte jüngeren Umgebung gefunden worden sind. Alle möglichen Arten von Erklärung sind erdacht worden.

Einige Skarabäen mögen unecht sein; z. B. können sie das Produkt moderner Fälscher von Antiquitäten sein. Doch wenn sie *in situ* gefunden werden, wie beispielsweise in einem unberührten Grab, dann sollten sie mit mehr Vertrauen bedacht werden. Geld und Siegel wurden in allen Zeitaltern gefälscht, aber wenn bei Ausgrabungen griechische oder römische Münzen gefunden werden, so begegnet man ihrer Echtheit selten mit Mißtrauen. Darüber hinaus werden Fälscher aus alter Zeit die gängigen Münzen und Siegel imitiert haben.

Wenn in anderen Fällen die Echtheit der Skarabäen nicht bezweifelt werden kann, so erklärt man sie zu Erbstücken, die durch Jahrhunderte hindurch von Generation zu Generation gereicht wurden, um schließlich in einer nicht zu ihrem Zeitalter gehörenden Umgebung deponiert worden zu sein. Das ist die zweite Methode, ihren Wert als Zeugen des Zeitalters ihrer Deponierung herabzusetzen.

Manchmal wird eine große Ansammlung von Skarabäen, die alle auf ein und dieselbe Periode weisen, in einem Grab gefunden, welches aus irgendeinem Grund einem anderen, um 600 Jahre späteren Zeitalter zugeschrieben ist.[92] Dann wird vermutet, die Sammlung sei aus einem alten in ein neues Grab verlegt worden, dessen Erbauer Grabräuber gewesen sein mußten. Doch angesichts der Tatsache, daß die palästinische Geschichtsschreibung nicht synchron zur ägyptischen erzählt wird, müssen wir erwarten, daß die in Palästina gefunde-

---

91 Ebenda, S. 3.
92 Als Beispiel vgl. Petrie, *Illahun, Kahun and Gurob* (London 1891), S. 24.

nen Skarabäen durchweg viel älter erscheinen als die Umgebung, in der sie entdeckt wurden.

In den letzten Jahren des vergangenen Jahrhunderts nahm Macalister mit Bliss an archäologischen Arbeiten in Palästina teil und schloß sich dessen chronologischer Bewertung der Schichten an. Bei Ausgrabungen in Gezer änderte er die Daten ihrer früheren archäologischen Arbeit um mehrere Jahrhunderte. Er »versuchte, seine Chronologie so anzupassen, daß die Kluft von mehreren Jahrhunderten (ca. 9 bis 6. Jahrhundert) in der Geschichte der Stadt überbrückt wurde und reduzierte somit seine Daten zwischen 1200 und 300 v. Chr. um mehrere Jahrhunderte. Dieses fehlerhafte Ineinanderschieben der Chronologie wurde von den Deutschen noch viel weiter getrieben, nachdem sie von ähnlichen Lücken in Jericho und durch verfrühte historische Interpretation ihrer Funde irregeführt worden waren; in ihrem Fall belief sich der Fehler an einem Punkt auf ungefähr 800 Jahre.«[93]

»Tatsächlich ist Macalisters Verschiebung auf niedrigere Daten für diese (Jungeisen-II- oder »Mitteleisen«-)Keramik leicht zu erklären. In Gezer gibt es eine fast vollständige Lücke nach dem 10. Jahrhundert.«[94]

Der eigentliche Grund für diese Änderungen liegt in den widersprüchlichen Zeugnissen der palästinischen Archäologie, die sich auf die ägyptische Chronologie stützt. In einigen Fällen ist diese Verschmelzung mit dem ägyptischen Zeitplan durch andere Zeugnisse in einer untersuchten Schicht ganz untragbar geworden; in diesen Fällen werden die ägyptischen Objekte als Erbstücke bezeichnet. Später, nach neuen Erwägungen, werden solche Erbstücke oft als zeitgenössisch zu der Schicht erklärt, in welcher sie gefunden wurden. (Dies trifft besonders auf ägyptische Siegelskarabäen zu.)

Wo immer die Archäologen in Palästina gegraben haben,

---

93 W. F. Albright, *From the Stone Age to Christianity*. S. 26.
94 W. F. Albright, *The Excavation of Tell Beit Mirsim* (New Haven 1932), Vol. I, S. 76.

fanden sie Skarabäen mit ägyptischen Zeichen und oft mit den Namen ägyptischer Könige. Aber diese Namen wiesen regelmäßig auf längst vergangene Jahrhunderte. Wie konnten diese Funde erklärt werden?

Als Bliss und Macalister bei Grabungen in Tell es-Safi und an anderen Orten in Palästina 30 Skarabäen mit den Namen von Thutmosis III, Amenophis III und anderen Pharaonen in einer Schicht fanden, die sie als zur israelitischen Besiedlung gehörig erkannten, schrieben sie:

»Offensichtlich sind einige davon, wenn nicht alle, lediglich palästinische Imitationen importierter Muster und deshalb von keinem Wert für die Fixierung des Datums der damit in Verbindung stehenden Objekte. Es ist eine elementare archäologische Richtschnur, daß auch unter den vorzüglichsten Bedingungen Skarabäen allein lediglich eine Datierungsrichtlinie zu geben vermögen; wenn das Element des Kopierens – vielleicht lange nach der Gravierung des originalen Exemplars – eingeführt wird, so verschwindet ihre chronologische Bedeutung so gut wie ganz.«[95]

Skarabäen waren die Geschenke der Pharaonen; sie waren auch die in Ägypten und den abhängigen Ländern verwendeten Siegel des regierenden Monarchen; ihre Abdrücke wurden in Palästina auf Handgriffen von Krügen gefunden, die Öl oder Wein enthielten, und auch auf Steinen, die als Gewichte gebraucht wurden. Warum sollten die Abdrücke für juristische und andere offizielle Zwecke Siegelimitationen früherer Pharaonen gewesen sein?

Viele in späteren Jahren in Palästina gefundene Skarabäen weisen alle Anzeichen der Echtheit auf: In keinerlei Weise unterscheiden sie sich von den in Ägypten in den Gräbern der Beamten des jeweiligen Königs, dessen Name auf den Skarabäen ist, gefundenen Skarabäen. Für ihre Präsenz und Verwendung in Palästina, 600 Jahre nachdem sie in Ägypten her-

---

95 F. J. Bliss and T. A. S. Macalister, *Excavations in Palestine (1898–1900)* (London 1902), S. 152.

gestellt und gebraucht wurden, mußte deshalb eine andere Erklärung gefunden werden. Die Erforscher Jerichos, Sellin und Watzinger, schrieben:

»Unzweifelhaft sind alles echte ägyptische Arbeiten der Zeit, keines eine fremde oder spätere Nachahmung.«[96]

Und wiederum: »Nun aber ist bereits mehrfach bei den palästinischen Ausgrabungen konstatiert, daß die alten Skarabäen noch Jahrhunderte später als unverstandene Amulette getragen sind, daß wir also, wenn wir solche finden, eigentlich immer nur einen terminus a quo besitzen. Außerdem aber sind solche mit Skarabäen gestempelte Henkel auch sonst schon bei den Ausgrabungen gefunden, und in genauer Übereinstimmung mit denen von Jericho nie in derselben Schicht, wie die handgemachte kanaanitische Keramik.«[97]

Gemäß dieser letzten Beobachtung wurden also in Palästina echte Skarabäen nach Jahrhunderten des Nichtgebrauchs von neuem verwendet, und ebenfalls wurden sie nicht in der kanaanitischen Schicht gefunden, die mit der Zeit der Pharaonen übereinstimmte, die sie herstellen ließen. Dies ist, milde ausgedrückt, seltsam; und nicht minder verwunderlich ist die Tatsache, daß die Israeliten nicht die Skarabäen ihrer eigenen Zeit als Amulette verwendeten, sondern nur alte Skarabäen.

»Wir werden danach annehmen müssen, daß es Sitte in Palästina gewesen ist, die alten Skarabäen ... auch noch zu einer Zeit zu benutzen, da man ihre ursprüngliche Bedeutung längst nicht mehr verstand.«[98]

Die Israeliten gebrauchten diese Siegel nicht in erster Linie als Amulette, sondern zur Prägung von Krügen und Gewichten. Für diesen Zweck echte Siegel alter Pharaonen zu verwenden ist gleich sinnlos, wie dafür Imitationen alter Siegel zu gebrauchen. Hebräische Siegel auf Krughenkeln werden als zeitgenössisch mit der Schicht angesehen, in welcher sie ge-

---

96 Sellin und Watzinger, *Jericho*, (Leipzig 1913) S. 157.
97 Ebenda.
98 Ebenda.

funden wurden; lediglich im Falle von Henkeln mit ägyptischen Zeichen (manchmal in der gleichen Partie gefunden)[99] wird den Israeliten unterstellt, alte Siegel bevorzugt zu haben. Aber die Israeliten verwendeten nicht die uralten Objekte aus der kanaanitischen Periode zusammen mit ihren eigenen Gerätschaften oder Töpferwaren.

Ist dann aber die Theorie, daß »der Skarabäus als Erbstück weitergereicht oder in einem späteren Jahrhundert entdeckt und als Siegel adaptiert wurde«, überhaupt tragbar?[100]

Von Gezer ist es nicht weit nach Beth-Semes, dem heutigen Ain-Shems. Diese Stadt existierte zur Zeit der Richter und blühte zur Zeit der Könige.[101] Da die Zeit der Könige annähernd die Periode von −1000 bis −600 umfaßt, darf erwartet werden, daß in einem auf der ägyptischen Chronologie errichteten Zeitplan der Zenit von Beth-Semes ein halbes Jahrtausend zu früh in Erscheinung tritt.

»Die blühendsten und erhabensten Jahrhunderte in Beth-Semes waren diejenigen zwischen 1500 und 1100. Während dieser 400 Jahre war Beth-Semes ein Ort von beträchtlicher Bedeutung und Kultur.«[102]

Doch andere Zeugnisse, nicht mit Ägypten verbunden, müssen dazwischen geraten sein, und wir finden z. B. folgendes:

»Raum 380. In seiner Südwand... sind verstärkende Steinpfeiler und an der Basis des einen war ein Hochzeitsskarabäus von Amenophis III, schon 300 bis 400 Jahre alt, als er zu seiner letzten Verwendung in das Mauerfundament gelangte. Er mag dort noch um 1000 v. Chr. versetzt worden

---

99 Bliss and Macalister, *Excavations in Palestine*, Tafel 56, No. 31s.
100 Macalister, *The Excavation of Gezer*, Vol. 2, S. 329. Siehe auch S. 314 und 323. »... gefunden in 3. semitischen Trümmern, doch zweifellos wahrscheinlich 2.« ist eine sich wiederholende Phrase in bezug auf die entdeckten Skarabäen.
101 I Samuel 6:9–20; I Könige 4:9; II Könige 14:11–13; II Chronik 28:18.
102 E. Grant, *Ain Shems Excavations (1298:31)*. Pt. III (Haverford 1934), S. 19.

sein, ein wirksamer Zauber für die Sicherheit des Hauses oder zur Verteidigung der Nordseite der Stadt.«[103] Dieser »Kalksteinskarabäus mit seinen zehn Schriftzeilen« unterscheidet sich in keiner Weise von Skarabäen, wie sie in den ägäischen Gräbern und in Enkomi auf Zypern gefunden wurden, wo sie als Hauptnachweis für das Alter der Schichten und der mykenischen Kultur im allgemeinen angesehen werden. »Er datiert von 1400 v. Chr. und war eine geschätzte Antiquität, als er wegen seiner magischen Kräfte eingefügt wurde.«

Doch eigentlich geschah das um −870, während des ersten Teiles der Regierung Josaphats, kurz vor der Amarna-Korrespondenz; er war keine »geschätzte Antiquität« zu jener Zeit, und seine Versetzung in das Mauerfundament zur Dokumentation des Alters des Bauwerkes in zukünftigen Zeiten schließt aus, daß er zur Zeit der Grundsteinlegung bereits alt war. Eine solche Deponierung hat viele Parallelen in der architektonischen Archäologie des Orients; in der gesamten zivilisierten Welt hat diese Sitte bis auf den heutigen Tag überlebt.

Das Megiddo der Bibel wird mit dem heutigen Tell el-Mutesellim identifiziert. Es überblickt das Jesreel-Tal am nördlichen Zugang des Passes, der durch den Karmel nach der Scharon-Ebene führt. Schumachers Ausgrabungen dort zu Beginn dieses Jahrhunderts förderten Material zutage, das bei Prüfung zu weit auseinanderliegenden chronologischen Perioden zu gehören schien. Als über zwei Jahrzehnte später die Funde von Megiddo veröffentlicht wurden, unterstellte der Herausgeber des Berichtes, Watzinger, folgendes: »Es stellt sich dabei freilich vielfach heraus, daß bei der Grabung

---

103 Ebenda, S. 66. Es ist sinnvoll zu vermerken, daß Raum 380, wo der Skarabäus gefunden wurde, gemäß dem Bericht des Ausgräbers zu der Schicht gehört, die er Jungeisen II nennt (ebenda, Karte I). Die Jungeisen-II-Schicht ist auf −900 und −600 datiert (S. 4). Ebenfalls A. Rowe, *A Catalogue of Egyptian Scarabs... Palestine Archaeological Museum* (Kairo 1936), S. 129, No. 538, ist derselben Meinung, daß der Skarabäus in der Jungeisen-II-Schicht gefunden wurde.

gern in die Tiefe gegangen wurde und dann Funde aus größerer Tiefe, also aus älteren Schichten zusammen mit den über dem Fußboden gemachten Funden unter derselben Schichtnummer verzeichnet werden.«[104]

Die späteren amerikanischen Ausgrabungen in Megiddo, die in großem Rahmen durchgeführt wurden, ergaben ebenfalls doppeldeutiges Material. Überreste von Gebäuden und Gräbern wurden in Megiddo gefunden. Zu einem bestimmten Zeitpunkt kam eine neue Rasse in das Land und siedelte dort. »Ein neues Volk mit einem ausgeprägten Kunstgefühl für seine Religion drang am Ende der mittleren Bronzeperiode in das Land ein. Aus dem Zeugnis der Skarabäen müssen wir schließen, daß es in nahem Verhältnis zu den früheren Hyksos stand...«[105] Aber von den Hyksos weiß man, daß sie keinerlei »Kunstgefühl« für ihre Religion oder irgend etwas anderes besaßen; sie zeigten in Ägypten keinerlei künstlerische Aktivität. Wer konnten dann diese Invasoren gewesen sein, die in den frühen Tagen des Hyksos-Reiches und seiner Hegemonie an der Mittelmeerküste eine neue Kultur nach Palästina brachten?

Gemäß der im vorliegenden Werk präsentierten revidierten Chronologie erreichten die Philister und die Israeliten Palästina praktisch am Anfang der Hyksos-Amalekiter-Periode. Die neue Kultur in Palästina, beginnend mit dem 15. Jahrhundert, ist durch die Anwesenheit dieser zwei Völker erklärbar.

In der Mitte des 10. Jahrhunderts wurde Megiddo von Salomon befestigt. Im 5. Jahr nach Salomons Tod drang Thutmosis III in Palästina ein und – wie wir jetzt wissen – belagerte Megiddo und eroberte es. In der Schicht des Megiddo-Palastes, die der Jungeisenzeit I zugeteilt ist, wurden Siegel mit dem Namen von Thutmosis III gefunden. »Das Auftreten der Namen von Thutmosis III... überrascht nicht, ange-

---

104 *Tell el-Mutesellim*, ed. C. Watzinger (Leipzig 1929), Vol. 2, S. v.
105 H. G. May, *Material Remains of the Megiddo Cult* (Chicago 1935), S. 35.

sichts der bekannten Vorliebe der späteren Ägypter für Skarabäen, die den Namen dieses Königs tragen.«[106] Mit dieser beiläufigen Erklärung wurde das Zeugnis der Siegel beiseitegewischt.

Seit diese Zeilen von den Ausgräbern Megiddos geschrieben wurden, sind überall in Palästina wieder und wieder Skarabäen mit dem Namen von Thutmosis III gefunden worden, und immer in 500 bis 600 Jahre jüngeren Formationen, die Entdecker einem konstanten Zustand der Überraschung, ja Bestürzung überlassend.

Aber wo die entfernteste Möglichkeit zu bestehen schien, die akzeptierte chronologische Tabelle durch den Hinweis auf einen Skarabäus zu stützen, da wurde seine Echtheit oder seine stratigraphische Lage nie in Frage gestellt; gewöhnlich erweisen sich derartige Funde bei näherer Prüfung kaum von stratigraphischem und damit auch nicht von chronologischem Wert für den ausgesuchten Zweck.

In der konventionellen Chronologie ist König Scheschonk aus der libyschen Dynastie der Pharao Schischak der Bibel, der Palästina im 5. Jahr von Rehabeam, Salomons Sohn, eroberte. Ein Fragment mit dem Namen von Scheschonk wurde in Megiddo gefunden. »Ein Fragment seiner hier gefundenen Stele beweist, daß er die Stadt wenigstens eine Zeitlang besetzt hielt.«[107] Doch wie ich gezeigt habe, war Thutmosis III der biblische Schischak, und Pharao So der Schriften, dem Hosea von Israel Tribut entsandte, war der Pharao Scheschonk;[108] eine Stele Scheschonks in Megiddo wäre deshalb nicht fehl am Platz. Der Beweiswert wird durch die Tatsache eingeschränkt, daß »das Fragment der [Schechonk]-Stele von einer der alten Abfallhalden oder vom Ausschuß früherer Ausgrabungen kam.«[109]

Ein auf einem Abfallhaufen gefundenes Objekt berechtigt

---

106 P. L. O. Guy, *Megiddo Tombs* (Chicago 1938), S. 185.
107 Fisher, *The Excavation of Armageddon*, S. 16.
108 *Vom Exodus zu König Echnaton*, »Der Tempel in Jerusalem«.
109 Ebenda, »Die Israeliten begegnen den Hyksos«.

nicht zu Schlüssen wie dem folgenden: »Aus dem Zeugnis unserer Scheschonk-Stele ... folgt natürlich, daß die Schicht IV (1000–800) vor der Periode von Omri und Ahab bebaut wurde.«[110]

Megiddo war die Festung, nach welcher Ahasja, der König von Juda, kurz nach dem Ende von Ahabs Regierung zur Zeit der Rebellion Jehus fliehen wollte. Es war eine wichtige Garnisonsstadt. Da sie von Salomon befestigt,[111] nach der Belagerung durch Thutmosis III wieder aufgebaut und von Amenophis III wiederum bemannt worden war, ist es kein Wunder, daß der Überbau des Palastes von Megiddo »genau dem Mauerwerk der in Samaria gefundenen Omri- und Ahab-Paläste entspricht«.[112]

Einen anderen derartigen Fall, der regelmäßig zur Verifikation des akzeptierten Synchronismus zwischen dem Hause Omris und der libyschen Dynastie in Ägypten herangezogen wird, werden wir an anderer Stelle ausführlicher diskutieren; aber im Sinne des Überblicks werden wir ihn hier nicht übergehen, weil auf der Herkunft eines libyschen Siegelabdruckes *aus Samaria* ein chronologisches Gefüge errichtet wurde.

Auf dem Boden des Palastes von Omri und Ahab wurde eine Anzahl kleiner ägyptischer Objekte gefunden. Die Schnitzereien auf den Skarabäen waren zumeist dekorativer Art; doch auf einem der Skarabäen war eine Kartusche, also der Name eines Königs, eingraviert. Die Kartusche ist diejenige von Thutmosis III. Da es für das Auftreten der Kartusche von Thutmosis III im Palast von Samaria, der angeblich ungefähr sechs Jahrhunderte nach dem Tod dieses Pharao erbaut wurde, keine plausible Erklärung gab, schlug der Ausgräber folgendes vor: »Das könnte die lokale Imitation eines ägyptischen Skarabäus sein.«[113] Aber in Übereinstimmung mit der

---

110 R. S. Lamon und G. M. Shipton, *Megiddo I (Strata I–IV)* (Chicago 1939), S. 61.
111 I Könige 9:15.
112 Fisher, The Excavation of Armageddon, S. 73.
113 Reisner, Fisher, and Lyon, *Harvard Excavations at Samaria*, Vol. 1, S. 377.

vorliegenden Rekonstruktion der Geschichte regierte Thutmosis III nur wenige Jahrzehnte vor Omri; die Kartusche ist offensichtlich echt.

Laut der konventionellen Geschichtsschreibung war Ahab ein Zeitgenosse von Pharao Osorkon II der libyschen Dynastie. Und ein Krug mit den Kartuschen von Pharao Osorkon II wurde in der Tat in der Nähe des Palastes von Samaria gefunden.[114] Dieser Pharao der libyschen Dynastie ist von den Historikern als der biblische Pharao Serach – der Gegenspieler von Asa zur Zeit von Omri und Ahab – ausgesucht worden.[115] Aber wir haben Pharao Serach bereits als einen der Könige der 18. Dynastie, Amenophis II-Acheperure, den Nachfolger von Thutmosis III, identifiziert.[116] Wie können wir aus unserer Sicht Osorkons Krug in Samaria erklären?

Es traf sich, daß unter der Schicht mit Osorkons Krug schriftliche Dokumente entdeckt wurden, die dessen Bedeutung als chronologisches Zeugnis zerstörten: Ostraka, beschriebene Keramikscherben, wurden beim Palast gefunden. Zuerst dachte man, sie stammten aus Ahabs Regierungszeit; aber nach einer Überprüfung wurden sie der Regierungszeit von Jerobeam II zugeschrieben.[117] Nun aber muß gemäß den Ausgräbern das Fundament des Ostraka-Hauses (das die beschriebenen Scherben enthielt) »vor der Errichtung des Osorkon-Hauses (so genannt wegen des in seinen Ruinen gefundenen Kruges) zerstört worden sein«.[118] Es folgt, daß die Keramikscherben aus einer früheren Zeit stammten als der

---

114 Ebenda, S. 247.
115 Es wurden Zweifel an dieser Identifikation ausgedrückt, denn die Bibel verweist auf Serach als einen Äthiopier, während Osorkon ein Libyer war. G. Maspero (*The Struggle of the Nations*, S. 774, Fußnote) bemerkt: »Champollion identifizierte Osorkon I mit Serach, der gemäß II Chronik 14:9–15; 16:8 nach Juda eindrang. Aber das hat keinen historischen Wert, denn es ist klar, daß Osorkon nie den Isthmus [von Suez] überquerte.«
116 *Vom Exodus zu König Echnaton*, Kapitel 5.
117 Albright, *Archaeology and the Religion of Israel*, S. 41; idem., in *Ancient Near Eastern Texts*, ed. Pritchard, S. 321.
118 Reisner, Fisher, and Lyon, *Harvard Excavations at Samaria*, S. 131.

Osorkon-Krug, beziehungsweise bevor dieser abgestellt wurde; und daß der Krug, wenn er überhaupt etwas zu beweisen vermag, höchstens zeigt, daß Osorkon nach Jerobeam II gelebt hat und nicht zur Zeit Ahabs. Trotzdem lesen wir immer wieder, der Krug mit den Siegelprägungen von Osorkon II bewiese, Ahab und Osorkon seien Zeitgenossen gewesen.[119]

So erkennen wir, wie den in Palästina – und andernorts – gefundenen Skarabäen regelmäßig mit einer Vielfalt von Vorwänden der chronologische Wert abgesprochen wird – und wie einige wenige, deutlich widerlegbare Fälle eine repräsentative Rolle zur Bestätigung konventioneller Ansichten spielen müssen. Und doch ist der Wert von Skarabäen für chronologische Zwecke fast einzigartig; er unterscheidet sich nicht vom chronologischen Wert der Münzen mit dem Namen der Könige, unter welchen sie geprägt wurden, wenn sie nach Jahrhunderten in einem Hort oder Versteck von den Ausgräbern wiederentdeckt werden.

Rückblick

Am Anfang dieses Bandes hob sich der Vorhang über dem Land eines kleinen und uralten Volkes, das sich unter der Leitung seines Propheten und der Führung seines Königs rüstete, mit einem Heer das Vordringen eines der mächtigsten und pomphaftesten aller ägyptischen Pharaonen aufzuhalten, dessen Ziel es war, sich an der Aufteilung des assyrischen Weltreiches zu beteiligen. Nur kurz zuvor war Ninive, die Haupt-

---

119 »La date des ostraca de Samarie est fixée par les circonstances de la trouvaille et cette date est confirmée par la présence dans les mêmes débris de fragments d'une vase au nom d'Osorkon II (874–853), contemporain d'Achab.« R. Dussaud, »Samarie au temps d'Achab«, *Syria*, 6 (1925). Im Vergleich mit dem Bericht der Ausgräber ist diese Erklärung nicht präzis. Jack, *Samaria in Ahab's Time*, S. 41, sagt ebenfalls, daß Osorkons Krug »in den gleichen Trümmern« wie die Ostraka gefunden wurde.

stadt Assyriens, unter dem Ansturm der verbündeten Truppen der Chaldäer, Meder und Skythen gefallen. In einer gemalten Szene aus dem Palast von Ramses II erkannten wir den von einem Wurfspeer zu Tode getroffenen König von Juda, Josia.

Drei Jahre danach fand am Ufer des Euphrat zwischen den ägyptischen und chaldäischen Heeren eine Schlacht statt. Die hieroglyphische Beschreibung dieser Schlacht und ihre Schilderung auf Wandgemälden wurde mit den Erzählungen in den Büchern von Jeremia, II Könige und II Chronik verglichen. Die Struktur des ägyptischen Heeres, der Verlauf und der Ausgang der Schlacht, der Eindruck, den sie auf die Völker des Mittleren Ostens machte – alles wird von den ägyptischen und hebräischen Quellen gleichermaßen reflektiert. Die Rekonstruktionsarbeit ermöglichte uns, das Kadesch der ägyptischen Quellen in Karkemisch zu lokalisieren, im Norden von Arima und Bab, wo zwei Divisionen zauderten und sich dann hastig gegen Ägypten zurückzogen. Tell Nebi Mend spielt nicht die Rolle eines Pseudo-Kadesch, sondern ist als Ribla erkannt worden: Es ist die von Sethos dem Großen, dem Vater von Ramses II, erbaute Festung und der Schauplatz tragischer Ereignisse im Leben der jüdischen Könige, wie es in den Schriften beschrieben wird.

Kein Wunder, daß die falsche Ausrichtung der ägyptischen Geschichte mit der Geschichte von Juda und des chaldäischen Königreiches in der Geschichtsschreibung unermeßlichen Schaden anrichtete und endlose Verworrenheit hervorrief. Ob das Grab Ahirams im 13. Jahrhundert, der für Ramses II angenommenen Zeit, errichtet wurde oder am Ende des 7. Jahrhunderts, hängt davon ab, ob ägyptische Objekte oder solche aus anderen Ländern als Index für die Bauzeit des Grabes beachtet werden. Generationenlange Debatten vermochten nicht das Problem zu lösen.

Entstand mit dem Goldgrab von Karkemisch nicht dasselbe Problem, dieses Mal wegen der konkurrierenden Zeugnisse aus den Grabungshorizonten und wegen des Schmucks, den Miniaturkopien der Felsenreliefs in Yazilikaya an der Peripherie der Hauptstadt des »Hethiterreiches«? Die Reliefs von Yazilikaya sollen zuerst im 7. Jahrhundert entstanden sein, um dann wegen der Archivfunde in Bogazköi mit der babylonischen Version des mit Ramses II unterzeichneten Vertrages in das 13. Jahrhundert zurückdatiert zu werden.

Die Existenz des »Hethiterreiches« ist zunächst auf Grund von Monumenten mit Bilderschriftzeichen erdacht worden, die in Kleinasien und Nordsyrien gefunden wurden – vor allem in Gebieten, die zufolge griechischer Autoren von Chaldäern bewohnt waren. Diese Existenz schien durch die in Bogazköi entdeckten Archive aufs wunderbare bestätigt zu werden. Doch mit jedem vergehenden Jahr türmten sich neue archäologische Schwierigkeiten auf, bis – fast selbstzüchtigend – zugegeben wurde, daß die hethitische Frage unlösbar sei; und weder Ausbesserungen noch Ausflüchte vermochten daran etwas zu ändern. Die »Hethiter«-Reste in Syrien wurden fünf bis sieben Jahrhunderte jünger datiert als die Überbleibsel in Anatolien, und syro-hethitische Königreiche wurden postuliert – dies weil ihre Denkmäler über den Monumenten der spätassyrischen Könige (Marasch) gefunden wurden oder weil ihre piktographischen Inschriften Paralleltexte wiederum aus dieser spätassyrischen Zeit aufweisen (Karatepe).

Auch in Anatolien kam die seltsamste Stratigraphie ans Licht. Die Erforscher von Bogazköi entschieden, der Stratigraphie und der Schichtenfolge, in welcher die Funde gemacht wurden, keine Bedeutung beizumessen. Aber der Ausgräber von Alisar fand, daß die Relikte des »Hethiterreiches« *nur* in phrygischen oder nachphrygischen – nie in vorphrygischen – Schichten auftreten, und der Ausgräber von Gordion, der kurzlebigen Hauptstadt der Phryger, löste seine Schwierigkeiten mit dem Ersinnen einer bemerkenswerten Kombination: Die Perser, die das Land −546 besetzten, transportierten Lehm und Erde mit den Relikten des längst vergangenen »Hethiterreiches« quer durch das Gelände des heutigen Ankara, über Flüsse und Berge, und verteilten dieses Material gleichmäßig über die phrygische Hauptstadt, so daß die phrygischen Andenken rechtmäßig *unter* den zahllosen Relikten des hethitischen Reiches liegen anstatt in einer Schicht darüber. Altertümer vorgeblich des 15. bis 13. Jahrhunderts lagen so über Altertümern des Königreiches, das −687 mit dem Durchzug der Kimmerier zu Ende ging. Doch dann wieder gibt es keinerlei Lebenszeichen für die Zeit von −678 bis −546 – eine weitere, vom Ausgräber erkannte Komplikation; er riskierte nicht die Theorie, daß die Perser diese 140 Jahre alte Schicht an einen anderen Ort transportierten, um sie durch eine fremde Schicht zu ersetzen.

Es gibt eine unbeachtet gebliebene Warnung von Ekrem Akurgal, einem türkischen Archäologen, der die Weiten Kleinasiens vergeblich nach irgendwelchen Lebenszeichen zwischen −1200, der vermeintlichen Endzeit des Hethiterreiches, und −750 abgesucht hat und nichts dabei fand. Sollte eine solche Warnung – ausdrücklich vorgebracht und wiederholt – nicht gehört werden? Und griechische Autoren von Homer bis zu Herodot und Strabon, sie alle Einheimische Kleinasiens, sie alle Schilderer der vielen Rassen Kleinasiens, haben nie von den Hethitern gehört; und Xenophon, der das Gebiet durchquerte, traf wie Herodot vor ihm nie auf die Hethiter, sondern beschrieb das Land, wo ihre Monumente gefunden wurden, als dasjenige der Chaldäer. Und wie kommt es, daß der Brauch, auf in Rollen aufbewahrte Bleistreifen zu schreiben, sowohl von den »Hethitern« als auch von griechischen Kaufleuten ausgeübt wurde, von den letzteren im 3. und 2. Jahrhundert vor unserer Zeitrechnung? Und warum weisen griechische Skulpturen mit persischen Motiven aus Arslantepe hethitische Zeichen auf? Oder, noch besser, warum sollten Münzen der kommagenischen Könige vom Westufer des Euphrats mit »hethitischen« Königstiteln geprägt werden – und das zur Zeit des römischen Kaisers Vespasian, als das »Hethiterreich« vorgeblich schon 13 Jahrhunderte lang tot war und weder Grieche noch Römer je von dieser Rasse gehört hatte? Aber die Chaldäer – wie römische und griechische Autoren bezeugen – waren noch immer in Kommagene und in Kleinasien wohnhaft, bis mindestens ins 1. Jahrhundert unserer Zeitrechnung.

Diese und viele andere, gleichermaßen verblüffende Tatsachen veranlassen uns, die Annalen des Hethiterreiches mit großer Vorsicht und mit einiger Vorahnung in bezug auf die Identität ihrer Autoren zu lesen. Die Frage: Wo befinden sich die Kriegsannalen der chaldäischen Könige des neubabylonischen Reiches und vor allem diejenigen Nebukadnezars? – eine Frage, die seit dem Lesen der von den assyrischen Königen geschriebenen Kriegsannalen immer wieder gestellt wurde – nähert sich ihrer Lösung. Ich habe einen Vergleich zwischen den Annalen mehrerer aufeinanderfolgender »Hethiter«-Könige mit dem angeboten, was uns über das Leben und die Kriege von drei aufeinanderfolgenden Chaldäerkönigen bekannt ist, und der kämpferische und ehrliche Bericht des Königs, den ich als das *alter ego* von Nabopolassar identifizierte, prüfend dem gegenübergestellt, was wir sowohl aus griechischen als auch von unter den Persern verfaßten Keilschriftchroniken kennen. Ich verglich ebenfalls die Selbstbiographie des Gegners von Ramses II mit dem, was wir über Nebukadnezar aus seinen Bautexten, den Schriften und von griechisch schreibenden Autoren wissen. Die Ähnlichkeiten, im Effekt Gleichheiten, zwischen Personen, Tatsachen und Ereignissen sind derart ausgeprägt, daß ich mir die Kühnheit gestattete, zunächst diese Dokumente aus dem königlichen Archiv des Vergessenen Reiches zu behandeln; erst danach breitete ich vor dem Leser des Panorama der zahllosen archäologischen Sackgassen aus, an die ich den Leser mit diesem abschließenden Abschnitt zum Teil erinnerte.

Im letzten Kapitel dieses Bandes nahm ich den Faden des Ereignisablaufes auf dem Schauplatz des Mittleren Ostens nach dem Abschluß des Friedensvertrages zwischen dem ägyptischen und dem chaldäischen Monarchen wieder auf. Der Besuch des »Hethiter«-Königs in Ägypten, wohin er seine ältere Tochter als zukünftige Königin seines ehemaligen Gegners brachte, gab uns die Möglichkeit zum Vergleich der Ähnlichkeit, die zwischen dem im Auftrag von Ramses II gefertigten Abbild des »Hethiter«-Königs und dem Porträt besteht, das Nebukadnezar auf einen Felsen in Nordsyrien einmeißeln ließ.

In Daphnai-Tachpanches baute Nebukadnezar seinen Prachthimmel auf, wie es Jeremia prophezeite; aber der Prophet irrte – dieses Mal kam der Chaldäer nicht, um zu erobern, sondern zur Vermählung seiner Tochter mit Ramses II. Die ofengebrannten Ziegel in Daphnai, von denen Jeremia spricht, wurden von Archäologen ausgegraben und in die Zeit von Ramses II datiert. Gleichermaßen wurden praktisch identische Brandziegel in Babylon gefunden, wo sie zum Bau von Nebukadnezars Palast verwendet wurden.

Merenptah, dessen Eigenname sich Hophrama'e liest, war Pharao Hophra der Schriften, und die Israel-Stele mit der vorgeblich ersten historischen Erwähnung Israels ist kein Hinweis auf den Exodus aus Ägypten, sondern ein Echo der Klagen Jeremias mit identischen Ausdrücken, ja sogar Sätzen. Es war die Zeit des Exils.

Die libysche Kampagne Merenptahs endete für den Pharao tragisch: Sie war das Ergebnis seiner Verwicklung in die Affairen Cyrenaicas, wohin die Griechen auf Geheiß des pythischen Orakels strömten, und die ausgleichende Gerechtigkeit – wenn es dergleichen in der Geschichte geben sollte – traf das Haus von Ramses nicht durch die Chaldäer, sondern durch die Libyer. Amasis, der als nächster den Thron bestieg, lebte vom König, den er absetzte, nicht durch 700 Jahre getrennt – er hielt ihn als Gefangenen in seinem Palast fest bis zu dem Tag, da er ihn dem Pöbel auslieferte.

Es ist ein wenig überraschend, daß Solon Ägypten besuchte, als Ramses II auf dem Throne saß. Aber die Geschichte ist überraschend, und das ist einer ihrer Zauber.

Zeittafel

Ramses II und seine Zeit: Synchronisierte Tabelle			
JAHR	ÄGYPTEN	JUDA	CHALDÄA
615			
610	Ramses II Alleinherrscher 609	Josia bei Megiddo gegen Ramses tödlich verwundet 608	Tod von Nabopolassar-Mursilis 607
605	Schlacht von Karkemisch		Schlacht von Karkemisch
600			Regierung von Nergil (Neriglissar I) – Labasch-Marduk. Nebukadnezar-Chattusilis bemächtigt sich des Throns ca. 600
595			
590	Vertrag mit Nebukadnezar-Chattusilis ca. 588	Zedekia geblendet Fall von Jerusalem 587	Vertrag mit Ramses II – Necho (Nekos) ca. 588
585		Babylonisches Exil	
580	Ramses II heiratet 577 eine Tochter Nebukadnezars	Gedalja getötet	Nebukadnezar-Chattusilis besucht Ramses II
575		Jeremia in Ägypten	
570	Thronbesteigung von Merenptah-Apries (Hophra) ca. 699		
565	Libyscher Krieg von Merenptah-Apries Amasis Pharao Merenptah getötet	Hesekiel	
560			Tod von Nebukadnezar Regierung Awil-Marduk
555			Regierung von Neriglissar II
550			Regierung von Labasch-Marduk II (?)
545			Kroisos zerstört Bogazköi 546
540			Nabonid und Belsazar 556–538 Kyros erobert Babylon 538
535		Edikt des Kyros Die ersten Vertriebenen kehren zurück	
530			
525	Kambyses erobert Ägypten		

Ramses II und seine Zeit: Synchronisierte Tabelle			
LYDIEN-PHRYGIEN	MEDIEN-PERSIEN	GRIECHENLAND	JAHR
Alyattes wird 617 König der Lyder, kämpft gegen Miletos	Regierungszeit von Kyaxares 634–597	Solon (Athen)	615
	Kyaxares kämpfte in Ninive 612		610
		Thales (Milet)	605
			600
	Astyages wird König von Medien 594		595
			590
			585
			580
			575
			570
		Peisistratos	565
Tod von Alyattes. Kroisos wird König 560	Kyros wird König von Persien		560
			555
			550
Kroisos zerstört Chattusa (Bogazköi) Ende des Lydier-Reiches 546	Kyros erobert Lydien 546		545
			540
	Kyros erobert Babylon 538		
			535
		Polykrates von Samos	
	Kyros gefallen 529 Kambyses Großkönig		530
			525

Register

Abhandlungen der Preußischen Akademie der Wissenschaften, Philosophische-historische Klasse 201f., 204
Abraham 122, 228f.
»Abraham of Ur« 229
Abibaal 96f., 100, 108f.
Abulfeda 27f.
Abydos 24f.
Abu Simbel 24, 248f.
Adam, Nachkommen 122
Admonitions (Gardiner) 303
Aegean and the Near East, The (Albright)
Ägypten 14ff., 22, 24, 35, 43, 64f., 75f., 78ff., 91, 105, 115, 121, 132ff., 137f., 140, 164, 169, 171, 176, 183, 185, 243ff., 248ff., 259ff., 265f., 269ff., 273, 279, 281ff., 290ff., 303, 307ff., 329
Aegyptus 264
Africanus 286
Ahab 54f., 220, 323ff.
Ahasja 323
Ahiram (Hiram) 92ff., 97, 101, 104ff., 112ff., 117, 326
Ahmes (Amasis) 244
Ain Shems Excavations (Grant) 319
Akaba 305
Akhenaten (Aldred) 284
Akkadien 135
Akkadier-Chaldäer 86
Akkad, König von 136
Akurgal, E. 207, 212f., 217, 328
Alabasterkanope 94
Alaca Hüyük 223
Albright, W. F. 69, 74, 93, 101, 203, 226f., 316, 324
»Alalakh« (Wisemann) 182

Alalakh and Chronology (Smith) 99, 139
Aldred, C. 284
Aleppo 26, 29, 53, 57
Alisar 201f., 204, 206, 230, 327
Alishar Huyuk, The (von der Osten und Schmidt) 201
Alphabet, Entstehung 103ff.. 108ff.
Alt, A. 311
Altanatolien (Bossert) 226
Alte Orient, Der 130, 139, 175
Altkanaanäische Fremdworte und Eigennamen im Ägyptischen, Die (Burchardt) 89
Alttestamentliche Studien 256
Alyattes 194
Amarna s. El-Amarna-Briefe
Amasis (Ahmes) 244, 270f., 273ff., 281, 285
Amenemhet III 92
Amenemope 89
Amenophis III 71f., 129, 256, 291, 308, 314, 317, 319, 323
American Journal of Archaeology 104, 106, 108, 209ff., 226f., 299
American Journal of Semitic Languages and Literatures 164, 169, 185, 240, 253
Amoriter 122
Amu-Hyksos 303
Amun, Division 39ff., 50ff.
Amuntempel 76, 126, 306
Anabasis (Xenophon) 30f., 230
Anatolian Studies 219, 238, 293
Anatolian Studies Presented to Hans Gustav Güterbock 187
Anchsenpá aton 292f.
Ancient Civilization of Urartu, The (Piotrovsky) 229
Ancient Egypt 299, 309

335

Ancient Egyptian Materials and Idustries (Lucas) 295
Ancient Egyptian Metallurgy (Garland und Bannister) 299, 311
Ancient History of the Near East (Hall) 113, 199, 245
Ancient Near Eastern Texts (Pritchard, ed.) 55, 61, 152, 177, 240, 245, 257, 324
Ancient Near East, Supplementary Texts an Pictures Relating to the Old Testament (Pritchard, ed.) 152
Ancient Near Eastern Texts Relating to the Old Testament (Pritchard, ed.) 152
Ancient Records of Egypt (Breasted) 16
»Annalen des Mursilis, Die« (Götze) 133
Annual of the British School at Athens 307
Antiochos 237
Antiquity (Wainwright) 300, 306, 308f.
»Antiquity of the Greek Alphabet« (Carpenter) 106
Apisstier 16
Apries 10, 256, 262, 264, 269ff., 273ff., 277, 280
Arabagraben 304
Arantu 31
Ararat 229, 231, 241
Archäologische Mitteilungen aus Iran 203
Archaeology and Old Testament Study 182
Archaeology and the Religion of Israel (Albright) 324
»Archaeology, Iron Age« (Smith) 299
Architektur von Sendschirli, Die (Koldewey) 46
Archiv für Orientforschung (Dussaud) 99, 203
Arima 46, 51, 53f., 57, 116, 236, 326
Armadattas 166f., 170
Art and Architecture of the Ancient Orient (Frankfort) 213, 224
Aryanis 194
Asarhaddon 23, 111f., 130, 141, 183, 196, 230
Aseka 69f.
Askalon 62, 85, 262f., 285
Assurbanipal 17, 23, 130, 136f., 141, 152f., 183, 228ff., 278, 282, 284, 294, 306, 309
Assuruballit 137f., 153
Assyrien 68, 84, 124, 133ff., 141, 161, 164, 188, 219f., 233, 240, 248, 308, 311, 326
Assyrische Eroberung, Die (Velikovsky) 12, 17, 291
»Astronomische Festlegung, Die« (Forrer) 194
Astyages 194
Atlas zur altägyptischen Kulturgeschichte (Wreszinski) 25, 33
Aswan-Stele 23, 80
Aubert, L. 130
»Aus dem hethitischen Schrifttum« (Friedrich) 175
Awil-Marduk 145, 152ff., 188

Bab 50f., 325
Babel 243
Babel, Turnbau 142
Babylon 9, 11, 14ff., 75, 84ff., 119, 141ff., 145, 147ff., 152, 155, 157, 161, 172, 180, 183, 185f., 189, 200, 228, 230, 232ff., 251ff., 273f., 285, 330
Babylon (Koldewey) 151
Babylonier, Assyrer, Perser und Phöniker (Delaporte) 165
Bahr el-Kedes 27
Bakry, H. 264
Baktrien 25, 30
Balawat, Bronzetor 217
Barth, H. 193, 196
Battle of Kadesh, The (Breasted) 28, 53
Bauer, H. 104
Belesys 142, 147
Belschumischkun 147, 155

Belsazar (Daniel) 145
Bengston, H. 188
Bentreesch-Stele 177, 180
»Bentresh Stele, Die« (Erman) 176
Bernstein, S. G. 167, 171, 188, 245
Berossos 143 ff., 152 ff., 161, 168, 184
Beth-Sean 115
Beth-Shan, Stele 63
»Beziehungen Ägyptens zum Hattireiche nach hattischen Quellen, Die« (Meissner) 184
Bibelübersetzung (Peschitta) 58
Bilderschriftzeichen s. Hieroglyphen
Biridri 220
Bissing, F. W. von 203
Bittel, K. 201 ff., 273
Bliss, F. J. 316 f., 319
Bogazköi 76 f., 125, 127 ff., 139, 142 ff., 157, 168 f., 175, 187, 189, 191, 193 ff., 198 ff., 213, 216, 230, 234, 240 f., 253, 272 f., 293, 306, 327
Boghasköi, Die Bauwerke (Puchstein) 198
Boghazkey s. Bogazköi
Boghazköi Studien 240
»Bogazkoy« (Bittel und Güterbock) 201 f.
Bossert, H. T. 203, 226 f., 237
Breasted, J. H. 16, 19 f., 28, 32, 41, 48, 51, 53, 78, 244 f., 259, 264, 267, 291, 305
British Museum 56, 149 f.
Bronze Reliefs from the Gates of Shalmaneser (King) 48
Bronzetor von Balawat 48
»Bronze und Eisen« 294 ff.
Brugsch, H. K. 26, 79
Bubastis-Periode 100
Buddha 68
Budge, E. A. W. 18
»Building Inscriptions of Carchemish« 219
Building Inscriptions of the Neo-Babylonian Empire (Langdon) 77, 150, 160, 173, 178, 244, 249
Bulgar Dagh 236

Bulletin, American School of Oriental Research (Albright) 74, 226
Bulletin de l'Institut Français d'Archéologie Orientale 104
Burchardt, M. 89
Bürnouf, Emile L. 30
Butu-Javan 244, 249
Byblos 92 ff., 101, 103, 107, 111, 113 ff., 117
Byblos et l' Egypte (Montet) 93
Byblos Through the Ages (Jidejian) 103, 114 f.

C-14-Datierungen 279
Cambridge Ancient History, The 61, 82, 133, 280, 292
Caminos, R. 255
Carchemish (Hogarth) 46, 48, 50, 58 f.
»Carchemish« (Güterbock) 216 ff.
Carchemish III (Woolley) 46 ff., 53 f., 214, 218
Carchemish; report on the excavations at Djerabis on behalf of the British Museum conducted by C. Leonard Woolley and T. E. Lawrence 88
Carpenter, R. 106, 108
Carter 308
Catalogue of Egyptian Scarabs, A ... (Rowe) 320
Catalogue of the Bronzes, Greek, Roman and Etruscan, in the British Museum 312
Cate, Ph. H. J. Houwink Ten 187
Cerny, J. 74
Chagmis 163
Chaldäa 135, 230, 308
»Chaldea« (Prince) 233
Chamath 33, 82
Champollion 25
Chonsu 176 f.
Charran 134 f., 137 f.
Chatti 34, 37, 39, 41, 56, 77, 79, 82, 86, 116, 119, 121 f., 126 f., 131, 172, 199 f., 204 f., 228, 244, 263, 290

337

Chattusa 128, 191, 207f., 213, 216, 224, 273
Chattusa, Relief 195
Chattusilis 77, 126, 131, 135, 142, 159ff., 166ff., 169ff., 176, 178ff., 184, 187, 189, 199, 203f., 228, 244, 248, 272, 272, 291, 310
Cheta s. a. Chatti 126f., 131, 164, 198f.
Christian, V. 203
Chronicles of Chaldean Kings (626–556 B. C.) in the British Museum (Wisemann) 135, 146, 152, 156
Chronique d'Egypte 18
»Chronology of the Kings of Judah and Israel, The« (Thiele) 84
Code Hittite (Hrozny) 139
»Code hittite et l'Ancien Testament« (Aubert) 130
Coele-Syrien 25
»Coming of Iron, The« (Wainwright) 300
»Comment on Recently Reviewed Publications« (Albright) 226
Commentaire sur L'Ecriture Sainte, Opera Omnia 58
Conder, C. R. 28, 30, 48
Contenau, G. 130
Critical and Exegetical Commentary on Genesis, A (Skinner) 124
Cyrenaica 265

»**D**ahamunzu (KBo V iii 8)« (Federn) 293
Damaskus 31
Daniel 141, 145, 175, 178ff., 232f.
Daniter 77
Daphnai 330
Daphne (Daphnai) 250ff., 309
Date of Exodus in the Light of External Evidence (Jack) 259
David 68, 123
Davies, N. de Garis 305
Day, St. John V. 299
De Cadyti urbe Herodotea (Hitzig) 17

De Dea Syria 57
»Deeds of Suppiluliuma as Told be His Son Mursili II, The« (Güterbock) 292f.
Delaporte, L. 142, 165, 223f., 227
Delphi, Orakel 269
Denkmäler Palästinas, Die (Watzinger) 202
De Rougé 89
Description de l'Asie-Mineure (Texier) 192
Dictionnaire géographique, historique et littéraire 67
»Did Mernepthah Invade Egypt« (Naville) 262
Diodor 24f., 31, 142, 147, 233, 262, 298
Diringer, D. 105
Discoveries in Anatolia (von der Osten) 205
»Discovery of a Temple of Merneptah at Ou, The« (Bakry) 264
Distribution of Iron Ores in Egypt, The (Hume) 297
Division Re 50f., 54
Division von Amun 50, 53f.
Dougherty, R. P. 76, 146f., 178, 241
Drummond, A. 50
Duchat-amun 293
Dunand, Maurice 113f.
Dunkle Zeitalter Griechenlands, Das (Velikovsky) 12
Dussaud, R. 93f., 95, 97ff., 103, 325

»**E**arly and Late Phases of Urhi-Teshub's Career« (Cate) 187
Echnaton 182, 278, 292f.
Edel, E. 245
Eerdmans, B. D. 256
Egyptian Exploration Fund, Memoirs 301
Egyptian Grammar (Gardiner) 51
Egyptian Hieratic Texts (Gardiner) 89, 91
»Egyptian Historical Texts« (Wilson) 240

Eisen 294 ff.
El-Amarna-Briefe 90 f., 121, 278, 290 f., 308
El-Gerzeh 300
Elibaal 96 f., 100
Eljakim s. Jojakim
Empire of the Hittites, The (Wright) 121, 126, 205
Encyclopedia Britannica 127, 233, 299
Ephesos, Meander von 112
Erdbeschreibung (Strabon) 30
Erman, A. 25, 51, 176, 259, 311
Esagila 148 ff., 155
Euphrat 13 f., 24, 26, 30, 38, 46, 50, 54, 57 ff., 61, 67, 84, 119, 122, 138, 163, 172, 216 ff., 228 ff., 233 f., 241, 287, 326
Excavation of Armageddon, The (Fisher) 322 f.
Escavation of Gezer, The (Macalister) 303, 319
Excavation of Tell Beit Mirsim, The (Albright) 316
Excavations at Deir el Bahari (Winlock) 20
Excavations in Palestine (Bliss und Macalister) 317, 319
Ezeon-Geber, Hafen 305
Ezida 148

Fall of Nineveh, The (Gadd) 15, 241
Faulkner, R. O. 61
Federn, W. 293
Felsbilder von Yazilikaya, Die (Bittel) 203
»Felsenreliefs in Kleinasien und Das Volk der Hettiter, Die« (Hirschfeld) 196
Felsskulpturen von Yazilikaya 191 ff., 198, 203, 214, 326
Figurinen aus Gold 215
Fisher 322
Flinders, W. M. Sir 250
Forrer, E. 124, 127, 132, 194
»Forschungen zur alten Geschichte Vorderasiens« (Lewy) 135

Forsdyke 307
Fouilles de Byblos (Dunand) 113
Four Sculptures from Marash (von der Osten) 206, 234
Frankfort, H. 101, 201, 213, 224, 227
Frazer, J. G. 312
Friedrich, J. 139, 175, 194
From the Stone Age to Christianity (Albright) 239

Gadd, C. J. 15, 135, 137, 241
Galatien 125
Gal-Lugal 237
Gardiner, A. 36 f., 38, 48, 51, 53, 89, 91, 100, 107, 255, 282, 292, 303
Garland, H. 299, 310
Gaschgasch-Länder 161
Gautier, R. 140, 293
Gebal 92, 95, 113
Gedalja 254
»Gedicht des Pentawer« s. a. »Poem of Pentaur, The« 25, 29, 32, 34, 54 ff., 89, 119
Gegen Apion (Josephus) 112, 144 f., 152, 162, 164, 168
Geographische Inschriften altägyptischer Denkmäler (Brugsch) 27
Geography of Herodotus, The (Wheeler) 17
Geology of Egypt (Hume) 297
Geschichte Ägyptens (Brugsch) 79
Geschichte des Alten Ägypten (Gardiner) 255, 292 f.
Geschichte des Altertums (Meyer) 99, 241
Geschichte des Volkes Israel (Kittel) 29
Geschichte Indiens (Philostratos) 112
Geschichte Phönikiens (Philostratos) 112
Geschichte von Chaldäa (Berossos) 161
Geschichtliche Texte aus Boghazkoi 132
Gilgamesch-Epos 130

Ginzberg, L. 14, 79, 112, 140, 145, 159, 167
Glueck, N. 304
Goell, Theresa 237f.
Golden Bough, The (Frazer) 312
»Goldgrab« 214
Gordion 128, 200, 201, 205ff., 272, 327
Gordion (Körte) 201
»Gordion: Preliminary Report, 1953« (Young) 209, 212
Götze, A. 130, 133f., 143, 159, 166, 168, 174, 207, 292
Gordon, Cyrus H. 229
»Göttin von Dan« 77
Grabfunde 72ff., 325
Grabinschrift 94ff.
Granitsarkophage 300
Grant, E. 319
Greeks and the Persians from the Sixth to the Fourth Centuries, The (Bengston) 188
Griechen- und Barbarengeschichte 112
Große Pyramide 300f.
Gula 160, 175
Güterbock, H. 130, 187, 201f., 204, 216, 291ff.
Guy 308, 322
Gyges, Lyderkönig 38, 129, 272

Hall, H. R. H. 113, 243, 266, 293
Halys (Kizil Irmak) 125, 128, 193, 230
Hamath 13
Hamilton, W. J. 193
Handbuch der nordsemitischen Epigraphik (Lidzbarski) 106
Hanfmann, G. 224, 226f.
Haran, M. 103
Harris, J. 271, 274, 289
Harvard Excavations at Samaria (Reisner, Fisher und Lyon) 323f.
Hasanlu in the Ninth Century B. C., and Its Relations with Other Cultural Centers of the Near East (Muscarella) 227

Hatschepsut 305
Hattusas (Chatti) 170
Hattusha, Capital of the Hittites (Bittel) 273
Hawkins, J. D. 200, 219, 291
Hekataios 24
Herodot 16ff., 92, 138f., 193f., 208, 241, 250, 256, 262, 265f., 269f., 273ff., 281, 284, 290, 298, 328
Herodotus over de 26ste Dynastie (de Meulenaere) 17f.
Heroldsmauer 218
Heroldsmauerskulpturen 218
Herzfeld 203
Hesekiel 80, 87, 104, 112, 117, 132, 230, 243, 245, 263, 284, 298
Hesekiel-Buchstaben 97
Hesiod 294
Hethiter 119, 127, 130f., 197, 205, 222, 260, 328
Hethiter, Reich, Das (Götze) 130
Hethitische Gesetze (Friedrich und Zimmern) 139
»Hethitische Pantheon, Das« (Bossert) 203
«Hettitica« (Herzfeld) 204
Hettitische Inschrift gefunden in der Königsburg von Babylon am 22. August 1899 (Koldewey) 200
Hierapolis 46, 57ff.
Hieroglyphenschrift 12, 25, 119, 196f., 200, 205f., 234, 300
Hill 297
Himalaya 68
Hiram s. Ahiram
Hirschfeld, G. 196
Historical and Critical Comments on the History of Herodotus (Larcher) 17
Historical Geography of Asia Minor (Ramsey) 273
Historien (Herodot) 18, 269
Historikon (Prokopios) 58
Historische Tradition und ihre literarische Gestaltung bei Babyloniern und Hethitern bis 1200, Die (Güterbock) 130

History of Babylonia and Assyria (Rogers) 141, 147, 150, 243
History of Cyprus, A (Hill) 297
Histroy of Egypt, A (Breasted) 19
History of Egypt, A (Budge) 18
History of Egypt, A (Petrie) 17
»Hitties and Egypt, The« (Hall) 293
Hitties, Les (Delaporte) 142
»Hittites, The« (Hrozny) 127
Hittites, The (Macqueen) 129
»Hittites in Palestine, The« (Forrer) 123
Hittites: The Story of a Forgotten Empire, The (Sayce) 235
»Hittite Treaties and Letters« (Luckenbill) 164, 185
Hitzig, F. 17
Hochzeitsstele 245f., 248
Hogarth, D. G. 46, 48, 50, 58
Homer 207, 265, 298, 307, 313, 328
Hophra 256, 262, 264, 270, 280, 285, 330
Hori, Schreiber 89f.
Hoschijahu 70
»How old Is the Greek Alphabet« (Ullmann) 104
Hrozny, F. 127, 139
Hume, W. F. 297
Hundsfluß 23f., 113
Hyksos 71, 105, 321

Illahun, Kahum and Gurob (Petrie) 315
Ilias 108, 298, 307
Inschriften Nebukadnezar's (Winckler) 178
»Inschriften Nebukadnezars II im Wadi Brissa und am Nahr el-Kelb, Die« (Weißbach) 249
»Iron, Prehistoric and Ancient« (Richardson) 299
Ischtar 142, 159f., 174f., 178, 184
Ischtar-Tor in Babylon, Das (Koldewey) 160
Isis (Montet) 103
Israel Exploration Journal 103
Israelstele 257, 261, 266, 330

Ithobaal 93, 95, 100f., 111ff.

Jack, J. W. 259, 325
Jaosch 70
Jebusiter 122
Jehimilk 104, 114
Jeremia 15, 17, 35ff., 40ff., 62, 64ff., 79, 82, 87, 91, 104, 116, 132, 243, 245, 250ff., 261ff., 270, 285, 310, 326
Jericho (Sellin und Watzinger) 318
Jerobeam 77, 324f.
Jerusalem 13ff., 21f., 25, 33, 63, 65ff., 71, 73, 76, 84ff., 97, 112, 145, 261
Jidejian, N. 103, 114
Jirku, A. 53
Jojakim (Eljakim) 14, 17, 23, 35, 61, 63f., 78, 84f., 87, 141
Josef (Zofnat Paneach) 141
Josephus, Flavius 14, 112, 143f., 152, 162, 164, 286
Josia 13, 15, 20ff., 64, 84, 86f., 326
Journal of Cuneiform Studies 291, 293
Journal of Egyptian Archaeology 262, 282
Journal of Near-Eastern Studies 55, 84, 229
Journal of the American Oriental Society 68, 101, 105
Jüdische Altertümer (Josephus) 14, 112

Kadesch-Karkemisch 24ff., 37, 39f., 46ff., 53, 56f., 61, 82, 89, 115f., 119, 164f., 217, 326
»Kadesh« (Conder) 28
Kadesh Inscriptions of Ramesses II, The (Gardiner) 34, 36f., 39ff., 48, 51, 53
Kadmeion 111
Kadmos 110
Kamosch 56, 58
Kamosch, Gott 56, 58
Kanaaniter 91
Kanopen-Fragmente 98f.
Kappadokien 198, 230f., 234

Karatepe 219, 221, 327
Kar-Kemish, *Mémoires, Académie des Inscriptions et Belles Lettres* (Mènant) 56
Karkemisch (s. a. Kadesch) 13f., 29, 33, 35, 38, 47ff., 53f., 56ff., 84, 116, 119, 122f., 133f., 165, 187, 196, 214, 217ff., 226, 228, 230, 234, 239, 271, 284, 294, 326
Kar Komasch s. Karkemisch
Karnak 24f., 62, 76, 82, 126
Karnak-Inschrift 264, 266
Karnak, Relief 85
Karneoskarabäus 74
Karo, G. 108
Keilschrift 12, 15, 77, 91, 105, 108, 110f., 121, 125f., 142, 200, 220, 234ff.
Kêmi, S. 23, 293
Keramik 314
Keramikscherben, beschrieben, s. Ostraka
Kienitz, F. K. 16, 18, 76
Kiepert 241
Kilikien 230, 234, 236
Kimmerier 129, 139, 201, 207f., 211, 328
King, L. W. 48
Kitchen, K. A. 284
Kittel, R. 29
Kleinasien 31, 124, 128ff., 156, 191f., 197f., 205, 210, 212f., 217, 231, 235f., 264, 273, 327f.
Koldewey, R. 46, 150f., 155, 160, 200, 251, 253
König Midas 207
König Nebukadnezar von Babel in der jüdischen Tradition (Bernstein) 167, 171, 246
König Og 302
König von Akkad 136f.
König von Chatti 126f., 129, 163, 168, 176, 199f., 245ff., 253
Königsburgen von Babylon, Die (Koldewey) 251, 253
Kopfbedeckung Nebukadnezars
Koptosstele 248

Körte, G. 201, 208
Kreta 107
Kroisos 272
Kuentz, Ch. 245
Küthmann, C. 237
Kunst Anatoliens, Die (Akurgal) 212
Kunst der Hethiter, Die (Akurgal) 225
Kupfer 296ff., 304ff.
Kyros 145, 193, 210, 230f., 234, 273ff.
Kyrene 269, 271
Kyrupädie (Xenophon) 230f.

Labasch-Marduk 140, 152f., 168, 186ff.
Laborosoarchod 168
Labynetos 194
Lachish (Tell ed Duweir) 69, 71ff.
Lachisch 69ff., 75, 105, 109, 116f.
Lachisch-Brief 70
Lagarde, Paul A. de 30
Lais 77
Land of the Hittites, The (Garstang) 273
Lamon, R. S. 323
Langdon, S. 76, 138f., 145, 147ff., 160, 172ff., 178, 241, 244, 249
Larcher, P. H. 17
Late-Egyptian Miscellanies (Caminos) 255
Lebensbeschreibungen (Plutarch) 30
Leclant, J. 293
»Legend of a Possessed Princess, The« (Wilson) 177
Legends of the Jews (Ginzberg) 14, 79, 112, 140, 145, 159
Leibovitch, J. 104
Lettres écrites d'Egypte (Champollion) 25
Lewy, J. 135, 137f.
Libby, W. F. 206
Libyen, Feldzug 262, 270
Life in Ancient Egypt (Erman) 51
Linear-B-Schrift 107, 110
Literatur der Ägypter, Die (Erman) 259

Literature of the Ancient Egyptians, The (Erman und Blackman) 311
Livre des rois d'Egypte, Le (Gautier) 140, 293
Loon, M. N. van 230
Löwentor 223 ff.
Lucas, A. 295, 299
Luckenbill, D. D. 23, 51, 112, 137, 164, 169, 185 f., 240, 253
Lucretius 296
Lukian 57 f.
Luwisch 128
Luxor 24 f.
Lydien 129, 156, 193, 208, 210

Mabog (Hierapolis) 58
Macalister 303, 316 f., 319
Macqueen, J. G. 129
Madyas 139
Malatya 219, 221, 223 ff., 238
Malatya, Fouilles de la Mission Archéologique Français (Delaporte) 223 f.
Mallowan, M. E. L. 219
Man and Metals (Rickart) 311
Manuale di Eteo Geroglifico (Meriggi) 200
Marasch 219, 327
Marcellinus, Ammianus 59
Marduk 142, 174, 180
Maspero. G. C. 26, 300, 324
Material Remains of the Megiddo Cult (May) 321
Mattanjah (Zedekia) 63, 141
May, H. G. 321
Meder 138, 156, 194, 240 f., 272, 326
Meggido 13, 21, 86, 91, 320 ff.
Meggido Tombs (Guy) 308, 322
Meissner, G. B. 184, 186, 310
Meulenaere, H. de 17
Memphis (Momemphis) 264, 270, 280
Ménant, J. 56
Mercer, S. A. B. 260
Merenptah (Apries, Hophra) 10 f., 253, 256, 259 ff., 273, 275, 277, 280, 284 f., 330

Meriggi, P. 200
Meroe, Nubien 309
Merosar 76, 142
Mescha 56, 101, 108 ff., 117
Mescha-Stele 56, 97, 99 f., 106
Mesopotamien 26, 29, 129, 141, 239
Messerschmidt, I. 138, 168
Messing 297
Metallzeitalter 29 ff.
»Metals in Egypt, The« (Petrie) 299
Meyer, E. 99, 106, 241
Midas 207
Midrasch 167
Midraschim 145
Mission de Phénicie 92
Mitanni 239 ff., 308
Mitteilungen der Deutschen Orientgesellschaft 125, 245
Mitteilungen Vorderasiatisch-ägyptische Gesellschaft 133, 135, 138, 159, 166, 168, 174, 194, 207, 291
Mizpa 254 f.
Moab 56, 101, 108, 254 f.
Momemphis (Memphis) 270
Monatsberichte der Königlichen Preußischen Akademie der Wissenschaften 193, 241
Montet, P. 92 ff., 103, 113
Mose 87
Mumie Merenptahs 271, 273
Mumie, Ramses II 288 ff.
Münze, Antiochos IV 237
Mursilis 77, 131 ff., 138, 143, 240, 273, 290 f., 293 f.
»Mursilis Sprachlähmung, ein Hethitischer Text« (Götze und Pedersen) 143
Muscarella, O. W. 226 f.
»Muwatallis« 142, 186
Mykene 107
Mykene-Keramik 98
Mysterious Numbers of the Hebrew Kings, The 84

»Na'ar in Israelite Society, The« (Macdonald) 55

Na-arim 42, 54f., 89
Nabonid 138, 145, 152ff.
Nabonid (Votivstele) 146
Nabonidus and Belshazzar (Dougherty) 76, 137, 146f., 179, 241
Nabopolassar 77, 135ff., 142ff., 147, 152ff., 182f., 187, 194, 230f., 240, 329
Nabuchodnosor 143
Nana 142, 160, 175
Nahr el-Kelb 80
Nahr el-Kelb, Stele 80, 84
Naturgeschichte (Plinius) 112, 298
Naville, E. 262
Nebukadnezar 9, 11, 14ff., 33ff., 37, 43, 63ff., 69, 71, 73, 75f., 79f., 84, 86, 88, 109, 111, 114ff., 131f., 135, 141, 143f., 146ff., 150ff., 159ff., 167, 171ff., 176, 178ff., 187ff., 194, 200, 217, 220, 228, 231f., 240f., 244, 246, 248f., 251ff., 262, 272, 280, 285, 310, 329f.
Necho s. a. Ramses 10, 16ff., 20, 33ff., 88, 92, 117, 122, 132, 141, 163, 172, 187, 252f., 277f., 290
Nekau-Wehemibre 16ff., 88
Nekos 17ff., 92, 117
Nemrud-Dag 231f.
Nergal (Neriglissar) 140, 142
Nergil 160, 163f., 168ff., 180f., 185f., 194, 272
Neriglissar 142, 145, 147f., 150, 152ff., 169, 180, 182f., 187ff., 194, 272
»Neriglissar« (Langdon) 147f., 150
Neschili 127
Neubabylonische Königsinschriften, Die (Langdon) 138, 145, 147f., 149, 160, 168, 244
»Neue Bruchstücke zum großen Texte des Hattusilis« (Götze) 159
Newberry, P. E. 314
»New Fragment of the History of Nebukadnezar, A« (Pinches) 244
Nickel 301
Nikdem 108

Nildelta 281ff.
Nimrud 306, 312
Ninchursag 160
Ninive 10f., 13, 69, 136f., 141, 195, 284, 306, 312, 325
Niqmad (Nikmed) 110
Nirgal 161ff.

Obelisk in Tanis 22ff., 80ff.
Odyssee (Homer) 108, 307
Ödipus und Echnaton (Velikovsky) 12, 110, 293
Oeuvres diverses (de Rougé) 89
Og 302
»Old Kingdom in Egypt, The« (Smith) 292
Oldest Civilization of Greece: Studies of the Mycenean Age, The (Hall) 199, 266
Olshausen 300
Omri 323
Operations Carried on at the Pyramid of Gizeh in 1837 (Vyse) 300
Orakel, pythisches 330
Orakel zu Delphi 269
Orientalistische Literaturzeitung 98, 125
Orontes 26ff., 48
Orthostaten-Relief 221ff.
Osiris 283
Osorkon 96, 324f.
Osten, H. H. von der 201, 203, 205f., 234
Ostraka 70, 73, 116
Other Side of the Jordan, The (Glueck) 304

Palästina 16f., 22, 25, 29, 43, 61, 63, 68, 71, 78, 80, 82f., 85, 90f., 115, 124, 165, 183f., 259ff., 295, 302ff., 312, 316ff.
Palast in Babylon 146
»Palestinian Inscriptions and the Origin of the Alphabet, The« (Diringer) 105
Pallas Athene 283

Papyrus Sallier 25, 30
Penseé 279
Pentawer s. »Gedicht des Pentawer«
Peschitta (Bibelübersetzung) 58
Petrie, W. M. F. Sir 17, 250 ff., 255, 257, 261, 270, 280, 293, 299, 301, 309 f.
Pézard, M. 27 f., 33 ff., 50
Philosophisch-historische Abhandlungen der Königlichen Preußischen Akademie der Wissenschaften 196
Phönikien 110, 112 f., 115, 262, 304, 308
Phryger 193, 207, 327
Phrygische Kunst (Akurgal) 207
Pijassilis 142
Pinches, T. G. 244
Piotrovsky, B. D. 229
Planetennamen 142 f.
Plutarch 30, 230, 283
»Poem of Pentaur, The« (Gardiner) s. a. »Gedicht des Pentawer« 32
Politische Geschichte Ägyptens vom 7. bis zum 4. Jahrhundert vor der Zeitwende, Die (Kienitz) 16, 76
Polyhistor, A. 240
Prehistoric Use of Iron and Steel, The (Day) 299
Priamos 207
Prince, J. D. 233
Pritchard, J. B. 55, 61, 152, 240, 245, 257
Prokopios 58
Psammetich (Sethos) 10, 17, 38, 92, 266, 270, 277, 280, 284, 290
Pseudohethitische Kunst (Puchstein) 197
Pteria 273
Puchstein, O. 197, 199
Pylos 107
Pyramide, Große 300 f.
Pythisches Orakel 271, 330

Qadesh. *Mission Archéologique à Tell Nebi-Mend, 1921–1922* (Pézard) 26 f., 33, 50

Quarterly Statement of the Palestine Exploration Fund 28, 48, 100, 107, 124

Radiocarbon Dating (Libby) 206
Ramesses II: A Chronological Structure for His Reign (Schmidt) 79, 187
Ramesseum 48, 126
Ramesside Inscriptions (Kitchen) 284
Ramses I 10, 17, 76, 280
Ramses II 10 f., 18 ff., 22 ff., 31 ff., 35, 37 ff., 45 ff., 55, 61 ff., 71, 73 ff., 80, 84 ff., 91 f., 94 ff., 103, 108 f., 111, 113 ff., 119, 121, 126 ff., 131 f., 164, 168, 170, 172, 187, 196, 198 f., 213, 217 f., 245 f., 248 f., 253 f., 256, 262, 266, 270, 273, 277, 280, 284 ff., 299, 310 ff., 326 ff.
Ramses II (Schmidt) 79, 187, 284
Ramses III 121, 140, 195, 299
Ramsey, W. M. 273, 293
Ras Schamra 90 f., 105, 110, 307
Reallexikon der Assyriologie 291
Reallexikon der Vorgeschichte (Ebert) 108
Records (Breasted) 20, 41, 48, 51, 78, 245 f., 259, 264, 267, 291, 305
Records of Assyria (Luckenbill) 23, 51, 112, 137
Re, Division von 39
Reisner 323 f.
Relief von Karnak 62
Renan, E. 92, 233
Researches in Asia Minor, Pontus and Armenia (Hamilton) 193
Revue d'histoire et de philosophie religieuses 130
Revue historique 130
Ribla 13 f., 23, 33 f., 37, 82, 116, 254, 326
Richardson, H. C. 299
Rickart, T. A. 311
Röntgenuntersuchung, Ramses II 274, 289
Rogers, R. W. 141, 147, 150

Romans et contes de l'époque pharaonique (Lefebvre) 177
Rotes Meer 18
Rowe, A. 320
Royal Mummies, The (Smith) 271, 289
Ruinen von Bogazköi 125, 193, 203

Sais 280f., 283
Salmanassar III 31, 47f., 109, 217, 219, 291
Salomon 75, 123, 304f., 307, 321f.
Samaria in Ahab's Time (Jack) 325
Sangarios (Sakarya) Sanherib 207
Sardan-Söldner 37f., 265f.
Sardes 82, 208, 210, 272
Sargon 121, 183, 224, 229
Sarkophag Ahirams 92ff., 101ff.
Saul 91, 303
Sayce, A. H. 121, 235f.
Scarabs (Newberry) 314
Schabtuna (Hierapolis) 57f.
Scharrikuschuk 134
Schaeffer 307
Scheschonk 96f., 109, 240, 322f.
Schischak (Scheschonk) 305, 322
Schlacht von Kadesch-Karkemisch 39ff., 44ff., 61
Schmidt, J. D. 79, 187, 201
Schreibkunst 89ff.
Schrift der Chaldäer 9
Schuhmacher 308, 320
Schweizer Münzblätter (Küthmann) 237
Seevölker, Die (Velikovsky) 12, 114, 121, 274, 277, 279f., 282, 287
Sellin 318
Sençirli 216, 230
Sennacherib 196
Serapeum-Stele 16
Sethe, K. 18
Sethos 10f., 25, 33f., 38, 76, 92, 121, 196, 199, 266, 270, 272, 277f., 280, 284ff., 326
Sidon 92, 103, 110f., 122, 167, 262, 307
Silber 148, 305, 308, 310f.

Siloah 97, 109
Sinai 297
Sinope 272
Sin-Uas 166
Sippar 178, 229
Siwa-Oase 274
Six Temples at Thebes (Petrie) 309
Skarabäen 279, 314ff., 325
Skinner, J. 124
Skythen 11, 138f., 241, 272, 326
Smith, G. E. 271, 288, 290
Smith, R. A. 299
Smith, S. 99, 139
Smith, W. S. 292
Sonnentempel von Sippar 178
Sothis-Kalender 280, 287
Sothis-Kalkulation 279
Specieller Kanon der Sonne und Mond Finsternisse (Ginzel) 194
Spiegelberg, W. 98
Sprachen 124ff., 232ff.
»Staatsverträge des Hatti-Reiches in Hethitischer Sprache« (Friedrich) 194
»Staatsverträge in akkadischer Sprache aus dem Archiv von Boghazköi, Die« (Weidner, Hrsg.) 240
Stadt von Dscherablus 51
»Stele Nabunaids, Die« (Messerschmidt) 138
Strabon 30, 58, 230f., 238, 281, 283, 298, 328
Stratonike 58
»Struggle for the Domination of Syria, The« (Goetze) 292
Struggle of the Nations, The (Maspero) 26, 324
Studies in Early Pottery in the Near East (Frankfort) 201
Sukenik, E. L. 109
»Summary of Archeological Work in Turkey in 1954« 238
Suppiluliumas 77, 216, 228, 273, 278, 290ff., 294
Syria (Dussaud) 95, 97, 100f., 103, 107, 325

Syria, Revue d'art oriental et d'archéologie 95, 305, 307
Syrien 17, 26, 30, 43, 57, 78, 80 ff., 86, 115, 122, 128 f., 134, 140, 165, 183 ff., 228, 262, 294, 305, 309, 313, 327
Syrien, Stadtstaaten 219 ff., 223
Syrische Göttin, Die (Lukian) 57
Syro-Hethiter 221 f., 327

Tabulae Syriae (Abulfeda) 27
Tachpanches 243, 249 ff., 255 f., 330
Talmud 28, 67, 79, 140, 145, 175, 179, 232
Tanis, Obelisk 80, 84
Tanis, Ruinen 281 ff.
Tarkondemos 235
Tarkondimotos 235
Tarkudimme 235 f.
Tefenne (Daphnai) 38, 252
Tell ed-Defenne 250
Tell ed-Duwer 69, 74
Tell el-Mutesellim 320
Tell es-Safi 317
Tell Muqajjar 228
Tell Nebi Mend 28 ff., 48, 53, 116, 186, 326
Tetier, C. 192
Theben 11, 24, 48, 107, 110 f., 292, 294, 306
Thiele, E. R. 84
Thomsen, Ch. 294
Thotmes s. Thutmosis III
Thukydides 266
Thutmosis III 25, 29, 71, 75, 121, 142, 295, 305, 313, 317, 321 ff.
Tiglatpileser I 121, 306
Tiglatpileser III 141, 229
Til-Kunu 143
Tirhaka 278, 293 f.
Tjeku 255 f.
Tomb of Rehk-mi-re at Thebes, The (Davies) 305
Tomb of Tut-ankh-Amen, The (Carter) 308
Tontafeln 244 f., 252

Transactions of the Society of Biblical Archaeology 121, 244
Transjordanien 108
Trapezus (Trebsond) 231
Travels ... as Far as the Banks of the Euphrates (Drummond) 50
Travels in Mesopotamia (Buckingham) 59
Trebsond (Trapezus) 231
Troja 207, 212, 265
Tunell, Olga 69
Türkei (Anatolien) 200, 248, 327
Turmbau zu Babel 142
Tuschratta 239, 308
Tutanchamun 182, 292, 308
Tutankhamen and Egyptology (Mercer) 260
Tyrus 92, 110 ff., 167, 298, 306, 310

Ugarit 108, 110, 182, 307
Ullmann, B. 104, 106 f.
Umman-Manda 138 f., 241
»Untersuchungen über Zeit und Stil der ›chetitischen‹ Reliefs« (von Bissing) 203
Untersuchungen zur Geschichte und Altertumskunde Ägyptens (Sethe) 18
Urchi-Teschup (Mursilis III) 141, 186
Urmia-See 230
Ur of the Chaldees (Woolley) 229
Urartian Art: Its Distinctive Traits in the Light of New Excavations (van Loon) 230
Ursprung des Alphabets, Der (Bauer) 104
Uruk 160, 175, 229
Usermare Setepenre (Ramses II) 76, 176

Van-See 229 f.
Ventris, Michael 107
Venus Tablets of Ammizaduga, The (Langdon) 139, 241
»Versuch einer eingehenden Erklärung der Felssculpturen von

Boghaskoei im alten
  Kappadocien« (Barth) 193
Vespasianus 235, 237, 328
Virolleaud, C. 305
Vom Exodus zu König Echnaton
  (Velikovsky) 12, 25, 56, 91, 108,
  110, 239, 257, 291, 305, 322, 324
»Vortrag über die geographische
  Stellung der nördlichen Länder in
  der phönikisch-hebräischen
  Erdkunde« (Kiepert) 241
Votivstele (Nabonid) 146
Vyse, R. W. H. 300

Wadi Brissa 248
Wainwright, G. A. 300, 303, 306, 309, 311 f.
Wald von Baw 53
Walters, H. B. 312
Watzinger, C. 202, 308, 318, 320 f.
Weidner, E. 240
Weißbach, F. H. 249
Welt des Orients, Die 237
Welten im Zusammenstoß
  (Velikovsky) 143, 208
Wenamun 114, 282
Wesir 270
Wheeler, J. T. 17
Wiedererstehende Babylon, Das
  (Koldewey) 150 f., 155
*Wie lange wurden hethitische
  Hieroglyphen geschrieben?*
  (Bossert) 237
Wilson, J. A. 55, 61 f., 240, 245, 257
Winckler, H. 125 f., 178, 199, 203
Winlock, H. E. 20
Wiseman, D. J. 135, 137, 146, 152, 156, 182

*Wissenschaftliche
  Veröffentlichungen der deutschen
  Orientgesellschaft* 249
Wit, C. de 176
Wörterbuch der ägyptischen Sprache
  (Erman-Grapow) 53
Woolley, L. Sir 45 ff., 88, 214, 218 f., 229
Wright, William 119 f., 126, 205
Wreszinski, W. 25, 33

Xenophon 30 f., 230 f., 327
X-raying the Pharaos (Harris and Weeks) 271, 274, 289

Yazilikaya 125, 129, 200, 204, 206, 208, 215, 217 f., 221, 223, 226, 228, 327
Young, R. S. 208 ff.

Zarpanith 160
Zaru, Festung 35
Zedekia 15, 17, 33, 63 ff., 80, 85 ff., 141, 270
»Zeitalter im Chaos« (Velikovsky) 12, 25, 56, 91, 98, 114, 129, 239, 257
*Zeitschrift der Deutschen
  Morgenländischen Gesellschaft*
  (Jirku) 53, 184, 310 f.
*Zeitschrift für ägyptische Sprache
  und Altertumskunde* 176
Zeitschrift für Assyriologie 130
Zeitschrift für Ethnologie 300
Ziegelfunde 250 ff., 330
Zofnat Paneach (Josef) 141
Zypern 94, 297, 306 f., 311
Zypriotische Keramik 108

Abbildungsverzeichnis

Abb. 1 Ramses II – Necho II (Foto: Felbermayer)
Abb. 2 Teil eines granitenen Türpfosten in Deir el-Bahari (aus *Excavations at Deir el-Bahari* von H. E. Winlock, New York)
Abb. 3 Nahr el-Kelb: Stele Asarhaddons und von Ramses II (aus *Records of the Past II*)
Abb. 4 Schlacht von Kadesch-Karkemisch in Abu Simbel
Abb. 5 Infanterie und Wagentruppen Ramses' II
Abb. 6 Lydische Soldaten aus Sardes und ägyptische Soldaten in der Schlacht von Kadesch-Karkemisch (aus *La Bataille de Kadesch* von Kuenz)
Abb. 7 Soldaten des Heeres Nebukadnezars bei Karkemisch (aus *Die Welt der Hethiter* von M. Riemenschneider, Stuttgart)
Abb. 8 Die Festungsmauer von Karkemisch in den Reliefs von Ramses II und auf einem Bronzerelief von Salmanasser III
Abb. 9 Belagerung und Einnahme der Festung Askalon, abgebildet im Amuntempel von Karnak
Abb. 10 Lachisch-Brief IV und Nachzeichnung
Abb. 11 Siegesstele von Ramses II in Beth-Sean
Abb. 12 Sarkophag des Königs Ahiram mit phönikischer Inschrift
Abb. 13 Kartuschen von Ramses II auf einer Alabasterkanope aus dem Grab des Ahiram
Abb. 14 Klageweiber auf dem Sarkophag von König Ahiram (aus *Byblos Through the Ages*, Beirut)
Abb. 15 Piktographische »hethitische« Hieroglypheninschrift aus Karkemisch
Abb. 16 Tontafeln und Grabungsstätte in Chattusa (aus *The Land of the Hittites* von J. Garstang)
Abb. 17 Ausgrabungsarbeiten am Esagila-Tempel in Babylon (aus *Das Wieder Erstehende Babylon* von R. Koldewey, Leipzig)
Abb. 18 Eine Rekonstruktion des Zentrums von Babylon zur Zeit Nebukadnezars (aus *Ancient Near East in Pictures Relating to the Old Testament*, Princeton)
Abb. 19 Yazilikaya. Blick auf West- und Nordwand des Felsenraumes (Foto: Hirmer Fotoarchiv)
Abb. 20 Eine Reliefskulptur aus Chattusa (Foto: Hirmer Fotoarchiv)
Abb. 21 »Prozession der Götter« aus Yazilikaya (Foto: Hirmer Fotoarchiv)
Abb. 22 Plan von Gordion (aus *American Journal of Archaeology*, Vol. 59, 1955)
Abb. 23 Goldfigurine aus dem »Goldgrab« und das Relief eines Hethiterkönigs aus Yazilikaya (Fotos [2]: Hirmer Fotoarchiv)
Abb. 24 Orthostaten-Reliefs und -Hieroglypheninschrift aus Karatepe;

Übersetzungsmuster einer Torinschrift aus Karkemisch (Fotos [2]: Hirmer Fotoarchiv)
Abb. 25 Der rechte Löwe am Löwentor von Chattusa und ein Portallöwe aus Malatya (Fotos [2]: Hirmer Fotoarchiv)
Abb. 26 Skulpturen vom Löwentor in Malatya (Fotos [2]: Hirmer Fotoarchiv)
Abb. 27 Inschrift des Tarkudimme und Münze von Antiochos IV
Abb. 28 Chattusilis-Nebukadnezar bringt seine Tochter zu Ramses II
Abb. 29 »Israel-Stele« von Pharao Merenptah-Apries (Hophra)
Abb. 30 Merenptah, griechisch Apries, hebräisch Hophra, der Pharao des Exils (aus *Ancient Near-East in Pictures Relating to the Old Testament*, Princeton)
Abb. 31 Kopf der Mumie von Ramses II-Necho (Nekos)

Immanuel Velikovsky

Welten im Zusammenstoß

Ullstein Buch 35407

Nach der Lektüre dieses Buches kann man nicht einfach zur Tagesordnung übergehen, denn hier wird nicht nur radikal mit der herkömmlichen Anschauung von der Evolution unseres Sonnensystems gebrochen, sondern auch Newton, Einstein und der Neodarwinismus werden in Frage gestellt. *Welten im Zusammenstoß* ist das faszinierendste Buch über Kämpfe im Weltraum, die sich in geschichtlicher Zeit abspielten und an denen auch unsere Erde teilnahm. Und wenn sich Ereignisse dieser Art in der Vergangenheit abgespielt haben, so können sie sich auch in Zukunft wiederholen. Mit noch fatalerem Ausgang?

Sachbuch